DICAS DE ENSINO
Estratégias, pesquisa e teoria para professores universitários

Dados Internacionais de Catalogação na Publicação (CIP)
(Câmara Brasileira do Livro, SP, Brasil)

Svinicki, Marilla
 Dicas de ensino: estratégias, pesquisa e teoria para professores universitários / Marilla Svinicki, Wilbert J. McKeachie ; tradução Ez2translate ; revisão técnica Luiz Guilherme Brom. - São Paulo : Cengage Learning, 2012.

 Título original: McKeachie's teaching tips : strategies, research, and theory for college and university teachers.
 13ª ed. norte-americana
 ISBN 978-85-221-1135-0

 1. Ensino 2. Ensino superior 3. Professores - Formação profissional I. McKeachie, Wilbert J. II. Título.

12-01210   CDD-378.12

Índice para catálogo sistemático:
1. Professores universitários : Dicas de ensino : Educação   378.12

DICAS DE ENSINO

Estratégias, pesquisa e teoria
para professores universitários

Tradução da 13ª edição norte-americana

Marilla Svinicki e Wilbert J. McKeachie

com capítulos de
David Nicol
Barbara Hofer
Richard M. Suinn
Mary Deane Sorcinelli e
Peter Elbow
Matthew Kaplan e Erping Zhu
Brian Coppola
Claire Ellen Weinstein
Jane Halonen

Tradução
Ez2translate

Revisão técnica
Luiz Guilherme Brom
Doutor em Ciências Sociais pela PUC-SP,
mestre pela Université de Louvain (Bélgica)
e graduado em Pedagogia pela Universidade
Federal de São Carlos (UFSCar).
É professor e diretor superintendente
da Fecap (Fundação Escola de
Comércio Alvares Penteado)

Austrália • Brasil • Japão • Coreia • México • Cingapura • Espanha • Reino Unido • Estados Unidos

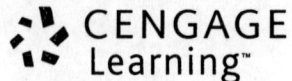

Dicas de ensino. Estratégias, pesquisa e teoria para professores universitários

Marilla Svinicki
Wilbert J. McKeachie

Gerente Editorial: Patricia La Rosa

Supervisora Editorial: Noelma Brocanelli

Supervisora de Produção Editorial: Fabiana Alencar Albuquerque

Editor de Desenvolvimento: Fábio Gonçalves

Título Original: McKeachie's teaching tips. Strategies, research, and theory for college and university teachers – 13th edition
ISBN 13: 978-0-495-81234-0
ISBN 10: 0-495-81234-X

Tradução: Ez2translate

Revisão Técnica: Luiz Guilherme Brom

Copidesque: Carlos Villarruel

Revisão: Maria Alice da Costa e Luicy Caetano de Oliveira

Diagramação: Join Bureau

Capa: Thiago Lacaz

© 2011, 2006 Wadsworth, parte da Cengage Learning
© 2013 Cengage Learning Edições Ltda.

Todos os direitos reservados. Nenhuma parte deste livro poderá ser reproduzida, sejam quais forem os meios empregados, sem a permissão, por escrito, da Editora. Aos infratores aplicam-se as sanções previstas nos artigos 102, 104, 106 e 107 da Lei nº 9.610, de 19 de fevereiro de 1998.

Para informações sobre nossos produtos, entre em contato pelo telefone **0800 11 19 39**

Para permissão de uso de material desta obra, envie seu pedido para **direitosautorais@cengage.com**

© 2013 Cengage Learning. Todos os direitos reservados.

ISBN-13: 978-85-221-1135-0
ISBN-10: 85-221-1135-9

Cengage Learning
Condomínio E-Business Park
Rua Werner Siemens, 111 – Prédio 20 – Espaço 04
Lapa de Baixo – CEP 05069-900 – São Paulo – SP
Tel.: (11) 3665-9900 – Fax: (11) 3665-9901
SAC: 0800 11 19 39

Para suas soluções de curso e aprendizado, visite
www.cengage.com.br

Impresso no Brasil.
Printed in Brazil.
1 2 3 4 5 6 7   12 11 10 09 08

Esta edição é dedicada a todos os professores que, com o passar dos anos, vêm afirmando que nunca viram tantas formas de ensino sistemáticas e reflexivas como quando leram este livro. Apreciamos seu interesse e admiramos seus esforços.

Sumário

Prefácio XIX
Sobre os autores XXV

PARTE 1   Primeiros passos 1

Capítulo 1   Introdução 3
A cultura universitária 4
Pesquisa *versus* ensino? 5
    Ensino como bolsa de estudos 5
Conclusão 6
Leitura complementar 7

Capítulo 2   Contagem regressiva para a preparação do curso 11
Três meses antes da primeira aula 11
    Relacione os objetivos, as metas ou os resultados 11
    Quais são os objetivos? 12
    Solicite livros didáticos, materiais para laboratório e outros
        recursos necessários 14
    Escolha um livro didático ou outros materiais de leitura ... 15
Dois meses antes da primeira aula 16
    Comece a elaboração de um programa de estudo para o curso 16
Um mês antes da primeira aula 18
    Comece a preparar os planos de aula 18
    Planejamento para o aprendizado fora da sala de aula 18
    Escolha métodos de ensino adequados 19
    Selecione a tecnologia adequada 19
Duas semanas antes da primeira aula 20
    Verifique os recursos 20
    Comece um portfólio 20

Uma semana antes da primeira aula 20
Leitura complementar 21

Capítulo 3   O primeiro contato com a classe 23
Determinação do ambiente. 23
Familiarização. 24
Postagem de perguntas. 25
Apresentação do programa de estudo. 26
    Avaliação, notas e justiça 26
Apresentação do livro didático 27
Determinação do conhecimento prévio 27
Perguntas e reações 28
E a matéria? 29
Conclusão 29
Leitura complementar 29

PARTE 2   Habilidades básicas para facilitar a aprendizagem. . . 31

Capítulo 4   Leitura como aprendizagem ativa 33
Leituras 33
Como estimular os alunos a cumprir a leitura designada? 34
    Pesquisa sobre o aprendizado com base na leitura 35
    Exemplos de questões de estudo que estimulam a reflexão 36
    Os alunos aprendem mais com a leitura 36
Conclusão 37
Leitura complementar 38

Capítulo 5   Formas de facilitar o debate: apresentar os problemas,
               ouvir e questionar 39
Um pouco de teoria 40
Problemas do ensino por meio de debates. 40
Começar o debate 41
    Começar o debate com uma experiência comum 41
    Começar o debate com uma polêmica 41
    Começar o debate com perguntas 43
    Começar o debate com um problema ou caso 45
    Decompor o problema em subproblemas 45
    Debate socrático 45
Barreiras para o debate ou a discussão 46
    Por que os alunos não participam? 47

SUMÁRIO

O que posso fazer com os alunos pouco participativos?......... 48
    Grupos da moda... 50
    Círculo interno ou aquário............................... 50
Monopolizador de discussão................................ 51
Como fazer o debate se os alunos não estudaram?............ 51
Como lidar com as discussões?............................. 52
    Método de duas colunas................................. 53
Ensinar os alunos a aprender com as discussões............. 53
Debates liderados pelos alunos............................. 55
Anotar e resumir... 56
Debates on-line.. 56
Conclusão... 57
Leitura complementar...................................... 57

Capítulo 6 Como tornar as palestras mais eficazes............ 59
Pesquisa sobre a eficácia das palestras..................... 59
As palestras são boas para quê?............................ 60
Um pouco de teoria.. 61
Planejamento de palestras.................................. 61
Anotações para a palestra.................................. 62
Organização das palestras.................................. 64
    A introdução... 65
    O corpo de palestra.................................... 65
Como as palestras podem ser melhoradas?.................. 68
    Atenção.. 68
    O que pode ser feito para manter a atenção?........... 69
Como os alunos podem se tornar melhores ouvintes?........ 70
Como os alunos processam o conteúdo de uma palestra?.... 71
Os alunos devem fazer anotações?.......................... 72
Proposta para que os alunos pensem ativamente durante uma palestra..... 74
Conclusão... 75
Leitura complementar...................................... 75

Capítulo 7 Analisar, testar e avaliar: a nota não é o mais importante..... 77
Planejamento dos métodos de avaliação..................... 78
Métodos de avaliação do aprendizado...................... 79
    Testes: dentro e fora da sala de aula................... 79
    Avaliação de desempenho (avaliação autêntica).......... 80
    Representações gráficas dos conceitos.................. 81
    Periódicos científicos, pesquisas e bibliografias......... 83

Portfólio	83
Avaliação pelos pares	84
Avaliação de trabalho em grupo	84
Avaliação incorporada	85
Avaliação em sala de aula	86
Conclusão	87
Leitura complementar	87

Capítulo 8 Provas e exames: os detalhes 89

Quando realizar provas	89
Elaboração da prova	90
Tipos de pergunta	90
Quantas questões você deve utilizar?	93
Elaboração de questões de múltipla escolha	94
Provas a partir da perspectiva dos alunos	95
Como reduzir a frustração e a agressividade dos alunos?	95
De que forma os alunos podem conhecer as provas?	96
Provas de múltipla escolha	97
Provas dissertativas	97
Por que ensinar a fazer provas?	98
Como lidar com a ansiedade provocada pelas provas	98
Aplicação da prova	99
Modelos alternativos de provas	100
Avaliação em grupo	100
Avaliação on-line	100
O que fazer com as colas?	101
Por que os alunos colam?	102
Como os alunos colam?	102
Como evitar a cola	102
Como lidar com a cola	104
Depois da prova	106
Atribuição de notas às provas objetivas	106
Atribuição de notas às questões dissertativas	107
Aprender com as provas	109
Devolução das provas	110
Aprender com a prova	110
Quando os alunos se sentem prejudicados	111
O que fazer com o aluno que perdeu a prova?	111
Conclusão	112
Leitura complementar	112

SUMÁRIO

Capítulo 9 Bons modelos de *feedback* para os alunos 115
A elaboração de comentários de *feedback* escritos 116
    Compreensível, seletivo e específico 117
    Pesquisa sobre os comentários de *feedback*. 117
    Oportuno 118
    Sem julgamento e equilibrado 118
    Contextualizado 119
    Prospectivo e valioso 120
Debates sobre *feedback* 121
O alinhamento do *feedback* do professor com as necessidades dos alunos 122
Complementar o *feedback* do professor com aquele feito pelos colegas 124
    Produção de atividade colaborativa 124
    Comentários em grupo sobre os trabalhos 125
    Aprendendo com a colaboração e revisão dos colegas 125
Formas de ativar e fortalecer o *feedback* pessoal 126
    Aproveitando o *feedback* pessoal do aluno: tarefas mais frequentes 127
    A reflexão dos alunos sobre os comentários do professor 128
    Mecanismos para fortalecer a autoavaliação 128
Conclusão 129
Leitura complementar 130

Capítulo 10 Orientações para atribuição de notas 133
As notas fornecem informações úteis para a tomada de decisão? 134
    O que alunos, professores e empregadores querem com as notas? 135
Podemos confiar nas notas? 136
Atribuição de notas: em "curva" ou fora padrão? 138
Mecanismos para reduzir a ansiedade dos alunos em relação às notas 140
O que fazer com o aluno que quer revisão de nota? 141
Notas *versus* aprendizado: algumas pesquisas relacionadas 142
Conclusão 144
Leitura complementar 144

PARTE 3 Como entender os alunos 147

Capítulo 11 Motivação na sala de aula universitária 149
Teorias motivacionais: panorama 150
    Autonomia e autodeterminação 150
    Motivações intrínseca e extrínseca 151
    Teoria da expectativa-valor 152

  Metas de desempenho e domínio 153
  Teoria da atribuição das causas de desempenho escolar 154
  O poder motivacional de crenças sobre a inteligência 155
  Objetivos e motivação sociais 156
Como colocar a teoria motivacional em prática? 156
Conclusão 158
Leitura complementar 159

Capítulo 12 O trabalho com alunos de diferentes culturas 161
Cultura e comunicação 162
  Comunicação não verbal 162
  Comunicação verbal 164
Motivação e estresse 168
  Diferenças culturais na motivação 168
  Estressores culturais 169
  Aumento da motivação 172
  Formas de lidar com os estressores 173
Personalização dos métodos de ensino 175
  Formas de relacionar os estilos de aprendizagem 175
  Seja concreto 176
  Melhore a medição do desempenho 176
  Escolha comportamentos não verbais adequados 177
  Seja acessível 178
Conclusão 179
Leitura complementar 179

Capítulo 13 Como lidar com os problemas dos alunos e com os
       alunos-problema (Quase sempre há pelo menos um!) 181
Problemas intelectuais/acadêmicos 181
  Alunos agressivos e desafiadores 181
  Alunos que querem a verdade e aqueles que acreditam
    que tudo é relativo 182
  Alunos que estão despreparados para o curso ou que estão buscando preparo 184
  Ensino e tutoria individualizada 185
Problemas de gestão de turma 186
  Alunos que buscam a atenção e os que dominam as discussões 187
  Alunos desatentos 188
  Alunos despreparados para as aulas 189
  O bajulador, o discípulo, o vigarista 190
  Alunos com desculpas 190

SUMÁRIO

Problemas emocionais 191
    Alunos irritadiços 191
    Alunos desmotivados, prontos para desistir 193
    Alunos com reações emocionais a temas sensíveis .. 194
    Como lidar com problemas psicológicos 194
    Suicidas potenciais 195
Conclusão 196
Leitura complementar 196

PARTE 4 Como aumentar o repertório de habilidades e estratégias para facilitar a aprendizagem ativa 199

Capítulo 14 Aprendizagem ativa: aprendizagem em grupo 201
O valor da aprendizagem ativa em si 201
O valor da aprendizagem ativa em grupos 202
Por que a aprendizagem em grupo funciona? 203
Aprendizagem em grupo: variações sobre o tema 204
    Tutorial em pares 204
    O par de aprendizagem: das células de aprendizagem à estratégia
        do *Think-Pair-Share* 205
    Aprendizagem em equipe: sindicato e vaivém 206
    Grupos on-line: síncronos e assíncronos 207
    Aprendizagem em equipes 208
    Comunidades de aprendizagem 208
Problemas com os trabalhos em grupo 209
    Sugestões para os alunos: como ser um grupo eficaz .. 211
Conclusão 211
Leitura complementar 211

Capítulo 15 Aprendizagem experiencial: com base em estudos de casos, estudo de problemas e fatos da realidade 213
A sustentação da aprendizagem experiencial 213
A essência da aprendizagem experiencial 214
Tipos de aprendizagem experiencial que representam os
    níveis de realidade 215
    O método do estudo de caso 215
    Aprendizagem com base em problemas 217
    Etapas da aprendizagem com base em problemas
        (design orientado) 219

Jogos, simulações e dramatizações. 219
Experiência de campo. 221
Conclusão 221
Leitura complementar 222

Capítulo 16 Como melhorar o aprendizado por meio de trabalhos de complexidade variada 225
Um pouco de teoria: trabalhos mais e menos complexos 225
Escrita menos complexa. 226
    Tipos 226
    Ocasiões. 226
    Benefícios da escrita menos complexa. 227
    Como lidar com a escrita menos complexa 228
Escrita mais complexa. 229
    Temas e trabalhos. 230
    Critérios de avaliação 231
    Trabalhos e rascunhos múltiplos 231
    A pior das hipóteses 233
Respondendo aos trabalhos mais complexos 234
Trabalhos de complexidade média: para refletir. 236
Resposta pelos pares ou colegas. 237
Sobre a correção: ortografia e gramática. 238
Tecnologia e redação 238
    O processo da escrita 239
    Revisão. 239
    A dimensão colaborativa e dialógica da escrita 240
    O papel do professor 240
Sobre a atribuição de notas. 241
    Portfólio 242
    Contrato de atribuição de notas 242
Como evitar – e lidar com – o plágio. 243
    Maneiras de evitar o plágio 244
Conclusão 245
Leitura complementar 246

Capítulo 17 Tecnologia e ensino. 249
Como a tecnologia melhora o aprendizado e o ensino? 249
Ensinando com a tecnologia 251
    Conteúdo 252
    Professor. 253

■ SUMÁRIO ■

Alunos 256
Ferramentas tecnológicas 258
Ensino on-line ou a distância 275
Como lidar com a explosão tecnológica 276
Qual é o impacto da tecnologia no ensino e na aprendizagem? ... 277
Conclusão 280
Leitura complementar 280

PARTE 5 Habilidades para serem usadas em outras situações de ensino 283

Capítulo 18 Aulas para turmas grandes: ainda assim é possível trabalhar com a aprendizagem ativa! 285
Como facilitar a aprendizagem ativa 286
    Como incentivar a produção de texto em turmas grandes 287
    Outras maneiras de manter o envolvimento dos alunos 288
Anonimato do aluno 289
Organização é essencial 290
    Como aplicar provas em turmas grandes 290
    Como reduzir a sensação de anonimato dos alunos 291
    Atribuição de trabalhos de leitura externa 292
    A comunicação com turmas grandes 293
Como coordenar cursos multisseções 294
Como treinar e supervisionar os assistentes de professor 294
Conclusão 295
Leitura complementar 296

Capítulo 19 Laboratório didático: garantindo a experiência de aprendizagem ativa 297
Estilos de instrução didática 298
    Instrução expositiva 299
    Instrução investigativa 299
    Instrução de descoberta 300
    Aprendizagem com base em problemas 300
A instrução de estúdio reúne artes e ciências 302
Como transformar pesquisadores iniciantes em cientistas atuantes ... 303
O que diz a pesquisa 304
Conclusão 305
Leitura complementar 306

XV

PARTE 6 Ensino voltado para objetivos da
educação superior 307

Capítulo 20 Como os alunos podem se tornar aprendizes mais
estratégicos e autônomos. 309
Quais são as características dos alunos estratégicos? 310
A importância dos objetivos e da reflexão crítica 311
Como aumentar a consciência dos alunos 311
Utilizar o conhecimento existente para ajudar a aprender coisas novas 312
Como ensinar as estratégias específicas do curso e do conhecimento 313
Métodos de verificação do entendimento 317
Saber como aprender não é suficiente – os alunos também
precisam querer aprender 318
Juntando tudo – processos de controle executivo na
aprendizagem estratégica. 319
O que os professores podem fazer para que os alunos sejam
bem-sucedidos nos ambientes educacionais on-line ou mistos 321
Conclusão 323
Leitura complementar 323

Capítulo 21 Como ensinar a pensar 325
Três estruturas que apoiam as habilidades de ensinar a pensar 326
Como melhorar a qualidade do pensamento 329
Conclusão 331
Leitura complementar 331

Capítulo 22 A ética do ensino e o ensino da ética 333
Responsabilidades para os alunos. 336
Incentivar a busca pela aprendizagem 336
    Demonstrar respeito pelos alunos. 337
    Respeitar a confidencialidade 339
    Modelagem dos melhores padrões acadêmicos e éticos 339
    Promover conduta acadêmica honesta e garantir uma avaliação justa 340
    Evitar exploração, assédio e discriminação 340
O ensino da ética 341
    Como podemos ensinar os valores? 344
    Modelagem de valores. 345
Como fazer escolhas éticas 345
Conclusão 346
Leitura complementar 346

■ SUMÁRIO ■

PARTE 7   Aprendizagem eterna para o professor 349

**Capítulo 23   Vitalidade e crescimento por toda a carreira
de docente** 351
Como desenvolver habilidades e estratégias eficazes? 353
Em busca de novas ideias, novos métodos e estratégias alternativas
    para lidar com problemas................................. 353
    Leitura 353
    Ouvir e discutir 354
    Ver e experimentar..................................... 354
Como é possível obter e aplicar o *feedback* para continuar melhorando seu ensino? . 355
    Feedback do desempenho do aluno 355
    Feedback pelos colegas 355
    Feedback de especialistas na formação de professores................ 356
    Feedback dos alunos 357
    Pontos importantes para a melhoria com *feedback* dos alunos.......... 359
    Consulta 361
    Avaliação e pesquisa em sala de aula 361
    Autoavaliação... 362
Conclusão 363
Leitura complementar 364

Referências   367

Índice remissivo.. 393

Prefácio

Dicas de ensino foi inicialmente escrito para responder às questões propostas pelos novos professores universitários, para deixá-los à vontade em seus trabalhos e para ajudá-los a começar de forma eficaz em sala de aula. Também se mostrou útil para professores experientes, professores em universidades comunitárias, educadores a distância, educadores de adultos, professores adjuntos e docentes de muitos outros países.

A organização do livro introduz assuntos que envolvem o início da carreira dos professores e avança para as habilidades básicas necessárias a esses profissionais – conseguir a participação dos alunos, ministrar palestras, avaliar o aprendizado e atribuir notas (partes 1 e 2). Igualmente importantes são a consciência, o respeito e a capacidade de se adaptar às diferenças dos alunos (Parte 3). As partes 4 e 5 abordam as habilidades e estratégias adicionais importantes para os outros aspectos do ensino. Na Parte 6, discutimos os objetivos da educação além da simples memorização de fatos, conceitos e teorias, e, na Parte 7, mostramos o desenvolvimento contínuo do professor.

O ensino eficaz exige mais do que aquisição de competências. Para se adaptar às necessidades educacionais, o professor precisa entender a teoria básica da aprendizagem e do ensino a fim de poder desenvolver os próprios métodos. Assim, este livro baseia-se em discussões da pesquisa e teoria relevantes. A habilidade de ensinar não é algo a ser aprendido e simplesmente repetido; o que torna tudo isso interessante é que sempre há espaço para o crescimento. À medida que reflete sobre as estratégias utilizadas em suas turmas, surgem novas perspectivas e você pode desenvolver suas teorias de ensino e aprendizagem e seu repertório de habilidades e estratégias.

Pelo fato de Marilla Svinicki combinar o ótimo conhecimento prático com uma boa compreensão de teoria, convidei-a para escrever dois capítulos da 7ª edição de *Dicas de ensino* e se unir a mim como coautora da 12ª edição. Nesta 13ª edição, ela tornou-se autora sênior e espero que assim continue.

• DICAS DE ENSINO •

Desde a primeira edição, este livro enfatizou a importância da aprendizagem ativa. Na edição seguinte, introduzi uma seção maior sobre o ensino focado no aluno e no papel do professor como facilitador da aprendizagem. É gratificante ver que, nos últimos anos, os autores começaram a escrever sobre as mudanças da educação. Não sei se este livro contribui para essa mudança, mas espero que "focado no aluno" não se torne mais uma expressão da moda – como "mestres" dos anos 1950 (quando as aulas eram televisionadas com o objetivo de ensinar muitos alunos) ou "aprendizagem programada" dos anos 1960 (cujo propósito era ensinar de maneira mais eficaz) ou ainda "revolução tecnológica" dos anos 1970. Acreditava-se que se tratava de panaceias (e todas continham elementos valiosos) que, depois de certo período de ascendência, apagavam-se antes do próximo grande entusiasmo. O que conta na educação não é tanto o que o professor faz, mas o que se passa na cabeça dos alunos, e isso será realidade mesmo que a expressão "focado no aluno" caia em desuso. Contudo, isso não significa que essa expressão implique determinado método de ensino.

"Focado no aluno" não diminui a importância do professor. Suas qualidades únicas como pessoa, sua integridade, seu compromisso com o desenvolvimento dos alunos – isso tudo é muito mais importante do que antes, quando o papel do professor era o de simplesmente seguir o livro didático. Seu papel foi ampliado e engloba a tarefa de mediador entre o conteúdo e o entendimento dos alunos, em níveis cada vez maiores. *Não há uma forma melhor de ensino.* Se sua intenção é continuar a se desenvolver como professor, apenas habilidades bem praticadas não bastam, será imprescindível entender por que algumas coisas funcionam e outras não. Não ofereço um conjunto de regras para serem seguidas. Pelo contrário, sugiro estratégias para serem consideradas e modificadas conforme necessário, nessa dinâmica em constante mudança das salas de aula. O que é melhor para você pode ser um pouco diferente do que é para mim. Ao introduzir a pesquisa e teoria relevantes para as estratégias sugeridas, espero incentivar sua reflexão e seu desenvolvimento contínuos como professor reflexivo, observador e cuidadoso. Além disso, enquanto as pesquisas atuais são sempre o objetivo principal, nesta edição você verá que as referências "clássicas" estão indicadas com um asterisco nas Referências. Isso foi acrescentado para mostrar os trabalhos seminais e clássicos que ainda oferecem o conteúdo mais confiável sobre o assunto.

Wilbert J. McKeachie

PREFÁCIO

Um tributo a Wilbert McKeachie

Conforme Bill observou anteriormente, agora é minha vez de assumir, de forma honrosa, o trabalho de redação e edição de *Dicas do ensino*. No entanto, Bill está sempre por perto para me ajudar a manter o que tornou *Dicas de ensino* um dos livros mais vendidos e um dos mais utilizados em salas de aula universitária nos Estados Unidos e em outras partes do mundo. A natureza deste livro é uma reflexão de Bill. Qualquer um que o tenha conhecido pessoalmente pode confirmar isso. Ele é uma pessoa direta, pragmática e despretensiosa, apesar de ser uma das vozes que mais influenciaram o ensino universitário nos últimos 50 anos. Ele realmente se preocupa com o ensino e aprendizado e passou a vida falando sobre o tema. Foi meu modelo por 35 anos. Não consigo causar o mesmo impacto, mas vou tentar me igualar e atingir seus objetivos.

E uma palavra sobre a nossa redação. Bill e eu temos o costume de usar a primeira pessoa porque geralmente estamos falando sobre nossos pensamentos e nossas experiências. Às vezes, o "eu" de uma frase realmente é Bill falando, outras vezes, sou eu. Mas não importa, pois pensamos da mesma forma e, provavelmente, ensinamos da mesma maneira. Apenas achei que você deveria saber que nem todas as ideias são somente minhas porque o texto diz "eu"!

Marilla D. Svinicki

Novidades nesta edição

Esta edição inclui um capítulo novíssimo sobre avaliação e *feedback*, escrito por David Nicol (Capítulo 9), e atualizamos os capítulos existentes em que os novos desenvolvimentos tecnológicos e as novas estratégias instrucionais se tornaram mais proeminentes desde a última edição. Por exemplo, como era esperado, todo o capítulo sobre o uso de tecnologia precisou ser revisado para incorporar as novas ferramentas, como o sistema de resposta do público (*clickers*). Deixamos mais espaço para as discussões on-line e os debates liderados por alunos para refletir os desenvolvimentos recentes no ensino por meio de debates. Expandimos a discussão sobre formas alternativas de aplicar o trabalho em grupo para ensinar por causa da crescente popularidade do modelo. Reordenamos os capítulos da seção sobre aprendizagem ativa para enfatizar que você deve considerar a escrita um dos melhores exemplos de aprendizagem ativa disponíveis para o professor e para fornecer um panorama no início da seção. Com o aumento da ênfase nas avaliações, atualizamos grande parte deste material para ajudá-lo a entender o papel do professor ao fornecer avaliações precisas e incorporá-las nas atividades diárias em sala de aula. Para que pudéssemos encaixar tudo, eliminamos alguns capítulos de edições anteriores, mas incorporamos grande parte desse material em outros capítulos, como informações sobre plágio e educação a distância. Também introduzimos materiais e sites novos sobre o ensino com as seções de "Leitura complementar", que foram ampliadas e revistas. Esperamos que tudo isso corresponda às suas expectativas. Se você vir que algo que retiramos é essencial ou necessita de novas elaborações importantes para a área, entre, por favor, em contato conosco. *Dicas de ensino* nunca vai parar de mudar, e contamos com você, leitor, para nos manter em pé!

Agradecimentos

Nossos agradecimentos a todos os revisores que poderão ver a evidências do impacto de seus comentários:

Ferald J. Bryan, *Northern Illinois University*
Terri L. Flowerday, *University of New Mexico*
Gerri Hura, *Buffalo State College*
Linda Jones, *University of Arkansas*
Marilyn Lockhart, *Montana State College*
Ruslan Slutsky, *University of Toledo*
Diane Tetreault, *Bentley College*

Sobre os autores

Marilla Svinicki é professora do Departamento de Psicologia da Educação e ex-diretora do Center for Teaching Effectiveness da University of Texas em Austin. É bacharel e mestra pela Western Michigan University, e doutora pela University of Colorado. Seus interesses de pesquisa incluem aplicação dos princípios de aprendizagem, instrução no ensino superior e desenvolvimento de docentes e alunos de pós-graduação como professores. Atualmente, leciona no curso "Metodologia de Ensino Universitário" na University of Texas, e também em cursos sobre a psicologia da aprendizagem humana e psicologia instrucional. Foi editora da *New Directions for Teaching and Learning*, revista influente sobre questões de ensino para docentes, por vinte anos.

Wilbert J. McKeachie é professor emérito de Psicologia e ex-diretor do Center for Research on Learning and Teaching na University of Michigan, na qual fez carreira acadêmica, desde o doutorado em 1949. Suas principais atividades envolvem o ensino universitário, pesquisa sobre o ensino universitário e treinamento de professores universitários. Presidiu várias instituições, como a American Psychological Association; American Association of Higher Education; American Psychological Foundation; Division of Educational, Instructional, and School Psychology da International Association of Applied Psychology e do Center for Social Gerontology. Foi também presidente do Committee on Teaching, Research, and Publication da American Association of University Professors e da Division J. (Psychology) of the American Association for the Advancement of Science. Foi membro do conselho do National Institute of Mental Health Council, do Veteran's Association Special Medical Advisory Group e de outras comissões governamentais de saúde mental, pesquisa comportamental e biológica e treinamento de pós-graduação. Entre outros, McKeachie recebeu oito títulos honorários e a medalha de ouro da American Psychological Foundation Gold Medal for Lifetime Contributions to Psychology.

PARTE 1

Primeiros passos

Introdução

Os primeiros meses e anos de ensino são importantes. As experiências adquiridas nesse período podem tanto arruinar uma carreira promissora de professor como dar início a uma jornada de crescimento e desenvolvimento contínuo.

A maioria de nós começa a primeira aula como professor com muito medo e ansiedade. Não queremos deixar a desejar e, para tanto, preparamos muito bem nossa aula, mas receamos o constrangimento de não conseguir responder às dúvidas dos alunos. Queremos que nossos alunos gostem de nós e sabemos que temos de alcançar a simpatia e o respeito em um novo papel que envolve uma série de expectativas como a avaliação. Isso torna o relacionamento com os estudantes difícil e turbulento. Queremos concluir a primeira aula com louvor, entretanto não temos ideia de quanta matéria conseguimos abordar no período de uma aula.

Em geral, a ansiedade passa à medida que surgem respostas positivas por parte dos alunos, quando constatamos que dominamos o assunto e que os períodos de aula podem ser emocionantes. No entanto, para alguns professores, os primeiros dias não são feitos de acontecimentos felizes. As aulas começam mal, os professores exercem autoridade e os alunos resistem. O professor sabe que as coisas não estão correndo bem, mas não sabe o que fazer.

Para lidar com essa situação, muitos professores optam por aulas teóricas com o menor contato visual, recorrem a notas baixas como dispositivo de motivação, não estimulam a pesquisa e outros aspectos do papel profissional.

O que faz a diferença nos primeiros dias?

Provavelmente não é a matéria. Na maioria das vezes, o ponto mais fundamental para um bom começo não é a escolha de um conteúdo interessante (por mais importante que isso possa parecer), mas a capacidade de administrar as atividades de aula de maneira eficaz – técnicas simples de ensino envolvem os alunos e permitem que eles aprendam e trabalhem.

Se o novo professor adotar técnicas para "quebrar o gelo", encorajar a participação em sala de aula e organizar o curso terá mais chances de começar bem. Depois de descobrir que dar aulas pode ser divertido, você vai reservar tempo para isso, vai pensar a respeito e se transformar em um professor competente.

Quando se está começando, as discussões sobre a filosofia da educação e sobre as teorias de aprendizagem e ensino podem ser úteis, mas provavelmente não são tão importantes quanto aprender técnicas e habilidades simples para passar pelas primeiras semanas sem muito estresse e com um pouco de satisfação. Quando atingir certo nível de conforto, você poderá pensar mais a fundo sobre os assuntos de maior amplitude discutidos nos capítulos seguintes e ainda se divertir.

A cultura universitária

Um curso não pode ser totalmente separado da cultura universitária.

Primeiro, a instituição faz determinadas exigências aos professores. Na maioria das universidades, é necessário atribuir notas para os trabalhos dos alunos e ministrar uma prova no final do curso. A turma tem uma sala de aula determinada, onde todos da classe se encontram em períodos regulares.

Além disso, existem áreas nas quais as regras formais e práticas comuns não se aplicam, e os professores devem redobrar a atenção quanto a isso. Por exemplo, na maioria das culturas universitárias, os docentes que ficam intimamente ligados aos alunos estão, na verdade, ultrapassando as fronteiras do decoro e podem existir limites quanto à discussão de assuntos religiosos, sexuais e políticos em sala de aula. Os professores devem aprender não somente a andar nos limites impostos pelas regras da faculdade, como também a contornar as armadilhas de seus costumes. E não é somente a cultura da instituição que importa: os departamentos e as disciplinas têm suas próprias culturas quando se trata de costumes relacionados a métodos de ensino, testes, padrões e estilos de comunicação e instrução.

Os leitores precisam adaptar as minhas sugestões à cultura universitária da qual fazem parte. Quando ingressar em um novo emprego, converse com os professores sobre as percepções que estes têm dos alunos, como ensinam e veem os outros docentes, e peça-lhes amostras de currículos, exames e outros materiais do curso.

Em muitas instituições, os alunos já tiveram experiências com professores que, de uma forma mais ou menos paternalista, premiaram aqueles que conseguiram devolver as informações obtidas ao meio. O tipo dos testes, a frequência com que são aplicados e os métodos de classificação também estão intimamente relacionados a determinadas normas. Como consequência, quem tenta revolucionar o ensino com novos métodos e novas técnicas pode perceber que está simplesmente frustrando as necessidades e expectativas que os alunos têm na cultura da faculdade em questão. Então, se decidir experimentar alguma novidade, certifique-se de que todos entendam por que esse novo método é (provavelmente) mais valioso.

Embora existam normas e tradições que caracterizam todo o câmpus, é preciso reconhecer que ainda há as subculturas. Algumas delas são subculturas da faculdade em diferentes disciplinas. No entanto, é importante reconhecer que há a subcultura dos alunos, com as próprias normas e expectativas. Dentro dessa cultura, há várias diferenças individuais essenciais, e levar em conta a diversidade de alunos é tão imprescindível no ensino que dedicamos uma parte específica deste livro à abordagem desse assunto: "Como entender os alunos" (Parte 3).

Pesquisa *versus* ensino?

Para os professores novos, um aspecto crítico da cultura local é justamente a definição do papel correto de um membro do corpo docente. Por exemplo, em muitas universidades, as definições formais dos critérios de promoção dão a mesma importância à pesquisa e ao ensino, mas não é tão comum perceber que ambos se equivalem.

Estudos demonstraram que pesquisa e ensino não são, necessariamente, conflitantes. Muitos docentes são excelentes no campo da pesquisa e do ensino, alguns pesquisadores excelentes são péssimos professores, e alguns mestres excelentes não publicam pesquisas. A maioria dos docentes, além de gostar lecionar, almeja as bolsas de estudo fornecidas para suas pesquisas. Outros professores prestam serviços para a comunidade e para o país.

Ensino como bolsa de estudos

Em 1990, o livro de Ernest Boyer, *Scholarship reconsidered*, incentivou a discussão sobre o ensino superior e a natureza das bolsas de estudo. Na maioria das universidades norte-americanas, a bolsa de estudos foi avaliada em termos de pesquisas publicadas. Boyer sugeriu que os professores que acompanham os desenvolvimentos atuais, usam e avaliam melhores maneiras de aperfeiçoar o aprendizado dos alunos ou que pesquisam métodos de ensino também são aprendizes. Como resultado do debate das propostas de Boyer, há uma aceitação cada vez maior da ideia de que o bom ensino envolve muita atividade acadêmica.

Descubra quais são as regras locais e, se houver algum conflito, opte pelo equilíbrio entre seus talentos e interesses, com consciência da probabilidade de apoio para essa autodefinição. Embora o tempo não seja infinitamente elástico, a maioria dos docentes sente que uma semana de trabalho com 50-60 horas é satisfatória, porque gostam tanto do ensino como da pesquisa.

Independentemente de sua escolha, é muito provável que o ensino faça parte da sua função. *Ser hábil na arte de ensinar pode ser menos desgastante que ensinar mal.* Ensinar bem é mais divertido que ensinar mal. Depois da aula ou no fim do dia, pense sobre o que deu certo e o que não deu, e faça anotações para lembrar o que deve fazer (ou não fazer) na próxima aula. Além disso, será mais fácil se concentrar melhor na pesquisa quando não estiver preocupado com as aulas. Assim, investir um pouco de tempo e atenção no desenvolvimento de habilidades de ensino pode ajudar na autossatisfação e eficácia da sua carreira.

Um dos melhores aspectos da educação é que nós também somos aprendizes. Todas as vezes que ministramos uma aula aprendemos mais sobre o conteúdo e sobre como ensinar, não tenha medo de compartilhar seus conhecimentos com os outros. Todas as disciplinas possuem espaços de debate científico na internet, que abordam aspectos relacionados ao ensino e que aceitam suas contribuições.

◩ CONCLUSÃO

Como essas sugestões se baseiam em minha filosofia de ensino, seguem sete tendências ou hipóteses:

1. O importante é o aprendizado, não o ensino. Ensinar com eficácia depende não só daquilo que o professor faz, mas também do que o aluno faz, e envolve ouvir tanto quanto falar. É importante que docentes e alunos estejam em sintonia sobre o que se passa na cabeça destes. As mentes dos aprendizes não são lousas em branco e guardam expectativas, experiências e concepções que moldam a interpretação do conhecimento que está sendo apresentado. Seu trabalho é ajudá-los a desenvolver as representações mentais da sua matéria, que virão a formar uma base para o aprendizado, pensamento e uso futuro.
2. Às vezes, os professores podem estar errados. Se isso acontecer com frequência, não devem ensinar. Se nunca estiverem errados, pertencem ao céu e não a uma sala de aula.
3. As aulas são imprevisíveis. Isso pode ser frustrante, mas também torna o ensino mais fascinante. Não desanime se alguns alunos não gostarem do seu jeito de ensinar. Às vezes, conseguimos, em determinado momento, atrair o inte-

resse de todos; em outras ocasiões, apenas alguns alunos se mostram interessados durante a aula. Entretanto, é impossível deixar todos os alunos interessados o tempo todo.
4. Há muitas metas importantes no ensino universitário e uma delas é aumentar a motivação e capacidade do aluno para *continuar* o aprendizado depois que sair da universidade.
5. Na maioria das vezes, o aprendizado do aluno ocorre fora da sala de aula. Para um professor iniciante, isso pode significar que ele não foi tão eficiente ao ensinar. É importante direcionar a atenção para estimular e guiar os alunos no aprendizado fora da sala de aula, até mais do que preparar uma palestra deslumbrante.
6. Os alunos conseguem aprender mais ao conversar entre si do que nos ouvindo, se forem preparados para tal interação.
7. Um ponto importante para melhorar o processo de ensino é a reflexão – pensar nos objetivos pretendidos e em como alcançá-los. O conteúdo deste livro não o tornará um grande professor. Pode ser que os grandes professores já nasçam "grandes" e não sejam moldados para tal, mas qualquer um com capacidade suficiente para conseguir um emprego de docente universitário pode ser um *bom* professor. Este livro dá dicas para evitar problemas comuns e alguns conceitos para refletir, mas, eventualmente, ele se resume a você, sua personalidade e seus valores. Minha esperança é que este livro o ajude a se sentir bem à vontade e possa revelar o que há de melhor em você.

▣ LEITURA COMPLEMENTAR

Quando a primeira edição de *Dicas de ensino* foi publicada, era praticamente o único livro que oferecia orientação para os professores universitários. Atualmente, existem muitos outros livros, além de divulgações científicas em base digital e em papel, publicados nos Estados Unidos e em outros países. Hoje, existem inúmeros periódicos destinados ao ensino das mais variadas disciplinas. Confira o que há disponível na biblioteca da sua instituição. Se esta tiver um centro de desenvolvimento instrucional, você encontrará muitos materiais e uma equipe prestativa.

Estou relutando em listar apenas alguns dos muitos bons livros sobre o ensino universitário, porque vejo que todos atendem a determinada necessidade e se complementam, assim como este livro. Vou me limitar a listar menos de vinte:

BERNSTEIN, D. & BASS, R. The scholarship of teaching and learning. *Academe*, v. 9, n. 4, p. 37-43, [s. d.].

BOICE, R. *Advice for new faculty members*: nihil nimus. Boston: Allyn and Bacon, 2000.

COOPER, P. & SIMONDS, C. *Communication for the classroom teacher*. 8. ed. Boston: Pearson; Allyn and Bacon, 2007.

DAVIS, B. G. *Tools for teaching*. 2. ed. São Francisco: Jossey-Bass, 2009.

DAVIS, S. F. & BUSKIST, W. (Ed.). *The teaching of psychology*: essays in honor of Wilbert J. McKeachie e Charles L. Brewer. Mahwah, NJ: Erlbaum, 2002.

DEE FINK, L. *Creating significant learning experiences*. São Francisco: Jossey-Bass, 2003.

DEZURE, D. (Ed.). *Learning from change*: landmarks in teaching and learning in *Change Magazine*, 1969-1999. Sterling, VA: Stylus, 2000.

EBLE, K. *The craft of teaching*. 2. ed. São Francisco: Jossey-Bass, 1988. (Não pense você que um livro de 1988 está desatualizado nos dias de hoje. É um bom livro para ler depois de perder a ansiedade inicial e pensar no ensino como ofício e vocação.)

FISCH, L. *The Chalk Dust Collection*: thoughts and reflections on teaching in colleges and universities. Stillwater, OK: New Forums Press, 1996. (Uma coleção profunda e divertida de trabalhos de muito bom-senso.)

GRASHA, A. *Teaching with style*. Pittsburgh: Alliance Publishers, 1996.

HALPERN, D. F. & HAKEL, M. D. (Ed.). Applying the science of learning to university teaching and beyond. *New Directions for Teaching and Learning*, n. 89, mar. 2002.

HUTCHINGS, P. & SHULMAN, L. The scholarship of teaching. *Change*, v. 31, n. 5, p. 10-6 [s. d.].

JOHNSON, D. E. Teaching, research, and scholarship. In: DAVIS, S. R. & BUSKIST, W. (Eds.). *The teaching of psychology*: essays in honor of Wilbert. McKeachie e Charles L. Brewer. Mahwah, NJ: Erlbaum, 2002.

MICHAELSEN, L.; SWEET, M. & PARMALEE, D. (Eds.). Team-based learning: small group learning's next big step. *New Directions for Teaching and Learning*, v. 116, inverno 2008.

PALMER, P. *The courage to teach*: exploring the inner landscape of a teacher's life. São Francisco: Jossey-Bass, 1998. (Este livro vai inspirá-lo.)

PERRY, R. & SMART, J. (Ed.). *Effective teaching in higher education*. Nova York: Agathon Press, 1997.

PRIETO, R. & MEYERS, S. A. *The teaching assistant handbook*. Stillwater, OK: New Forums Press, 2001.

Os cinco livros apresentados a seguir trazem a perspectiva de autores que escreveram sobre suas experiências em outros países. O conteúdo é relevante para professores universitários de todos os países.

BIGGS, J. *Teaching for quality learning at university*. Buckingham, UK, Filadelfia: Society for Research into Higher Education and Open University Press, 1999.

HATIVA, N. *Teaching for effective learning in higher education*. Dordrecht: Kluwer, 2000.

• INTRODUÇÃO •

Nilson, L. B. *Teaching at its best*. 2. ed. Bolton, MA: Anker, 2003.

Pan, D. *Learning to teach, learning to learn*. Cingapura: National University of Singapore, 2001.

Ramsden, P. *Learning to teach in higher education*. Londres, Nova York: Routledge, 1992.

Muitas faculdades publicam boletins próprios. Além disso, há duas publiscações nacionais sobre o ensino universitário: *The National Teaching and Learning Forum* e *The Teaching Professor*. Ambos têm artigos úteis.

Sites que podem ser de seu interesse:

Fundação Carnegie: www.carnegiefoundation.org.

National Teaching Learning Forum: www.ntlf.com/html/lib/bib/bib.htm.

Rede de Desenvolvimento Organizacional e Profissional de Ensino Superior: www.podnetwork.org/resources/periodicals.htm. e www.podnetwork.org/resources/facultydev.htm.

Ministério da Educação do Brasil: http://portal.mec.gov.br/.

Instituto Nacional de Estudos e Pesquisas Educacionais Anísio Teixeira (Inep): http://portal.inep.gov.br/.

Coordenação de Aperfeiçoamento de Pessoal de Nível Superior: http://www.capes.gov.br/index.php.

Capítulo 2

Contagem regressiva para a preparação do curso[1]

Os professores começam a preparar as aulas muito antes de conhecerem os alunos. Neste capítulo, apresento uma série de passos para uma preparação adequada, mas o planejamento não segue um padrão linear e perfeitamente ordenado. Os componentes desse planejamento de aulas estão ilustrados na Figura 2.1. De acordo com os especialistas, é importante que os professores listem primeiro os objetivos pretendidos, mas que não se atenham apenas a esse aspecto. Mesmo que cada passo seja elaborado previamente, sempre haverá espaço para o inusitado, e você terá de rever o planejamento feito. O mais importante é iniciar o projeto.

Três meses antes da primeira aula

Relacione os objetivos, as metas ou os resultados

O primeiro passo para se preparar para uma aula é a elaboração dos objetivos educacionais, já que a escolha dos livros, a seleção do tipo e da sequência dos trabalhos, a opção por técnicas de ensino e todas as outras decisões envolvidas no planejamento devem ser derivadas do que se pretende alcançar. Como são seus alunos? O que esperam do curso? Que resultados são esperados? Nesse momento, sua lista de metas ou objetivos deve servir apenas como lembrete a ser revisado à medida que são elaborados os outros aspectos do planejamento. A lista

---

[1] Este capítulo incorpora material de um capítulo de Graham Gibbs da décima edição de *Planning your students' learning activities*.

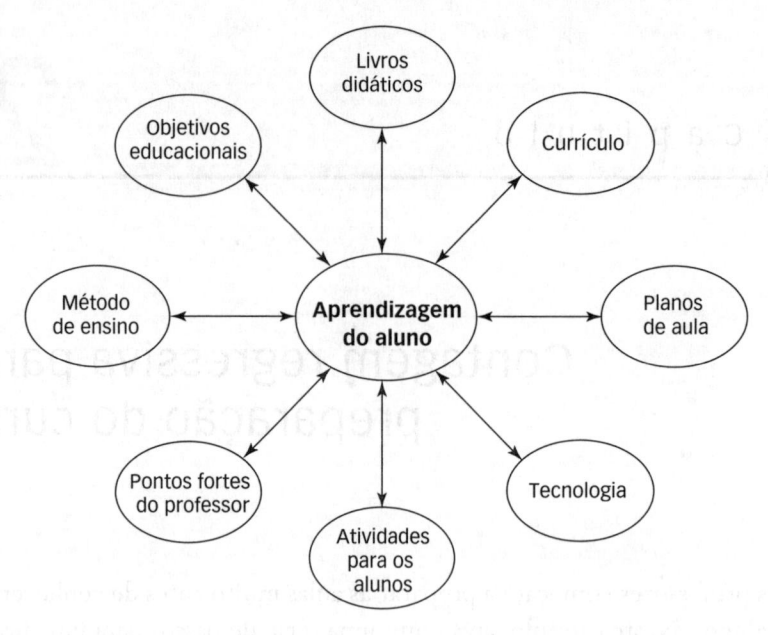

FIGURA 2.1

Diagrama centrado em "Aprendizagem do aluno", com setas bidirecionais conectando a: Livros didáticos, Objetivos educacionais, Currículo, Método de ensino, Planos de aula, Pontos fortes do professor, Tecnologia, Atividades para os alunos.

também deve ser revisada de acordo com as necessidades dos alunos, e escrever as metas pode ajudá-lo a clarear o pensamento.

A efetiva realização dos objetivos educacionais será verificada por meio das avaliações feitas com os alunos. Seus alunos veem seus métodos de avaliar e testar a realização de metas como a definição operacional mais importante. Portanto, objetivos e testes são tarefas inseparáveis. Isso não quer dizer que todos devem ser avaliados com base em notas. Alguns envolvem resultados motivacionais, de atitudes e valores, conforme discutiremos nos capítulos 11, 20 e 22. As notas dos cursos, geralmente, têm base apenas nos resultados cognitivos e de habilidades.

Quais são os objetivos?

Obviamente, a resposta depende do curso e da disciplina, mas é importante notar que os objetivos gerais do curso envolvem *a educação*. Não se trata de apenas englobar um conjunto de assuntos, mas também de *facilitar o pensamento do aluno*. Normalmente, preocupamo-nos não apenas com o aprendizado de um conjunto de fatos, mas também com o que pode ser usado e aplicado em situações fora dos exames. Na verdade, *na maioria dos cursos, a preocupação é a de ajudar os alunos em um processo de aprendizado que perdure pela vida inteira*; ou seja, *queremos estimular o interesse pelo aprendizado constante e oferecer uma base de conceitos e habilidades que facilitem o aprendizado, o pensamento e a apreciação.* Dessa maneira, ao elaborar os objetivos, pense no que é importante para seus alunos. Esses objetivos serão relevantes no presente e futuro deles?

Seus valores pessoais inevitavelmente interferem na escolha dos objetivos. Embora muitos de nós aprendamos a ser extremamente imparciais, cheguei à conclusão de que isso é impossível. Nosso ensino é constantemente influenciado por nossos valores e os alunos têm uma chance mais justa de avaliar nossas tendências se as tornarmos explícitas. Esconder-se atrás do manto da objetividade simplesmente impossibilita a discussão honesta de assuntos vitais.

Quando pensar nos objetivos, lembre-se de que cada curso contribui com outros objetivos gerais da educação universitária que transcendem um assunto específico, como o pensamento crítico ou ideias contrárias às próprias convicções. É saber quando informações e dados são relevantes para determinado assunto e como encontrar tal informação, além de desenvolver competências para o aprendizado e autorregulação (ver capítulos 20 e 21).

Além dessa perspectiva geral, é preciso ter em mente as características do ambiente no qual você trabalha. Qual é o papel desse curso no currículo? Outros docentes dependem desse curso para oferecer conhecimentos ou habilidades específicos? Como são seus alunos e como se diferem? (Ver a Parte 3 deste livro.) Quais são suas preocupações atuais, a autodescoberta, ação social? Conseguir um emprego? Como seus objetivos podem ser integrados com os do curso? Converse com alguns de seus colegas.

Uma comissão de examinadores de faculdades e universidades elaborou dois livros, que agora são clássicos, para auxiliar os docentes enquanto pensam sobre seus objetivos: *Taxonomy of educational objectives: the classification goals* (Bloom, 1956) e *Handbook II*: affective domain (Krathwohl, Bloom & Masia, 1964). Krathwohl & Anderson (2001) fizeram uma revisão. Outra opção excelente é a taxonomia do *Structure of the Observed Learning Outcome* – Solo (cf. Biggs, 1999). A expansão recente dessas taxonomias foi elaborada por Fink (2003), que as caracteriza como experiências significativas de aprendizagem. A lista bibliográfica inclui a maioria das anteriores, além de sugestões sobre como obtê-las.

Diante de tantas recomendações sobre a importância de começar com objetivos claros, não é minha intenção impor-lhe um sentimento de culpa caso tenha começado seu planejamento com noções vagas dos objetivos. Embora pareça lógico começar com essas orientações, os conteúdos, os métodos de ensino e a natureza dos alunos acabam interagindo de maneira dinâmica. Então, se achar mais fácil iniciar esboçando o conteúdo do curso, comece assim. O ideal é que o conteúdo seja ligado aos objetivos, mas muitos professores eficientes nunca tornam seus objetivos explícitos, embora os alunos obtenham, mesmo assim, esse tipo de resultado motivacional e cognitivo que todos desejamos. Os professores universitários às vezes são individualistas. Há várias maneiras diferentes de fazer um bom trabalho, e os objetivos surgem conforme se ensina.

Solicite livros didáticos, materiais para laboratório e outros recursos necessários

Você deve usar um livro didático?[2] Com livros de bolso, séries reimpressas e a internet, os professores mais jovens são imediatamente seduzidos pela ideia de que podem fazer um trabalho bem melhor para compilar determinado conjunto de leituras necessárias do que qualquer editor ou autor. "Pacotes do curso" – coletâneas de artigos e capítulos de livros relevantes – podem ser usados no lugar do livro didático ou como leitura suplementar.

Há muito a ser dito para tal procedimento do próprio professor compilar as leituras necessárias. Ele oferece flexibilidade, vários pontos de vista e oportunidade de manter o máximo de interesse. Além disso, já que nenhum livro didático abrange todos os tópicos igualmente, o uso de vários recursos permite que o professor ofereça mais materiais de excelente qualidade, que vão desde trabalhos teóricos e relatórios de pesquisa até aplicações práticas. Alguns editores estão até desenvolvendo livros eletrônicos e sites que ajudam a personalizar os livros didáticos do seu curso.

As desvantagens de não usar um livro são aparentes: sem o livro, o trabalho de integração pode ser tão grande que os docentes acabam desistindo de fazê-lo. Com um livro didático bem escolhido, o professor pode ter a certeza de que os alunos vão obter conteúdo e estrutura da matéria por meio da leitura e, assim, fica mais livre para variar os procedimentos e os recursos pedagógicos em sala de aula.

Além disso, a tarefa de gestão de determinar as leituras adequadas e organizar para que estejam disponíveis não deve ser considerada fácil. No caso de os alunos precisarem utilizar determinadas fontes de impressão, consulte o responsável pela biblioteca para verificar a existência de cópias suficientes ou se há o material disponível em meios eletrônicos. O acesso aos recursos do curso é extremamente importante para o aprendizado a distância e para cursos de especialização e superiores.

A consideração final é quanto se quer utilizar a leitura obrigatória *versus* a leitura livre, assim como o uso que faço de um periódico (ver Capítulo 16). Utilizo um livro didático como base e, depois, peço aos alunos que escrevam textos

---

[2] Você pode pular esta seção, caso seu departamento já tenha escolhido o livro didático.

ou postagens em fóruns de discussão on-line sobre a leitura que escolheram. A atribuição de uma leitura obrigatória diversificada e livre, adicional, exige muita organização, até mesmo para os alunos mais brilhantes e bem preparados.

Escolha um livro didático ou outros materiais de leitura[3]

Ao escolher os materiais para leitura, o mais importante é ter certeza de que se encaixam nos seus objetivos. O desacordo do professor com o livro irrita e confunde os alunos. Raramente um livro atende a todas as suas necessidades, mas, se utilizar um deles, escolha de modo que esteja alinhado com sua visão.

Os alunos preferem estudar um livro da maneira como foi escrito. Se o autor escreveu o livro de maneira sistemática, em que elabora um conceito seguido de outro, pode haver boas razões pedagógicas para adotar a mesma sequência. Contudo, não conheço nenhum texto que deixe todos os professores completamente satisfeitos. Então, recomendo que salte o mínimo possível e se certifique de que os alunos compreendem as razões desse procedimento.

Não há substituto para uma revisão detalhada dos textos disponíveis para o curso que você está elaborando. Conforme os livros se multiplicam, torna-se cada vez mais tentador levantar as mãos em sinal de frustração por causa do tempo necessário para uma análise consciente e acabar escolhendo o livro principalmente pela aparência, pela personalidade do representante de vendas ou pela inclusão do seu nome como autor de um dos estudos mencionados. Ainda assim, pesquisas sobre ensino sugerem que a maior influência sobre o que os alunos aprendem não vem do método de ensino, mas sim do livro didático. O que você deve fazer?

1. Limite as possibilidades para ficar com algo entre dois e cinco livros. É possível fazer escolhas com base no sumário e no prefácio. Consulte os colegas que já deram aulas nesse curso ou leia as resenhas.
2. Leia alguns capítulos. É tentador simplesmente folhear os livros, mas a leitura de alguns capítulos inteiros dá uma ideia melhor sobre o nível de dificuldade e interesse. Tente escolher um capítulo sobre algum assunto com o qual você tenha familiaridade e um que não seja da sua área de especialização.
3. Escolha três ou quatro conceitos-chave. Veja como cada texto os explica. Será que as explicações serão claras para os alunos? Interessantes?
4. Cuidado com detalhes ou imagens sedutoras incluídas justamente para tornar o livro mais atraente, mas que podem desviar a atenção dos conceitos básicos.

---

[3] Algumas das ideias apresentadas foram incentivadas pelo artigo de Russell Dewey (1995).

Dois meses antes da primeira aula

Comece a elaboração de um programa de estudo para o curso

Quando nosso objetivo é ensinar, geralmente pensamos no que acontece em sala de aula, mas a maioria do aprendizado ocorre fora dela. Planejar os trabalhos escritos e as atividades fora da sala é até mais importante que a elaboração da aula em si. O programa de estudo geralmente contém o planejamento e os trabalhos relacionados aos tópicos que serão abordados em sala de aula. Para o professor de um curso a distância, o programa de estudo é indispensável, pois, como num contrato, este permite que os alunos entendam tanto as suas responsabilidades quanto as deles.

A elaboração do seu programa de estudo vai forçá-lo a começar a pensar sobre os aspectos práticos do que você precisa deixar de lado para atingir os objetivos mais importantes. Nesse processo, considere as limitações de tempo, o espaço, os alunos e os recursos. Se você já deu aulas nesse curso antes, o que deu certo? O que não funcionou?

Sugerimos que você elabore um programa de estudo gráfico (Nilson, 2007), que é construído como um fluxograma ou mapa conceitual do curso, em vez de uma lista de atividades. Por meio desse programa, os alunos poderão perceber como as atividades do curso e todo o sistema estão integrados.

Seu curso envolve quanto tempo do aluno? É fácil imaginar que seu curso seja o mais importante, afinal, é o único visível. Contudo, seus alunos podem estar fazendo três, quatro ou até cinco cursos em paralelo. Considerando uma semana de estudo realista, com cerca de 40 horas, restam entre 6 e 10 horas da disponibilidade semanal do aluno para o aprendizado do seu curso, incluindo as aulas. Se seu aluno passa 3 horas por semana em aula, então, restam entre 3 e 6 horas por semana para planejar suas atividades fora da sala de aula. Há uma expectativa de que todo esse tempo seja utilizado. Saber exatamente quantas horas disponíveis de seus alunos você tem e quantas está usando é muito importante. Os alunos sentem grande variação na demanda entre os cursos porque os professores não estimam ou planejam esse tempo cuidadosamente. Os problemas mais comuns são causados porque, em geral, os professores não especificam nada e deixam que os alunos sigam as próprias ideias. Há ainda aqueles professores que sobrecarregam os estudantes com atividades inadequadas e improdutivas que, na verdade, limitam o aprendizado. Por exemplo, os professores de ciências, para manterem os alunos ocupados, exigem que eles elaborem relatórios das aulas de laboratório, o que significa que haverá menos tempo para a leitura. Pode ser bastante útil calcular o número total de horas disponíveis de estudo para seu curso e planejar como esse tempo seria utilizado de maneira ideal, estimando o tempo necessário para cada atividade. Na verdade, os esforços dos alunos variam, alguns são mais aplicados ou mais lentos do que outros, passam a maior parte do tempo em determinada atividade, em determinados cursos, e não em outros. No entanto, o fato de deixar as coisas claras acaba ajudando a fazer exigências mais realistas e ajuda os alunos a entenderem o que se espera deles.

O que deve constar no programa? Não há um modelo único. A seguir, apresento algumas sugestões, não regras. Se minhas recomendações foram seguidas até aqui, já há uma lista de objetivos, você já escolheu o livro didático e já tem um cronograma geral de quando vai abordar determinado assunto, talvez até um fluxograma mostrando como tudo se encaixa. A parte principal do seu programa será esse cronograma. Ao apresentar o cronograma, explique o propósito da organização que escolheu.

Você pode agendar os trabalhos e as datas de entrega. Faço um calendário do semestre que mostra as datas e os temas importantes. Esse procedimento alivia o trabalho de ter de fazer tarefas quase todos os dias e de repeti-las para os alunos que faltaram. Afirme suas expectativas e políticas sobre o comparecimento às aulas.

Conforme apresenta seu cronograma, considere maneiras alternativas para os alunos atingirem os objetivos de determinado dia ou semana de aula. Raramente todos os alunos compareçem a todas as aulas. Por que não construir alternativas periódicas para suas palestras e discussões em aula? Considere também a diversidade de seus alunos. Trabalhos alternativos podem ajudá-lo a trabalhar nessas circunstâncias. Os alunos com opções e sentimento de controle pessoal são mais motivados para o aprendizado.

Deixe claro quando e como o aprendizado será avaliado. Aquilo que os alunos fazem recebe influência, de forma equivocada, da antecipação das maneiras como o aprendizado será avaliado. Podem-se também incluir outros itens que serão úteis para o crescimento do aluno, como sites, leituras interessantes para complementar o livro didático, estratégias para maximizar a absorção da matéria e o que fazer quando ele encontrar dificuldades.

E, por fim, podem ser incluídas regras especiais que você deseja enfatizar, como observações sobre o prazo para a entrega dos trabalhos do curso.

O fato de o programa de estudo ser impresso ou estar disponível em um site já não sinaliza que o curso seja realmente centrado no professor e que as necessidades dos alunos não são consideradas? Não necessariamente. Uma pesquisa feita por Mann et al. (1970) sugeriu que os alunos podem entender uma abordagem menos organizada como indicação de que o professor não está interessado. O programa permite que alunos saibam, desde o início e com segurança, o que se espera deles e que caminho percorrerão. Ao mesmo tempo, a formulação de temas para os trabalhos pode transmitir emoções e estimular a curiosidade. Ken Takeuchi (comunicação pessoal), da State University of New York, em Buffalo, tem uma sigla muito interessante para direcionar a elaboração do programa:

S – *Specific* (específico)
M – *Measurable* (mensurável)
A – *Agreed* (entendido)
R – *Related* (relacionado)
T – *Time frame* (tempo)

Um mês antes da primeira aula

Comece a preparar os planos de aula

Se você tem palestras em mente, esboce o conteúdo das primeiras e pense em meios de envolver os alunos. O planejamento de várias aulas de uma só vez melhora a integração entre elas e deixa uma margem de manobra, caso haja um imprevisto na programação. Você poderá encurtar aulas posteriores ou expandi-las se não estiver preso ao tempo exato de cada aula. Se estiver planejando discussões em sala de aula, aprendizado cooperativo ou outros métodos, não pense que levará menos tempo no preparo. Treine! (Ver também capítulos 3 e 5.) Considere tudo que os alunos vão precisar para as provas que você vai aplicar. Dedique diariamente algum tempo ao planejamento para que possa reelaborá-lo à medida que novas ideias ou necessidades surgirem.

Planejamento para o aprendizado fora da sala de aula

O que acontece em sala de aula é de extrema importância para o aprendizado dos alunos. Em geral, os professores se atêm ao aprendizado do aluno, enquanto outros aspectos permanecem invisíveis. Na elaboração do planejamento, a maioria dos professores concentra-se em determinado conteúdo que será ministrado em sala de aula e não dá muita atenção ao que acontece fora dela (Stark & Lattuca, 1997). Em estudos sobre os fatores que mais influenciaram os alunos durante o período universitário, a relação deles com os docentes ocupou lugar pouco louvável (Feldman & Newcomb, 1969). Na maior parte dos cursos, o tempo que os alunos estudam fora da sala de aula é bem semelhante ao que passam nela. Assim, é preciso focar tanto naquilo que você espera que eles façam fora da sala de aula quanto no que se passa dentro dela. É importante sempre rever seus objetivos, pois, se há o desejo de que os alunos se tornem melhores solucionadores de problemas ou pensadores críticos, eles precisam praticar essas habilidades.

A leitura passiva de uma publicação resulta em um aprendizado mais pobre que a leitura com uma atividade em mente, como o preparo de uma questão para ser discutida em aula, a elaboração de um mapa conceitual ou exemplos com possíveis aplicações.

Escolha métodos de ensino adequados

Este é o último tópico dependente dos objetivos de curso. Para alguns objetivos e materiais, a apresentação de uma palestra ortodoxa é tão boa quanto (ou melhor) qualquer outra. Para outros, pode ser preferível organizar discussões. Para a obtenção de outros fins, o aprendizado cooperativo e as técnicas de encenação descritas posteriormente neste livro podem ser úteis. Os professores mais bem-sucedidos provavelmente variam os métodos para se adequarem a seus objetivos. Dessa maneira, pode ser que algum dia você tenha vontade de apresentar um material novo em uma palestra. Depois, pode dar continuidade com um debate sobre as implicações desse material ou com exercícios de campo ou laboratório. Considerando que sua escolha quanto ao assunto é determinada tanto pela sua personalidade quanto pelos objetivos do curso, não vou prolongar muito esse assunto. Com base na descrição dessas técnicas em seções posteriores deste livro, talvez seja possível decidir quais técnicas são adequadas à sua filosofia de ensino, às suas habilidades, à turma com que você está trabalhando e aos objetivos específicos que pretende enfatizar em determinado momento. Sínteses recentes da pesquisa sobre os efeitos do ensino no aprendizado foram realizadas por Pascarella & Terenzini (2005). Trata-se de leituras fascinantes que fornecem boas diretrizes sobre o que escolher.

Selecione a tecnologia adequada

É perfeitamente possível dar aulas em um curso eficaz sem fazer uso da tecnologia, mas os avanços levaram essa utilidade tanto para fora da sala (como em sistemas de gerenciamento de aula) quanto para dentro dela (como trazer coisas para a aula que não poderiam ser acessadas antigamente). O Capítulo 17, "Tecnologia e ensino", fornece uma boa visão de algumas das possibilidades. Quando utilizada de maneira adequada, a tecnologia pode oferecer oportunidades de interação entre os alunos e o conteúdo. É um recurso de ensino muito importante. No entanto, ao considerar outros recursos, pergunte a si mesmo: "Esses recursos tecnológicos permitirão que meus alunos aprendam de maneira mais eficaz?" ou "Pouparão tempo e esforço com a melhoria da comunicação?"

Duas semanas antes da primeira aula

Verifique os recursos

O preparo e o planejamento ainda não estão feitos, mesmo depois de ter firmado o programa. Agora, dê uma olhada no programa novamente e veja quais recursos serão necessários. A checagem com um colega (como sugerido na "Introdução") mostrou problemas brutos, como assumir um orçamento ilimitado para os materiais, e essa é uma boa hora para outras verificações. Quais são as políticas da biblioteca no que tange à reserva de livros que serão utilizados? Que recursos de informática estão disponíveis? Você pode ter acesso ilimitado a fotocópias de provas e materiais do curso para fornecer aos alunos? O que fazer se quiser passar um filme? Fazer uma viagem de campo?

Visite a sala em que vai lecionar. Os lugares são propícios ao debate? É possível usar a tecnologia de que precisa? Se a sala não for adequada, peça outra.

Comece um portfólio

O portfólio de ensino será útil não apenas quando discutir seu trabalho com o departamento ou superior, mas também quando pensar em sua carreira e no seu desenvolvimento. Planeje fazer adições no decorrer do semestre conforme avalia o desenvolvimento das coisas.

Uma semana antes da primeira aula

Se leciona para os alunos de primeiro ano e possui uma lista com os endereços de e-mail, envie mensagens de boas-vindas a todos (também não é má ideia fazer o mesmo com alunos mais avançados). Alguns docentes convidam os alunos a se apresentar on-line.

Você já está pronto para se preparar para a primeira aula. Para obter ideias sobre o que fazer e como lidar com esse encontro, leia o próximo capítulo.

◉ LEITURA COMPLEMENTAR

Davis, B. *Tools for teaching*. 2. ed. São Francisco: Jossey-Bass, 1993: esse livro tem um capítulo excelente sobre o programa de estudo (p. 14-28).

Diamond, R. *Designing and assessing courses and curricula*: a practical guide. São Francisco: Jossey-Bass, 1998: recomendamos a leitura do capítulo "Developing a learning-centered syllabus".

Duffy, D. K. & Jones, J. W. *Teaching within the rhythms of the semester*. São Francisco: Jossey-Bass, 1995: trata-se de um guia perceptivo e fácil de ler, destinado àqueles que desejam refletir sobre o fluxo do curso durante o semestre.

Erickson, B. & Strommer, D. W. *Teaching college freshmen*. São Francisco: Jossey-Bass, 1991: se estiver lecionando para alunos de primeiro ano, esse livro lhe será muito útil.

Lowther, M. A., Stark, J. S. & Martens, G. G. *Preparing course syllabi for improved communication* Ann Arbor: NCRIPTAL, University of Michigan, 1989; ou Wiggins, G.; McTighe, J. *Understanding by design*. Columbus, OH: Merrill Education, ASCD College Textbook Series, 2001: uma ajuda excelente na hora de preparar o programa.

Mann, R. et al. The natural history of the classroom. In: _____. *The college classroom*. Nova York: Wiley, 1970: ainda é o melhor material sobre a alteração das necessidades da turma durante o semestre.

Capítulo 3

O primeiro contato com a classe

O primeiro contato com a classe é como em qualquer situação na qual se está conhecendo um grupo de estranhos que vão afetar seu bem-estar: é empolgante, ao mesmo tempo causa muito nervosismo tanto para o professor como para os alunos. Para lidar com a ansiedade do primeiro dia, alguns professores simplesmente entregam o programa de estudos e saem da sala de aula. Essa atitude não transmite a ideia de que o tempo em aula é valioso. A agitação do primeiro dia pode ser muito construtiva. Se o professor utilizar os passos de preparação de aula sugeridos no capítulo anterior, os alunos vão perceber com clareza que o ensino está sob controle e ficarão satisfeitos. A oportunidade de conhecer os alunos ajuda não só a lidar com a ansiedade, como também a tornar a primeira aula interessante e desafiadora.

A ansiedade é menos prejudicial em situações nas quais os estímulos são claros e inequívocos. Quando os alunos sabem o que devem esperar, conseguem direcionar as energias de maneira mais produtiva. O primeiro contato com qualquer turma é fundamental para o desenvolvimento do trabalho do professor e para o aprendizado do aluno. Nesse momento, os alunos devem receber informações sobre a forma de trabalhar do docente e qual é a expectativa da instituição e do professor em relação a eles. É imprescindível que o professor esteja disponível para ouvir atentamente os alunos e identificar as necessidades deles. Para isso, apresentamos, a seguir, algumas sugestões concretas.

Determinação do ambiente

Deve-se ter em mente no primeiro dia de aula, e por todo o semestre, que sua aula não é a única do aluno. Eles vêm para a sua sala depois de aulas de química, música, inglês, educação física e por aí vai. Muitas vezes, chegam apressados dos alojamentos ou estacionamentos [ou do trabalho]. Nos primeiros minutos de sua aula, você terá de ajudar os alunos a se concentrar em sua matéria.

A introdução ao curso pode ser feita gradualmente ou de forma a atrair o aluno para algo totalmente diferente. No entanto, em qualquer dos casos, é necessário refletir bastante sobre como determinar o ambiente para facilitar a obtenção dos resultados do curso. Mesmo antes do início da aula, pode haver comunicação não verbal por meio de várias ações: organizar as cadeiras em círculo, escrever a programação do dia, colocar seu nome na lousa, projetá-lo com o identificador de curso em uma tela, conversar com os que chegaram mais cedo para saber de que aula vieram ou sobre qualquer outro assunto que demonstre seu interesse por eles. Enquanto os alunos estiverem entrando, sugira que dediquem um pouco do tempo, antes de a aula começar, para conhecer colegas que já estão sentados nas carteiras próximas.

Familiarização

Talvez você queira usar esse primeiro período para se familiarizar com os alunos e estabelecer objetivos. Uma maneira de começar é pedir informalmente que os alunos, um após o outro, levantem a mão e se apresentem rapidamente, dizendo o nome, onde mora, o que espera do curso e a escola anteriormente cursada (no caso dos primeiranistas). Esse procedimento oferece ao professor uma noção da composição da turma e leva os alunos a participar. As experiências variadas dos estudantes enriquecem as discussões e tento explicar como o curso vai ajudar cada grupo em suas áreas de formação.

Em minhas aulas teóricas relativamente longas, peço aos alunos que anotem palavras e frases que descrevam as impressões deles do primeiro dia de aula. Depois, pergunto o que escreveram e faço uma lista na lousa.

Em seguida, pergunto: "Como você acha que seu professor se sente no primeiro dia de aula?". Essa questão surpreende os alunos, mas eles começam a escrever. Coloco todas as respostas em uma segunda coluna, e eles começam a perceber algumas semelhanças. Faço um breve comentário sobre como estou me sentindo (recordo-me, com carinho especial, de um aluno do último ano que veio até mim depois da aula e disse: "Estudo nesta faculdade há quase quatro anos e esta é a primeira vez que percebi que os professores também têm sentimentos.")

Em uma classe pequena, é possível pedir a todos os alunos que se apresentem de forma mais demorada e detalhada. Às vezes, solicito-lhes que contem algo sobre sua vida que não seja óbvio para quem os observa. Desse modo, descobrimos todos os tipos de habilidades e interesses presentes na sala. Também é possível pedir a cada aluno que cumprimente as pessoas sentadas a seu lado, e, depois, pode-se caminhar pela sala de aula levando cada estudante a apresentar o seguinte e repetir os nomes de todos que já foram apresentados – além de facilitar a construção de relacionamentos, ajuda a lembrar os nomes. Um meio mais exigente, mas extremamente eficaz, é fazer que cada aluno apresente todos que já foram apresentados anteriormente. No final, o professor repete o nome de todos. Tente, você ficará surpreso com quão bem se sairá!

Aprender os nomes é o começo, mas os alunos provavelmente estão mais interessados na figura do professor. Dê-lhes a chance de fazer perguntas. Às vezes, peço que um aluno atue como porta-voz, fazendo perguntas que acredita que os outros colegas fariam.

No que diz respeito aos nomes, é útil complementar sua memória interna com uma externa. Peço a cada aluno que escreva o nome, o telefone, o e-mail e outras informações em fotos que reuni de cada um deles. As "outras informações" podem incluir experiências prévias relevantes para o curso, interesses, características distintas que me ajudem a lembrar do estudante ou possível área de formação. Hoje, algumas instituições fornecem uma lista de fotos da turma antes mesmo de o semestre começar, o que significa que você pode começar a aprender os nomes antes do início do período letivo! Também percebi que os cartões de identificação que os alunos colocam na frente das mesas nas primeiras semanas de aula ajudam a chamá-los pelo nome, em vez de apenas responder genericamente para toda a turma. Eventualmente, consigo aprender alguns dos nomes por meio desse sistema simples.

Depois de estabelecido o mínimo de liberdade de comunicação, é possível avaliar as expectativas e os objetivos dos alunos e também apresentar os seus. Uma técnica para fazer isso é a postagem de perguntas.

Postagem de perguntas

Essa técnica pode ser aplicada em qualquer tamanho de classe e é um meio de envolver os alunos, tornando-os ativos e participativos. No primeiro encontro, pode-se perguntar:

- "Com que tipo de preocupações ou assuntos você acha que deveremos lidar?"
- "Quais são suas expectativas com relação a este curso?"
- "Quais são seus objetivos para este curso?"
- "O que você já ouviu falar sobre este curso?"

■ DICAS DE ENSINO ■

Peça aos alunos que escrevam, durante um minuto, sobre essas questões. Depois, pergunte o que escreveram. Em seguida, liste as respostas na lousa, no projetor ou na lousa eletrônica. Ultimamente, projeto meu computador em um programa de processamento de texto na tela e simplesmente digito o que eles sugerem para que todos possam ver. Para ter certeza de que entendeu a resposta de cada aluno, escreva-a com as palavras dele. Se considerar alguma resposta ambígua ou muito genérica, é interessante pedir um exemplo. No entanto, deve-se estar preparado para aceitar todas as contribuições, independentemente de seu julgamento sobre elas. É essencial que o ambiente seja de aceitação, de colaboração e não de avaliação. Os alunos precisam sentir que o professor está realmente interessado nas contribuições.

No final desse processo, o grupo já está um pouco mais familiarizado. Os alunos, então, começam a entender que o mais importante em uma sala de aula é a participação ativa de todos. É fundamental também que o grupo reveja um velho mito: no processo de aprendizagem, nem todas as informações devem vir do professor. Os alunos devem saber, desde o primeiro contato, que o professor pode tanto ouvir como falar (e que não rejeitará ideias diferentes). Nesse momento, espera-se que os alunos já tenham começado a sentir a responsabilidade de responder às próprias perguntas, em vez de aguardarem passivamente as respostas do docente.

Apresentação do programa de estudo

O programa de estudo vai responder a algumas das questões levantadas anteriormente. Com a apresentação do programa, os alunos têm noção do tipo de pessoa que o professor é. O programa é um contrato entre o docente e seus alunos, por isso é importante dar um tempo para que os alunos leiam e discutam. Geralmente, digo aos alunos que podem tirar qualquer dúvida que tiverem na próxima aula porque sei que é difícil digerir todas as informações em tão pouco tempo. Dê-lhes uma chance de absorver e ter certeza de que entenderam o que é esperado deles. Ajude-os a entender as razões do plano que apresentou, mas, se houver motivo para fazer alterações, faça-as. É claro que os alunos estão interessados nos requisitos do curso, mas também estão avaliando o professor. O importante é ser justo.

Avaliação, notas e justiça

Promover a ideia de que você é objetivo ou justo está intimamente relacionado com as notas (ver Capítulo 7). Grande parte da motivação dos alunos na sala de aula é (talvez infelizmente) direcionada para as notas que esperam conseguir no curso. O mínimo que eles querem do professor é que as notas sejam dadas de maneira imparcial. Portanto, reserve tempo para discutir essa parte do seu programa. Tente ajudar os alunos a entender como os testes e as notas estão relacionados aos objetivos do curso.

A maneira mais simples de mostrar-lhes sua objetividade e seu senso de justiça é informar que você estará sempre disponível para atendê-los e aconselhá-los. Deixe bem claro que eles podem contar com seu apoio, caso tenham dificuldades especiais relacionadas a problemas de saúde ou particulares. Indique-lhes em que horário estará disponível. Além disso, os alunos ficarão contentes se você estiver disposto a passar alguns minutos extras na sala de aula para esclarecer dúvidas específicas. Na maioria das vezes, trata-se de questões que podem ser respondidas rapidamente. Se o tempo permitir, adiar a discussão e continuá-la em outro lugar conveniente fora da sala pode dar aos estudantes uma chance de conhecer melhor o professor.

A primeira aula não é o momento para apresentar aos alunos suas eventuais limitações e inadequações. É perfeitamente normal admitir que não se sabe algo no decorrer do curso, mas desculpar-se antecipadamente pela falta de experiência ou de conhecimento aumenta a insegurança dos alunos. Eles precisam sentir que o professor é competente e está no comando, mesmo que ele não esteja totalmente seguro de sua posição.

Apresentação do livro didático

Para continuar com a discussão sobre a primeira aula, passemos à questão do livro didático. Explique aos alunos as características que o fizeram optar por determinado livro. Descreva como eles podem aprender de maneira mais eficaz e explique o que quer dizer com "esteja preparado para as aulas", já que a interpretação do professor pode ser diferente da deles (Svinicki, 2008).

Como o desacordo entre o professor e o texto é comum, os alunos têm o direito de saber o que devem fazer em caso de discrepâncias durante os exames. Quando isso ocorrer, é possível não apenas escapar desse dilema, mas também torná-lo uma vantagem. Explique as interpretações rivais com base em evidências pertinentes e exponha suas razões para discordar do livro. Esse procedimento (1) dará ao aluno a noção de que suas opiniões têm base em evidências e (2) geralmente mostra problemas atuais na teoria, o que quase sempre tem grande apelo para o aluno interessado.

Determinação do conhecimento prévio

A característica mais importante para determinar o aprendizado do aluno é o conhecimento prévio que ele traz consigo para o curso. Assim, é preciso ter noção da diversidade de experiências e conhecimentos presentes no grupo de alunos de determinada classe. Podem ser feitas perguntas como: "Quantos de vocês fizeram mais que x cursos nesta matéria?". Ou ainda, pode-se aplicar um teste curto, sem atribuição de nota, para verificar o conhecimento relevante em algum momento durante as primeiras aulas. Outra estratégia que já utilizei foi listar os tópicos principais e, depois, usando uma escala de 1 a 5, pedi aos alunos que indicassem a familiaridade que têm com o assunto. Com relação aos alunos sem muitas experiências anteriores, pode-se sugerir materiais para estudarem sozinhos alguns conceitos introdutórios. Tais atitudes vão ajudá-los a acompanhar os outros alunos, melhorando o nivelamento da sala. Quanto aos alunos com pontuação bem alta, também se pode sugerir a eles materiais extras que enriqueçam ainda mais o conhecimento.

Em uma classe diversificada, com alunos de idade ou culturas variadas, alguns podem se sentir em desvantagem com relação àqueles que já fizeram cursos anteriores relevantes para a matéria. Deixe-os tranquilos, mostrando que experiências diversas, não diretamente relacionadas ao curso, podem enriquecer os debates em sala de aula e contribuir com o aprendizado.

Perguntas e reações

Mesmo em uma palestra longa, é sensato interromper as descrições iniciais do curso quando os alunos tiverem dúvidas. Algumas perguntas serão feitas tanto para testar o professor como para obter informações. Muitas vezes, as questões subjacentes são:

- "Você é rígido?"
- "Você realmente tenta ajudar os alunos?"
- "Você se atrapalha com facilidade?"
- "Você é um ser humano, além de professor?"
- "Você consegue lidar com as críticas?"

No final da aula, peça aos alunos que escrevam as reações ao primeiro dia (anonimamente). Isso atende a dois objetivos: (1) indica seu interesse em aprender com eles e permite a construção de um ambiente no qual eles são responsáveis por pensar sobre o aprendizado e sobre a influência que têm no ensino e (2) ajuda a obter o *feedback*, normalmente revelando dúvidas ou perguntas que eles tiveram receio de verbalizar oralmente.

E a matéria?

No primeiro dia, muitos professores terminam a aula mais cedo. Conforme o indicado nas seções anteriores, acredito que o primeiro dia é importante, mesmo que os alunos ainda não tenham nenhuma atividade. Gosto de dar uma explicação geral sobre o curso, indico algumas das questões que tentarei responder e, às vezes, introduzo alguns conceitos-chave. No primeiro dia ou durante a segunda aula, peço-lhes que preencham os conceitos no mapa conceitual (um diagrama dos principais conceitos e suas relações). Gosto de apresentar alguns exemplos da vida real sobre o que vão aprender durante o semestre, e, assim, eles conseguem ver como a aula se relaciona a eles.

Entretanto, o equilíbrio entre o conteúdo e as outras atividades é justamente o que os vários professores vão decidir de formas diferentes. Meu único conselho é usar o tempo. O primeiro dia é importante, e, utilizado todo o tempo da aula, você deixa claro que leva esse período a sério. No final, os alunos sentem que o curso valerá a pena.

▣ CONCLUSÃO

No final do primeiro dia, os alunos terão:

1. Alguma noção sobre o ponto a que pretendem chegar e como devem fazer isso.
2. A sensação de que os outros membros da classe deixaram de ser estranhos, que o professor e eles formam um grupo no qual a participação é fundamental.
3. Ciência de que o professor se importa com o aprendizado deles, que será justo e criterioso.
4. Expectativa de que a aula será valiosa e divertida.

▣ LEITURA COMPLEMENTAR

Davis, B. G. *Tools for teaching*. 2. ed. São Francisco: Jossey-Bass, 1993. Cap. 3.

Duffy, D. & Jones, J. T*eaching within the rhythms of the semester*. São Francisco: Jossey-Bass, 1995: esse livro apresenta algumas ideias boas que podem ser utilizadas durante o semestre para animar as aulas.

Perlman, B. & McCann, L. The first day of class. *American Psychological Society Observer*, v. 17, n. 1, p. 13-4, 23-5, 2004.

PARTE 2

Habilidades básicas para facilitar a aprendizagem

Capítulo 4

Leitura como aprendizagem ativa

Embora professores gostem de pensar que os alunos aprendem com eles, é mais provável que estes aprendam mais lendo que ouvindo. O Capítulo 20 descreve habilidades e estratégias para melhorar o aprendizado e a retenção a partir da leitura. As referências apresentadas no Capítulo 16 ilustram duas maneiras de levar os alunos até a biblioteca e fazê-los ler as fontes bibliográficas. Livros, portanto, ainda são a ferramenta básica para o ensino em grande parte dos cursos, e o professor pode ensinar os alunos a se tornar leitores ativos dos livros didáticos.

Leituras

Durante décadas, o desaparecimento dos livros foi avidamente previsto pelos defensores das novas panaceias de instrumentos para a educação. Primeiro a televisão, depois as máquinas de ensinar, depois o computador – havia uma expectativa de que todos revolucionariam a educação e deixariam alunos e professores livres da dependência dos livros. Agora, fala-se em oferecer um leitor eletrônico de livros capaz de baixar os textos de algumas editoras diretamente para os alunos. Com a disponibilidade cada vez maior do acesso aos meios eletrônicos para obtenção dessa variedade de material, acredito que podemos parar de pensar no livro didático como o único livro de verdade e começar a pensar no "texto" como o material impresso e disponível ao aluno.

Com o surgimento de bibliotecas abertas, livros de bolso, séries reimpressas de baixo custo e fotocopiadoras, o professor universitário pode escolher as fontes, variando em estilo, nível e ponto de vista. Muitos professores estão sugerindo livros diversos, reimpressões e coletâneas de artigos em periódicos no lugar de livros didáticos como fontes das informações básicas de que os alunos necessitam. Contudo, selecionar esses materiais e incorporá-los ao conteúdo pretendido exige muito preparo.

Um princípio fundamental a ser lembrado é que o aprendizado é facilitado pela organização. Sem organização, os fatos e conceitos ficam sujeitos a interferências, são esquecidos rapidamente ou se tornam inacessíveis. Com experiências de campo, discussões, brochuras, reimpressões, internet, entre outras fontes, os alunos precisam, mais do que nunca, de um quadro de referência no qual possam assimilar as divergências entre os pontos de vista presentes em um curso moderno. Por isso, o livro didático consegue, de maneira ideal, fornecer tal estrutura.

Se vamos direcionar as diferenças individuais, os alunos precisam de uma oportunidade para aprender em ambiente de laboratório, em experiências de campo, em debates, palestras e leituras de várias fontes. Os textos são uma parte importante do compêndio de ferramentas do professor e as novas metodologias de ensino, como ferramentas auxiliares, complementam (em vez de substituírem) a leitura. Na verdade, uma boa parte do ensino superior é educação sobre como ler poemas, ciências sociais, documentos jurídicos, literatura da nossa cultura e nossa profissão.

Como estimular os alunos a cumprir a leitura designada?

A principal razão pela qual os alunos assistem à aula despreparados é que eles não veem diferença entre cumprir ou não as leituras. Em muitos cursos, as leituras e palestras são partes independentes do curso, às vezes se sobrepondo ou complementando, mas normalmente não são consideradas interdependentes. Assim, a primeira estratégia para encorajar a leitura é o uso frequente da frase "Conforme vocês leram na leitura designada para hoje…" ou da pergunta "Qual foi sua reação ao debate criado por [autor x] …?".

Outra estratégia é pedir aos alunos que escrevam um trecho, em um minuto, no começo de determinadas aulas, sobre "A ideia mais importante (ou duas, ou três) que observei na leitura de hoje". É possível ainda pedir-lhes que formulem uma pergunta com base no material lido.

De acordo com Roser (2008), um professor obtinha bons resultados quando levava os alunos a participar de uma atividade de troca de informações. Cada aluno participa de dois grupos pequenos: um grupo de especialistas e um grupo de ensino. O grupo de especialistas recebe um texto e trabalha para preparar um folheto em que se analisa a leitura e as ideias principais nele contidas.

Depois, esses grupos são divididos em grupos de ensino, e cada um deles tem um representante do grupo de especialistas. Os integrantes do grupo de ensino usam os folhetos para explicar a leitura que fizeram para os outros alunos. Essa técnica permite que os alunos treinem tanto a leitura crítica (no grupo de especialistas) como a sumarização (no grupo de ensino), duas estratégias importantes para melhorar a compreensão do que se lê.

Provavelmente a estratégia mais segura é anunciar que haverá um jogo de perguntas e respostas sobre a matéria. Espera-se que, quando os alunos desenvolverem o hábito de ler os textos recomendados, terão motivação intrínseca suficiente para que os jogos de perguntas e respostas se tornem desnecessários.

O problema básico normalmente pode ser encontrado no significado da palavra *ler*. Para muitas pessoas, "ler" é simplesmente passar os olhos nas palavras, assim como se faz quando se lê uma história. A tarefa é concluída quando se chega ao final da leitura indicada.

É necessário ensinar aos alunos como se lê – como ler com compreensão, como pensar sobre os propósitos do autor, sobre as relações com o aprendizado anterior e sobre como usar o que acabaram de absorver.

Pesquisa sobre o aprendizado com base na leitura

Vários estudos clássicos compararam os materiais impressos com as aulas expositivas, e os resultados – pelo menos com materiais difíceis – favorecem os textos impressos (Hartman, 1961).

As questões sobre o estudo com o objetivo de guiar a leitura do aluno geralmente são úteis. Marton & Säljö (1976b) descobriram que as perguntas projetadas para produzir estudo integrado e mais reflexivo eram mais eficazes do que as questões sobre fatos. Por exemplo, na descrição do trabalho, você pode pedir aos alunos que comparem as afirmações de autores distintos. No que elas se assemelham e o que as diferencia?

No entanto, as questões de estudo não garantem, de maneira automática, melhor aprendizado. Às vezes, os alunos tendem a procurar apenas as respostas das perguntas e não levam em consideração o restante do conteúdo do capítulo (Marton & Säljö, 1976a). Andre (1987) revisou pesquisas sobre as questões de estudo e concluiu que estas geralmente auxiliam no aprendizado e que aquelas de nível mais avançado (em vez de questões factuais de nível inferior) aumentam a eficácia do processamento da leitura pelo aluno. Da mesma forma, Wilhite (1983) constatou que as questões introdutórias, que no material didático geralmente ficam na parte superior da estrutura organizacional do texto (grandes ideias, por exemplo), facilitam o aprendizado, principalmente para aqueles alunos menos capazes ou com menor probabilidade de pensar sobre esses termos propostos. É necessário fazer perguntas que levam os alunos a *refletir* sobre o material. Uma maneira de encorajar a leitura atenta é pedir-lhes que escrevam meia página de resposta a cada pergunta que desencadeia o raciocínio e que tragam várias cópias para a aula a fim de compartilhar com os colegas em pequenos grupos. O debate, depois que os alunos leram as respostas dos outros colegas, geralmente é bem movimentado.

Exemplos de questões de estudo que estimulam a reflexão

Sua tarefa para segunda-feira é estudar o próximo capítulo, "Memória". Eis algumas perguntas de estudo:

1. Como você aplicaria a ideia de "profundidade de processamento" a seu aprendizado com base nesse capítulo?
2. Como a capacidade limitada da memória de trabalho afeta seu aprendizado em aulas teóricas?
3. Como é a abordagem feita pelos pesquisadores com relação à memória e como ela difere da de outros pesquisadores?

Os alunos aprendem mais com a leitura

Como você poderá observar nos capítulos sobre avaliação, testes e notas, os métodos de estudo e aprendizado dos alunos são influenciados pelos tipos de perguntas e questões propostas. Dessa maneira, muitos alunos conseguirão ler minuciosamente se as provas exigirem uma compreensão mais profunda. Outros alunos leem e releem o texto, independentemente do tipo de trabalho, e memorizam as definições e os fatos sem que haja necessidade de pensar no objetivo do autor e na relação dessa leitura com o aprendizado anterior. O professor pode ajudar conversando com os alunos e mostrando o motivo de ter escolhido determinado texto para leitura.

Há grandes evidências de que os alunos se beneficiam de instruções específicas, questionamentos, oportunidades de organização e tentativas de explicar o que leram. Principalmente com as classes iniciantes, o professor ajudará no aprendizado se fizer referências explícitas a seus objetivos ao trabalhar com um capítulo específico e discutir as maneiras como os alunos podem alcançar tais objetivos (McKeachie et al., 1985; Weinstein & Mayer, 1986). Sugira que seus alunos:

1. Leiam os títulos dos tópicos antes de estudarem todo o capítulo.
2. Escrevam perguntas às quais gostariam de responder.
3. Façam anotações conforme leem.
4. Sublinhem ou destaquem os conceitos importantes.
5. Tenham um diálogo ativo com o autor.
6. Comentem sobre a leitura em seus diários (ver Capítulo 16).

Essa estratégia é bem geral e pode ser usada praticamente com qualquer tipo de leitura. Também é útil mostrar aos alunos como a tática pode ser modificada para se adequar a diferentes tipos de textos. Por exemplo, Williams (2005) sugeriu o que chama de SQ6R, certa modificação de uma estratégia antiga expandida para se adequar às necessidades de ler a literatura de pesquisa. Os passos incluem: investigue (*survey*) a leitura primeiro, elabore algumas perguntas (*questions*) às quais o texto parece responder e, depois, leia (*read*), reflita (*reflect*), revise (*review*), destrinche (*rehash*), repense (*rethink*) e reavalie (*re-evaluate*). Essa autora constatou que essa estratégia amplia a visão dos alunos com relação ao significado de uma leitura cuidadosa. Minha experiência como estudante serve como outra ressalva sobre as diferentes estratégias para os diversos tipos de leitura. Como estudante de psicologia, precisei fazer vários cursos de estatística e geralmente lia os livros como leria qualquer livro de psicologia: ler a prosa e pular os problemas. Péssima estratégia! Mais tarde, descobri que a estratégia adequada era: pule a prosa e trabalhe com os problemas. Gostaria que alguém tivesse me ensinado isso logo no início. Teria poupado muito tempo e frustração.

Para obter uma descrição mais completa sobre como seus alunos podem se tornar melhores aprendizes, consulte o Capítulo 20.

◾ CONCLUSÃO

1. A leitura é uma ferramenta importante no processo de aprendizagem.
2. Para facilitar o aprendizado, o professor precisa não apenas escolher os materiais de leitura adequados, mas também ajudar os alunos a aprender a lê-los de maneira eficaz.
3. Apesar da disponibilidade de fotocópias, coletâneas, livros e internet, os livros didáticos e os materiais de leitura bem organizados são ferramentas úteis para o ensino.
4. Se os materiais que os alunos necessitam estão impressos e acessíveis, pode-se aprender de maneira mais eficaz com a leitura do que ouvindo o professor.

◉ LEITURA COMPLEMENTAR

CHANG, T. M. et al. *Distance learning*. Boston: Kluwer-Nijhoff, 1983. Cap. 4.

CROWDER, R. G. & WAGNER, R. K. *The psychology of reading*: an introduction. 2. ed. Nova York: Oxford University Press, 1992.

HARTLEY, J. Studying for the future. *Journal of Further and Higher Education*, v. 26, p. 207-27, 2002.

MARTON, F., HOUNSELL, D. & ENTWISTLE, N. (Eds.). *The experience of learning*. Edinburgo: Scottish Academic Press, 1984.

Capítulo 5

Formas de facilitar o debate: apresentar os problemas, ouvir e questionar

prendizagem ativa é a expressão da moda no mundo da educação superior contemporânea. No método de ensino protótipo da aprendizagem ativa, o debate, a discussão e a interação estão entre as ferramentas mais valiosas do repertório de um professor. Geralmente, os professores que trabalham com turmas muito grandes acham que precisam fazer palestras e apresentações, porque consideram impossível conduzir uma discussão. Na verdade, as técnicas de debate podem ser aplicadas com qualquer tamanho de classe. Normalmente, as classes menores *são* mais eficazes, mas turmas grandes não devem inibir a capacidade do professor de estimular a aprendizagem ativa – experiência de aprendizagem na qual os alunos *refletem* sobre determinado assunto.

As técnicas de debate parecem totalmente adequadas quando o professor deseja:

1. Ajudar os alunos a pensar sobre o assunto em questão, fornecendo as práticas de reflexão crítica.
2. Ajudar os alunos a aprender e avaliar a lógica e a evidência de suas posições, bem como a dos outros.
3. Dar aos alunos a oportunidade de formular as aplicações dos princípios teóricos.
4. Desenvolver motivação para o aprendizado futuro.
5. Ajudar os alunos a articular o que aprenderam.
6. Ter *feedback* imediato sobre a compreensão ou não dos alunos.

Por que o debate deve ser o método escolhido para atingir tais objetivos? A primeira justificativa é uma interpretação simples do dito "A prática leva à perfeição". Se os docentes esperam que os alunos aprendam a integrar, aplicar e pensar, parece sensato que estes devem ter a oportunidade de praticar tais habilidades. Para ajudar os estudantes a aprender e pensar, é necessário descobrir o que pensam, e é exatamente nesse ponto que o debate pode ajudar.

Um pouco de teoria

Pesquisas sobre psicologia cognitiva mostraram que a memória é afetada pela profundidade com que processamos o conhecimento novo (ver Capítulo 20). O simples ato de ouvir ou repetir algo acaba armazenando a informação de modo que esta não estará acessível quando queremos nos recordar. Se elaborarmos nosso aprendizado pensando na relação que este tem com outras coisas que conhecemos ou falando sobre ele – explicando, resumindo ou questionando –, temos maior probabilidade de conseguir lembrar quando precisarmos disso mais tarde. Isso pode ajudar a aliviar sua ansiedade quanto à cobertura do programa de estudos. Nas aulas teóricas, os professores abordam uma quantidade maior de conteúdo, mas as pesquisas mostram que a maioria do material trabalhado não entra nas anotações ou na memória dos alunos (Hartley & Davies, 1978). Os estudos clássicos das últimas cinco décadas mostram, repetidamente, que, durante o debate, os alunos prestam atenção e pensam de forma ativa.

Como muitos alunos estão acostumados a ouvir passivamente as palestras e alguns deles equiparam isso ao aprendizado, quando o debate for introduzido, provavelmente será necessário explicar por que e como essa técnica vai ajudá-los a construir o conhecimento e aplicá-lo sempre que precisarem.

Problemas do ensino por meio de debates

Nos grupos de discussão, o professor se depara com os seguintes obstáculos:

1. Conseguir participação na discussão.
2. Progredir (ou deixar o aluno ciente do progresso) em direção aos objetivos do curso.
3. Lidar com as reações emocionais dos alunos.
4. Escutar os alunos e ao mesmo tempo apoiá-los.

Este capítulo deve ajudá-lo a lidar com cada um desses problemas.

Começar o debate

Depois que uma classe já está se reunindo e discutindo problemas com sucesso, serão poucas as dificuldades para se iniciar o debate, já que este surgirá quase espontaneamente em decorrência das questões encontradas nas leituras. No entanto, durante os primeiros encontros de turmas novas, é necessário criar a expectativa de que algo interessante e valioso acontecerá.

Começar o debate com uma experiência comum

Uma das melhores maneiras de iniciar um debate é fazer referência a uma experiência comum e concreta por meio da apresentação de um filme, dramatização, paródias ou leituras. Pode ser uma experiência comum a todos os alunos, um assunto do câmpus ou da mídia. Atualmente, há muita riqueza de materiais disponíveis na internet para desencadear uma discussão. Por exemplo, as apresentações que instigam o pensamento, disponíveis no site TED (Technology, Entertainment, Design), parecem ter uma variedade infinita de assuntos atuais para debates, retirados das conferências anuais que eles patrocinam (http://www.TED.com/talks). Os professores são encorajados a utilizar esse site para ampliar a compreensão de assuntos atuais. Por exemplo, na minha classe, mostrei uma palestra de 10 minutos sobre os avanços da neurociência que discutia se o controle mental era realmente possível. Depois, fica fácil perguntar: "Quais são as implicações do que você acabou de ver?".

Esse tipo de abertura para o debate tem uma série de vantagens. Como a turma toda assistiu, todos sabem algo sobre o assunto que está em discussão. Além disso, ao focar o debate numa apresentação como a do site TED, o professor tira um pouco da pressão dos alunos ansiosos e amedrontados que receiam revelar as próprias opiniões e seus sentimentos.

No entanto, nem sempre será possível encontrar a apresentação de que você precisa para introduzir assuntos a todos os debates. O professor pode se ver forçado a voltar para outras técnicas de início de debate, e uma dessas técnicas é aquela em que são feitas perguntas para promover a discussão (ver Capítulo 3).

Começar o debate com uma polêmica

Uma segunda técnica para estimular a discussão é o desacordo. Evidências experimentais indicam que certo grau de surpresa ou incerteza desperta a curiosidade, motivo básico para o aprendizado (Berlyne, 1960). Alguns professores desempenham o papel de "advogado do diabo", literalmente, enquanto outros são mais eficazes, mostrando as diferenças de ponto de vista.

■ DICAS DE ENSINO ■

Tenho algumas preocupações com relação ao papel de "advogado do diabo". Acredito que pode ser um procedimento eficaz para levar os alunos a pensar de maneira ativa, em vez de aceitarem passivamente todas as frases do professor. Contudo, oferece alguns riscos e o maior deles é que tal atitude pode prejudicar a confiança no professor. É claro que os professores querem ver suas ideias questionadas pelos alunos, mas, nesse processo, é importante que mantenham a confiança no professor.

Dois outros perigos espreitam o papel de advogado do diabo. Um deles é que esse papel será percebido como um papel manipulador. Os alunos podem sentir (e com razão) que o docente "está apenas brincando conosco – tentando nos mostrar que é bem esperto e que pode nos enganar com facilidade". Também pode ser visto como um meio de impedir que os alunos tenham sucesso ao desafiarem o professor.

Contudo, o papel de advogado do diabo pode ser eficaz. Seu sucesso depende muito de como isso está sendo interpretado e percebido pelos alunos. Line Fisch (2001) lida com esse problema vestindo uma camiseta com os dizeres "Advogado do diabo". Meu comprometimento é tornar claro quando estou tomando determinada posição, dizendo: "Vamos supor que eu assuma o papel de ____" ou "Eu vou ser o advogado do diabo".

De qualquer modo, o professor deve perceber que a divergência não é sinal de falha e que pode ser aplicada de maneira construtiva. Quando o dogmatismo severo interfere na resolução construtiva de problemas depois de uma divergência, o docente pode pedir aos alunos que discordaram para trocar de lado e discutir o ponto de vista oposto. Essa técnica parece ser eficaz para desenvolver a consciência dos pontos fortes de outras opiniões.

Conforme Maier (1963) demonstrou em seu estudo sobre liderança de grupos, uma barreira para a solução eficaz de problemas é a apresentação de uma questão de modo que os participantes assumam lados, em vez de tentarem resolver o problema considerando os dados e as soluções alternativas. Ele sugeriu os seguintes princípios para a resolução de problemas em grupo:

1. O sucesso na resolução de problemas exige que o esforço seja direcionado para a superação dos obstáculos ultrapassáveis.
2. Os fatos disponíveis devem ser aplicados, mesmo quando forem inadequados.
3. O ponto de partida do problema é o mais rico em possibilidades de solução.
4. A mentalidade problemática deve ser aumentada, e a mentalidade solucionadora, apagada.
5. O processo de "obtenção de ideias" deve ser separado do processo de "avaliação de ideias" porque esse último inibe o aluno.

Começar o debate com perguntas

A abertura mais comum para os debates é a pergunta e o erro mais comum é quando não se dá tempo suficiente para que os alunos reflitam sobre o que foi perguntado. Não se deve esperar uma resposta imediata para todas as perguntas. Se sua questão tem a finalidade de estimular a reflexão e o raciocínio, dê tempo para os alunos pensarem. Cinco segundos de silêncio pode parecer uma eternidade, mas uma pausa de 5 a 30 segundos resultará em um debate muito melhor. Para aliviar essa sensação estranha na minha própria classe, endosso o silêncio dizendo: "Quero que vocês pensem sobre a seguinte questão e ninguém pode dizer nada nos próximos 2 minutos". Em alguns casos, pode-se planejar um silêncio tão pensativo quanto pedindo aos alunos que escrevam um elemento que pode ajudar a responder à pergunta. Essa técnica aumenta as chances de participação dos alunos mais tímidos ou mais lentos, já que eles já sabem o que querem dizer quando a discussão começar.

Perguntas factuais Algumas vezes pode ser apropriado verificar o conhecimento prévio do aluno com uma série de questões factuais, mas, na maioria das vezes, o que você quer mesmo é estimular a resolução de problemas. Um erro comum quando se formulam perguntas para essa finalidade é fazê-las dando aos alunos a ideia de que o professor sabe algo que eles não sabem, e que serão malvistos se errarem a resposta.

Perguntas de aplicação e interpretação Em vez de lidar com perguntas factuais, formule o debate de modo a abordar as relações, aplicações ou análises dos fatos e materiais. Solomon, Rosenberg & Bezdek (1964) descobriram que os professores que utilizavam perguntas de interpretação obtiveram sucesso quanto à compreensão por parte dos alunos. Uma pergunta do tipo "Como a ideia de____ se aplica a_____?" tem probabilidade muito maior de estimular o debate do que uma pergunta do tipo "Qual é a definição de____?". O segredo é não evitar perguntas nem fazer palestras com declarações fechadas à discussão, mas fazer o aluno ouvir o que está sendo dito e refletir a respeito. Dillon (1982), um dos principais pesquisadores sobre a formulação de perguntas sugere que, após definir o assunto para o debate, o professor fique quieto, a menos que esteja perplexo ou não tenha ouvido algum comentário. As perguntas são ferramentas para o ensino, mas, conforme Dillon demonstrou, às vezes elas interferem na realização dos objetivos, e tudo depende da pergunta e da sua utilização.

Perguntas problematizadoras Uma pergunta pode surgir em decorrência de um caso real ou de uma questão hipotética, com solução conhecida ou não pelo professor. De qualquer modo, deve ser um assunto significativo para os alunos e, por questões morais, ser um problema no qual eles possam progredir. Mesmo que o professor saiba a resposta ou tenha a solução preferida, os alunos devem ter a chance de apresentar novas soluções. O trabalho do professor não é impor determinada solução para os alunos, mas ouvi-los e ensiná-los a resolver os problemas sozinhos. Não tenha medo de expressar a própria curiosidade, pergunta ou dúvida "e se ..." sobre determinado assunto. Pergunte aos alunos o que eles acham, estimule a reflexão e o debate.

Suponha que o professor faça uma pergunta e ninguém responde, ou o aluno simplesmente diz: "Eu não sei". Por mais decepcionante que possa parecer, isso não deve ser necessariamente o fim da interação. Em geral, o aluno conseguirá responder se a pergunta for reformulada. Talvez seja necessário dar um exemplo do problema primeiro; quem sabe seja necessário sugerir algumas respostas alternativas e perguntar aos alunos qual evidência pode ou não apoiar as respostas; e possivelmente seja necessário reformular uma questão anterior. Na maioria das vezes, o professor pode ajudar os alunos a descobrir que são mais competentes do que pensam, ficando ao lado deles quando sentirem dificuldades para responder.

Outros tipos de pergunta *Perguntas de efeito causal e conectivo* envolvem estabelecer conexões entre conceitos e conhecimentos que aparentemente não possuem relação entre si. Por exemplo, alguém pode se opor a uma disciplina que busque relacionar assuntos como literatura, música e eventos históricos. A reflexão e o debate, entretanto, podem esclarecer as inúmeras relações possíveis entre esses assuntos.

Perguntas comparativas, como o nome sugere, pedem a comparação entre duas teorias, dois autores ou dois estudos. Essas perguntas ajudam os alunos a determinar aspectos, pontos de vista e várias dimensões importantes de comparação.

Perguntas de avaliação pedem não apenas a comparação, mas também um julgamento de valor relativo aos pontos que estão sendo comparados. Por exemplo: "Qual das duas teorias melhor representa os dados? Qual dos dois trabalhos melhor contribui para a compreensão do problema?".

Perguntas críticas examinam a validade dos argumentos e debates de um autor. A televisão, as revistas e outras mídias oferecem oportunidades para usar o questionamento avaliativo ou crítico. Por exemplo, "Uma autoridade eminente declara (...). Em que condições isso pode não ser verdade?". Ser crítico significa ser reflexivo, ou seja, significa não aceitar passivamente as ideias que são apresentadas, procurando analisá-las criticamente antes de alguma conclusão.

Começar o debate com um problema ou caso

Um dos maiores problemas no ensino por meio de debates é o foco. Começar o debate de forma eficaz e mantê-lo assim exige que tanto os alunos quanto o professor estejam focados nas mesmas perguntas. Um dos melhores métodos para ajudar a focar é utilizar um problema ou estudo de caso como tópico principal do debate. O Capítulo 15 discute o aprendizado com base em problemas e o método dos estudos de caso em mais detalhes, mas, a seguir, apresento algumas ideias gerais sobre como trabalhar de maneira mais eficaz com discussões com base em problemas.

Decompor o problema em subproblemas

Uma das contribuições importantes de Maier (1952) para a eficácia da resolução de problemas foi mostrar que os grupos serão mais eficazes se se aterem em um aspecto do problema por vez, em vez de pularem da formulação do problema para soluções e evidências, à medida que os diferentes integrantes do grupo lançam ideias. No debate de desenvolvimento, o grupo lida com uma coisa por vez.

Provavelmente, uma das primeiras tarefas é *o esclarecimento do problema*. Geralmente, os grupos são ineficazes porque os diversos participantes têm compreensões diferentes sobre qual é o problema e os integrantes podem se sentir frustrados ao final do debate, já que "o grupo nunca chegou ao verdadeiro problema".

Uma segunda tarefa provavelmente é: "O que sabemos?" ou "Quais dados são relevantes?".

Uma terceira pergunta pode ser: "Quais são as características de uma solução aceitável?" – por exemplo: "O que é necessário?".

Um quarto passo pode ser: "Quais são as possíveis soluções?". E o quinto passo pode ser: *avalie estas soluções*, comparando-as com os critérios de uma solução determinada no passo anterior.

A técnica de debate de desenvolvimento pode ser aplicada até com turmas grandes, já que há um número limitado de pontos que devem ser analisados em cada passo, independentemente do número de participantes. Maier & Maier (1957) mostraram que as técnicas do debate de desenvolvimento melhoram a qualidade das decisões, comparadas com os métodos de discussão livre e não direcionada.

Debate socrático

A técnica de discussão "clássica" é o método socrático. Na televisão, nos romances e nas anedotas, o primeiro ano da faculdade de direito é, em geral, considerado um método sádico de suscitar a tolice dos alunos, e, mesmo quando me coloco no papel do menino escravo ensinado por Sócrates em *Mênon*, sinto-me mais um peão que um aluno ativo.

Talvez seja por isso que nunca fui muito eficaz no ensino do método socrático. No entanto, acredito que possa ser usado como um método eficaz de estimular o pensamento dos alunos e que pode ter a qualidade de um jogo interessante, em vez de uma inquisição. Um importante estudioso do método socrático é Allen Collins (1977), que observou uma variedade de diálogos socráticos e analisou as estratégias utilizadas (cf. Collins & Stevens, 1982).

Basicamente, a maioria dos professores socráticos tenta ensinar os alunos a debater os princípios gerais de casos específicos. Collins (1977) deixou 23 regras, entre elas:

1. Pergunte sobre um caso conhecido. Por exemplo, se eu estivesse tentando dar uma aula sobre as colas dos alunos para um grupo de assistentes de professor, poderia dizer: "Vocês podem descrever uma situação em que presenciaram a cola?".
2. Pergunte sobre os fatores ou as causas que levam a esse tipo de comportamento do aluno.
3. Pergunte sobre os fatores intermediários. Se certo aluno sugerir um fator que não seja uma causa imediata, pergunte pelos passos intermediários. Por exemplo, se um assistente de professor disser: "Os alunos se sentem muito pressionados a tirar notas altas", posso dizer: "Por que a pressão por notas altas resultou em cola nesta situação?".
4. Pergunte sobre os fatores ou causas anteriores. Se o aluno apresentar um motivo que tem causas anteriores, pergunte sobre essas causas. Por exemplo: "Por que os alunos se sentem pressionados a tirar notas boas?".
5. Crie uma regra para uma causa insuficiente. Por exemplo: "Todos os alunos que se sentem pressionados colam?".

Consulte o artigo de Collins para obter uma boa lista das maneiras de levar essa discussão adiante.

Em geral, as regras envolvem a formulação de princípios gerais a partir de casos conhecidos e, em seguida, a aplicação dos princípios em casos novos. Mesmo para quem não usa o método socrático por completo, as estratégias de questionamento descritas nas regras de Collins podem ser úteis nos debates principais.

Barreiras para o debate ou a discussão

Uma das habilidades importantes dos líderes de discussão é avaliar o progresso do grupo e estar ciente das barreiras ou resistências que estão bloqueando o aprendizado. Essa habilidade depende da atenção aos indícios, tais como desatenção, hostilidade ou questões de interesse.

Por que os alunos não participam?

- Hábitos de passividade por parte dos alunos.
- Não conseguem enxergar valor no debate.
- Medo de ser criticado.
- Avançam em direção à conclusão antes de considerarem pontos de vista alternativos.
- Eles têm receio de que a tarefa seja encontrar a resposta que o professor deseja, em vez de explorarem e avaliarem as possibilidades.

A principal barreira para a discussão é o sentimento que os alunos têm de que não estão aprendendo. Resumos ocasionais durante a aula ajudam não apenas no progresso do aluno, mas também suavizam os problemas de comunicação. O resumo não precisa ser uma declaração de conclusões. Em muitos casos, o resumo mais eficiente é a reafirmação do problema principal, dos aspectos já analisados e resolvidos e das incompreensões que ainda restam. Registrar na lousa as ideias, as perguntas, os dados ou pontos relevantes a serem explorados certamente ajuda a manter o foco e dá sensação de progresso. Pedir aos alunos que resumam o progresso e perguntem o que precisa ser feito em seguida ajuda-os a crescer como aprendizes.

Outra barreira comum para uma boa discussão é a tendência do professor em dizer a resposta antes que os alunos tenham desenvolvido a própria resposta ou um significado para eles mesmos. É claro que, às vezes, os professores conseguem poupar tempo tentando fazer coisas simultaneamente. No entanto, muitas vezes eles fazem isso antes que o grupo esteja preparado para essa ampliação do debate.

Quando não se reage bem à oposição de um aluno, deve-se tomar cuidado para não sobrecarregá-lo com a força da crítica. Seu objetivo é iniciar a discussão, e não abafá-la. Dê aos alunos uma oportunidade de responder às críticas, analisando o ponto de vista a que se opôs. Acima de tudo, evite críticas pessoais dos alunos.

Talvez a barreira mais comum seja nosso próprio desconforto. Por meio do debate e da discussão o professor promove o conhecimento de forma muito diferente daquela tradicional, em que apenas ele fala e os alunos ouvem. No debate ou discussão, não estamos no controle total da situação, o que exige mais de nós professores. Por isso é sempre tentador voltar aos nossos antigos métodos de ensino.

O que posso fazer com os alunos pouco participativos?[1]

Na maioria das turmas, alguns alunos falam muito e outros nunca se candidatam sequer a concluir uma frase. O que o professor pode fazer?

Infelizmente, a maioria dos alunos está acostumada a ser receptora passiva em sala de aula. Alguns de seus alunos podem vir de culturas cujas normas desencorajam o debate. Para encorajar a participação, tento criar uma expectativa nos alunos para a sessão de debate ou discussão. Isso pode ser feito na primeira aula, definindo as funções dos vários aspectos do curso e explicando por que a discussão é valiosa. No entanto, além dessa estruturação inicial, é necessário trabalhar continuamente para aumentar a conscientização dos alunos quanto ao valor da participação. Essa última não é um fim por si só. Para muitas outras finalidades pedagógicas a participação em debates é importante, por exemplo, desenvolver no aluno a capacidade de se expressar, de argumentar e contra-argumentar.

O que impede um aluno de se comunicar? Há várias razões – tédio, falta de conhecimento, hábitos de passividade, cultura –, no entanto a mais convincente é o medo de passar vergonha. Quando os alunos estão cercados por estranhos, eles não sabem se esses estranhos são críticos e, então, temem a resposta do professor. Quando não têm certeza da sensatez de uma ideia, acham que podem gaguejar ou perder a linha de raciocínio por causa do estresse da fala. Nesses casos, o mais seguro a fazer é ficar quieto.

O que pode reduzir esse medo? Familiarizar-se ajuda. Depois que os alunos souberem que estão entre amigos, poderão correr o risco de se expressar. Se eles souberem que pelo menos um colega aceita a ideia, o risco será reduzido, e, por essas duas razões, a técnica de subgrupos ajuda. Por exemplo, pode-se pedir aos alunos que discutam uma pergunta em dupla ou em pequenos grupos antes do debate geral.

Pedir aos alunos que reservem uns dois minutos para escreverem as respostas iniciais de uma pergunta também ajuda. Se o aluno já escreveu a resposta, o passo a ser dado para falar é muito menor do que responder de imediato. Até os mais tímidos responderão quando forem indagados sobre o que escreveram.

Recompensar contribuições pouco comuns, ainda que com um sorriso, ajuda a estimular a participação mesmo quando a contribuição precisou ser desenvolvida

---

[1] Alguns alunos que relutam em participar oralmente de conferências as acompanham por computador ou e-mail.

ou corrigida. Chamar os alunos pelo nome parece incentivar a livre comunicação. O lugar da cadeira também é importante. As salas com as cadeiras dispostas em círculos ajudam bastante nesse processo.

Conhecer os alunos pouco participantes também é útil. Por exemplo, descobri que é útil pedir aos alunos que escrevam uma breve história de vida, indicando os interesses e as experiências relevantes ao curso. Essas autobiografias ajudam a ter mais conhecimento sobre cada aluno como indivíduo, a conhecer quais problemas ou ilustrações terão mais interesse para muitos alunos e saber quem posso chamar para obter informações especiais. Uma das melhores maneiras de introduzir os não participantes na discussão é pedindo que contribuam em determinada área de problema, na qual possuem conhecimentos especiais.

A técnica de fazer perguntas sobre o conhecimento especial do aluno se relaciona diretamente com as principais barreiras da discussão em aula: o medo de estar errado. Ninguém gosta de ser malvisto, principalmente em uma situação na qual erros podem ser atacados por um professor ou outros alunos. Uma das principais razões para a letalidade de uma pergunta na qual o professor pede para o aluno completar com a palavra correta é o fato de colocá-lo em evidência. Há uma infinidade de respostas erradas, e, obviamente, o professor sabe a certa. Então, por que o aluno deve se arriscar a cometer um erro quando as probabilidades estão contra ele? E, mesmo que a resposta seja óbvia, por que se mostrar como um capataz do professor?

Uma maneira de colocar o aluno em posição mais favorável é fazer perguntas gerais que não têm resposta certa. Por exemplo, como primeiro passo na análise de um problema, pode-se perguntar: "Como se sente sobre isso?". As percepções ou os sentimentos dos alunos podem não ser os mesmos que os seus, mas, como relatores dos próprios sentimentos, eles não podem ser considerados errados. Mas essa abordagem não elimina, de modo algum, a ansiedade da participação (já que a resposta envolve se revelar como pessoa), uma vez que se corre o risco de a discussão recair sobre o aluno que manifestou o sentimento, desviando-se assim do tema das perguntas. A técnica de perguntas, abordada no capítulo anterior como método para estabelecer os objetivos durante o primeiro dia de aula, é um exemplo de técnica de discussão que minimiza o risco para participação dos alunos. O método pode ser útil para apresentar um novo tópico, a conclusão de outro ou para se analisar um experimento ou trabalho literário. Outra vantagem é que pode ser usada com grupos grandes e pequenos.

Outra técnica para reduzir o risco de participação para os alunos é fazer uma postagem de perguntas na aula anterior ao debate e pedir aos alunos que escrevam as respostas, incluindo um exemplo de suas experiências. Da mesma forma, pode-se pedir aos alunos que tragam uma pergunta para a aula do debate. Isso ajuda na participação, contribui para que os alunos aprendam a formular questões e também fornece um *feedback* para o professor.

E, por fim, lembre-se de que o aprendizado fora da sala de aula é, muitas vezes, mais importante do que o aprendizado dentro dela. E-mail, conferências on-line e outras tecnologias interativas podem apoiar a aprendizagem ativa, as discussões e os debates.

Ainda assim, todas essas técnicas ainda não transformarão todos os alunos em participantes ativos verbais, mas duas técnicas em grupo podem ajudar. Uma é o grupo da moda e a outra é a técnica do círculo interno.

Grupos da moda

Uma das técnicas mais importantes para obter a participação dos alunos é chamada "sessão da moda". Nesse procedimento, as turmas são divididas em pequenos subgrupos para uma breve discussão de um problema. Pode-se pedir aos grupos que levantem uma hipótese que considerem relevante, com a aplicação de um princípio, de um exemplo de conceito ou com a solução de um problema. Nas classes grandes, caminho pelos corredores dizendo "Ímpar", "Par", "Ímpar", "Par" para cada fileira e peço que a fileira ímpar vire para um lado e para o outro, formando grupos de quatro a seis. Sempre digo para que primeiro se apresentem uns aos outros e, depois, escolham uma pessoa para apresentar o grupo. Em seguida, eles devem elaborar uma ideia sobre o problema (ou questão) proposto pelos integrantes do grupo e resumi-las em uma única ideia a ser apresentada para a classe. Estabeleço um limite de tempo para a realização do trabalho, às vezes 5 minutos, ou até menos, outras vezes, 10 minutos ou mais, dependendo da tarefa a ser executada. As discussões lideradas por duplas não precisam estar limitadas a 5 ou 10 minutos ou à sala de aula (ver Capítulo 14).

Círculo interno ou aquário

Ao utilizar a técnica do círculo interno, anuncio que, na próxima aula, teremos uma aula dentro de outra, com vários alunos (de 6 a 15) atuando como grupos de discussão e os demais como observadores. Se a sala de aula tiver cadeiras que possam ser trocadas de lugar, organizo-as de modo a formar círculos concêntricos. Fico impressionado com os alunos que normalmente são silenciosos e acabam falando quando sentem maior responsabilidade como membros do círculo interno.

Monopolizador de discussão[2]

Se as aulas participativas já foram trabalhadas de maneira eficaz, o monopolizador de discussões será um problema menor, mas ainda assim haverá aulas nas quais um ou dois alunos falarão tanto que o professor e os outros acabarão irritados. Uma solução é levantar a questão de participação em discussões com a classe – "A turma seria mais eficiente se a participação fosse mais bem distribuída?".

Uma segunda técnica é levar um ou mais integrantes a atuar como observadores por uma ou mais aulas e, posteriormente, relatar para a turma as observações feitas. Talvez a designação do aluno mais dominador ou monopolizador para o papel de observador ajude a melhorar sua sensibilidade para esse problema.

Uma terceira possibilidade é gravar o debate e, depois, apresentar uma parte dele a todos os alunos, pedindo que a turma discuta o que pode ser feito para melhorar a discussão.

Uma quarta técnica é impor aos grupos mais exaltados que se manifestem através de um único porta-voz.

E, por fim, a abordagem direta não deve ser descartada. Falar com o aluno mais dominador ou monopolizador individualmente, fora da aula, pode ser a solução mais simples e eficaz.

Como fazer o debate se os alunos não estudaram?

É difícil fazer um debate se os alunos não estudaram o material a ser discutido. O que fazer?

Uma estratégia é dar aos alunos perguntas no final de uma aula e pedir-lhes que obtenham informações sobre tais assuntos antes da próxima aula. Pode-se pedir aos alunos que pesquisem sobre os assuntos na internet, tomando o cuidado de verificar a validade das diferentes fontes, e tragam informações relevantes. É possível até dar tarefas diferentes para grupos diferentes. Outra estratégia é pedir aos alunos que formulem uma ou mais perguntas sobre a tarefa que deverá ser apresentada no início da próxima aula.

Se houver circunstâncias atenuantes, a favor dos alunos que não estudaram previamente, o professor (ou um aluno que estiver preparado) pode resumir os pontos necessários. De maneira alternativa, o professor pode dar alguns minutos

---

[2] Seja sensível ao fato de que o monopolizador mais comum é o professor. Em nossa pesquisa, nossos observadores relataram que, em um debate de aula típica, o professor falou 70% a 80% do tempo. Peça a um observador para verificar seu percentual.

para os alunos analisarem o material antes de iniciar a discussão. No entanto, se tal estratégia for usada frequentemente isso pode desencorajar o preparo prévio para as discussões.

Se o problema persistir, discuta com os alunos. O que eles sugerem? Uma das propostas prováveis é um pequeno teste no início da aula – o que normalmente funciona. Contudo, o professor gostaria de ter alunos motivados a estudar sem a ameaça de um teste. Geralmente, o teste pode ser eliminado quando os alunos perceberem que o debate realmente exige preparo e que as tarefas são mais interessantes quando todos se preparam previamente para elas.

Como lidar com as discussões?

Os conflitos surgem em todas as boas discussões e, se forem ambíguos e incertos, poderão causar problemas contínuos. O professor pode direcionar esses conflitos para que contribuam com o aprendizado.

- A referência ao texto ou a outra autoridade pode ser um método de resolução, caso a solução dependa de determinados fatos.
- Usar o conflito como base para uma pesquisa na biblioteca é outra solução.
- Se houver determinada resposta experimental testada, será uma ótima oportunidade para revisar o método pelo qual a resposta pode ser determinada.
- Se for uma pergunta de valores, seu objetivo poderá ser ajudar os alunos a ter ciência dos valores envolvidos.
- Às vezes, os alunos podem contestar suas declarações ou decisões. Tais desacordos normalmente podem ser resolvidos comparando as evidências de ambos os pontos de vista, mas, considerando que os professores são humanos, todos podem ter trazido avaliações para uma discussão na qual cada um deles termina com a própria convicção. Para ganhar tempo para pensar, além de indicar a compreensão e aceitação do ponto de vista do aluno, sugiro que se faça uma lista das objeções na lousa (Aliás, fazer uma lista das evidências ou argumentos também é uma técnica boa quando o conflito for entre dois integrantes da turma.) Essa lista ajuda a evitar a repetição dos mesmos argumentos.
- De qualquer modo, deve ficar claro que o conflito pode ser um auxílio no aprendizado, e o docente não precisa tentar abafar a discussão desesperadamente.
- Se estiver tendo problemas com um aluno especificamente, veja o Capítulo 13.

Método de duas colunas

Outra técnica de Maier (1952), o método de duas colunas, trata do uso especialmente eficaz da lousa em situação de conflitos ou quando um forte preconceito impede a análise completa dos pontos de vista alternativos. Estudos experimentais (Hovland, 1957) mostraram que, quando as pessoas ouvem argumentos que são contra seus pontos de vista, elas imediatamente partem para refutar tais argumentos em vez de simplesmente ouvirem e entenderem. Assim, os desacordos tendem a colocar os debatedores em extremos opostos, nos quais todas as ideias são certas ou erradas, boas ou ruins, pretas ou brancas. Muitas vezes, a verdade é mais complexa e não está em nenhum extremo.

O método de duas colunas foi projetado para permitir a análise de complicações e alternativas. Assim como na técnica de perguntas, antes de os assuntos serem discutidos, todos os argumentos de cada lado são listados na lousa. O líder forma duas colunas, "Favorável a A" e "Favorável a B" ou "A Favor" e "Contra", e depois pergunta aos integrantes do grupo quais fatos ou argumentos desejam listar. A tarefa do professor é entender e resumir os argumentos apresentados. Se alguém quiser debater algum dos argumentos apresentados pelo outro lado, o docente simplesmente tentará reformular o ponto de modo que possa ser listado como ponto positivo na coluna do próprio debatedor. No entanto, mesmo que um argumento seja contrariado ou contestado, este não deve ser apagado, visto que as regras do jogo dizem que as duas colunas devem incluir todas as ideias que os integrantes considerem relevantes. A avaliação pode vir posteriormente.

Quando os argumentos se esgotarem, a discussão poderá partir para a próxima etapa: a solução de problemas. Nesse momento, o grupo geralmente consegue identificar áreas de acordo e desacordo e, em muitos casos, já esclarece que a situação não é preta nem branca. Agora, a questão se transforma em valores *relativos*, em vez de bom *versus* mau. Quando a discussão caminha em direção ao acordo, evitam-se algumas animosidades pessoais e alguns sentimentos subjacentes que podem surgir. Assim, as próximas etapas da discussão têm maior probabilidade de voltar para a resolução construtiva do problema.

Os desafios e desacordos podem ser indicação de aula envolvente e alerta. No entanto, o professor também deve estar ciente da possibilidade de sintomas de frustração porque os alunos não têm certeza sobre qual é o problema e como resolvê-lo.

Ensinar os alunos a aprender com as discussões

Já mencionei anteriormente que as aulas não são repletas de discussões eficazes. Muitas vezes, os alunos precisam aprender a aprender com as discussões, assim como aprenderam a aprender com a leitura. Como isso pode ser feito?

Primeiro, é necessário entender a importância da discussão para a aprendizagem. Expressar a compreensão ou a ideia de alguém e obter reações dos outros alunos e do professor faz uma grande diferença no aprendizado, na retenção e no uso do conhecimento.

Quais habilidades precisam ser aprendidas? Uma delas é a noção sobre o que o grupo está tentando fazer – sensibilizar-se com as confusões do trabalho em grupo, pedir esclarecimentos e auxiliar na elucidação das questões em pauta.

Um segundo atributo é o despertar da vontade que o aluno pode sentir para falar sobre as próprias ideias abertamente, ouvir as ideias dos outros e interagir com eles. É importante que os alunos percebam que podem facilmente se enganar com relação às suas percepções e a seus entendimentos, e que verbalizar uma ideia é uma das maneiras de verificar a validade do que se pensa. Os professores podem encorajar o desenvolvimento das habilidades de ouvir, pedindo a um integrante do grupo para repetir ou parafrasear o que o outro disse antes de responder e mostrar repetidamente o propósito e os valores que os alunos ganham com a discussão.

A terceira habilidade é o planejamento. Muitas vezes, as discussões são frustrantes porque só se chega a algum lugar quando a aula está quase acabando. Se isso resultar na continuação da discussão fora da sala de aula, melhor, mas geralmente o aprendizado é facilitado se os alunos aprendem a formular os tópicos e determinar quais estudos ou acompanhamentos são necessários fora da sala de aula, antes de o grupo ser desfeito.

A quarta habilidade é elaborar sobre a ideia dos outros, de modo a aumentar a motivação, em vez de fazer que se sintam punidos ou esquecidos. Frequentemente, os alunos veem a discussão como situação competitiva na qual eles vencem destruindo a ideia dos outros alunos. Conforme mostrado por Haines e McKeachie (1967), os métodos de discussão cooperada encorajam o trabalho mais eficaz do que os métodos comparativos.

O quinto atributo é a habilidade na avaliação. Se a classe precisa aprender a discutir os assuntos com eficácia, os alunos precisam revisar periodicamente quais aspectos da discussão são válidos e quais barreiras, lacunas ou dificuldades surgiram. Algumas turmas reservam os últimos 5 minutos da aula para uma discussão sobre a eficácia do debate.

O sexto atributo é a sensibilidade aos sentimentos dos outros integrantes do grupo. Os alunos precisam se conscientizar sobre a possibilidade do surgimento de sentimentos de rejeição, frustração, dependência etc., que podem influenciar a participação dos integrantes no debate. Às vezes é mais produtivo reconhecer o sentimento que está por trás do que ficar no conteúdo de uma declaração individual.

Uma das maneiras de ajudar os alunos a desenvolver essas habilidades é promover os debates liderados pelos alunos precedidos por um treino com o líder.

Debates liderados pelos alunos

Em experiências pioneiras na psicologia geral e educacional, Gruber & Weitman (1962) descobriram que os alunos que estudavam em pequenos grupos liderados pelos próprios alunos, sem um professor, iam tão bem no exame final quanto os alunos que ouviam as palestras dos professores, além de terem mais curiosidade (como foi medido pelo comportamento pergunta-resposta). Em um estudo posterior, feito por Phillips & Powers (1979), a coordenar a quantidade de interação entre os alunos era a função do líder da discussão. Quando os próprios alunos lideravam o debate, a participação deles era quase o dobro do que quando os professores lideravam. De acordo com Phillips e Powers, era impossível dizer se isso acontecia pelo fato de os alunos, como líderes, facilitarem a discussão ou se a ausência de um especialista levava à menor inibição. Esta é uma questão interessante para refletir. Ter um aluno como líder da discussão pode facilmente alterar a percepção dos outros alunos quanto a seus papéis durante a aula. Em um estudo mais recente, Casteel & Bridges (2007) descobriram que os alunos realmente se sentem mais confortáveis para discordar dos outros quando há somente alunos liderando os debates.

Como provavelmente a experiência de discordar é a que causa a maior autorreflexão por parte de um aprendiz e gera melhor aprendizado, o sentimento de liberdade para discordar pode promover melhor aprendizado em decorrência dos debates. Esse fenômeno foi descrito por Johnson & Johnson (1995) e chamado de "controvérsia criativa". Depois de uma extensa metanálise da literatura, Johnson & Johnson relataram efeitos impressionantes (ao tamanho da diferença provocada por uma intervenção) para estudos que usavam formatos seguidos de modelos de controvérsia criativa. Johnson, Johnson & Smith (2000) forneceram uma excelente análise sobre o que provavelmente acontece com o modelo. Nesse modelo de discussão, os alunos foram divididos em grupos de quatro e, depois, cada grupo foi divido em pares. Uma dupla pesquisa o lado favorável de um tópico, e a outra, o lado desfavorável. As duplas precisam elaborar bons argumentos baseados na literatura e em outras formas de evidência. Depois de cada lado ter construído seu caso e refutado o do outro, as duplas trocam de lugar.

Eles devem chegar a um consenso sobre a melhor posição com relação ao problema. Johnson & Johnson propuseram que tal atividade não só motiva os alunos a estudar o tópico em maior profundidade, como também provoca a experiência de conflito conceitual que, conforme as pesquisas mostraram, leva a uma reavaliação das próprias crenças e atitudes. Para aprender mais sobre esse processo interessante, recomendo a leitura do artigo de Johnson, Johnson & Smith (2000).

Anotar e resumir

Um dos problemas que envolvem os debates é o sentimento que os alunos têm de que aprenderam menos do que com palestras, nas quais fazem muitas anotações. Dessa maneira, gosto de resumir nosso progresso no final da aula ou pedir aos alunos que contribuam com um resumo. Ou, melhor ainda, use os últimos 5 a 10 minutos para obter *feedback*. Por exemplo, peça aos alunos que escrevam um resumo dos tópicos discutidos, os prós, contras e suas conclusões.

Debates on-line

Este provavelmente é o tipo de discussão que mais cresce no nosso arsenal atual. Conforme será discutido no Capítulo 17, e-mails, servidores, conferências virtuais e outras experiências on-line aumentam as oportunidades de discussão além do que é possível em uma sala de aula. Os debates on-line também proporcionam a prática da escrita e podem facilitar a aprendizagem cooperativa. A impessoalidade dos e-mails pode reduzir as inibições das pessoas que são tímidas em sala de aula, mas pesquisas sugerem que também pode reduzir as inibições contra a grosseria. Assim, ao iniciar uma discussão on-line, lembre seus alunos de que o respeito pelos outros e o apoio racional para os argumentos são tão importantes on-line quanto em sala de aula. Para uma discussão bem detalhada sobre esse tópico, recomendo a leitura do Capítulo 17 ou de alguns dos trabalhos mais recentes sobre o assunto, revisados por um dos líderes na área, Alfred Rovai (2007). Em uma análise minuciosa, Rovai recomendou algumas estratégias importantes. Por exemplo, ele sugeriu fornecer rubricas para os debates on-line para ajudar os alunos a entender o tipo de pensamento que se espera deles nas discussões. Também enfatizou a importância de criar um senso de comunidade para os alunos nos cursos que dependem muito dos debates on-line. Rovai estuda a questão da presença social em salas de aula virtual e a ideia de que há uma pessoa de verdade por trás das palavras da tela. Embora muitas de suas recomendações se apliquem às discussões cara a cara, é bom lembrar que a capacidade de discutir assuntos sérios é um comportamento bem diferente da rede social que muitos alunos estão acostumados a frequentar, então, não podemos simplesmente presumir que esse nível de pensamento ocorra automaticamente.

◘ CONCLUSÃO

O ensino por meio de debates é diferenciado da palestra porque é imprevisível. Tal método fornece desafios e oportunidades constantes de aprendizado tanto para o professor como para os alunos.

◘ LEITURA COMPLEMENTAR

BONWELL, C. C. & SUTHERLAND, T. E. The active learning continuum: choosing activities to engage students in the classroom. In: SUTHERLAND, T. E. & BONWELL, C. C. (Eds.). Using active learning in college classes: a range of options for faculty. *New Directions for Teaching and Learning*, n. 67, p. 3-16, out. 1996.

BROOKFIELD, S. D. & PRESKILL, S. *Discussion as a way of teaching*: tools and techniques for democratic classrooms. São Francisco: Jossey-Bass, 1999.

COLLINS, A. Different goals of inquiry teaching. *Questioning Exchange*, v. 2, n. 1, p. 39-45, 1988.

DILLON, J. T. *Teaching and the art of questioning.* Bloomington, IN: Phi Delta Kappa Educational Foundation, 1983.

FUHRMANN, B. S. & GRASHA, A. F. *A practical handbook for college teachers*. Boston: Little, Brown, 1983. Cap. 6.

JOHNSON, D., JOHNSON, R. & SMITH, K. *Constructive controversy*: the educative power of intellectual conflict. *Change*, p. 28-37, jan./fev. 2000.

Capítulo 6

Como tornar as palestras mais eficazes

A palestra é provavelmente o método de ensino mais antigo e o mais utilizado em universidades de todo o mundo. A aula tradicional, mais conhecida e praticada em todas as escolas, é na forma de palestra: o professor discorre sobre o assunto enquanto os alunos ouvem e tomam nota. Com o passar do tempo, acumulou-se bastante sabedoria prática relacionada às técnicas de palestras. As palestras eficazes combinam em uma só pessoa o talento de estudante, escritor, produtor, comediante, artista e professor, de modo a contribuir com a aprendizagem do aluno. No entanto, também é verdade que poucos professores universitários combinam esses talentos de maneira ideal e que as melhores palestras nem sempre estão em sua melhor forma. As palestras sobreviveram apesar da invenção da impressora, da televisão e do computador.

A palestra é um método de ensino eficaz? Se sim, em que condições é mais eficaz? Vou abordar essas questões não apenas à luz da pesquisa sobre a palestra como método de ensino, mas também em termos de análises dos processos cognitivos usados pelos alunos nas aulas.

Pesquisa sobre a eficácia das palestras

Muitos estudos compararam a eficácia das palestras com a de outros métodos de ensino. Os resultados são desanimadores para o palestrante. Os métodos de debate, por exemplo, são superiores às palestras quanto à retenção de informações por parte do aluno, à transferência de conhecimento para situações novas, à resolução de problemas, ao desenvolvimento de raciocínios, à mudança de atitudes e à motivação para o aprendizado futuro (McKeachie et al., 1990).

Da mesma forma, os materiais impressos também oferecem vantagens sobre a palestra. Os alunos conseguem ler mais rápido do que os palestrantes conseguem falar e ainda podem reler quando não entendem alguma parte, pular o material que for irrelevante, revisar imediatamente ou mais tarde. As palestras caminham na velocidade do palestrante e alguns alunos ficam para trás. No entanto, não se desespere; as palestras ainda podem ser úteis.

As palestras são boas para quê?

- Apresentar informação atualizada.
- Oferecer explicações embasadas em variada bibliografia e outras fontes.
- Adaptar o material de leitura para o conhecimento e o interesse de certo grupo de alunos em determinada hora e local.
- Ajudar os alunos a ler de maneira mais eficaz, fornecendo orientação e estrutura conceitual.
- Apresentar conceitos, princípios e ideias principais de interesse do curso.

As palestras também têm valor motivacional, além do seu conteúdo cognitivo. Ao contribuir para que os alunos se conscientizem sobre um problema, pontos de vista conflitantes ou desafios às ideias que anteriormente julgaram corretas, o palestrante consegue estimular o interesse em maior aprendizado na área da disciplina. Além disso, as atitudes e o entusiasmo do palestrante têm efeito importante na motivação dos alunos. Pesquisas sobre as avaliações que os alunos fazem para o ensino, além da aprendizagem propriamente dita, indicam que o palestrante é um fator importante pelo fato de motivar a aprendizagem do aluno. Você pode perceber que o entusiasmo do professor não é inútil para a aprendizagem do aluno. É evidente que alguns profissionais estão mais entusiasmados e expressivos do que outros, mas é possível se desenvolver também nesse âmbito como professor, assim como em outros. Uma maneira de conseguir isso é tentar acrescentar às palestras algo que realmente o anime e o entusiasme. Observe como sua voz e seus gestos adquirem mais energia e expressividade e tente levar um pouco dessa intensidade e animação para os outros tópicos. Assim como os outros comportamentos que aprendemos, ministrar palestras exige prática. De acordo com Murray (1997), os palestrantes entusiastas andam durante as apresentações, fazem contato visual com os alunos e usam mais variações de voz e gestos. Os professores também podem aprender essas técnicas de apresentação. Tanto a pesquisa na área do ensino como a teoria de didática apoiam a utilidade dos comportamentos entusiastas para manter a atenção do aluno.[1]

O palestrante também modela as formas de abordar os problemas, individualizando a atenção a um estudante que está aprendendo de uma maneira que outros meios e métodos de instrução dificilmente atingem. Em uma palestra, é possível dizer: "É assim que faço para resolver este tipo de problema (analisar o fenômeno etc.). Agora tente!". A presença física do professor é sempre estimulante para os alunos, pois há a tendência de eles imitarem as pessoas que admiram.

Um pouco de teoria

A seção anterior englobou um pouco da teoria sobre aprendizagem e motivação, e há mais material sobre o assunto ao longo do livro.[2] No entanto, é importante ressaltar um aspecto da teoria cognitiva de aprendizagem e memória. Conforme observei no capítulo anterior, a memória depende muito da atividade do estudante – de como ele constrói novos conhecimentos. Uma diferença importante entre as teorias modernas da memória e as antigas é que estas consideravam o conhecimento um conjunto de associações únicas, como encaixar cada parte de informação em um arquivo. Hoje, vemos o conhecimento como algo armazenado em estruturas, em redes de conceitos, fatos e princípios interligados. Desse modo, a palestra precisa construir uma ponte entre o que povoa o pensamento dos alunos e as estruturas sobre o assunto. Metáforas, exemplos e demonstrações são elementos dessa ponte. Assim, a função principal da palestra é oferecer uma organização significativa. Nossa pesquisa (Naveh-Benjamin, Lin & McKeachie, 1989) mostrou que os alunos começam um curso com pouca organização mental, mas que, durante o período letivo, desenvolvem estruturas conceituais que cada vez mais se assemelham às do professor.

Planejamento de palestras

O objetivo de uma palestra típica é apresentar um resumo conciso e sistemático do conhecimento a ser abordado no dia da aula. Chang et al. (1983, p. 21) chamam essa abordagem de "orientada para a conclusão". Embora haja momentos

---

[1] Não pense que é preciso mostrar-se energético a cada minuto. Há momentos em que uma fala calma, quieta e lenta é necessária – e momentos em que é fundamental esperar e refletir antes de responder.
[2] Sobre um resumo muito bom da teoria e pesquisa, ver Svinicki (2004) ou Halpern & Hakel (2003). Ambos os livros foram escritos para o docente universitário e contêm elementos importantes sobre o aprendizado básico, a memória e suas aplicações para o ensino.

em que isso é útil, muitas vezes é preciso ensinar os alunos a ler e a compreender os trabalhos propostos na disciplina. Seu trabalho de professor palestrante dispensa menos conhecimento do que aquele necessário para ensinar os alunos a aprender e a pensar.

Fui um palestrante orientado para conclusão durante trinta anos. Hoje, a maioria das minhas palestras envolve a análise de conteúdos, formulação de problemas, elaboração de hipóteses, levantamento de evidências para discussão e avaliação de soluções alternativas – métodos reveladores de aprendizagem que envolvem os alunos nesse processo.

Um dos problemas da abordagem teórica adotada por mim é que aquilo que consideramos, no início de um curso, ideal para palestras pode se mostrar inapropriado ao final. Conforme observamos anteriormente, a maneira como os alunos absorvem o que é dito numa palestra depende de estruturas que permitam que eles processem informações maiores e obtenham conhecimento tácito sobre os métodos, os procedimentos e as convenções utilizadas. Talvez nossa intenção seja torná-los mais habilidosos no aprendizado através das palestras.

Por isso, no início de um curso, deve-se ir mais devagar, pausando para permitir que os alunos com menos conhecimento prévio tomem notas e dando mais exemplos que fazem parte da vida diária. Fazer uma pausa para escrever certa frase ou esboçar determinada relação na lousa dá aos alunos a chance de recuperar o atraso, além de fornecer dicas visuais que podem servir como pontos de referências futuras. Mais tarde, durante o semestre, os alunos já devem conseguir processar grandes quantidades de conteúdos mais rapidamente.

Adaptar-se às diferenças de conhecimento dos alunos, desde os estágios iniciais até os mais avançados de um curso, é um exemplo de que um dos pontos principais de uma boa palestra é a consciência da heterogeneidade do público no momento de prepará-la. Em todas as salas de aulas existe a diversidade no grupo de alunos – não só quanto ao conhecimento, mas também quanto à motivação, às habilidades de aprendizagem, às crenças sobre o que o aprendizado envolve e às preferências por diferentes tipos de aprendizagem (estilos de aprendizagem). Shulman (2002) descreveu a capacidade do docente hábil de balancear todas essas coisas como "conhecimento pedagógico do conteúdo", o conhecimento sobre como os alunos realmente aprendem e sobre como transportar determinado conteúdo para a dimensão compreensiva do aluno.

Anotações para a palestra

Uma das características de segurança das palestras é que se pode prepará-la com um pouco de controle sobre o conteúdo e a organização do período. Nas palestras, o professor geralmente está no controle, e essa sensação de estrutura controlada ajuda os ansiosos a evitar o pânico.

No entanto, mesmo que a palestra tenha sido minuciosamente preparada, ainda é preciso encarar o problema de como restaurar e transmitir suas percepções durante a aula. Se você tiver tempo de sobra e for compulsivo, poderá até tentar escrever a palestra integralmente, mas não é aconselhável que o faça. Entretanto, se realmente for preciso, não leve essa versão na íntegra para a sala de aula. Poucos palestrantes conseguem ler a palestra tão bem a ponto de manter os alunos acordados e interessados.

Ao mesmo tempo, poucos professores conseguem dar uma palestra sem anotação alguma. Portanto, sua palestra virá das anotações. A maioria dos profissionais utiliza um esboço ou uma sequência de palavras e frases. Tente fazer suas anotações como numa sequência de perguntas.

Day (1980) estudou as anotações de palestras usadas por professores em mais de 75 faculdades e universidades e constatou que as anotações mais extensas tiram o professor do contato visual com os alunos, de modo que estes permanecem passivos, sem questionamentos. Day sugeriu o uso das representações gráficas para aumentar a flexibilidade e a espontaneidade do ensino. Diagramas de árvore, fluxogramas feitos em computador e modelos de rede permitem que o professor tenha em mãos uma representação da estrutura que possibilita responder às perguntas sem perder o raciocínio da relação da pergunta com a organização da palestra. Representações pictóricas com setas, diagramas de Venn ou ilustrações que simbolizam conceitos importantes podem ajudar o professor a conduzir a palestra. Essas informações podem ser apresentadas em PowerPoint® ou colocadas na lousa para fornecer dicas adicionais aos alunos.

Utilize a codificação em cores nas suas anotações com indicações de procedimentos. Como tento envolver o aluno e tenho a tendência de extrapolar o horário, coloco o tempo nas margens para lembrar e ficar alerta. Também acrescento orientações como

- "Colocar na lousa" (geralmente quando se trata de um conceito ou relação importante).
- "Veja se os alunos entenderam. Peça exemplos."
- "Peça aos alunos para levantarem as mãos."
- "Forme duplas para discutir o assunto."

Qualquer que seja seu sistema, utilize *sinalizações* para mostrar aos alunos o que vem pela frente, *transições* que dizem aos alunos quando um tópico está terminando e quando está iniciando outro, *pontos* ou *conceitos-chave* e *ligações*, tais como "consequentemente", "portanto" e "porque".[3]

Reserve um tempo para os alunos fazerem perguntas, para novos exemplos ou ideias que surgirem durante a palestra e para você saber de quanto tempo ainda necessitará para explorar ou concluir determinado tópico. Se, porventura, a palestra terminar mais cedo, deixe os alunos usarem o tempo remanescente para a elaboração de um resumo. Em uma folha, organize os principais tópicos da palestra e distribua esse material aos alunos para que eles possam fazer novas anotações e esclarecer possíveis dúvidas.

Organização das palestras

Sobre a organização de uma palestra, a maioria dos professores pensa, primeiro, na estrutura dos tópicos e depois tenta organizar o conteúdo de alguma maneira lógica, como partir dos assuntos específicos para a generalização ou deduzir implicações específicas com base nos princípios gerais. Muitas vezes, há tanta preocupação em esgotar o assunto que eles se esquecem de refletir sobre o que realmente desejam que os alunos se lembrem da palestra depois de algum tempo.

Há alguns princípios de organização muito usados pelos palestrantes: causa e efeito, sequência cronológica (por exemplo, histórias), teorias e suas evidências concretas, problemas e soluções, prós e contras para resolver, familiar e não familiar aos alunos, conceitos e aplicações.[4]

Leith (1977) sugeriu que os diferentes assuntos são basicamente diferentes pela maneira como seu desenvolvimento é alcançado em campo da pesquisa. Alguns assuntos são organizados de maneira linear ou hierárquica, na qual um conceito se forma com base no conceito precedente. A estrutura lógica de um tópico deve ser a de um critério que determina a estrutura da palestra, mas a estrutura cognitiva na mente dos alunos também é igualmente importante. Se o objetivo é ensinar os alunos de forma eficaz, é necessário fazer a ponte entre a estrutura dos tópicos das palestras e as estruturas mentais dos alunos. Como é indicado em todos os capítulos deste livro, o professor não está fazendo impressões em uma lousa em branco, que seria a mente dos alunos. Pelo contrário, a tarefa no ensino é ajudar os alunos a reorganizar as estruturas cognitivas existentes ou adicionar novas dimensões e novos recursos às estruturas já existentes. Assim, a organização da

---

[3] Esses quatro tipos de sinais são discutidos no livro de Brown (1978).

[4] As histórias não só deixam os alunos interessados, como também auxiliam na memória. Se o professor puder transformar sua história em um mistério, conseguirá manter a atenção dos alunos (cf. Green, 2004).

aula precisa levar em conta o conhecimento prévio e as expectativas do aluno, bem como a estrutura do conteúdo da palestra. As analogias que estabelecem conexões entre novas ideias e outros conhecimentos que os alunos já possuem podem ser de grande valia para o objetivo de ensinar. É importante lembrar que o que se está tentando fazer é organizar a mente dos alunos para ajudá-los a encaixar os fatos relevantes e formar uma nova base para o aprendizado e pensamento futuro.

A introdução

Na organização, a *introdução* da palestra deve apontar para o novo assunto a ser tratado de modo desafiador e instigante, provocando a curiosidade do aluno (Berlyne, 1954a, 1954b). Há muitas pesquisas sobre a função das pré-perguntas com o objetivo de atrair a atenção do leitor para as características de determinado texto escrito. As pré-perguntas na introdução de uma palestra também podem servir para atrair a atenção dos alunos, ajudando-os a distinguir as características mais ou menos importantes das palestras. Por exemplo, antes de uma palestra sobre as alterações cognitivas com o decorrer da idade, pergunto: "Vocês ficam mais ou menos inteligentes conforme envelhecem?" e "Qual seria um teste de inteligência justo para as pessoas mais velhas?". Essas perguntas podem ajudar a criar expectativas que permitam que alunos aloquem sua capacidade cognitiva de forma mais eficaz. Se os alunos souberem o que devem aprender em uma palestra, eles aprenderão mais com o conteúdo da palestra. Em um estudo recente, Nevid e Mahon (2009) mostraram que colocar essas perguntas em um conjunto de testes pré-postados antes e depois de cada palestra ajuda a direcionar a atenção dos alunos para os conceitos-chave, o que será demonstrado pelo melhor desempenho deles no teste após a palestra. Embora haja outros fatores que influenciam no aproveitamento da palestra, esse procedimento é muito simples e os alunos parecem responder à altura.

Outra abordagem é iniciar com uma demonstração, um exemplo, um caso ou uma aplicação que chame a atenção dos alunos. Em muitas áreas, é possível iniciar as palestras com a apresentação de um problema ou caso veiculado na mídia e, depois, perguntar aos alunos o que pensam sobre o assunto e qual a relação deste com o curso. Podem-se, ainda, apresentar ideias de especialistas sobre o assunto apresentado.

O corpo de palestra

Quando se organiza o *corpo* da palestra, o erro mais comum é tentar incluir informação demais. O inimigo do aprendizado é a necessidade do professor de esgotar o conteúdo a qualquer custo. Quando comecei a dar aulas, meu orientador disse:

"Se transmitir três ou quatro pontos em uma apresentação e os alunos entenderem e se lembrarem depois, você já foi bem". Os palestrantes muitas vezes sobrecarregam a capacidade de processamento de informação dos alunos, tornando-os menos capazes de entender o conteúdo do que se tivessem feito uma apresentação mais sucinta. David Katz (1950), pioneiro na psicologia *Gestalt*, chamou esse fenômeno de "labirinto mental". Ele sugeriu que, da mesma forma que o excesso de luz faz nosso olho ficar ofuscado e não nos deixa enxergar, o excesso de novas ideias também pode imobilizar a capacidade de processamento do cérebro, de modo que não se consegue aprender nada.

Utilize lousa, projetor ou PowerPoint® para dar dicas aos alunos sobre a organização da palestra. A exibição progressiva dos pontos de um esboço ou palavras-chave é útil de três maneiras:

1. Fornece uma representação *visual* para complementar a apresentação oral. O uso de um diagrama ou outra representação gráfica ajuda na visualização.
2. As alterações ajudam a reter (ou reconquistar) a atenção para que todo mundo esteja na mesma página, na mesma hora.
3. Proporciona aos alunos a chance de chegar até o professor (talvez até de pensar!).

Use exemplos. Saia do concreto em direção ao abstrato. Para ligar o que se passa na cabeça do professor com o que se passa na cabeça dos alunos, é preciso usar exemplos que relacionam a matéria com as experiências e os conhecimentos deles. Hoje, não sou tão eficaz quanto era alguns anos atrás, porque não conheço a cultura estudantil e, consequentemente, fico limitado para encontrar exemplos vívidos dos conceitos que fazem parte da vida deles. Como nenhum exemplo é capaz de representar completamente um conceito, normalmente é preciso dar mais de um. As pesquisas sobre a formação de conceitos sugerem que exemplos diferentes terão maior probabilidade de eficácia se o professor mostrar as características essenciais do conceito exemplificado em cada um deles. Se o professor conseguir achar uma história em quadrinhos ou algo engraçado que ilustre seu assunto, o humor ajudará a manter o interesse. No entanto, o risco é que os alunos podem se lembrar do humor e não do conceito, então, repita o conceito. E, o mais importante, incentive-os a apresentar exemplos.

Resumos periódicos na palestra. Com base em nosso conhecimento sobre como os alunos fazem anotações, sabemos que eles conseguiriam aprender melhor com as palestras se houvesse resumos periódicos do conteúdo anteriormente ministrado. Isso dá aos alunos a chance de correr atrás da matéria abordada quando estão dispersos, além de verificarem possíveis equívocos com base em expectativas inadequadas ou enganosas. Repita os pontos principais uma, duas, três vezes durante a palestra. Esses resumos podem ajudar a esclarecer as transições de um tema para outro, de modo que auxiliem na organização do conteúdo não somente nas anotações, mas também nas mentes dos alunos. Na verdade, você pode pensar na palestra como duas ou mais minipalestras separadas por breves pausas para discussão, dúvidas e escrita.

Verifique a compreensão do aluno. Embora possa parecer irracional utilizar determinado conteúdo quando os alunos não estão aprendendo com ele, não se deve subestimar a importância de verificar as anotações que os alunos fazem da palestra. Seria interessante até colocar lembretes para verificar se os alunos estão entendendo o assunto da sua palestra – identifique expressões não verbais de espanto ou de falta de atenção, assim como também propor questões para testar a compreensão deles.

A maioria dos palestrantes reconhece que precisa verificar o entendimento dos alunos regularmente ao longo da aula, por isso perguntam: "Alguma dúvida?". Depois de 3 a 5 segundos sem resposta, presumem que todos entenderam. Não é bem assim! Se realmente quer saber, dê aos alunos um minuto para escrever uma pergunta e, depois, peça que comparem as anotações com os alunos que estão próximos antes de perguntar se há dúvidas.

Depois de usar esse procedimento algumas vezes e constatar que os alunos perceberam que esse questionamento não é perigoso, o professor pode simplesmente dizer: "Quais são as dúvidas?".

A conclusão. Na conclusão da palestra, temos a oportunidade de compensar possíveis falhas no decorrer dela. Encorajar os alunos a formular perguntas ou questões sobre algum ponto do assunto abordado pode facilitar a compreensão e a memória. Ao deixar os tópicos visíveis novamente, ao recapitular os pontos principais, propondo perguntas não respondidas para serem trabalhadas na tarefa de leitura ou nas aulas futuras, o palestrante consegue ajudar no aprendizado dos alunos. Uma boa técnica (e assustadora) é anunciar que você vai pedir que algum aluno resuma a palestra no final da aula. Outra (menos ameaçadora) é levar os alunos a escrever por 3 minutos um resumo dos pontos principais, técnica muitas vezes chamada de "trabalho de minuto" (Wilson, 1986). Depois, peça a algum deles para ler o que escreveu. Também sugiro recolher esses papéis como modo de avaliação contínua do aprendizado dos alunos. Qualquer um desses métodos auxilia no processo de elaboração do conhecimento, de modo crítico e reflexivo para a memória do aluno. E claro, conforme mencionei anteriormente, um teste ao final da aula também serve para verificar o entendimento sobre o conteúdo ministrado no dia.

Depois de tudo que foi dito, devo admitir que meu maior problema como palestrante é que nunca parece que estou pronto para a conclusão até perceber que o tempo de aula já se esgotou.

Como as palestras podem ser melhoradas?

Uma maneira de melhorar as palestras em sala de aula é refletir sobre como os alunos as processam. O que eles estão tentando fazer durante uma palestra?

À medida que você observa os comportamentos durante a palestra, o aspecto mais impressionante que se pode perceber é o papel passivo que os alunos têm na maioria das salas de aula. Alguns estão com dificuldade para permanecer acordados; outros estão tentando passar o tempo da forma mais fácil possível, lendo outros materiais, mandando mensagens para os amigos, contando os maneirismos do palestrante ou simplesmente rabiscando e ouvindo de modo que não se esforcem muito. Mas a maioria dos alunos está fazendo anotações. De maneira ideal, muitos estão tentando construir o conhecimento estabelecendo ligações entre o que o palestrante diz e o que eles já sabiam antes da aula.

Atenção

Um dos fatores que determinam o sucesso dos alunos no processamento de informações é a capacidade de prestar atenção na palestra. A atenção envolve basicamente a capacidade de se concentrar nas cognições, sobre as coisas que estão se alterando, se renovando ou motivando o ouvinte da palestra. As pessoas têm capacidade limitada para tratar das várias características do ambiente em que vivem. A capacidade total do indivíduo para prestar atenção pode variar de acordo com o grau de ativação e motivação. A qualquer momento, parte da capacidade pode ser devotada à tarefa em questão (nesse caso, ouvir o palestrante), parte pode estar envolvida em tomar notas e parte pode ser deixada de fora, com desvios de atenção primária para distrações e devaneios.

Wilson & Korn (2007) analisaram muitas pesquisas sobre os padrões de atenção dos alunos durante as palestras para determinar se eles realmente sofriam um declínio de atenção depois de cerca de 10 minutos. Como normalmente ocorre com as pesquisas realizadas em sala de aula, as medidas aplicadas para avaliar o nível de atenção variavam desde a quantidade de anotações feitas até os dados observacionais sobre o comportamento do aluno para reter o conteúdo. E, como em geral acontece, eles descobriram que nada era tão simples quanto os

10-15 minutos da regra de atenção. De acordo com Wilson & Korn (2007), existem muitas variáveis individuais do aluno, professor, conteúdo e ambiente que influenciam a capacidade de os alunos se manterem focados. Esses autores sugeriram que o professor conseguiria aprender muito observando o que consta nas anotações dos seus alunos e que isso pode ser o melhor guia para estimar quão bem e com que frequência eles prestam atenção. Se eles não estiverem captando as ideias principais, então é hora de começar a buscar outros recursos que possam ajudá-los a prestar atenção nos momentos certos da aula.

O que pode ser feito para manter a atenção?

Os alunos utilizam várias estratégias para manter a atenção durante a aula. Qualquer palestrante sabe que uma maneira de atrair a atenção para determinado assunto é simplesmente dizer: "Isto vai cair na próxima prova". Além disso, os alunos ouvem determinadas palavras ou frases que indicam que vale a pena anotar e lembrar algo. Informações enumeradas ou listadas têm maior probabilidade de caírem em testes e, consequentemente, são mais observadas.

As mudanças no ambiente também chamam a atenção do aluno. A capacidade do palestrante realizar alterações no ambiente da sala de aula durante a palestra funciona a seu favor. A variação no tom da voz, na intensidade e no ritmo da palestra; as dicas visuais como gestos, expressões faciais, movimentos até a lousa; uso de demonstrações e recursos audiovisuais – tudo isso chama e mantém a atenção dos alunos.

A atenção auditiva é direcionada, até certo ponto, pela atenção visual. Os movimentos que causam distração em sala de aula são capazes de levar os alunos a não conseguir lembrar o que foi dito nas palestras. Outra aspecto se refere ao fato de que a compreensão dos alunos é maior quando eles olham para os lábios e rostos do palestrante (Campbell, 1999). Ao ministrar uma aula, portanto, olhe para o seu público, o contato visual ajuda na comunicação.

A motivação é importante para prender a atenção do aluno. Ligar as palestras aos interesses dos alunos, dar exemplos que são vívidos e intrigantes, criar suspense com relação à resolução de um conflito – todas essas técnicas têm como objetivo ganhar e prender a atenção.

Todos esses dispositivos ajudam, mas o melhor deles é dividir a palestra, em vez de tentar prender a atenção por uma hora ou mais. A formulação de perguntas, o trabalho de minuto (mencionado no início do capítulo) e trabalhos em duplas ou pequenos grupos podem reativar a atenção dos alunos.[5] Se você presenciar

---

[5] Brown & Atkins (1988, p. 29) fizeram uma lista destas e de outras atividades que conseguem despertar a atenção do aluno e levá-lo a pensar durante as palestras.

sinais de sonolência ou inquietação, peça aos alunos que fiquem de pé e se alonguem. O resumo da pesquisa de Bligh (2000) indicou que o ganho em aprendizagem depois de uma pausa é mais do que compensador.

Uma inovação recente que faz maravilhas quanto à atenção dos alunos é o uso dos sistemas de resposta pessoal, chamados *clickers*, durante o período de curso. Esses dispositivos de computador permitem que o professor interponha atividades durante o período de aula e leve os alunos a responder apertando as teclas de um pequeno dispositivo de mão. Essas respostas podem ser projetadas em conjunto para toda a turma e capturadas para monitorar as seleções individuais dos alunos. O uso de *clickers* será discutido em mais detalhes no Capítulo 17, que trata do uso da tecnologia, mas foi mencionado aqui porque está fazendo grande diferença para envolver os alunos de maneira mais ativa durante uma palestra, além de ser uma maneira maravilhosa de manter a atenção. É claro que o professor não precisa usar *high tech* para tais oportunidades de respostas ativas, mas pode pedir aos alunos que levantem a mão para indicar a opção de resposta para uma pergunta. Aplico esse tipo de folha de atividades durante a aula para interpor perguntas de testes ou aplicações do material que acabamos de ver, e tem sido muito útil para verificar se os alunos e eu estamos na mesma página. A tecnologia permite fazer um resumo e exibir as respostas da turma instantaneamente, de modo que eles possam informar imediatamente o que está acontecendo na aula e reter as informações para fins de melhorias futuras. Um estudo recente feito por Mayer et al. (2009) tentou avaliar o valor educacional das perguntas trabalhadas nos *clickers* durante as palestras em comparação com os testes em papel feitos ao final da aula e com uma condição de controle que não envolvia perguntas. Mayer et al. (2009) descobriram que as turmas que usavam *clickers* durante a palestra tinham notas um terço maiores que as outras duas situações, que não foram diferentes entre si. Há algumas questões metodológicas que podem ser um problema na interpretação dos resultados desse estudo, mas, em geral, a ideia de que as perguntas com o uso de *clickers* durante a palestra resultam em melhor desempenho foi apoiada. Como leva muito pouco tempo para interpor esse tipo de pergunta na aula, certamente vale a pena tentar.

Como os alunos podem se tornar melhores ouvintes?

Presumimos que ouvir seja uma habilidade inata, mas é possível treinar os alunos para se tornarem melhores ouvintes. Por exemplo, você pode começar pedindo que escrevam por 1 minuto sobre "Que tipo de expectativa eu tenho nesta palestra?" ou "Qual foi o ponto mais importante na leitura preparatória para a aula de hoje?". Em seguida, explique como essa estratégia pode transformá-los em ouvintes mais eficazes em qualquer aula. Ambas as estratégias funcionam como um "aquecimento", pois focam a atenção e ativam o conhecimento prévio relevante.

Outra estratégia útil é pedir aos alunos que ouçam com toda a atenção o que você tem a dizer (de 5 a 15 minutos). Durante sua fala, eles não poderão fazer nenhuma anotação. Depois de concluída a exposição, peça aos alunos que elaborem um resumo do que ouviram. Você pode, então, pedir que comparem os resumos com um ou dois colegas sentados perto deles.

Outra estratégia é dizer aos alunos que eles terão 5 minutos ao final da aula para resumir os pontos principais da palestra para alguém sentado próximo a eles. Ao final da aula, pergunte-lhes qual o efeito causado no ato de ouvir a palestra em termos de aprendizagem e mostre que eles podem utilizar essa abordagem para todas as palestras mesmo que resumam apenas as próprias anotações.

Como os alunos processam o conteúdo de uma palestra?

Vamos supor, na palestra, que os alunos estejam prestando atenção de maneira adequada. Apenas esse aspecto não assegura, entretanto, que o conteúdo será compreendido, lembrado e aplicado. Embora os alunos estejam tentando atender à demanda da situação, que é a de prestar atenção, eles podem divergir quanto às maneiras de processar as palavras que acabaram de ouvir.

Marton & Säljö (1976a, 1976b) e outros pesquisadores da University of Göteborg descreveram como os alunos tentam aprender sobre os conteúdos educativos: alguns processam o mínimo de conteúdo, enquanto outros simplesmente anotam tudo que conseguem. Marton denomina esse tipo de comportamento "abordagem de superfície". Outros alunos tentam ver as implicações do que o palestrante está dizendo, relacioná-las com outras informações da palestra ou de as próprias experiências e leituras. Eles refletem, elaboram e traduzem as palavras do professor para a própria dimensão compreensiva, conseguindo assim questionar e discutir o que é ministrado pelo professor. Esse tipo de compreensão mais ativa e mais reflexiva é o que Marton & Säljö chamam de "processamento profundo".

Os alunos experientes provavelmente conseguem variar as estratégias de processamento superficial para profundo, dependendo das exigências da situação. Geralmente, o processamento profundo permite que os alunos se lembrem do conhecimento adquirido, utilizando-o para futuras reflexões e novas aprendizagens.

• DICAS DE ENSINO •

Mostrar as relações entre os conhecimentos, fazer perguntas retóricas ou perguntas que serão respondidas pela turma são maneiras de encorajar o processamento profundo. O docente também pode pedir exemplos de como os alunos aplicam os conceitos em as próprias experiências, encorajando todos a perceber a importância de tentar pensar sobre como os conceitos se relacionam.

Os alunos devem fazer anotações?

O ato de tomar notas é uma das formas utilizadas pelos alunos para que possam se manter atentos, mas as anotações também são um auxílio para a memória. *Memória de trabalho* ou *memória curta* é uma expressão usada para descrever o fato de que se pode guardar apenas determinada quantidade de informação na mente por algum tempo. Quando o palestrante apresenta uma sucessão de conceitos novos, o rosto dos alunos começa a mostrar sinais de frustração e angústia; alguns escrevem furiosamente, enquanto outros param de escrever por se sentirem totalmente desestimulados. Assim, o ato de fazer anotações depende da capacidade do aluno em manter a atenção, entender o que está sendo dito e guardar na memória de trabalho tempo suficiente para poder anotar. Um estudo sobre as anotações dos alunos feito por Baker & Lombardi (1985, p. 28) mostrou que "a maioria dos alunos incluía nas anotações menos de 25% das proposições que eram de fato importantes e apenas 50% das ideias principais". Contudo, os alunos faziam uma distinção entre as ideias principais e os detalhes que as apoiavam e registravam mais aquelas e menos dos detalhes em suas anotações. E, finalmente, havia uma relação entre as anotações feitas e o desempenho nos testes relacionados com as ideias principais.

Entretanto, a pesquisa sustenta dois valores para as anotações. Um deles é que as anotações se configuram em uma memória externa que poderá ser revisada posteriormente; o outro é que tomar notas envolve a elaboração e transformação das ideias, o que também auxilia na memorização (Babb & Ross, 2009; Hartley & Davies, 1978; Peper & Mayer, 1978). No entanto, as anotações têm custos, além dos benefícios. As estratégias para fazer anotações diferem entre os alunos. Alguns alunos fazem muitas anotações; outros, nenhuma. Sabemos que a capacidade cognitiva é limitada, ou seja, as pessoas podem absorver, entender e armazenar apenas determinada quantidade de informação em certo período curto. A informação será processada mais rapidamente se o aluno estiver ativamente empenhado em tomar notas, o que significa analisar e processar a informação, em vez de absorvê-la passivamente. Porém as anotações limitam a capacidade que seria necessária para a reflexão e a compreensão, caso o conteúdo seja difícil. Por isso, incentive os alunos a anotar *menos* e a ouvir com mais atenção quando apresentados a um conteúdo novo e difícil. Assim, eles podem completar as anotações depois da aula.

A capacidade dos alunos em processar informações depende de como elas podem ser integradas ou "fragmentadas". Ninguém tem grande habilidade para lidar com muitos números e itens não relacionados na memória ativa. Assim, quando os alunos estão aprendendo conceitos novos ou quando o professor está usando uma linguagem que não lhes é completamente familiar, eles podem estar processando palavra por palavra (ou frase por frase) da palestra e perdem o sentido da frase ou do parágrafo antes de chegarem ao final do pensamento. Isso significa que os palestrantes precisam estar cientes dos momentos em que estão introduzindo novos conceitos ou novas palavras e realizar uma redundância maior na explicação dessas novas definições além de fazer pausas para que os alunos alcancem as ideias apresentadas pelo professor e façam as anotações necessárias.

Snow & Peterson (1980) mostraram que os alunos mais brilhantes se beneficiam mais do ato de tomar notas do que aqueles menos capazes. Com relação aos alunos com menos conhecimento prévio, as anotações atrapalham a capacidade necessária para ouvir e compreender, então, eles simplesmente perdem muito do que está sendo dito. Não se trata apenas de inteligência; a capacidade do aluno em manter os conteúdos na memória enquanto faz anotações e a habilidade de processar ideias e relacioná-las depende do conhecimento ou das estruturas cognitivas que ele tem para organizar e relacionar o conteúdo.

De acordo com Hartley & Davies (1978), Annis (1981) e Kiewra (1989), um resumo com os principais tópicos da palestra é muito útil para os alunos. Entretanto, se esse esboço apresentar muitos detalhes ou for muito complexo, os alunos agirão de forma desinteressada. É melhor simplesmente fornecer uma estrutura geral, da qual poderão selecionar os pontos importantes e interpretá-los com as próprias palavras. Como a capacidade de processamento de informação dos alunos é limitada e como eles param e voltam para determinada parte confusa de uma palestra, você precisa elaborar uma redundância maior nas palestras do que na escrita e colocar pausas por meio das quais os alunos poderão chegar até a compreensão do professor, em vez de lutarem com dificuldade para acompanhar.

Sempre me perguntam se os professores devem disponibilizar as anotações das palestras antes das aulas para que os alunos possam elaborar anotações melhores. Sempre existirá pesquisa sobre esse assunto porque há muitos fatores que precisam ser considerados antes de responder a essa questão. Contudo, Babb & Ross (2009) conduziram um estudo bem elaborado em que compararam a frequência, a participação e o desempenho nas provas das turmas que recebiam as anotações antes ou depois das palestras. Contrariamente às crenças populares entre os docentes, os alunos que recebiam as anotações antes da palestra frequentavam as aulas mais regularmente e participavam mais. Os pesquisadores especularam sobre o motivo que poderia levar a isso. Eles sugeriram que as anotações alertavam os alunos para coisas que seriam discutidas em aula e permitiam que se preparassem de maneira mais eficaz. No entanto, não houve diferenças no desempenho em provas entre os dois casos, o que levou os pesquisadores a propor que há muitas outras variáveis que influenciam o desempenho em provas do que a qualidade das anotações que os alunos utilizam para estudar. Conclusão bem razoável. Havia várias outras conclusões laterais relacionadas a essa pesquisa, mas a principal foi que distribuir as anotações antes da aula traz sim benefícios aos alunos.

Com base no meu conhecimento sobre o aprendizado, sugiro que as anotações sejam entregues antes das aulas, pois isso permitirá que os alunos completem com os detalhes durante a exposição do conteúdo. Esse formato parece ser mais consistente com a pesquisa sobre motivação e aprendizado.

Sim, é possível treinar os alunos para que façam anotações melhores. Para tanto, deve-se avaliar o nível e a precisão daquilo que anotam, verificar as relações com o que foi apresentado na palestra e sugerir novas formas de aprimorar a tarefa de anotar.

Proposta para que os alunos pensem ativamente durante uma palestra

Conforme já vimos, o principal problema da palestra é que os alunos assumem um papel passivo, no qual recebem informações e não pensam. Contudo, se eles quiserem efetivamente aprender, eles precisarão estar ativamente engajados na reflexão do conteúdo apresentado. Um dispositivo fácil e eficaz é o "trabalho de minuto" (Wilson, 1986). O trabalho de minuto é, assim como o próprio nome indica, um trabalho escrito em um minuto literalmente (ou pode ser um trabalho de 2 ou 3 minutos).[6] No início da apresentação, avise que vai interromper a palestra no meio para que os alunos possam escrever um trabalho de 1 minuto sobre um dos assuntos discutidos ou vai pedir que escrevam, ao final da aula, o que aprenderam de mais importante. Ou, melhor ainda, pode-se pedir que escrevam o que aprenderam de mais importante na palestra da semana anterior.

No Capítulo 18, descrevo outras atividades para estimular o pensamento. Os capítulos 5 e 14 também apresentam métodos para realizar debates em turmas grandes.

---

[6] O trabalho de minuto foi criado pelo professor de física Charles Schwartz, da University of California.

Como muitos alunos acham que a melhor maneira de aprender é ouvindo um especialista, será preciso explicar por que o pensamento ativo é vital para uma aprendizagem eficaz.

▣ CONCLUSÃO

Qual é o papel do professor no ensino superior? Comunicar o entusiasmo dele sobre o assunto.

Às vezes, a palestra geralmente ministrada ao longo de uma aula, é uma maneira eficaz de comunicar informação, principalmente em turmas nas quais as variações de conhecimento, habilidades ou interesse tornam o *feedback* importante para o palestrante. Também foi mostrado que a organização e apresentação das palestras podem influenciar a eficácia da aplicação do conhecimento ou influenciar as atitudes. Contudo, a discussão provavelmente seja mais eficaz que a palestra quando se trata de atingir objetivos atitudinais e cognitivos de nível mais elevado, e as combinações entre palestra e debate ao longo da aula parecem mesmo ideais para a finalidade de aprendizado do aluno.

Tenha ciência do que se passa na cabeça dos alunos enquanto professores falam; fique atento ao *feedback* dos alunos por meio de suas expressões faciais, comportamento não verbal e comentários orais; adapte suas estratégias considerando esses sinais – isso será de grande ajuda para os alunos aprenderem de maneira mais eficaz.

▣ LEITURA COMPLEMENTAR

O livro mais abrangente sobre palestras é o de Donald Bligh: *What's the use of lectures?* São Francisco: Jossey-Bass, 2000.

Um guia muito prático para palestrantes é o clássico de George Brown, *Lecturing and explaining*. Londres: Methuen, 1978.

Barbara Davis. *Tools for teaching*. São Francisco: Jossey-Bass, 2009. Na segunda edição, fornece dicas práticas sobre o preparo, a transmissão e a personalização das palestras.

O capítulo de Jerry Evensky. The lecture. In: L. Lambert, S. L. Tice & P. Featherstone (Eds.). *University teaching*. Syracuse, NY: Syracuse University Press, 1996, é excelente. Gosto desta afirmação: "Você não deve ver a palestra como o período passivo a ser aliviado pelo 'Agora vamos trabalhar com a aprendizagem ativa'".

O trabalho de James Hartley & A. Cameron. Some observations on the efficiency of lecturing. *Educational Review*, v. 20, n. 1, p. 30-7, 1967 é um clássico.

Capítulo 7

Analisar, testar e avaliar: a nota não é o mais importante

Quando o assunto é avaliar o aprendizado, a maioria dos professores pensa em provas – testes de múltipla escolha, provas dissertativas, exames orais até testes de desempenho. Atualmente, há muito interesse em métodos alternativos de avaliação. Neste capítulo, apresento sugestões de testes convencionais e sugiro outros métodos para avaliar o aprendizado do aluno. Comecemos com alguns princípios básicos:

1. O que os alunos aprendem depende tanto dos testes e métodos de avaliação aplicados pelo professor quanto do ensino, talvez até mais desse último. O que é avaliado, normalmente, é o que acaba tendo mais valor. Então, tenha certeza de que suas avaliações refletem aquilo que você acha importante que seus alunos aprendam.
2. Não veja as provas simplesmente como meios para atribuir notas. Elas devem facilitar a aprendizagem para o professor e os alunos.
3. Utilize alguns testes e avaliações sem atribuição de nota para fornecer *feedback* para os alunos. As técnicas de avaliação em sala de aula (*classroom assessment techniques* – CATs; Angelo & Cross, 1993) para obtenção de informações sobre o aprendizado do aluno podem representar um verdadeiro benefício. Essas técnicas oferecem várias maneiras de obter informações e fornecer *feedback* enquanto o aprendizado ainda está em progresso.
4. Verifique os seus métodos de avaliação em relação às suas metas. Aquilo que esperava alcançar: por exemplo, o pensamento de ordem superior está sendo realmente avaliado?

5. Algumas metas (valores, motivação, atitudes e algumas habilidades) podem não ser passíveis de medição por meio de testes convencionais. Procure outras evidências do desenvolvimento dessas metas.
6. Avaliação não é sinônimo de testes. É possível avaliar o aprendizado do aluno com atividades a serem feitas dentro e fora da sala de aula, chamadas de avaliação incorporada.
7. Depois do término do curso, os alunos não poderão continuar dependendo do professor para avaliar a qualidade do aprendizado. Se uma de suas metas é o desenvolvimento de habilidades de aprendizagem que duram a vida toda, os alunos vão precisar aprender a se autoavaliar. Peckham & Sutherland (2000) mostraram que o desenvolvimento da autoavaliação por parte dos alunos necessita de treino e prática. A avaliação pelos colegas também ajuda no desenvolvimento de competências de avaliação, melhorando o desempenho (Gibbs, 1999).
8. Não confie apenas em um ou dois testes para determinar as notas. Diversas avaliações dão melhores indícios para determinar a nota correta. Isso é o que os especialistas chamam de triangulação de dados, o que significa vê-los de várias perspectivas.
9. Em suma, a avaliação *não* é simplesmente um exercício no final do curso para determinar a nota dos alunos. As avaliações devem ser experiências de aprendizado. No decorrer de um curso, elas também comunicam os seus objetivos para os alunos de modo que estes possam aprender de maneira mais eficaz; identificam os equívocos, o que ajuda o professor a ensinar melhor; são importantes para determinar o ritmo do desenvolvimento do curso; e ajudam a realizar um bom trabalho no momento da atribuição de notas.

Planejamento dos métodos de avaliação

Para avaliar o aprendizado, o primeiro passo é listar seus objetivos e os do curso. Depois de especificá-los, é possível determinar o tipo de avaliação adequada para cada objetivo. Adiante neste capítulo, são apresentadas várias ideias para avaliar o aprendizado, que não envolvem a aplicação de testes em sala de aula. Esteja aberto para novas experiências, caso haja espaço para escolha das estratégias de avaliação. Também pense em usar alguma variedade na avaliação do aprendizado. Nem todos os alunos conseguem mostrar a compreensão nos testes mais complexos; alguns deles podem se dar melhor em trabalhos escritos, projetos ou avaliações mais curtas.

Uma forma de manter o equilíbrio é construir uma grade, em que se listam os objetivos ao lado da página e as áreas de conteúdo no topo. Se, em seguida, for colocada uma marca nas células apropriadas da grade conforme o professor decide sobre os tipos de avaliação que vai utilizar, será possível monitorar o nível no qual o plano de avaliações representa adequadamente os objetivos e conteúdos desejados. Alguns objetivos são adequados para avaliação em sala de aula, outros para avaliação fora da sala de aula, alguns para períodos curtos e outros para períodos maiores. Se o professor está tendo dificuldades para balancear a cobertura do conteúdo na sua avaliação, esta é a maneira de ter certeza de que enfatiza o raciocínio mais sofisticado com a informação básica. A grade também ajuda a ver as lacunas e sobreposições para que o professor possa ajustar o sistema conforme elabora o programa e as atividades.

Certamente é mais difícil elaborar medidas para objetivos pedagógicos mais complexos. No entanto, o esforço tem influência na motivação e no aprendizado do aluno. Além disso, a consideração de objetivos desse tipo, como o esforço do aluno, pode ajudá-lo a fugir das formas de testes convencionais. Por exemplo, nas minhas turmas de psicologia introdutória, as metas almejadas incluíam o desenvolvimento de maior curiosidade sobre comportamento, a consciência dos alunos sobre as dimensões dos comportamentos que podem ser ignoradas e o aumento da capacidade de descrever, de analisar o comportamento de forma objetiva. Para conseguir isso, muitas vezes usei um vídeo como estímulo e, depois, pedia que escrevessem uma resposta para as questões que tinham a ver com as reações ao filme ou pedia para saírem da sala por 15 minutos e, ao retornarem, relatassem algum comportamento interessante que observaram. Já utilizei artigos científicos e pedi aos alunos que encontrassem um artigo interessante e escrevessem as reações que tiveram durante a leitura. Já pedi análises de reportagens de jornal para avaliar o nível da leitura crítica. Esses tipos de avaliação incorporados nas atividades contínuas da sala de aula normalmente não são reconhecidos como avaliações e, portanto, não ocorrem aí todos os equívocos e ansiedades que os alunos sentem quando são formalmente testados. Se o professor pedir aos alunos que falem sobre o que escreveram, eles certamente enquadrarão essas avaliações como atividades de aprendizagem, o que é uma maneira positiva de interpretar a atividade avaliativa. Utilizar conteúdos com maior relevância para os objetivos pedagógicos do curso não só é mais atraente para os alunos como mais importante para efeito de avaliação.

Métodos de avaliação do aprendizado

Testes: dentro e fora da sala de aula

Como as notas de muitos cursos são determinadas pelas pontuações obtidas nos testes e provas, estes estão entre as atividades mais familiares e, muitas vezes, mais frustrantes do curso para muitos alunos. Provas, exames e testes podem despertar a agressividades dos alunos, bem como encobrir deficiências e problemas dos cursos. Se os professores tentarem ir além das práticas usuais de simplesmente verificarem a memorização das informações de livros e aulas, eles imediatamente recebem a seguinte queixa dos alunos: "Estes são os testes mais ambíguos que já fiz!". Esse tipo de avaliação será abordado no Capítulo 8, mas, apenas para colocar o leitor no contexto de avaliações em geral, incluí alguns conceitos gerais com as estratégias de avaliação.

Como alguns exames enfatizam a memorização de fatos, muitos alunos exigem que o *ensino* seja fundamentado nesse aspecto. Certa vez, ao me avaliar, um aluno escreveu o seguinte: "O professor é muito interessante e vale a pena, mas dei-lhe nota baixa porque ele não nos fornece fatos suficientes". Meu trabalho exige a atribuição de notas, e tenho poucas chances de conseguir que os alunos tirem A, a menos que eu consiga fazê-los anotar algumas páginas por aula.

A princípio, os alunos podem se opor aos testes que exigem raciocínio, mas, se o professor argumentar que esse tipo de teste, que exige mais reflexão do que a simples memorização, é uma medida da capacidade que os alunos possuem de aplicar o conhecimento adquirido, ele é, portanto, indispensável para os objetivos do curso. Isso pode ser comprovado pelo comentário que recebemos de um aluno: "O curso deveria ser mais como as provas. Elas nos fazem aplicar aquilo que aprendemos". Marton & Säljö (1976b) mostraram que as perguntas que exigem a compreensão em vez da memorização de fatos e detalhes resultam em tipos diferentes de estudo para as futuras provas. Foos & Fisher (1988) demonstraram que as provas que exigem conclusões reflexivas melhoram o aprendizado mais do que aquelas que exigem memorização das informações.

No entanto, às vezes o intuito é saber apenas se os alunos estão captando o básico antes que avancemos para assuntos mais complexos. Para esse nível de avaliação, os testes e questionários em sala de aula resolvem. Eles não precisam ser uma maratona de meio semestre, a menos que o professor esteja fazendo avaliação somativa ou de desenvolvimento (tipo de avaliação que mostra o que os alunos aprenderam logo após cada tópico do aprendizado). As perguntas e os questionários pré e pós-palestra em sala de aula, espalhados no decorrer da apresentação, podem tanto avaliar como estimular o aprendizado. Então, pense além do exame-padrão de 60 minutos ou das provas com consulta que são feitas em casa e considere outras maneiras de obter informações relacionadas à aprendizagem.

Avaliação de desempenho (avaliação autêntica)

Há mais de duas décadas, a Faculdade Alverno, em Milwaukee, Wisconsin, instituiu um currículo centrado no aluno e um plano de avaliação de desempenho que se tornou modelo significativo para as universidades e faculdades norte-americanas. Os docentes elaboraram situações de aprendizagem nas quais conseguem observar o desempenho do aluno e avaliá-lo com base nos critérios especificados. A faculdade definiu os níveis de desenvolvimento para cada uma das várias habilidades que esperam que os alunos desenvolvam. Visto que nenhuma situação é suficiente para avaliar uma habilidade complexa, o plano de avaliação enfatiza as várias maneiras de avaliação relacionadas aos contextos de vida real. Além disso, há treinamento para os alunos com relação aos métodos de autoavaliação, uma prática reflexiva importante para continuidade do aprendizado ao longo da vida, quando não houver mais professores ao redor para avaliar (ver Alverno College Faculty, 1994; Mentkowski & Loacker, 1985; Mentkowski et al., 2000).

Muitos professores universitários preferem os métodos de avaliação que buscam colocar em relação vários conhecimentos, de maneira mais autêntica, aplicados a problemas reais, em vez dos modelos de testes convencionais. Por exemplo, nos cursos de química, matemática e engenharia, os professores de hoje utilizam menos problemas abstratos padrão, que podem ser resolvidos pelos algoritmos, e mais problemas que descrevem situações nas quais é possível utilizar mais de uma abordagem e várias soluções. Tais avaliações "autênticas" são adequadas principalmente para as situações reais de aprendizagem em uma empresa.

Simulações (no computador ou dramatizadas), exercícios práticos de campo ou de laboratório, projetos de pesquisa e apresentações avaliadas (como são feitas na música, arte e arquitetura) também são métodos mais intimamente relacionados à prática moderna da avaliação. Já os trabalhos com papel e caneta, aplicados para avaliar as aprendizagem podem exigir julgamentos de semelhança, classificação, escolhas ou previsões sucessivas, além da apresentação sequencial da informação sobre um caso ou situação com base em problemas reais que o profissional pode selecionar.

Representações gráficas dos conceitos

É importante ter uma estrutura organizada dos conceitos para o pensamento e o aprendizado futuros. As representações gráficas de relações conceituais podem ser úteis tanto para o ensino como para a avaliação do aprendizado. Nosso grupo de pesquisa (Naveh-Benjamin, Lin & McKeachie, 1991; Naveh-Benjamin et al., 1986, 1989) elaborou dois métodos – a "árvore ordenada" e a "estrutura para preenchimento" – (*fill-in-the-structure* – FITS) que usamos para avaliar o desenvolvimento das relações conceituais durante os cursos universitários. Em ambos os métodos, o professor escolhe alguns conceitos e os organiza em uma estrutura hierárquica, como ilustrada na Figura 7.1 (que mostra um exemplo utilizado no

• DICAS DE ENSINO •

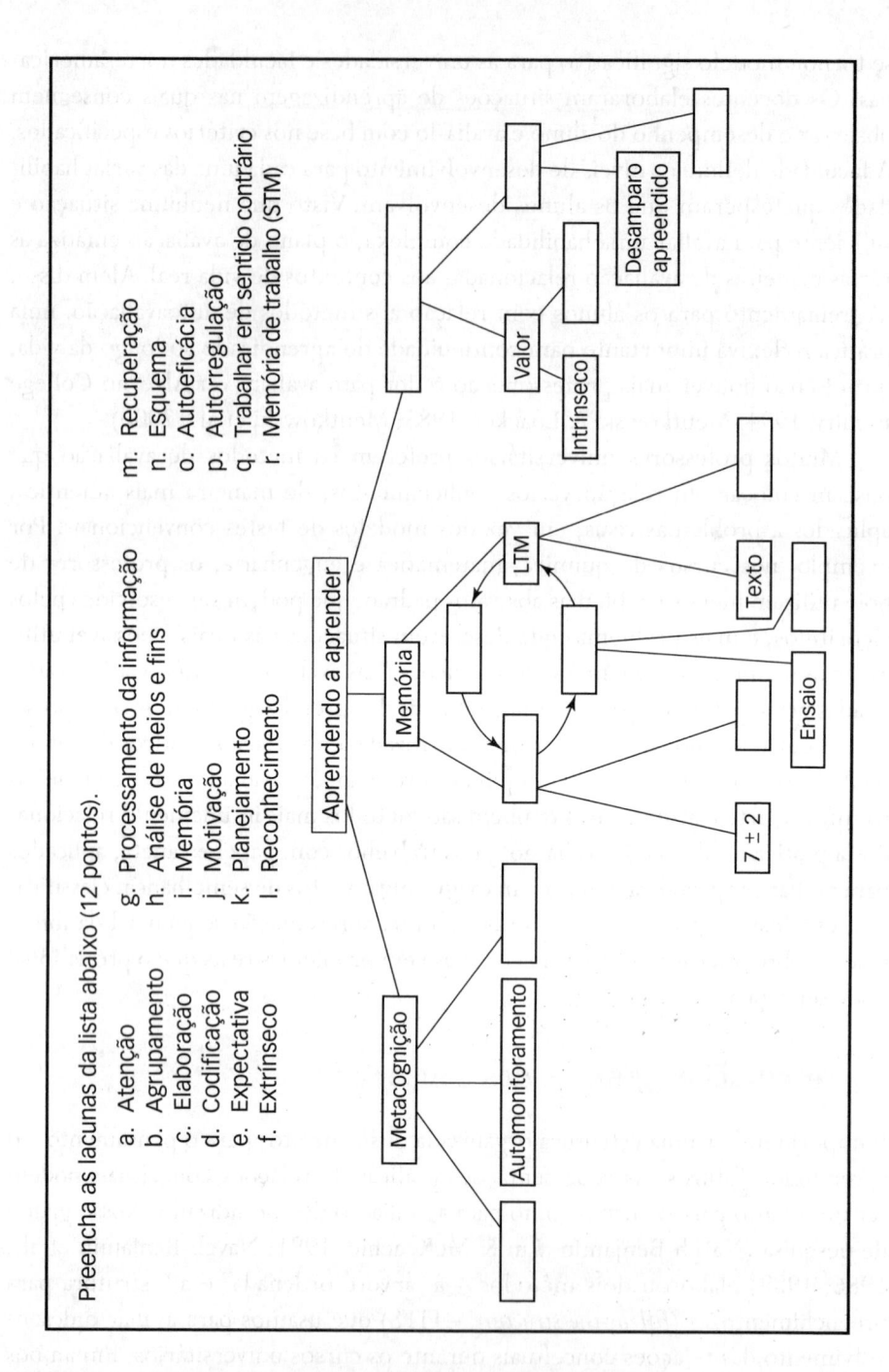

Preencha as lacunas da lista abaixo (12 pontos).

a. Atenção
b. Agrupamento
c. Elaboração
d. Codificação
e. Expectativa
f. Extrínseco
g. Processamento da informação
h. Análise de meios e fins
i. Memória
j. Motivação
k. Planejamento
l. Reconhecimento
m. Recuperação
n. Esquema
o. Autoeficácia
p. Autorregulação
q. Trabalhar em sentido contrário
r. Memória de trabalho (STM)

FIGURA 7.1   Estrutura do curso "Aprendendo a aprender".

meu curso "Aprendendo a aprender"). Na tarefa FITS, o professor dá uma cópia da estrutura básica para os alunos, com alguns conceitos em branco, e pede-lhes que preencham as lacunas.

Periódicos científicos, pesquisas e bibliografias

Periódicos científicos, pesquisas e relatórios estão mais próximos dos objetivos da avaliação autêntica do que a maioria dos testes convencionais. Os periódicos científicos, através de publicação de artigos, são úteis principalmente para ajudar os alunos a desenvolver reflexões críticas e autoconsciência (MacGregor, 1993; Rhoads & Howard, 1998; Connor-Greene, 2000). O Capítulo 16 aborda esse material em detalhes. A anotação detalhada de bibliografias pode ser um preparo útil para o desenvolvimento da escrita, bem como um conhecimento importante para a avaliação. Além disso, pode ser um recurso a ser disponibilizado para toda a turma (Miller, 1998). A avaliação dessas atividades pode ser melhorada com a utilização do método de tópicos descrito no Capítulo 10, sobre as notas. Tópico é basicamente uma análise cuidadosamente elaborada das principais características do trabalho e do nível no qual os alunos atingem suas expectativas em cada item. Criar uma prévia para as notas e usá-la durante a atribuição evita inconsistência na hora da avaliação e facilita a explicação sobre os métodos.

Portfólio

Tradicionalmente usado em aulas de arte e arquitetura, o portfólio está se tornando popular em uma variedade de outras disciplinas e cursos, bem como em todos os níveis de ensino. O portfólio é usado basicamente para destacar o trabalho que cada aluno realizou durante um período letivo. No portfólio ficam armazenados todos os trabalhos e tarefas realizadas pelo aluno ao longo do período letivo. Através da comparação entre as atividades iniciais do curso e as finais se pode demonstrar o progresso obtido, a apresentação do melhor trabalho do aluno ou os relatos dele sobre como o trabalho ajudou no seu desenvolvimento. Em matemática ou ciência, por exemplo, o portfólio pode englobar problemas ou relatórios de laboratório que representem os vários tópicos do curso escritos para mostrar a compreensão do aluno. Os portfólios de outros cursos podem incluir: trechos de publicações que descrevem as reações à leitura, experiência em sala de aula ou aprendizado que ocorreu fora dela; trabalhos, anotações das apresentações em sala de aula e outros materiais. O portfólio permite que alunos e professores percebam o progresso discente. Pude constatar que os estudantes relataram maior autoconsciência e, muitas vezes, encontro evidências de aprendizagem (ou falta dela) que teriam sido perdidas não fosse o portfólio. Palomba & Banta (1999) fizeram um debate aprofundado sobre a utilização e a pragmática dos portfólios.

Avaliação pelos pares

Mesmo que você utilize os melhores procedimentos de avaliação e classificação, alguns alunos sempre se sentirão frustrados com suas notas. É possível evitar parte desse sentimento negativo se o professor ajudar os alunos a desenvolver habilidades de autoavaliação. Conforme mencionado anteriormente, isso requer prática, mas muitos docentes estão começando a incorporar a avaliação pelos pares em suas aulas, o que significa que o trabalho dos alunos é avaliado também pelos colegas (Topping, 1998). Nesses casos, os alunos aprendem sobre os critérios utilizados para avaliação e ajudam a aplicá-los nos próprios trabalhos antes de entregá-los, o que é um verdadeiro benefício para o docente. Alguns professores desenvolveram um sistema de revisão pelos pares (denominado "revisão pelos pares calibrada"). Pelo computador, os alunos atribuem notas aos trabalhos dos colegas, usando uma rubrica pessoal (Robinson, 2001; Davis, 2000).

Em um nível mais modesto, o professor pode levar os alunos a avaliarem o trabalho de seus colegas diretamente no próprio trabalho ou prova impressa que foi realizada. Depois de recolher os trabalhos ou as provas, distribua-os novamente, de maneira aleatória, com uma rubrica para avaliação. Incentive os alunos a escrever comentários úteis, além da avaliação em si. Depois que avaliarem os trabalhos recebidos, peça-lhes que troquem com o colega ao lado, avaliem o material e comparem as anotações sobre as avaliações feitas.

O passo seguinte vai depender do tamanho da turma. Em turmas pequenas, recolho os trabalhos e avaliações e reviso antes de devolver para os avaliadores e para o aluno avaliado. Em turmas grandes, peço que discutam o procedimento, os problemas que encontraram e o que aprenderam.

Avaliação de trabalho em grupo

À medida que os professores aumentam o uso de projetos em equipe e a aprendizagem cooperativa, uma das perguntas que mais se faz é: "Como posso avaliar o trabalho em grupo?". Primeiro, vamos esclarecer o que estamos avaliando. O docente pode estar avaliando o aprendizado do aluno na forma de trabalhos ou produções realizadas em grupo ou pelos integrantes do grupo. Ou ainda pode estar avaliando a maneira como os alunos trabalham em grupos, focando o processo da equipe e o trabalho em equipe mais do que o conteúdo aprendido.

Para mensurar quanto cada aluno aprendeu, às vezes peço aos integrantes de cada grupo que escrevam relatórios individuais. Os alunos são informados de que as partes totalmente descritivas, como o modelo de pesquisa, podem ser iguais em todos os relatórios, mas as partes que representam a reflexão individual devem representar a opinião de cada um deles – embora os alunos sejam incentivados a discutir seus trabalhos antes de me entregarem. Às vezes, incluo uma pergunta de prova relevante aos projetos do grupo. Atualmente, peço que cada grupo envie um único relatório.

Para avaliar as contribuições individuais ao grupo, também peço aos alunos que entreguem os nomes dos integrantes do grupo e dividam 100 pontos entre eles de acordo com a contribuição que deram. Quase todos os grupos dividem os pontos igualmente porque monitoro o progresso deles e tento resolver os problemas antes do produto final. Além disso, eles entendem que diminuo a nota de qualquer aluno cuja contribuição percebida por mim seja menor que a dos outros integrantes. Dessa maneira, em um projeto de 100 pontos, posso acabar dando apenas 50 pontos para um aluno cuja contribuição foi de 10%, ou menos, conforme o julgamento dos demais integrantes. Na maioria dos casos, fico ciente do problema logo no início e converso com o grupo e com o aluno, mas, mesmo assim, tento conversar novamente com o aluno antes de diminuir sua nota.

Outra estratégia é pedir aos integrantes do grupo que descrevam a contribuição de cada um deles sem determinar seu valor. Isso permite que não haja julgamento, deixando tal função para o professor. A descrição dos integrantes sobre a contribuição dos demais pode ser comparada para se ter uma ideia mais precisa do que cada um deles realmente fez.

Alguns docentes desenvolvem formas de classificação em grupo que listam as principais contribuições esperadas de cada aluno. Cada integrante do grupo avalia os demais de acordo com esses critérios. Considerei extremamente útil incluir os alunos no processo de identificação dessas contribuições principais. No início de um projeto voltado para o grupo, faço um debate sobre o que constitui um bom trabalho em grupo. Depois de entrarmos em acordo quanto aos comportamentos que se encaixam nessa designação, elaboro um contrato com o qual todos os alunos concordem. A avaliação pelos pares e a minha análise sobre o trabalho de cada aluno têm base nesse critério. Como eles contribuíram com a definição dos critérios, já têm uma ideia clara sobre as expectativas.

Avaliação incorporada

Wilson & Sloane (2000, p.182) apresentaram uma boa descrição do espírito por trás das avaliações incorporadas: "O termo *incorporada* significa que as oportunidades para avaliar o progresso e desempenho do aluno estão integradas aos conteúdos didáticos e são praticamente indistintas das atividades diárias de sala de aula". A avaliação incorporada, portanto, é uma sondagem que se faz durante as aulas para verificar o desenvolvimento da aprendizagem dos alunos. Um ótimo exemplo sobre as avaliações incorporadas que surgiu recentemente é o uso do sistema de resposta pessoal em sala de aula, que será discutido no Capítulo 17, sobre a tecnologia. O que diferencia as avaliações incorporadas das atividades básicas de sala de aula e as torna um tipo de avaliação é que nelas os professores conseguem juntar informações sobre os indivíduos e sobre o desempenho da turma, as quais podem ser úteis para diagnosticar problemas de alunos, fornecer *feedback*, fazer ajustes e atribuir nota. Outro aspecto exclusivo da avaliação incorporada é que ela pode ser repetida ao longo do semestre, fornecendo uma noção sobre a evolução da compreensão do aluno com o decorrer do tempo. Acompanhar o progresso dos alunos é uma ótima fonte de motivação para eles.

O professor deve pensar sobre o que acontece em suas aulas e se existem dados sobre o processo de aprendizagem que devem ser coletados. Por exemplo, na minha aula, os alunos estão constantemente trabalhando para aplicar as ideias que discutimos em situações profissionais futuras, respondendo a situações propostas com base na folha de atividades em sala de aula. Essa folha se torna a base das nossas discussões e permite que todos nós percebamos se os conceitos estão sendo entendidos. Se os alunos estiverem em campo observando o comportamento de crianças, as anotações de campo podem ser usadas como avaliação.

Avaliação em sala de aula

O principal objetivo da avaliação é dar *feedback* aos alunos e professores de modo que o aprendizado possa ser facilitado. *Avaliação em sala de aula* é a expressão usada por Pat Cross e Tom Angelo para descrever a variedade de métodos de avaliação sem notas que visam obter *feedback* sobre o aprendizado do aluno. Também pode ser chamada avaliação do desenvolvimento do aluno ou sondagem da aprendizagem do aluno. Descrevi os trabalhos de minuto no capítulo anterior. A postagem de perguntas (discutida no Capítulo 3) e o método de duas colunas (Capítulo 5) são maneiras de obter *feedback* e facilitar o aprendizado do aluno. Angelo & Cross (1993) descreveram várias técnicas de avaliação em sala de aula que visam verificar o desenvolvimento do aprendizado do aluno. O uso regular de tais avaliações formativas pode mudar a visão do aluno sobre o que acontece em aula. Meus próprios alunos relatam quanto essas avaliações regulares são valorizadas.

◨ CONCLUSÃO

1. O aprendizado é mais importante que a nota.
2. Testes, provas, exames e outras avaliações devem ser principalmente experiências de aprendizagem, além de simples mecanismos de avaliação.
3. Dar *feedback* é mais importante que atribuir uma nota. É possível usar avaliações com e sem notas.
4. Tente avaliar a realização de todos os seus objetivos, mesmo que alguns deles (como maior motivação para o aprendizado) não sejam critérios adequados para notas.
5. Evite mecanismos de avaliação que aumentam a ansiedade e a competição entre os alunos.

◨ LEITURA COMPLEMENTAR

O capítulo de Paul Ramsden, "Assessing for understanding", em seu livro *Learning to teach in higher education* (Londres: Routledge, 1992), apresenta uma sábia perspectiva sobre avaliações e dá exemplos de química, anatomia, materiais, tecnologia, engenharia, história da arte, estatística, medicina e física.

O livro de Tom Angelo & Pat Cross (1993) tornou-se praticamente uma bíblia para os docentes interessados em incorporar mais avaliações contínuas durante as aulas.

O livro *500 tips on assessment*, de Sally Brown, Phil Race & Brenda Smith (Londres: Kogan Page, 1996) é uma coletânea maravilhosa de sugestões úteis sobre todos os tipos de avaliação, desde autoavaliação até avaliação em grupo, testes de múltipla escolha, avaliações de desempenho, trabalho em laboratório e dissertações.

Graham Gibbs discute os métodos modernos de avaliar os cursos voltados para os alunos em seu livro *Assessing student-centered courses* (Oxford: Oxford Centre for Staff Development, 1995). Os capítulos trazem estudos de caso que ilustram a avaliação de trabalho em grupo, projetos, publicações, habilidades e portfólios.

O livro *Assessment matters in higher education*, editado por Sally Brown & Angela Glasner (Buckingham, UK; Filadélfia: Society for Research into Higher Education and Open University, 1999), descreve as abordagens inovadoras de avaliação e as práticas atuais no Reino Unido em várias disciplinas. Há uma seção inteira sobre avaliação pelos pares e autoavaliação (suspeito que o trocadilho no título tenha sido intencional).

Assessment essentials: planning, implementing and improving assessment in higher education, de Catherine Palomba & Trudy Banta (São Francisco: Jossey-Bass, 1999), é um ótimo recurso sobre todos os tipos de estratégia de avaliação e as regras que direcionam seu uso.

Capítulo 8

Provas e exames: os detalhes

Se os planos de avaliação pedem o uso de provas em sala de aula (o que provavelmente acontece), há muita coisa que pode ser feita para assegurar que a prova elaborada atenda aos propósitos que você tem em mente. Neste capítulo, descrevo em detalhes sobre a elaboração de uma prova. Nem todos os detalhes se encaixam em todos os tipos de prova, mas o planejamento e a execução da maioria dos testes seguem esse processo de decisão.

Quando realizar provas

Como as provas são muito importantes para concretizar os objetivos do curso e influenciam os métodos de aprendizagem dos alunos, dou um questionário sem valer nota na primeira semana e uma prova valendo nota depois da terceira ou quarta semana, em um semestre de 14 semanas. Para reduzir o estresse, atribuo peso bem baixo às provas iniciais quando vou determinar a nota final. Uma prova logo no início faz que os alunos fiquem atentos – eles não deixam para estudar somente no exame convencional do meio do semestre – e também ajuda na identificação de problemas precoces enquanto ainda podem ser remediados. Assim, as provas iniciais do semestre devem cobrar o estilo de aprendizado que o professor espera e precisam ser construídas cuidadosamente, mesmo que o propósito seja mais motivacional e diagnóstico do que avaliativo.

A quantidade e a frequência das provas vão depender do conhecimento prévio de seus alunos e da natureza do conteúdo. No primeiro ano de um curso em uma área nova para os alunos, as provas iniciais, curtas e frequentes, facilitam o aprendizado, conforme demonstrado no sistema personalizado de instrução

(Keller, 1968). Contudo, no geral, quero que os alunos percam o hábito de estudar somente para provas, a fim de que se tornem aprendizes eternos, capazes de avaliar o próprio aprendizado. Isso implica menor frequência de provas à medida que os alunos ganham mais experiência. Provavelmente também envolve perguntas que exigem maior integração de conhecimentos e análise mais detalhada, conforme os alunos avançam.

Elaboração da prova

Ao planejar a prova, o professor pode querer utilizar diferentes tipos de perguntas para equilibrar as medições dos vários objetivos do curso. As próximas seções descrevem os pontos fortes e fracos de cada tipo de pergunta e oferecem dicas sobre a elaboração dos itens.

Tipos de pergunta

O professor que está prestes a aplicar uma prova está em situação de conflito. A administração de um exame ou prova consiste em dois procedimentos demorados: (1) elaboração da prova e (2) atribuição de notas. Infelizmente, parece verdade que a provas mais fáceis de elaborar são as mais difíceis de serem corrigidas e vice-versa.

Os professores normalmente baseiam suas escolhas sobre os tipos de perguntas exclusivamente no tamanho da turma: provas no formato de testes de múltiplas escolhas para turmas grandes, respostas curtas para turmas médias e questões dissertativas para turmas pequenas. Certamente, o tamanho da turma é um fator importante, mas seus objetivos educacionais devem ter prioridade e independem do tamanho da turma. Quase sempre seus objetivos pedagógicos necessitarão do uso de perguntas dissertativas, problemas ou outros itens que exigem integração de análise ou aplicação.

Problemas. Em matemática, ciências e algumas outras disciplinas, a prova é basicamente composta por problemas. O valor dos problemas depende do grau de estímulo às habilidades de resolução. Alguns problemas são muito simples e servem apenas para verificar se os alunos entendem o passo a passo da resolução. Em outros casos, a resposta depende muito de cálculos tediosos, em que somente uma pequena amostra dos problemas pode ser testada. Em tais casos, o professor pode proporcionar cálculos que levam a determinado ponto e pedir aos alunos que completem o problema. Pode também usar uma questão de múltipla escolha sobre o procedimento adequado – por exemplo: "Qual dos seguintes problemas pode ser resolvido pelo procedimento *x*?". Ou, ainda, o docente pode levar os alunos a construir o problema, sem que seja necessário calcular o resultado final. Muitos professores que têm a resolução de problemas como um de seus objetivos dizem que elaborar o problema corretamente é mais de meia batalha, embora os alunos caminhem direto para a resposta estereotipada. Se a nota tiver base exclusivamente na construção do problema, os alunos prestarão mais atenção nele. Muitos professores usam problemas que podem ser resolvidos de mais de uma maneira ou que possuem mais de uma resposta satisfatória. Nesse caso, a ênfase especial no ensino e na atribuição de notas deve ficar na justificativa da estratégia de resolução e não na resposta específica. Esse procedimento tem a vantagem de focar a atenção do aluno durante o processo, em vez de se restringir ao resultado final.

Questões de resposta curta. Eis um exemplo de questão de resposta curta: "Com base nas próprias experiências, dê um exemplo do conceito de elaboração de um raciocínio". Ao responder, o aluno pode descrever uma experiência na qual explicou um conceito para outro aluno ou uma reflexão sobre a relação entre um fato da realidade e o princípio teórico que explica esse fato. Esse tipo de pergunta é tão restrito que normalmente não é difícil julgar se a resposta esperada está ali. Além disso, tais perguntas podem ser apresentadas de forma a permitir pouco espaço para muitas variações nas respostas. Assim, a tendência do aluno de empregar a abordagem "atirar para todos os lados" é inibida.

As questões de resposta curta e objetiva permitem abranger os conceitos designados na disciplina sem pedir os detalhes insignificantes. Infelizmente, as provas com esse tipo de pergunta somente recordam fatos específicos. No entanto, as questões de resposta curta podem fazer mais do que a memorização para provas. Por exemplo, se o professor está tentando desenvolver habilidades relacionadas à análise e ao diagnóstico, é possível, então, apresentar conteúdo do curso referente ao caso ou à descrição de experimentos para em seguida perguntar aos alunos quais perguntas e questões gostariam de elaborar. Desse modo, pode-se também fornecer informações adicionais para serem usadas na análise. Uma questão de resposta curta pode pedir que os alunos resolvam um problema ou propor uma hipótese relevante à informação aprendida anteriormente. Um exemplo é a pergunta seguinte, extraída de um curso sobre a psicologia do envelhecimento:

1. Considerando as *diferenças* nas maneiras como homens e mulheres percebem a meia-idade, e o fato de que a depressão surge como sintoma psiquiátrico nessa fase, como as *causas* da depressão se diferem entre homens e mulheres nesse momento da vida?

Questões dissertativas. Embora as provas de resposta curta sejam úteis em determinadas situações, recomendo que, sempre que possível, o professor inclua pelo menos uma pergunta dissertativa mais profunda nas provas. Experimentos indicam que o estudo por parte dos alunos é mais eficaz para provas com perguntas dissertativas do que para provas com perguntas curtas e objetivas (D'Ydewalle, Swerts & Corte, 1983; McCluskey, 1934; Monaco, 1977). Assim, além do valor das provas dissertativas como mecanismo de avaliação, deve-se ainda levar em conta seu valor educacional potencial como estímulo para a reflexão dos alunos sobre as relações conceituais, possíveis aplicações e aspectos da reflexão. Uma estratégia é passar várias perguntas na semana anterior à prova e dizer aos alunos que questões semelhantes serão aplicadas na prova – aliás, pode-se usar até uma delas.

Quando as provas podem ser devolvidas com comentários, as perguntas dissertativas mais amplas oferecem a prática do pensamento criativo e organizado sobre o assunto, bem como a oportunidade para verificar esse pensamento em comparação com os padrões de alguém com mais experiência e habilidade no assunto tratado. Johnson (1975) mostrou que, quando os comentários marginais nas provas iniciais enfatizavam a criatividade, esse aluno era melhor no exame final.

Em turmas grandes, nas quais o tempo é limitado, e em turmas nas quais a escrita em si não é o ponto da questão, o professor pode formatar a folha de resposta para quebrar uma resposta longa e complexa em seus componentes críticos, e cada um deles recebe um espaço para resposta. Por exemplo, nas minhas aulas, o último problema, em todos os exames, é um caso no qual os alunos devem aplicar a teoria estudada. Então, na parte superior da folha, há uma breve descrição da situação. Depois, há um espaço intitulado "Descreva em até cinco frases sua solução proposta para esta situação com base na teoria x". Uns dois centímetros abaixo, o aluno encontra outra instrução: "Nos espaços abaixo, conecte os componentes da sua solução aos três aspectos relevantes da teoria x e explique a relevância". Isso vem seguido de três espaços, cada um deles redigido assim:

Primeiro aspecto: (espaço)
Conexão com a sua solução e por quê: (espaço)

Isso acelera consideravelmente o tempo que levo para atribuir notas em vez de pesquisar uma resposta dissertativa organizada (assim espero) pelo aluno. Em uma passada de olho, consigo ver se o aluno ofereceu uma solução razoável e ligada à teoria. Não estou "dando a resposta" porque os pontos são bem amplos, estou simplesmente impondo um pouco de organização na resposta para facilitar meu trabalho. E talvez os alunos também aprendam algo sobre a estruturação de uma resposta eficiente.

E, por fim, se o professor ler as provas (ou pelo menos algumas delas), poderá obter informações excelentes sobre o que os alunos estão aprendendo.

Questões de verdadeiro ou falso. Embora seja bem fácil elaborar questões de verdadeiro ou falso, normalmente não defendo seu uso. Toppino & Brochin (1989) mostraram que, depois das provas, os alunos tendem a lembrar-se dos itens falsos como verdadeiros – um resultado que não contribui para alcançar os objetivos. Se o professor optar por utilizar esse tipo de questão, deverá pedir aos alunos que justifiquem as respostas. Isso incentiva a reflexão e ajuda a entender por que há alguns mal-entendidos comuns.

Questões de múltipla escolha e de relacionamento. É improvável que a maioria dos professores consiga medir, de maneira adequada, todos os objetivos de aprendizagem com um teste feito inteiramente por questões de múltipla escolha. As perguntas de relação entre duas colunas são semelhantes às de múltipla escolha, pois o aluno deve distinguir entre a resposta correta e as outras opções. No entanto, as questões de múltipla escolha são úteis para algumas finalidades. Elas conseguem medir tanto o conhecimento simples como a discriminação precisa. Por meio desse recurso, é possível medir a capacidade de aplicar conceitos e princípios e avaliar os elementos de resolução de problemas. No entanto, não são suscetíveis à análise da organização das ideias, relações conceituais ou muitas outras habilidades envolvidas no pensamento de ordem superior do aluno.

É difícil elaborar boas questões de múltipla escolha (em geral, a elaboração de uma questão justa, precisa e inclusiva demanda muito tempo). Por causa disso, não vale a pena elaborá-las, a menos que elas sejam aplicadas a centenas de alunos, tanto em um único ano quanto nos anos seguintes. Alguns livros podem ajudá-lo a escrever questões de alta qualidade. Se estiver disposto, eles estão relacionados no final deste capítulo.

Mesmo que o docente não teste previamente as questões com os alunos, vale a pena pedir que alguém faça antes da forma final. Se conseguir convencer pessoas qualificadas, que não entendem do assunto, a fazer a prova, certamente ficará surpreso com o número de questões que conseguem acertar simplesmente a partir das dicas fornecidas pelo professor no enunciado.

Quantas questões você deve utilizar?

Obviamente, a quantidade de questões depende do tipo e da dificuldade de cada uma delas. Prefiro aplicar provas sem limite de tempo, mas as limitações em sala de aula geralmente exigem que você a libere para a próxima turma. Assim, deve-se

Elaboração de questões de múltipla escolha

1. Os manuais dos professores que acompanham muitos livros didáticos contêm questões de múltipla escolha. Não se deve confiar no manual como fonte de todas as suas perguntas porque, provavelmente, ele não contém somente questões boas e pode abranger apenas conteúdo do próprio livro. É preciso avaliar o que os alunos aprenderam em aula, além do entendimento sobre o que leram.

2. Uma segunda fonte de questões de múltipla escolha é o próprio aluno, através de seus próprios trabalhos produzidos ao longo do curso. Essa técnica é um dispositivo pedagógico bem útil, porque leva os alunos a ler os próprios trabalhos de maneira mais analítica e crítica. Além disso, fornece ao professor um bom índice em relação ao que os alunos estão compreendendo nas várias seções das leituras do curso e lhe dá uma chance de lembrá-los dos objetivos do curso, indo além da simples memorização de detalhes.

3. Há meios estatísticos para avaliar as questões, mas as melhores sugestões de melhoria vêm dos próprios alunos, durante as discussões sobre a prova. Parece quase criminoso desperdiçar essa experiência com questões já aplicadas. Portanto, recomendo um arquivo permanente de questões de prova.

4. Se o professor tem um problema que não permite uma boa "alternativa de distração" (alternativa incorreta), deve então fazer a questão na forma de resposta curta ou dissertativa e utilizar essas respostas dissertativas para elaborar alternativas em questões futuras de múltipla escolha.

5. As questões de múltipla escolha normalmente englobam quatro ou cinco alternativas. Em vez de desperdiçar seu tempo (e o dos alunos) com alternativas extras que não testam a discriminação que é importante, use apenas a quantidade de alternativas necessárias para tornar as discriminações significativas. Costin (1972) demonstrou que as questões com três alternativas são praticamente tão eficazes como as de quatro.

6. Para medir a compreensão, prefiro perguntas que exijam do aluno um exercício de previsibilidade sobre o resultado de determinada situação a questões que simplesmente pedem para classificar ou rotular dado fenômeno.

7. As questões de múltipla escolha não precisam ficar isoladas. Pode-se usar uma sequência de itens relacionados para avaliar o pensamento mais complexo.

8. O agrupamento de questões em tópicos melhora o desempenho dos alunos (Marcinkiewicz & Clariana, 1997).

planejar a duração do exame para que os alunos mais lentos consigam terminá-lo antes do final da aula. Como regra, reservo cerca de 1 minuto para cada questão de múltipla escolha ou de completar as lacunas, 2 minutos para cada questão que exige mais de uma frase na resposta, de 10 a 15 minutos para uma questão dissertativa mais limitada e entre 30 e 60 minutos para uma questão mais ampla, que exige uma ou duas páginas de resposta. É possível ter uma estimativa aproximada dos requisitos de tempo se o professor cronometrar quanto tempo leva para ler as questões, sem responder. Isso pode servir como o tempo mínimo necessário. Se você pedir para alguém fazer a prova como indicado anteriormente, não se esqueça de cronometrar.

Provas a partir da perspectiva dos alunos

Não é surpresa que nossos alunos fiquem tão preocupados com a provas e outras avaliações. Há muito mais em jogo sobre o desempenho do que simplesmente uma nota. Tudo depende da média do aluno, muitas delas sem relação aparente com a realização acadêmica. Por exemplo, nos Estados Unidos, em algumas localidades, os alunos com notas boas pagam taxas menores de seguro de carro! Talvez as seguradoras pensem que eles ficam em casa estudando o tempo todo para tirar notas tão boas que a probabilidade de sofrer acidente é menor.

Em uma observação mais séria, ninguém se sente totalmente à vontade quando está sendo avaliado e, bem ou mal, a autoestima dos alunos é frequentemente afetada pelas notas. Devemos a eles a ajuda para maximizar o potencial de bom desempenho, lidando com algumas das coisas que podem entrar no caminho e prejudicar a aprendizagem.

Como reduzir a frustração e a agressividade dos alunos?

A maioria dos professores iniciantes sente que a agressividade dos alunos em relação a eles após cada prova é desconfortável, o que pode prejudicar a harmonia entre o professor e a turma e até mesmo bloquear o aprendizado. Desse modo, as estratégias para reduzir a agressividade realmente valem a pena.

A solução mais óbvia para o problema é reduzir a frustração dos alunos em relação às provas. É imprescindível enfatizar a contribuição do curso para os objetivos de longo prazo. Deve-se explicar como e por que as provas ajudam nesse processo. Uma prova prática sem valer nota serve como diretriz. As provas periódicas de aprendizagem (que não precisam necessariamente valer notas) permitem que os alunos avaliem o próprio progresso e identifiquem problemas. Provas periódicas e explicações frequentes sobre provas e processos de avaliação podem reduzir a ansiedade e frustração dos alunos.

No entanto, não importa quanto você enfatize os objetivos de longo prazo, as provas continuarão a determinar o que os alunos fazem em termos de estudo. O intuito é que eles memorizem os detalhes? Então, dê a prova habitual voltada para a memorização de detalhes do conteúdo. Mas, se quiser mais, esclareça seus objetivos e certifique-se de que as provas estejam medindo a consecução desses objetivos. Se você utilizou a taxonomia de Bloom dos objetivos educacionais ou a taxonomia Solo, como sugerido no Capítulo 2, discuta novamente com os alunos cada um desses níveis antes das provas.

As instruções da prova devem indicar o que os alunos vão responder, qual é o limite de tempo e outras orientações que definam a natureza das respostas esperadas. No caso de uma prova de múltipla escolha, a ênfase de que os alunos devem escolher a *melhor* resposta pode ajudá-los a evitar longos debates com aqueles que imaginam que a alternativa correta pode estar errada.

Duas pesquisas (McKeachie, Pollie & Speisman, 1955; Smith & Rockett, 1958) constataram que, no caso de testes de múltipla escolha, a instrução "Fique à vontade para fazer comentários" com espaço em branco em cada questão resultou em notas maiores, principalmente para os alunos mais ansiosos. Um dos problemas com essa estratégia é que os alunos de hoje aprenderam a fazer anotações para eles mesmos nas provas, então, o professor pode se deparar com muitas coisas que não foram escritas para ele. Foi assim que resolvi essa questão e os problemas dos alunos que querem explicar todos os itens. Permito que expliquem as escolhas que fizeram para até três questões. Inicialmente, eles começam com a pergunta que querem desenvolver e, depois, na última página da prova, chamada "página de explicações", escrevem o que pensaram e mostram por que fizeram determinada opção. Apenas leio as explicações das perguntas que eles erraram. Esse processo reduz muito a ansiedade e poupa meu tempo na atribuição de notas, além de forçá-los a escolher suas batalhas. Os alunos não podem simplesmente escrever tudo o que sabem para todas as questões na esperança de que a resposta certa esteja em algum lugar.

De que forma os alunos podem conhecer as provas?

Principalmente no caso de provas de múltipla escolha, descobri que uma boa maneira de levantar o moral dos alunos é, durante uns 15 minutos do dia anterior à primeira avaliação, falar sobre como fazer a prova e familiarizá-los com o formato. Nessa conversa, esclareço alguns pontos importantes, que são apresentados a seguir.

Provas de múltipla escolha

Em uma prova de múltipla escolha, o aluno está essencialmente na mesma posição de um jogador de pôquer. O objetivo é chegar a uma posição na qual seja possível apostar na coisa certa. Se isso não for possível, pelo menos aposte na opção em que as probabilidades estejam a seu favor. No pôquer, a posição será favorável se você souber exatamente aquilo que o adversário tem. No caso da prova, a posição será favorável se o aluno conhecer o conteúdo da disciplina. Não há substitutos para o estudo. No entanto, o professor provavelmente não terá certeza de todas as respostas. Quando isso acontecer, algumas técnicas podem ajudá-lo.

A principal recomendação é a seguinte: primeiro, os alunos devem ler a prova inteira e, depois, responder a todas as questões que sabe. Além de já fazer boa parte da prova sem gastar muito tempo em uma única pergunta difícil, o aluno vai ver que passar por toda a prova dessa maneira pode sugerir as respostas para perguntas que poderiam ser difíceis se fossem respondidas pela sequência numérica. Depois de passar por toda a prova dessa maneira, depois de responder todas as questões que sabe, ele dever reler e responder as questões cujas respostas não são óbvias para ele. Geralmente, o aluno terá poucas perguntas não respondidas. Por isso, alguns truques acabam sendo úteis.

Se for uma pergunta de múltipla escolha, o aluno pode trabalhar tanto sobre as alternativas corretas como sobre as alternativas incorretas. O professor pode orientá-lo nesse procedimento, pois saber o que é inválido como resposta já é uma demonstração de conhecimento. Ao eliminar as respostas que concluiu serem incorretas, o aluno agora deve refletir sobre as alternativas que restaram e, através da reflexão, buscar encontrar a resposta correta. Esse tipo de dica evita, sobretudo, que alunos que conhecem a matéria da prova se prejudiquem em razão de procedimento inadequado de resolução de prova.

Após completar o teste, o aluno deve reler tudo novamente e verificar suas escolhas para ter certeza de que ainda são consideradas corretas. Nesse contexto, vale a pena mostrar aos alunos o erro comum de que, quando eles alteram suas respostas, geralmente se muda da certa para a errada. Mueller & Wasser (1977) revisaram 18 estudos que mostravam que os alunos ganhavam mais do que perdiam quando alteravam as respostas.

Provas dissertativas

Minhas instruções aos alunos para provas dissertativas são simples:

1. Faça um esboço da resposta antes de escrevê-la. Isso lhe dá a chance de verificar se não omitiu nenhuma parte da resposta.

2. Se a questão deixá-lo totalmente confuso, comece a escrever na página de trás qualquer coisa que considere relevante. Isso faz que sua memória comece a funcionar e geralmente aparecem algumas ideias relevantes.
3. Se ainda estiver perdido, escreva uma questão *relacionada* que possa ser respondida. Não se esqueça de apresentar a resposta. A maioria dos professores dá alguns pontos a mais do que quando o aluno não escreve nada.
4. Escreva da melhor maneira, o mais claro e corretamente possível. Mesmo que eu não tenha a intenção de avaliar a capacidade de escrita, meu julgamento é sempre influenciado de forma negativa quando luto para ler aquela letra horrível ou superar a péssima estrutura gramatical. Além disso, como acredito que todos os cursos são responsáveis por ensinar a escrever, a escrita sempre entra nas minhas notas.

Por que ensinar a fazer provas?

É sábio dar essas dicas para os alunos? A resposta a essa pergunta depende dos propósitos de aplicar a prova. Se o professor quiser testar a capacidade de fazer provas do aluno, vai querer dar essas dicas. De qualquer forma, essa instrução parece ter o efeito de transmitir aos alunos a ideia de que você não está tentando "enganá-los", mas interessado em ajudá-los a conseguir notas maiores como garantia de aprendizagem.

Como lidar com a ansiedade provocada pelas provas

Muitos alunos lutam contra a ansiedade em razão das provas mais complexas que já realizaram no passado e da ênfase nas notas que faz parte da cultura escolar. O aluno pode conhecer a matéria, mas sofrer um "branco" durante a prova e não conseguir mostrar o que realmente sabe. Se meus alunos estiverem passando por esses problemas, posso fazer várias coisas para ajudar:

1. Posso diminuir o peso relativo de qualquer prova. Ao realizar várias avaliações de aprendizagem, posso diminuir a importância relativa de qualquer uma delas e, assim, reduzo a ansiedade dos alunos com relação ao desempenho que ruim que tiveram em alguma delas.

2. Posso dar uma segunda chance aos alunos que sentiram dificuldades em determinada prova. Isso quer dizer que, após a prova, eles têm a chance de recuperar alguns pontos perdidos. Vou descrever esse processo adiante neste capítulo.

Esta é uma boa estratégia de aprendizagem e ainda mais importante para os alunos ansiosos durante as provas, pois alivia um pouco a pressão e a ansiedade.

3. Já mencionei a estratégia de permitir que os alunos expliquem as respostas com maiores detalhes durante a prova. Isso também reduz um pouco a pressão que vem com a incerteza de determinada resposta.
4. Antes do dia da prova, deixo os alunos se familiarizarem com o formato da prova, os tipos de questões, os procedimentos especiais que deverão ser adotados e o processo de atribuição de notas. Isso elimina muitos dos aspectos desconhecidos associados à prova, que são uma grande fonte de ansiedade.
5. Ofereço sugestões sobre como estudar e mesmo sobre como se preparar fisicamente para a prova, estratégias de relaxamento (respiração profunda, deixar o lápis de lado e flexionar os dedos etc.). Às vezes, até ensino os alunos a pensar sobre o que estão dizendo para si mesmos, sobre fatores que contribuem com a ansiedade – por exemplo, "*Preciso* tirar A" em vez de "Vou me sair bem" tem mais chances de gerar ansiedade.

Aplicação da prova

Distribuir a prova deveria ser uma questão simples. Geralmente é, mas, em turmas grandes, simples questões administrativas podem ser desastrosas. É difícil imaginar quanto os alunos ficariam bravos e chateados enquanto esperam 10 minutos até os professores terminarem de distribuir as provas. E se isso não lhe toca, imagine seus sentimentos ao descobrir que não tem cópias de provas suficientes para todos os alunos. Isso já aconteceu duas vezes comigo – o que merece um lugar entre os meus piores momentos! Como podemos evitar tais problemas?

1. Se o professor está reproduzindo ou copiando as folhas de provas, é necessário pedir pelo menos 10% a mais – até mais, caso a prova seja aplicada em várias salas. Alguns professores sempre têm muitas cópias. Isso lhes dá segurança caso tenham feito a contagem errada ou haja páginas em branco ou omitidas em algumas cópias.
2. Distribua as provas à medida que os alunos entram nas aulas. Isso evita que eles fiquem muito nervosos enquanto aguardam as provas.
3. Minimize as interrupções. Diga aos alunos, antes da prova, que vai escrever os comunicados, as instruções e correções na lousa. Alguns períodos de exame servem mais como um teste do que como medida de realização da capacidade de trabalho do aluno, apesar das interrupções dos professores.

Modelos alternativos de provas

Avaliação em grupo

Considerando a prevalência do trabalho em grupo nas aulas de hoje, alguns professores também começaram a aplicar provas em grupo. Como os alunos foram incentivados e, na verdade, precisaram estudar e trabalhar em grupos enquanto aprendiam, a lógica é que pedir para estudarem sozinhos em uma situação de prova contradiz o que aprenderam sobre a avaliação pelos pares. Embora eu possa não concordar com essa lógica, acredito que fazer uma avaliação em grupo é uma ótima experiência de aprendizagem pelas mesmas razões que a aprendizagem cooperativa é resultado de um bom método de ensino: os alunos aprendem muito entre eles, sobretudo quando têm de explicar as próprias respostas.

O método mais comum para essa estratégia é, a princípio, permitir que os alunos façam as provas sozinhos. Depois de entregarem as provas, eles formam um grupo (geralmente o mesmo grupo de todo o semestre) e revisam as respectivas provas para elaborar uma resposta comum de todo o grupo. É impressionante a quantidade de energia gasta durante essa atividade! Ela tem a vantagem de dar um *feedback* imediato aos alunos sobre o desempenho na prova por meio da comparação das respostas individuais com as respostas dos colegas do grupo, além da possibilidade de corrigir imediatamente eventuais equívocos – algo que não conseguimos fazer com grande facilidade em uma situação de prova normal. As notas são uma combinação da nota da prova individual com a nota da prova em grupo.

Há muitas preocupações relacionadas a essa estratégia, e a maioria está relacionada com a atribuição de notas e com as dificuldades impostas pela configuração da sala. Também existe a possibilidade de um aluno dominar as respostas do grupo. Trata-se dos mesmos problemas que surgem quando sugerimos o trabalho em grupo. E eles devem ser pelo menos reconhecidos pelo professor. As descrições de Achacoso & Svinicki (2005) quanto à avaliação em grupo feita por alguns professores diferentes em cenários diversos podem demonstrar compreensão sobre essa tendência.

Avaliação on-line

Outra tendência é a avaliação on-line. Nesse modelo, os alunos realizam as provas em um computador, tanto no próprio computador quanto em um centro de avaliação. Existem tantas variedades dessa estratégia quanto o número de professores. Achacoso & Svinicki (2005) deram exemplos de diferentes estratégias de avaliação on-line.

A avaliação on-line permite que o professor aplique uma prova personalizada para cada aluno com base em um banco de dados de perguntas. Considerando o conhecimento sobre computadores, tenho certeza de que é possível imaginar todas as maneiras inteligentes pelas quais a tecnologia pode modificar, customizar e avaliar a prova de um aluno. Por exemplo, existe um formato que calibra a dificuldade de cada item subsequente, o que dependerá de o item precedente ser respondido corretamente ou não. Esse modo específico está sendo utilizado nos grandes testes de nivelamento padrão das universidades norte-americanas, como GRE ou LSAT. Provavelmente é muito extravagante para uma prova normal, mas os desenvolvimentos futuros de software podem tornar possível que os professores projetem tais sistemas, assim como fazemos hoje com os tutoriais on-line com muito mais facilidade.

Nas provas on-line, o professor pode incluir simulações interativas. Essas questões oferecem uma prova muito melhor sobre o entendimento do aluno do que os problemas estáticos que podem ser incluídos em avaliações feitas com papel e caneta.

A dificuldade com esse tipo de avaliação é manter sua integridade. A menos que a avaliação seja administrada em condições seguras – por exemplo, em um laboratório de informática ou em um centro de testes – , o professor pode não conseguir garantir que a pessoa avaliada seja de fato o aluno ou se o aluno está fazendo uso inadequado dos materiais de apoio durante as provas. Muitas instituições estão considerando a viabilidade de oferecer grandes centros de provas informatizadas. Resta ainda saber como se aplicarão esses recursos às turmas grandes, nas quais serão mais úteis.

O que fazer com as colas?

Pode ser difícil para um professor acreditar que seus alunos colem – "Talvez os outros alunos colem, não os meus!" Infelizmente, estudos sobre esse tipo de comportamento constataram que a maioria dos alunos afirma ter colado em algum momento (McCabe & Trevino, 1996). Uma pesquisa recente no Google sobre "cola na faculdade" retornou mais de 400 mil páginas (com o título em inglês)! A maioria dos alunos prefere não colar, mas a pressão por notas boas é tão intensa que muitos sentem que eles (também) precisam colar, se acreditarem que os outros estão colando. Em minha experiência, a desculpa mais comumente empregada por quem é flagrado colando é que os outros também estão colando e o professor não se importou, pelo menos não o suficiente para impedir que isso aconteça. Assim, muitos alunos se sentem menos estressados quando o exame é bem administrado e supervisionado.

Por que os alunos colam?

A pesquisa sobre esse assunto é extremamente consistente. O fator mais significante quando um aluno opta por colar é a influência do grupo (McCabe, Trevino & Butterfield, 2001). De acordo com McCabe & Trevino (1996), os alunos não acreditam que serão flagrados porque os professores são indiferentes com relação às suas atividades. Gerdeman (2000) relatou a crença dos alunos no fato de que, se forem pegos, não serão punidos severamente, mesmo que a instituição tenha políticas para lidar com esse mau comportamento. No ambiente dos testes complexos modernos, em que há uma forte ênfase na atribuição de notas, os alunos acreditam que existe uma grande recompensa para o sucesso a qualquer custo (Whitley, 1998). Certamente, eles também são influenciados pelas notícias de jornal, que apresentam os trapaceiros do mundo real constantemente escapando de penas severas.

Como os alunos colam?

1. Passam informações para o vizinho. Por exemplo, eles podem emprestar uma borracha com a resposta na parte de trás.
2. Usam as anotações feitas nas roupas, na pele ou em pequenos cartões.
3. Armazenam respostas em calculadoras ou gravadores de áudio durante a prova.
4. Espiam a prova de um vizinho com mais conhecimento (às vezes, sentando em grupo ao redor do melhor aluno da turma).
5. Utilizam sinais de mão, mensagens instantâneas ou outras comunicações.
6. Acusam o professor de perder uma prova (que eles nunca entregaram).
7. Pagam a uma pessoa para fazer a prova ou escrever o trabalho para eles.
8. Copiam ou parafraseiam o material de livros ou da internet e não citam a fonte.

Como evitar a cola

"O que podemos fazer para impedir a cola?"

Se for verdade que a cola vem de alguma das causas já mencionadas, então existe muita atividade proativa para evitá-la ou desencorajá-la. Há muitas recomendações. Apresentarei aqui algumas dessas recomendações que recolhi da extensa literatura sobre a cola na faculdade (Gerdeman, 2000; McMurtry 2001; Pulvers & Diekhoff, 1999; além de sites sobre ensino e aprendizagem de grandes universidades), que são bem consistentes com as minhas práticas.

A primeira resposta óbvia é reduzir a pressão. Embora não se possa afetar o ambiente acadêmico em geral, que enfatiza as notas, é possível influenciar a pressão no próprio curso, oferecendo oportunidades para os alunos demonstrarem a realização dos objetivos do curso, em vez de se apegarem a um único exame. A segunda resposta é abordar a questão no programa de estudos ou fazer um debate sobre o assunto logo no início do curso.

A terceira resposta é fazer exigências razoáveis e elaborar uma prova interessante e também razoável. Algumas colas são simplesmente o resultado da frustração e do desespero que surgem de trabalhos longos demais ou de provas que exigem a memorização de detalhes triviais. Em alguns casos, a cola é simplesmente uma maneira de o aluno se vingar de um professor hostil.

A quarta resposta é elaborar normas de grupo que apoiam a honestidade. Em geral, dou uma chance para minhas turmas votarem se devem ou não conduzir as provas no sistema de honra. Aviso que não usaremos o sistema de honra a menos que a votação seja unânime, visto que tal sistema não funcionará se todos não se sentirem comprometidos. Se a votação for unânime, faço os alunos se lembrarem disso no dia da prova e pergunto se querem mesmo fazê-la sob o sistema de honra. Não coletei dados relacionados ao sucesso dessa abordagem, mas nunca tive uma reclamação. Embora apenas a minoria das turmas vote a favor do sistema de honra, um debate sobre a desonestidade acadêmica é útil para ajudar os alunos a reconhecer que colar é ruim. Já fiz os alunos assinarem um compromisso de integridade acadêmica antes de cada prova. Atitudes como estas permitem que eles se lembrem de minhas expectativas e reforçam a impressão de que me importo com eles.

Enfim, se alguns alunos não estão sendo bem-sucedidos no curso, converse com eles e descubra o que deu errado e o que eles podem fazer para melhorar. Tente reduzir o estresse que leva à cola. Se há tensões originárias além do seu curso, sugira um aconselhamento especializado (psicólogo, por exemplo).

O que mais pode ser feito?

Determinado princípio é preservar a noção de que cada aluno é um indivíduo que estabelece uma relação pessoal tanto com o professor como com os demais alunos. Os alunos têm menor probabilidade de colar quando são conhecidos por todos do que quando em situações nas quais são integrantes anônimos de uma multidão. Assim, se um curso tem reuniões regulares em pequenos debates ou aulas de laboratório, a probabilidade é de haver menos cola se a prova for aplicada nesses grupos de alunos já familiarizados entre si, em vez de grupos grandes com alunos desconhecidos. Além disso, se a prova for dada em sala de aula normal, eles podem se sair melhor por causa dos estímulos relacionados ao aprendizado original ocorrido nesta mesma sala (Metzger et al., 1979).

Mesmo em grupos pequenos, a cola acontecerá se o professor parecer despreocupado. Os assistentes de professores de graduação geralmente sentem que qualquer demonstração de supervisão indica que não confiam nos alunos. Certamente existe o perigo de o ambiente ficar tenso, mas é possível transmitir a sensação de alerta enquanto se passeia pelos corredores ou se observa a elaboração das respostas das questões pelos alunos.

A forma de cola mais comum é copiar as respostas da prova do aluno que se encontra próximo. A fim de evitá-la, peço uma sala de provas grande o suficiente para permitir que os alunos ocupem cadeiras alternadas. Escrevo na lousa antes de os alunos chegarem: "Sentem-se em lugares alternados". Alguns alunos não veem o aviso. Então, quando se tratar de turmas grandes, você precisa de dois supervisores em cada uma das portas para a distribuição dos exames e outro para supervisionar a ocupação correta dos assentos.

Caso não consiga salas grandes que possibilitem esse tipo de distribuição, deve-se usar duas (ou mais) formas alternativas de provas. Houston (1983) descobriu que a simples alteração da ordem das questões não reduzia o nível de cola. Como prefiro que as questões de uma prova sigam a mesma ordem na qual o material foi discutido durante o curso, misturo a ordem das questões apenas em determinado tópico e também embaralho a ordem das alternativas. Normalmente, escrevo questões dissertativas diferentes para as duas provas. É difícil elaborar duas provas com o mesmo nível de dificuldade, então o professor provavelmente vai querer classificar as diferentes distribuições de pontuação em cada forma de prova.

Independentemente de usar uma ou duas provas, não deixe as cópias em seu escritório ou na sala de quem as digitou. Um de nossos alunos quase morreu em decorrência de uma queda da laje do terceiro andar, acima da sala do professor, de onde esperava roubar a prova. Em outra oportunidade, os zeladores da escola foram subornados para disponibilizar aos alunos o conteúdo dos cestos de lixo, nos quais estes pensavam encontrar os rascunhos do teste.

Como lidar com a cola

Apesar das medidas preventivas, quase todos os professores precisam, em algum momento, encarar o problema sobre o que fazer com um aluno colando. Por exemplo, quando está aplicando uma prova, você percebe que os olhos de um aluno estão no papel do vizinho. Normalmente não se faz nada nesse momento, já que você não quer deixar um aluno inocente envergonhado. Mas, quando os olhos se perdem novamente, o professor se depara com uma decisão sobre o que fazer.

A maioria das faculdades tem regras sobre os procedimentos a serem seguidos em casos de cola. Contudo, os professores relutam para dar início a tal procedimento. As razões para essa relutância variam. Às vezes, trata-se da incerteza sobre a ocorrência da cola. Os olhos dos alunos ficam vagando sem necessariamente colar. As respostas podem ser semelhantes simplesmente porque dois alunos estudaram juntos. "Se os alunos negarem a acusação, que evidências terei para apoiar minha acusação?"

Novamente, a indisposição para invocar os regulamentos relacionados à cola pode ter como base a desconfiança sobre a justiça da disposição eventual do caso. A cola é comum nas faculdades. Muitos professores foram culpados em algum momento de suas carreiras acadêmicas. Dessa maneira, a maioria de nós reluta em sujeitar a pessoa infeliz que é pega colando às punições drásticas das quais os mais habilidosos se esquivam. Esses conflitos precisam ser encarados por todos os professores, até mesmo pelos novatos.

Nunca fiquei totalmente satisfeito por ter lidado com o problema de maneira adequada. Então, meu "conselho" deve, assim como o restante dos conselhos deste livro, ser considerado simplesmente uma proposta ou ideia, em vez de sentenças a serem aceitas na íntegra. Contudo, muito do que estou prestes a dizer é apoiado pela maioria dos pesquisadores.

Primeiro, deixe-me mostrar o valor de seguir os procedimentos da faculdade. Descubra quais são e quais precedentes legais podem afetar aquilo que deve ser feito. Mesmo que você seja um novato na profissão docente, lembre-se de que seu papel como professor é representar a autoridade estabelecida e não o código do aluno que rejeita "tagarelas". Além disso, as recordações sobre sua época de estudante podem ajudá-lo a lembrar-se dos sentimentos quando via alguém colando e o professor não fazia nada.

Ademais, as comissões de docentes e alunos que lidam com a cola não são tão arbitrárias e impessoais como se poderia esperar. Normalmente, eles tentam chegar à causa da cola e ajudar o aluno a resolver os problemas subjacentes. Portanto, ser apreendido colando pode ter valor em longo prazo para os alunos.

E, finalmente, seguir as políticas da faculdade é sempre prudente, sobretudo se um aluno entrar com uma ação legal contra o professor por causa de uma punição arbitrária, fora dos procedimentos regulamentares da escola.

Ainda existem casos em que as evidências são frágeis e não há a certeza de que a cola realmente ocorreu. Mesmo nesse caso, não aconselho a redução arbitrária de notas. Se estiver errado, a solução será injusta. Se estiver certo, não conseguirá dar o *feedback* capaz de mudar o comportamento do aluno. Em tais casos, sugiro que o professor converse com o aluno e informe o caso ao chefe da comissão que lida com casos de cola ou ao orientador do aluno, quando houver. É incrível descobrir com que frequência suas suspeitas se encaixam nas outras evidências sobre o comportamento do aluno. Mesmo quando isso não acontece, o conselho de alguém que tem informações adicionais sobre o aluno geralmente é útil.

Por fim, vamos voltar ao caso dos olhos vagando pelas provas alheias. Aqui não há tempo para dar um telefonema para obter conselhos. Sua decisão precisa ser tomada imediatamente. Em vez de despertar toda a turma com uma denúncia alarmante, simplesmente peço de modo discreto ao aluno para trocar de lugar e ir para uma área com menos alunos. Se ele disser que está bem ali, digo que prefiro que ele mude. Até agora ninguém recusou minha solicitação.

Depois da prova

Atribuição de notas às provas objetivas

É claro que o aspecto mais maravilhoso em relação às provas objetivas é que são corrigidas facilmente. O ponto importante a ser lembrado é acertar na pontuação. Não há nada mais desconcertante para o aluno do que descobrir que a prova foi corrigida de modo incorreto. Recomendo que se verifiquem duas vezes os aspectos principais para ter certeza de que a nota marcada é a correta. Depois, antes de devolver as provas, *vale a pena* fazer uma breve análise do desempenho geral do aluno em cada questão. Isso é chamado análise de itens e consiste em descobrir qual porcentagem de alunos errou cada questão e como o desempenho do terço superior se compara com terço inferior de acordo com a pontuação geral. É possível ligar muitas reclamações dos alunos em curto-circuito, identificando os itens problemáticos e conhecendo o porquê das reclamações. Por exemplo, se mais da metade da turma errou determinada questão, sempre releio para ver se algo não ficou claro. Ou se muitos alunos do grupo superior erraram uma questão, considero qual resposta predominou na prova para ver se, por alguma razão, a pergunta foi enganosa para aqueles que sabiam o suficiente. Ainda há tempo para fazer os ajustes necessários na pontuação de modo a permitir que as perguntas mal formuladas ou os fatores de distração estejam corretos no final. Quando se fazem todas essas correções antes da devolução das provas, evita-se muita confusão sobre quais itens estão certos e errados.

Quando os alunos percebem que há um esforço do professor para identificar ou remediar as questões mal formuladas, eles têm mais chances de dar o benefício da dúvida. O professor também conta com a vantagem de ter dados sólidos sobre cada pergunta a seu alcance. Então, se um aluno questionar uma das perguntas depois da prova, o professor vai saber se existe algum mérito no questionamento e conseguirá responder com autoridade.

Atribuição de notas às questões dissertativas

Sempre recomendo algumas questões dissertativas pelo seu efeito poderoso sobre a maneira como os alunos estudam. Mas há uma desvantagem. Os professores não atribuem notas às provas dissertativas de forma confiável, já que os padrões variam. As primeiras provas recebem notas diferentes das últimas. Uma prova corrigida imediatamente após uma série de provas ruins vai receber uma nota diferenciada daquela avaliada após várias provas ótimas.

Sete procedimentos podem ser utilizados para melhorar a avaliação das provas dissertativas – mas exigem trabalho:

1. Determine um tópico ou conjunto de critérios – e não apenas uma lista de fatos. O que procura: integração, análise, argumentos racionais favoráveis e contrários à conclusão? Esteja preparado para modificar seus critérios quando encontrar respostas que ainda não havia considerado. Aprender a criar um bom padrão de notas vale o esforço porque pode ajudá-lo a formular questões boas, manter a classificação confiável das respostas e, se compartilhar esse padrão de avaliação com os alunos, isso vai ajudá-los a compreender como suas respostas foram avaliadas. Walvoord & Anderson (1998) publicaram um livro excelente sobre como criar padrões com base na "análise das características primárias".

   Um bom padrão com base nessas características envolve a elaboração dos aspectos principais da resposta que valem nota. Por exemplo, em determinada questão dissertativa, a análise pode listar quatro pontos principais que devem ser incluídos na resposta, além dos critérios para um argumento limpo e dos critérios para boa escrita. Depois, cada "característica" é descrita em uma escala de aceitabilidade. A seguir, apresentamos um exemplo de escala para a característica "argumentação sólida":

   > Melhor resposta (crédito de 100%) – Uma resposta desse nível tem afirmações claras sobre as teses avaliadas de maneira lógica que levam a uma conclusão consistente. Cada tese deve vir acompanhada de evidências suficientemente razoáveis para apoiá-la. As teses também devem analisar e considerar os argumentos razoáveis contrários a elas. As teses devem ficar juntas e devem ser internamente consistentes entre si.
   >
   > Resposta aceitável (crédito de 80%) – Uma resposta desse nível fornece menos teses, mas ainda fornece teses razoáveis e importantes para efeito da conclusão. Deve haver evidências para cada tese, embora possivelmente omitam algumas pequenas afirmações de apoio. Alguns dos contra-argumentos mais óbvios devem ser levantados e refutados. A sequência deve ser lógica e caminhar em direção à conclusão.

Resposta inaceitável (nenhum crédito) – Duas ou mais das características apresentadas a seguir formam uma resposta inaceitável. A resposta contém muitos erros de afirmação e de omissão. Não é apresentada nenhuma prova, a prova apresentada está incorreta ou então não guarda relação com a afirmação realizada. Nenhuma tentativa (ou uma tentativa fraca) é feita para apresentar e refutar os contra-argumentos. A ordem de apresentação não é lógica nem convincente. A conclusão não é justificada pelos argumentos.

A criação desse tipo de estrutura ajuda a esclarecer o que espera em uma resposta. Também aumenta a confiabilidade da atribuição de notas entre os alunos e no decorrer do tempo, considerando o trabalho de um único professor.

2. Leia as provas sem saber o nome de quem a fez.
3. Se não tiver certeza do que esperar, primeiro leia uma amostra aleatória de respostas. Então, depois de identificar as provas com os diferentes níveis de excelência, compare-as para determinar quais são as características distintas. Haverá algumas características que não estão nos seus critérios originais. Agora, elabore os critérios que serão utilizados, mas não seja rígido. Dê crédito aos alunos quando vierem com as respostas criativas que não se encaixam na sua estrutura.
4. Escreva comentários específicos nas provas. Um dos problemas na utilização de provas dissertativas e na determinação dos trabalhos semestrais é que os alunos sentem que as notas representam alguma ideia misteriosa e insondável. Quanto mais prestativas forem as informações que você escrever no papel, mais os alunos vão aprender.

    Considero a tecnologia uma grande ajuda na atribuição de notas (mas não nos casos de provas dissertativas, a menos que elas também tenham sido feitas em computador). Uso o software de edição disponível nos programas comuns para ler e avaliar os trabalhos que meus alunos enviam em formato eletrônico. Consigo fazer um *feedback* bem melhor porque não fico limitado a quanto consigo espremer nas margens, além de conseguir digitar bem mais rápido que escrever. Além disso, os alunos conseguem ler o que digito bem melhor do que aquilo que escrevo à mão nas margens das provas (há mais sobre o assunto no Capítulo 16).
5. Elabore um código para comentários comuns. Por exemplo, utilize uma linha vertical ao lado dos parágrafos para fazer comentários codificados, como "PDM" de "precisa desenvolver mais". É possível também identificar os erros mais frequentes com números. Quando se atribui uma nota, pode-se colocar o número próximo ao erro e fornecer aos alunos uma lista numerada com os

erros para referência. Eles podem aprender algo ao ler a lista toda, mesmo que não tenham cometido nenhum desses erros.
6. Não saia atribuindo pontos para cada conceito ou fato mencionado. Agir desse modo apenas transforma a dissertação em um teste de memória, em vez de medir os objetivos maiores, como a integração e a avaliação. Criar códigos como os mencionados anteriormente pode ajudar a aumentar a confiança na atribuição das notas.

No entanto, não use os códigos de forma mecânica. Sua impressão geral pode ser válida.

7. Se possível, atribua as notas em grupos. Meus assistentes se reúnem comigo depois de aplicar uma prova. Trazemos modelos de resposta para todas as perguntas. Discutimos o que esperamos como resposta para cada uma delas. Em seguida, montamos equipes de duas ou três pessoas para corrigir cada pergunta. Cada equipe fica com 8-12 provas, que circulam entre os integrantes. Cada integrante anota para si mesmo a nota atribuída para a questão. Depois, os integrantes da equipe comparam as notas e discutem as discrepâncias até chegarem a um consenso. Um segundo conjunto de provas é, então, avaliado da mesma maneira, com comparação das notas e discussão das discrepâncias. Esse procedimento prossegue até que a equipe tenha certeza de ter atingido critérios comuns. Desse ponto em diante, os integrantes passam a trabalhar de maneira independente. Quando um integrante está incerto sobre como atribuir nota a uma prova, ela é passada para os demais que emitem suas opiniões.

Fazemos isso até acabar a correção de todas as provas, mas tornamos essa tarefa uma festa na tentativa de aliviar o cansaço e o tédio. As respostas engraçadas são lidas em voz alta. Pedimos sanduíches em uma lanchonete. As equipes se ajudam para alterar o ritmo ou para balancear o volume de trabalho.

Se não tiver uma equipe, tente criar as próprias estratégias para manter a motivação. Se começar a se sentir entediado, irritado ou cansado, faça uma pausa. Ou, antes de começar, veja as respostas de alguns dos alunos mais interessantes e as leia justamente quando começar a desanimar. Faça anotações para usar quando for discutir a prova com a turma. Também faça anotações à parte, sobre os problemas comuns que precisam de correção.

A atribuição de notas ainda consome tempo, mas não se torna o tipo de tarefa aversiva que leva à procrastinação e a longos atrasos no *feedback* dos alunos.

Aprender com as provas

Muitas vezes, ficamos tão envolvidos na mais pura mecânica de correção e atribuição de notas que ignoramos o fato de que a verificação do desempenho do aluno não apenas diagnostica os pontos fracos dele, como também revela as áreas nas quais o ensino não conseguiu atingir seus objetivos. O processo de análise das perguntas descrito anteriormente é bem útil. Depois que se sentir mais confortável com o processo de atribuição de notas, verifique novamente as provas para ver o que revelam sobre problemas relacionados à compreensão dos alunos. Pode haver alguns aspectos sobre os quais a turma toda se sinta insegura. Além disso, pode haver áreas de dificuldade para determinados subgrupos de alunos – talvez aqueles com experiências e conhecimento prévio diferentes do restante. Em suma, pense no que o *professor* e os *alunos* precisam aprimorar a partir da experiência de cada prova realizada.

Devolução das provas

Lembre-se de que as provas são ferramentas importantes para o aprendizado e que a discussão sobre determinada prova pode valer muito bem o uso de uma aula toda. Contudo, também é um momento mais emocional para alguns alunos e pode ser necessário adiar a discussão até que os ânimos se acalmem. Na verdade, nas minhas aulas, dou aos alunos a oportunidade de contestar a resposta de uma pergunta por escrito antes da aula seguinte. Depois de o aluno rever as perguntas e justificar as respostas incorretas, ele é capaz de perceber muito rápido os erros cometidos, mais rápido do que se eu os apontasse para ele. Às vezes, os alunos conseguem argumentar muito bem suas escolhas, e, é claro, dou o crédito para a resposta. Não há necessidade de discutir todas as perguntas em aula, mas, quando há erros comuns, tente descobrir por que tal erro ocorreu e sugira estratégias para evitar esses problemas no futuro. Embora seja recomendado não dispender muito tempo da aula com a discussão de itens individuais da prova, deve-se deixar clara sua disponibilidade de discutir a prova pessoalmente com cada aluno que ainda tiver dúvidas.

Aprender com a prova

A função mais importante das provas *não* é fornecer uma base para a atribuição de notas. Em vez disso, as provas são uma ferramenta educacional importante. Elas não apenas direcionam o estudo dos alunos, como também fornecem importantes *feedbacks* de correção do ensino. Os comentários feitos nas provas dissertativas são mais importantes que as notas. Os alunos aprendem com a correção das provas (McCluskey, 1934). Recomendo a leitura do Capítulo 9 sobre sugestões de *feedback*. Elas se aplicam igualmente a todos os tipos de provas e trabalhos escolares. Se tiver tempo e disposição, você pode aumentar a probabilidade de os alunos aprenderem se dar uma chance de refazer a prova com base no seu *feedback*, conforme descrito na seção anterior.

Quando os alunos se sentem prejudicados

O que fazer com aquele aluno que chega até você muito bravo por causa do resultado da prova ou com uma conversa meio marota cujo propósito é convencê-lo a alterar a nota? Antes de qualquer atitude, ouça. Não caia na cilada de alimentar a discussão, pois vai apenas prolongar o desconforto.

Peça ao aluno que fale sobre o que estava pensando quando respondeu à pergunta contestada. Depois de ouvir o que ele tem a dizer, se optou por não alterar a nota, tente converter a discussão e torná-la a solução de um problema. Tente ajudar o aluno a encontrar meios alternativos de estudos que produzam resultados melhores: "O que podemos fazer para ajudá-lo a se sair melhor na próxima prova?". Encoraje-o a rever de quem é, de fato, a responsabilidade do erro cometido e estimule-o a trabalhar de maneira mais eficaz. Peça que resuma o que pretende fazer antes da próxima prova. Embora essas sugestões possam poupar alguns momentos de amargura, não podem substituir o tempo (e quanto tempo) dedicado à elaboração de boas provas.

O que fazer com o aluno que perdeu a prova?

Em qualquer turma grande, sempre ocorrem algumas ausências durante a prova. As desculpas variam desde algumas bem legítimas até outras mais suspeitas, mas a apuração da verdade nem sempre é fácil.

As provas substitutivas, para atender os que faltaram, sempre envolvem muito trabalho extra para o professor. Se elaborar uma nova prova, vai perceber que é difícil encontrar uma regra para atribuição de nota nesse tipo de prova em comparação com as notas da prova original. Se for usada a mesma prova que o aluno perdeu, será impossível dizer quanto ele descobriu sobre a prova com os outros que a fizeram na data correta. Nos casos de alunos que perderam a prova, calculo a média das provas já realizadas por ele para determinar sua nota. Desse modo, a prova perdida não ajuda nem atrapalha.

Outra estratégia é retirar a prova perdida ou então a menor nota que obteve em outras provas por ele realizadas. (É claro que isso só pode feito quando há uma quantidade razoável de provas realizadas durante o semestre, de forma que o peso de cada prova não seja muito elevado). Isso também diminui a ansiedade na hora de fazer a prova porque o peso relativo de cada prova é menor. Dependendo de como o professor avalia a importância dos exames finais, ele poderá até permitir que seus alunos utilizem esses exames como a prova que vão deixar de fora, sobretudo quando realizaram todas as outras provas e estiverem satisfeitos com suas notas. Será uma surpresa ver o incentivo que ele estará dando para os alunos trabalharem diligentemente durante o semestre.

CONCLUSÃO

1. Considere todos os tipos de provas, independentemente de valerem nota ou não.
2. Selecione os tipos de pergunta que atendam seus objetivos educacionais.
3. Prepare seus alunos para fazer a prova.
4. Crie um ambiente em sala de aula que valoriza a honestidade acadêmica e o apoio e que desencoraja a cola.
5. Elabore cuidadosamente estratégias para a atribuição de notas em questões dissertativas.
6. Esteja preparado para lidar com as reclamações dos alunos sobre as pontuações de maneira a permitir que aprendam.
7. Aprenda com a prova e mostre aos alunos como aprender com ela também.

LEITURA COMPLEMENTAR

Effective grading: a tool for learning and assessment, de Barbara E. Walvoord e Virginia Johnson Anderson (São Francisco: Jossey-Bass, 1998), descreve como criar regras para atribuição de notas para todos os modos de avaliações escritas.

Constructing test items: multiple-choice, constructed-response, performance, and other formats, 2. ed., de Steven J. Osterlind (Boston: Kluwer Academic Publishers, 1998), apresenta uma discussão bem completa sobre o processo dos diferentes tipos de escrita nos itens da pergunta. Pode ser um pouco mais longo nos detalhes, mas as diretrizes para a elaboração da pergunta são sólidas e vão direto ao ponto.

Os recursos apresentados a seguir foram tirados da série Digest ERIC. Trata-se de uma série de resumos curtos e melhores práticas fornecidos via on-line aos educadores. www.ericfacility.net/databases/ ERIC_Digests/index.

CHILDS, R. (1989). *Constructing classroom achievement*. DigestERIC. ERIC Clearinghouse on Tests Measurement and Evaluation. ED315426.

GRIST, S. et al. (1989). *Computerized adaptive tests*. ERIC Digest nº 107. ERIC Clearinghouse on Tests Measurement and Evaluation. ED315425.

KEHOE, J. (1995). *Basic item analysis for multiple-choice tests.* ERIC/AE Digest. ERIC Clearinghouse on Assessment and Evaluation. ED398237.

_____. *Writing multiple choice test items.* ERIC/AE Digest. ERIC Clearinghouse on Assessment and Evaluation. ED398236.

Leituras sobre como ajudar os alunos:

WEINSTEIN, C. E.; HUME, L. *Study strategies for lifelong learning.* Washington: American Psychological Association, 1998. A Divisão 15 da American Psychological Association tem uma série completa de publicações sobre como ajudar os alunos a melhorar a aprendizagem. Acesse o site de publicações da APA (American Psychological Association).

SADKER, D.; ZITTLEMAN, K. Test anxiety: are students failing tests – or are tests failing students? *Phi Delta Kappan*, v. 85, n. 10, p. 740, 2004.

A edição inteira de setembro/2004 de Anxiety, Stress, and Coping está voltada para testar e pesquisar a ansiedade, incluindo como lidar com ela.

Leituras sobre cola:

DAVIS, S. F. et al. Academic dishonesty: prevalence, determinants, techniques, and punishments. *Teaching of Psychology*, v. 19, n. 1, p. 16-20, 1992.

MCBURNEY, J. Cheating: preventing and dealing with academic dishonesty. *APS Observer*, jan. 1996. p. 32-35.

Poderia se supor que a cola seja algo não britânico. Mas Stephen Newstead, Arlyne Franklyn-Stokes e Penny Armstrong descobriram que os alunos britânicos não são muito diferentes dos norte-americanos quando se trata de cola. O artigo "Individual differences in student cheating" (*Educational Psychology,* v. 88, p. 229-241, 1996) é consistente com os dados norte-americanos.

Um conjunto de recomendações muito interessante vem do site "On the Cutting Edge" da National Association of Geoscience Teachers (EUA), que oferece *workshops* para docentes da área de ciências geológicas (serc.carleton.edu/NAGTWorkshops/index.html).

O Centro de Integridade Acadêmica da Duke University, Durham, Carolina do Norte (www.academicintegrity.org/cai_research.asp), oferece muitas informações, *workshops* e pesquisas sobre a integridade acadêmica. Esse centro também tem um banco de dados disponível para pesquisa com mais de 700 artigos sobre o assunto.

Capítulo 9

Bons modelos de *feedback* para os alunos[1]

Não existe ensino de boa qualidade sem um bom *feedback* para os alunos. O *feedback* [retroalimentação ou avaliação] significa comentários que o professor destina aos alunos acerca de cada trabalho, tarefa escolar, exame ou prova. Nesses comentários o professor assinala ao aluno os erros e acertos cometidos, bem como apresenta sugestões para que ele melhore seu desempenho escolar. O professor, portanto, como perito experiente, dá o *feedback* aos alunos com a intenção de impulsionar a aprendizagem. Ao dizer impulsionar, refiro-me a oferecer o apoio necessário para que os alunos atinjam os níveis mais elevados do aprendizado, sem que isso implique fazer o trabalho por eles. Os alunos valorizam os comentários de *feedback* que os professores escrevem nos trabalhos, principalmente quando essas anotações ajudam a explicar as lacunas da aprendizagem, em tom de apoio, sugerindo maneiras de ele melhorar o trabalho futuro.

No entanto, para tirar melhor proveito dos *feedbacks*, é essencial que os alunos se engajem neles. Independentemente da quantidade de *feedback* oferecido pelo professor, os alunos só se beneficiarão se prestarem atenção nele, processarem-no e agirem a partir dele. Como ninguém aprende a jogar basquete apenas ouvindo o técnico, os alunos não conseguem aprender como produzir um trabalho melhor ou resolver um problema apenas lendo os *feedbacks* do professor. O *feedback* eficaz é uma parceria: requer ações dos alunos e do professor. E, certamente, enquanto a qualidade do *feedback* feito pelo professor é importante, o envolvimento dos alunos no aproveitamento desses comentários tem a mesma importância.

---

[1] Este capítulo foi escrito por David Nicol, da University of Strathclyde, Escócia.

No ensino superior, é comum pensar no professor como iniciador da aprendizagem e fornecedor de *feedbacks* sobre essa mesma aprendizagem. Porém não é só isso.

Os alunos geralmente trocam *feedbacks* entre si quando trabalham no mesmo projeto (*feedback* pelos pares ou colegas). Eles também criam os próprios *feedbacks* enquanto escrevem um relatório. Por exemplo, podem consultar um livro didático para avaliar a precisão de um argumento ou identificar as lacunas na explicação teórica. Os benefícios significativos da aprendizagem podem ser alcançados quando o professor trabalha com o *feedback* do grupo de alunos e desenvolve esses processos informais (Nicol e Macfarlane-Dick, 2008).

Também é importante que o *feedback* não seja demasiadamente conceitual no sentido de algo que acontece sempre depois de os alunos produzirem algum tipo de trabalho. O *feedback* nem sempre é uma ação que olha para trás ou uma consequência da ação já realizada. Ele também pode estar voltado para o futuro. Na supervisão de projetos, por exemplo, o professor pode aconselhar sobre o que deve ser feito a seguir, enquanto o trabalho está caminhando, e não apenas no final. Além disso, o *feedback* não ocorre isoladamente: em geral está relacionado aos objetivos do trabalho. Quando os alunos entendem e compartilham esses objetivos, ficam mais receptivos ao *feedback* que recebem.

Nas seções seguintes, apresento várias recomendações sobre como melhorar a qualidade dos comentários de *feedback* do professor. Depois, de acordo com uma concepção mais ampla sobre esse procedimento, discuto maneiras de assegurar que os comentários tenham o maior impacto possível no aprendizado. Isso envolve criar oportunidades estruturadas para os alunos se engajarem nos diálogos promovidos pelos *feedbacks* entre professores e colegas, além de refletirem sobre o significado do *feedback* para o aprimoramento do conhecimento. Assim, minha suposição é que o *feedback* se aplica aqui em relação ao trabalho escrito, como uma dissertação ou um relatório, mesmo que grande parte da discussão se aplique a *feedback* de outras origens.

A elaboração de comentários de *feedback* escritos

Quais são as características dos bons comentários escritos pelos professores? A seguir, apresento algumas recomendações para boas práticas. Elas se baseiam nas investigações das percepções dos alunos sobre o que constitui um *feedback* prestativo e nas sugestões dos pesquisadores sobre como transformar essas ideias em prática.

• BONS MODELOS DE *FEEDBACK* PARA OS ALUNOS •

Compreensível, seletivo e específico

De modo geral, as pesquisas sobre *feedback* mostraram que os alunos valorizam os comentários escritos sobre seus trabalhos (por exemplo, Weaver, 2006). No entanto, eles também se preocupam quando esses comentários dos professores são ilegíveis, ambíguos (por exemplo, "Pouco esforço, poderia fazer melhor"), abstratos demais ("Falta de pensamento crítico"), muito abrangentes ou vagos ("Você incluiu itens importantes") ou muito enigmáticos ("Por quê?"). Às vezes, isso é questão de linguagem, outras, de detalhes. Muitos *feedbacks* usam um discurso disciplinar que é difícil para todos os alunos decodificarem, principalmente para os iniciantes. O professor pode remediar isso tentando escrever comentários em linguagem simples e fornecendo explicações nos pontos em que os termos técnicos e disciplinares forem empregados. Também é importante fornecer detalhes suficientes para que os alunos entendam o que a orientação quer dizer. Isso tudo levou à sugestão de que os comentários devem ser formulados como pequenas aulas e ser limitados a dois ou três pontos bem elaborados quando se tratar de

---

Pesquisa sobre os comentários de *feedback*

Os *feedbacks* escritos devem ser:

- **Compreensíveis**: expressos em uma linguagem que os alunos entendam.
- **Seletivos**: comente sobre duas ou três coisas que os alunos possam corrigir ou melhorar.
- **Específicos**: mostre exemplos nos quais o *feedback* pode ser aplicado no trabalho do aluno.
- **Oportunos**: fornecidos em tempo para orientar a próxima etapa do trabalho.
- **Contextualizados**: estruturados com referências aos resultados do aprendizado e/ou critérios de avaliação.
- **Sem julgamentos**: descritivos e não avaliativos, focados nos objetivos do aprendizado e não apenas no desempenho.
- **Equilibrados**: mostre os pontos positivos, bem como as áreas nas quais melhorias são necessárias.
- **Prospectivos**: sugira como os alunos podem melhorar os trabalhos seguintes.
- **Valiosos**: foque os processos, as habilidades e as capacidades dos alunos.

trabalhos escritos mais extensos (Lunsford, 1997). Os professores também ajudarão os alunos se mostrarem exemplos de casos em que os *feedbacks* se encaixam, em vez de fazerem comentários sem referências. Por exemplo, destaque uma característica positiva, explique o mérito e sugira que os alunos façam isso mais vezes (como um bom exemplo de transições lógicas ou argumento disciplinar).

Oportuno

Vários estudos mostram que os alunos recebem *feedback* tarde demais, o que reduz sua utilidade para o aprendizado do aluno. Eles conversam entre si sobre esses atrasos de *feedback* da parte do professor. Para evitar tal desgaste por esses atrasos, algumas medidas simples podem resolver essa questão, por exemplo, a especificação de datas de entrega de notas e *feedbacks* das provas e trabalhos. Algumas instituições se comprometem a completar esse ciclo em três semanas. No entanto, a dimensão temporal também está relacionada às oportunidades de uso do *feedback* e à exigência de que os alunos o obtenham quando sentem dificuldades. Ou seja, há momento oportuno para o professor oferecer *feedback* ao aluno, que é o momento em que ele pode fazer melhor uso desse retorno do professor.

Os trabalhos dos alunos divididos em várias etapas podem resolver alguns desses problemas. Se o trabalho permite a elaboração de um rascunho com *feedback*, os alunos têm maior probabilidade de entender que ele é oportuno e como pode ser utilizado a seu favor. Como alternativa, os professores podem dar *feedback* sobre os aspectos do trabalho em andamento (planos de dissertação, introduções, amostra das evidências de argumentação e suporte) com a tarefa de que cada fase seja elaborada para desenvolver um trabalho final mais complexo.

O fato de dar *feedback* no rascunho não implica necessariamente aumentar o tempo gasto pelo professor com determinado trabalho. O professor pode limitar o *feedback* dado quando atribui a nota final ao trabalho ou os alunos podem trocá-lo pelos *feedbacks* das etapas intermediárias. Em uma atividade que vale nota, é importante que o aluno realmente faça o trabalho e que o professor não reescreva a atividade como parte de seu *feedback*. Isso requer uma análise cuidadosa sobre os tipos de comentários fornecidos.

Sem julgamento e equilibrado

Os professores precisam considerar os aspectos motivacionais e cognitivos do *feedback*. Os comentários podem ser desanimadores, deixar os alunos na defensiva ou reduzir a confiança (ou seja, "Não, está tudo errado, você realmente não entendeu a literatura"). Kluger & DeNisi (1996) constataram que 30% dos comentários dos professores eram desse tipo. Muitas pesquisas motivacionais estudaram se os *feedback*s direcionam a atenção dos alunos para o aprendizado ou para os objetivos de desempenho, ou seja, para a mentalidade de que os erros fazem parte da aprendizagem e que o esforço pode melhorar a realização dos objetivos; ou para a mentalidade de que a realização desses objetivos depende de capacidade para realizá-los (Dweck, 1999; Dweck, 2006).

As pesquisas nessa área também sugerem que os professores devem tentar garantir que os alunos vejam os comentários como descritivos, não como avaliativos ou autoritários. Uma abordagem é o professor transmitir para os alunos os efeitos da escrita, ou seja, como ele interpretou o que está escrito (por exemplo, "É isso que vejo como seu ponto principal..."). Isso permite que os alunos percebam a diferença entre a intenção da escrita e os efeitos produzidos por ela. De acordo com alguns especialistas, a faculdade deve começar e terminar comentando sobre os aspectos positivos do que o aluno fez, com uma seção intermediária voltada para os aspectos que necessitam de melhoria. Contudo, é preciso ter cautela. Se os alunos perceberem que o elogio é gratuito ou que não está de acordo com a nota recebida, isso pode criar confusões e provocar efeitos negativos na motivação.

O *feedback* também pode enfatizar os objetivos de aprendizagem, de forma que reconheça o papel pedagógico dos erros e dos esforços nesse processo e evite as comparações normativas com outros alunos. Alguns professores abordaram esses assuntos pelo encorajamento nos comentários que fazem (por exemplo, "A análise de um caso é complexa e pode ser desgastante, mas todos os alunos que dedicam tempo e esforço chegam lá um dia"). Isso enfatiza o sucesso e leva os alunos a perceberem que podem ser bem-sucedidos. Reconhecer o papel dos erros no aprendizado ao dar o *feedback* é outra tática útil (por exemplo, "Este é um erro comum; quando identificar a razão de tal erro, terá uma boa compreensão do tema").

Contextualizado

As pesquisas sugerem que o *feedback* é mais eficaz quando está relacionado ao contexto instrucional, ou seja, aos resultados do aprendizado e critérios de avaliação. Sadler (1989) definiu *feedback* como as informações sobre a lacuna entre o que o aluno fez (desempenho real) e o que se esperava dele (resultados da avaliação), o tipo de informação que deve ajudar o aluno a fechar a lacuna. Assim, o alinhamento do *feedback* com o contexto instrucional é essencial para o aprendizado. Também aumenta a probabilidade de que os alunos realmente venham a entender o que o professor quer dizer. Muitos professores utilizam o *feedback* com os tópicos da avaliação, nos quais ele é apresentado embaixo ou ao lado da descrição dos objetivos ou critérios de correção.

Uma recomendação derivada da definição de Sadler é que os alunos perdem tempo, no início de um trabalho, para compreender o que é exigido deles, por exemplo, traduzindo os critérios nas próprias palavras ou comparando as amostras de trabalhos bons e ruins enviados por colegas dos anos anteriores, na tentativa de identificarem qual é melhor e por quê. Quando se reforça a compreensão sobre os requisitos e critérios, os alunos ficam mais propensos a entender e usar os conselhos que recebem. Glaser & Chi (1988) também demonstraram que o tempo que os professores experientes passam elaborando as representações e orientações iniciais de tarefas complexas é parcialmente responsável pelo melhor desempenho, quando comparados a professores novatos que dispensam pouco tempo nessas explanações iniciais das tarefas.

Prospectivo e valioso

A solicitação mais consistente dos alunos é que o *feedback* mostre seus pontos fortes e fracos e, de maneira mais específica, sobre o que eles precisam fazer para melhorar nos trabalhos futuros. Knight (2006) chama esse último de *feedforward*, em vez de *feedback*. Os exemplos podem incluir a sugestão de metas para focar os trabalhos futuros ou as estratégias específicas que possam ser aplicadas. Alguns *feedbacks* incluem sugestões de tarefas, nas quais o professor destaca ações específicas que levariam à melhoria dos trabalhos futuros do aluno. Walker (2006) acredita que o foco do *feedback* deve estar no desenvolvimento de habilidades e não simplesmente no conteúdo da disciplina; pois desenvolver habilidades de resolver problemas ou de escrever dissertações é mais eficaz ao longo prazo do que resolver um único problema específico ou dissertação pontual. Outra perspectiva é que os comentários não devem focar somente as lacunas do conhecimento e compreensão, mas as representações do conhecimento do aluno em determinada matéria. Os comentários deveriam permitir que os alunos encontrassem meios alternativos de enxergar o problema e não simplesmente destacar os mal-entendidos. A intenção aqui é promover novas maneiras de pensar e de abordar os conceitos, suas relações e aplicações.

Hattie & Timperley (2007) apontaram quatro instruções para a elaboração dos comentários de *feedback*: (1) os professores podem fornecer comentários sobre a atividade, dizendo o que está certo e o que está errado, ou o que necessita de mais dados em determinado trabalho; (2) os comentários podem estar relacionados ao processo de escrita (ou seja, "Este trabalho poderia estar melhor se você planejasse a sequência e estrutura dos argumentos"); (3) os comentários podem estar focados na capacidade do aluno se autorregular, como um *feedback* sobre as avaliações que ele fez do próprio trabalho (ver adiante); ou (4) os comentários podem ser pessoais (por exemplo, "Esta resposta é bem sofisticada; muito boa"). Hattie & Timperley sustentam que manter o foco nos comentários sobre o processo e atividades autorreguladoras será mais eficaz se o objetivo for ajudar os alunos a transferir ou a aplicar a aprendizagem em novos contextos.

Já mencionei alguns aspectos sobre como incentivar os alunos a usar o *feedback* mais cedo quando se trata de projetos em várias etapas. No entanto, apresento um exemplo extra com base na variação da estratégia empregada por um colega. Vamos supor que os alunos precisem escrever uma dissertação sobre ética. O professor faz o *feedback* por escrito, geralmente com poucos parágrafos, sobre o conteúdo, as ideias, os argumentos e as evidências. De maneira específica, o *feedback* aponta para novas maneiras de olhar para as questões e faz uma breve referência a outros autores e teorias. Os alunos então têm a chance de elaborar um segundo trabalho na mesma área do conteúdo do anterior, mas utilizando agora um formato diferente (por exemplo, um relatório para o governo sobre a questão de ética). Os alunos que aceitam essa opção são informados de que, para tirarem uma nota boa no segundo trabalho, precisam ir muito além das ideias do primeiro e demonstrar bom uso do *feedback*. Isso foi feito para incentivar os alunos a utilizar o *feedback* do professor, ler mais amplamente, inter-relacionar e aplicar as ideias de outras fontes no relatório. Por que existe interesse nesse modelo? Primeiro, os alunos têm um forte incentivo para agir a partir do *feedback* do professor. Segundo, porque tanto o aluno como o professor veem os benefícios diretos do *feedback* para as ações futuras, tais como trabalhos e provas. E, mais importante, os alunos não repetem a mesma atividade, logo, não perceberão isso como duplicidade ou redundância (nem os professores). Este é um bom exemplo do uso prospectivo dos comentários escritos.

Debates sobre *feedback*

A formulação de comentários é um bom ponto de partida para pensar no *feedback*. Contudo, ele não é tão abrangente. O *feedback* não é um monólogo. O significado dos comentários não é transmitido do professor para os alunos, ele surge por meio de interação e diálogo. Então, como podemos enriquecer o *feedback* e torná-lo mais significativo para os alunos?

Em primeiro lugar, na medida do possível, os professores devem personalizar os comentários de acordo com as necessidades de cada aluno. Os alunos têm entendimento e reações diferentes para o *feedback*, então essa tarefa é um desafio, principalmente com turmas grandes. No entanto, o progresso é possível com a interação professor-aluno, de forma a promover diálogos sensíveis e contingentes. Em segundo, o *feedback* do professor deve ser complementado com o *feedback* de outras fontes. Os alunos devem ficar expostos e interagir com ampla variedade de *feedbacks*, o que permite que eles vejam o trabalho em várias perspectivas, ampliando a capacidade de compreender. A fonte mais prontamente disponível de *feedback* complementar vem dos colegas matriculados no mesmo curso.

Em terceiro, o *feedback* deve ser orientado para fortalecer a capacidade do aluno em julgar a qualidade do próprio trabalho. O objetivo de longo prazo do *feedback* é que os alunos se tornem independentes dos professores, desenvolvendo a capacidade de autoavaliação. Eles já se envolvem em diálogos internos, através da reflexão e da autocrítica, gerando assim os próprios *feedbacks* ao fazerem alguma atividade. O foco sistemático no fortalecimento desses processos torna o *feedback* do professor e dos colegas mais eficaz, além de ajudar a desenvolver a capacidade de monitoramento e avaliação do próprio aprendizado. E, por fim, precisamos tentar criar as condições que motivam os alunos a buscar e utilizar o *feedback* ativamente. Isso, contudo, possui maiores chances de acontecer se nos esforçarmos para satisfazer as outras três condições. As seções seguintes desenvolvem essas ideias e sugerem estratégias de implementação.

O alinhamento do *feedback* do professor com as necessidades dos alunos

Wood, Wood & Middleton (1978), no trabalho sobre tutoria contingente, demonstraram que há um nível ideal de *feedback*. O ideal é que o ajuste contínuo e dinâmico do nível de contribuição do professor dependa do grau de compreensão do aluno. Mais interação não é necessariamente melhor nem significa maior especificidade ou detalhe. A questão é relacionar o *feedback* com as necessidades de cada aluno. Infelizmente, isso pode ser difícil de obter quando há muitos alunos na turma.

Uma maneira de tornar o *feedback* do professor mais sensível às necessidades individuais é levar os alunos a expressar preferência pelos tipos de *feedback* que gostariam quando entregam um trabalho. Por exemplo, os professores podem pedir aos alunos que solicitem *feedback* e apontem questões que identifiquem as áreas em que eles têm ainda alguma dificuldade. Enquanto alguns *feedbacks* podem estar relacionados ao processo de escrita, outros podem se referir ao uso e ao entendimento dos conceitos. Então, o professor poderia focar os comentários nessas áreas. Bloxham & Campbell (2008) testaram essa abordagem com universitários de primeiro ano e descobriram alguns benefícios, embora tenham constatado a dificuldade de alguns alunos de formular perguntas conceituais de alto nível. Contudo, os professores podem resolver esse problema por meio de mais apoio inicial na formulação de perguntas e/ou começando com a dissertação colaborativa, na qual os grupos de alunos trabalham juntos para formular perguntas. Esse procedimento altera o balanço da responsabilidade do *feedback* para o aluno. Pedir *feedback* com base nas próprias preocupações dá mais força aos alunos do que só receber *feedback* com base na interpretação que o professor faz das deficiências. No entanto, esse procedimento não exige que os professores parem de empregar o *feedback* para destacar aspectos e assuntos não compreendidos pelos alunos.

Elbow & Sorcinelli fizeram uma versão estruturada da abordagem de *feedback* solicitado pelos alunos (Capítulo 14 deste livro). Eles pediram aos alunos que escrevessem uma carta de apresentação informal para entregar com uma dissertação, mas forneceram a estrutura com questões específicas: "Qual foi seu ponto principal?"; "Quais foram seus subpontos?"; "Que partes do trabalho entregue são mais fortes e mais fracas?"; "Que perguntas você tem para mim como leitor?". A carta permite que os comentários dos alunos formem o início de um diálogo, ao qual o professor dará continuidade por meio do *feedback*. Elbow & Sorcinelli constataram que o diálogo pode se prolongar quando os alunos respondem ao *feedback* do professor. Por exemplo, eles podem escrever um pequeno texto que diz o que ouviram dos comentários e como usá-los. E, mais importante ainda, quando os comentários são contingentes quanto ao que o aluno faz, há maiores chances de eles atenderem aos critérios de bons comentários discutidos anteriormente, ou seja, são compreensíveis, seletivos, específicos e até prospectivos.

Os diálogos contingentes também podem começar com o professor formulando o *feedback* na forma de perguntas sobre o trabalho do aluno, acompanhadas de discussão cara a cara, individualmente ou em pequenos grupos. Uma inovação recente é o *feedback* de áudio. O professor lê o manuscrito do aluno e anexa arquivos de áudio. Os primeiros estudos sugerem que os alunos respondem de forma mais positiva ao *feedback* de áudio, pois o encaram como algo mais próximo de um diálogo. Os professores podem provocar reações no texto conforme leem, fazer perguntas e sugerir melhorias. As variações no tom e a naturalidade da abordagem parecem passar aos alunos a sensação de que os professores estão interessados no que escreveram. Alunos e professores também podem dar continuidade aos diálogos do *feedback* de áudio. No entanto, as pesquisas iniciais mostraram que pode levar tempo até os professores se acostumarem com esse formato de *feedback*.

• DICAS DE ENSINO •

Complementar o *feedback* do professor com aquele feito pelos colegas

É natural pensar no *feedback* como se apenas os professores pudessem fazê-lo. Ainda assim, há muitos outros benefícios decorrentes do *feedback* oferecido pelos próprios colegas de sala de aula (Boud, Cohen & Sampson, 2001). Pode ser difícil para os professores endereçarem todas as áreas de fraqueza dos alunos ou fornecerem comentários em linguagem acessível. Contudo, os colegas de classe, que estão enfrentando a mesma atividade, podem conseguir fazer esse *feedback* em um discurso centrado no aluno. Além disso, alguns alunos poderão ser mais receptivos ao *feedback* do professor se os comentários que receberem dos colegas estiverem de acordo com os do mestre.

Embora a consistência seja importante na avaliação e na atribuição de notas, ela é menos importante no *feedback*. Levar diferentes leitores a responder a determinado trabalho e comentá-lo abre uma gama de perspectivas, evocando muitas oportunidades agregadas. Ver exemplos dos trabalhos de outros colegas e comentá-los também permite que os alunos se tornem mais objetivos e críticos com relação aos próprios trabalhos. Quando os alunos respondem ao trabalho de outras pessoas e recebem comentários sobre os seus, o entendimento da qualidade e de como produzi-la aumenta. Eles aprendem que a qualidade não surge de forma predefinida, mas que existe uma gama de possibilidades para desenvolvê-la.

Produção de atividade colaborativa

Há muitas maneiras de implementar o diálogo entre colegas sobre os trabalhos escritos por eles. Informalmente, o diálogo já pode ocorrer durante a execução de uma tarefa, de maneira que os alunos trabalhem juntos, de forma colaborativa, para desenvolver o trabalho. Esta foi a abordagem adotada por um professor do primeiro ano de um curso de psicologia, com 560 alunos. Ele pediu aos alunos, em grupos de seis ou sete, que colaborassem e escrevessem seis dissertações curtas on-line durante dois semestres (Nicol, 2009). Todos os debates do grupo e o envio da versão final foram registrados na WebCT (agora Blackboard), o sistema de gestão de aprendizagem da instituição. Os alunos permaneceram no mesmo grupo fechado o ano todo, com os integrantes de cada grupo trocando *feedbacks* entre si enquanto escreviam as dissertações e negociavam o envio final.

O professor forneceu orientação on-line que enfatizava o valor do *feedback* pelos colegas para o aprendizado e que instruía os alunos na boa prática do *feedback* com colegas. O professor fazia uma complementação com próprio *feedback*, em relação a cada dissertação e com *feedback* geral para toda a turma, por meio de um fórum de discussão aberta. As dissertações foram selecionadas do material enviado pelos próprios alunos e foram postadas on-line depois que todos os grupos enviaram seus trabalhos. Os alunos eram incentivados a comparar o que enviaram com as várias dissertações analisadas pelo professor. Essa abordagem se mostrou extremamente motivadora e a maioria dos alunos (64%) concordou que o diálogo com os colegas aumentava o entendimento sobre os tópicos estudados. Houve uma melhora significativa no desempenho escrito dos exames finais em comparação com os anos anteriores. Uma característica notável desse modelo foi que o professor organizava o *feedback* motivador e enriquecido para 560 alunos sem se sobrecarregar com a provisão de *feedback* individual.

Comentários em grupo sobre os trabalhos

Uma abordagem formal do *feedback* pelos colegas é organizar as aulas (ou oportunidades on-line) de forma que os alunos possam criticar os trabalhos dos colegas. Por exemplo, os alunos podem escrever uma dissertação curta de quinhentas palavras e providenciar três cópias para a aula. O professor as distribui pelos grupos com o trabalho que cada aluno fornece e este recebe três conjuntos de *feedback* dos colegas. Os alunos devem identificar duas fragilidades no texto e fazer recomendações de melhoria ou verificar se as evidências são suficientes para suportar o argumento. Em algumas situações, o professor pode fornecer os critérios de avaliação ou tópicos para comentários, enquanto, em outras, os alunos podem elaborar os critérios durante a avaliação do trabalho dos colegas. Há vantagens em utilizar ambas as abordagens.

Alguns alunos não têm confiança na capacidade ou no conhecimento de seus colegas. Então, podem se mostrar resistentes às críticas. Isso pode ser resolvido por meio de treinamento e ligando o comentário do colega com o do professor. Por exemplo, depois que os colegas fizerem os comentários estruturados, o professor pode apresentar suas considerações sobre o que os outros colegas escreveram, mas não sobre o trabalho. Há *softwares* desenvolvidos para dar suporte aos comentários dos colegas, o que também facilita a implementação desse tipo de *feedback* em turmas grandes.

Aprendendo com a colaboração e revisão dos colegas

Embora muitas pesquisas apontem que os alunos melhoram a escrita na matéria por meio da prática e do *feedback*, a maioria dos professores fica sobrecarregada com o excesso de trabalho associado ao *feedback*. Assim, uma abordagem diferente é necessária. A abordagem que defendo aqui é que os alunos aprendam a escrever com a revisão do texto. Nos comentários pelos colegas e de autoria colaborativa, os alunos analisam a escrita dos colegas, detectam problemas na compreensão e no processo de escrita e sugerem melhorias. Isso é benéfico para todos os alunos, mas principalmente para aqueles que não conseguem detectar os próprios erros ou falhas na escrita, bem como àqueles que acabam superestimando seus entendimentos e capacidades. Essa abordagem também pode proporcionar mais prática na escrita para os alunos sem aumentar de maneira significante a carga de trabalho do professor.

Outro fator importante é que o *feedback* dos colegas baseia-se naquele fornecido pelo professor. Isso favorece, no futuro, a adaptação dos comentários do professor às necessidades individuais dos alunos e permite ligá-los diretamente à produção de um resultado específico. Com efeito, o *feedback* dos colegas ajuda a garantir que os comentários satisfaçam os critérios apresentados anteriormente, que são oportunos e prospectivos, além de viáveis. E, finalmente, quando os alunos se engajam em atividades de *feedback*, eles também assumem o papel de assessor educacional. Isso ajuda a desenvolver a capacidade de avaliar o próprio trabalho.

Formas de ativar e fortalecer o *feedback* pessoal

Quando os alunos participam de atividades de aprendizagem, há sempre uma dimensão de *feedback*, mesmo quando não existem fontes externas aconselhá-los e orientá-los. Isso porque sempre há a possibilidade de um *feedback* pessoal, do aluno consigo mesmo, na forma de reflexão crítica sobre o trabalho realizado. Por exemplo, ao escreverem uma dissertação, os alunos geralmente criam uma grande quantidade de diálogos e *feedbacks* internos, pessoais, na forma de reflexões sobre o que está sendo elaborado (por exemplo, "Será que expressei isso de maneira clara?" ou "E se eu tentasse desta maneira?"). Esse diálogo interno leva às manobras de rastreamento (retrabalhos do texto) que garantem uma relação entre os objetivos do aluno e a dissertação concluída. Esses diálogos internos ou reflexivos são uma consequência natural do engajamento em qualquer ação pedagógica que tenha um propósito.

Tornar esses diálogos reflexivos mais conscientes e públicos traz muitos benefícios. Por exemplo, pedir que os alunos avaliem os próprios trabalhos, durante a elaboração ou no final, antes de entregarem ao professor, ajuda a desenvolver as habilidades de autoavaliação, que são importantes para que eles possam se tornar mais independentes. Além disso, se os resultados dessas autoavaliações se tornam públicos, os professores conseguem visualizar como os alunos veem os próprios trabalhos, o que possibilita melhor orientação do *feedback* do próprio professor.

Também é importante notar que a autoavaliação já está incorporada ao uso que o aluno faz do *feedback* do professor (Black & Wiliam, 1998). Quando os alunos recebem esse *feedback*, eles devem conseguir aplicá-lo como ponto de referência para avaliar o trabalho que fizeram; se não fizerem isso, não conseguirão fazer as melhorias necessárias. No entanto, por meio desse processo avaliativo, os alunos já se encontram engajados em outros atos de avaliação, semelhantes àqueles realizados pelos professores quando escrevem o *feedback*. Então, além de melhorar o *feedback* do professor, pode ser mais produtivo, em longo prazo, focar alguns de nossos esforços no desenvolvimento da capacidade de autoavaliação do aluno.

Aproveitando o *feedback* pessoal do aluno: tarefas mais frequentes

Para que os alunos sejam capazes de desenvolver as habilidades de autoavaliação, é importante oferecer-lhes muitas oportunidades para que reflitam sobre os próprios trabalhos. Isso é relativamente fácil de ser feito. Por exemplo, pode-se substituir um trabalho grande no final do curso por vários trabalhos pequenos e regulares no decorrer das aulas. Isso oferece aos alunos repetidas chances de se beneficiarem do *feedback* de suas atividades avaliativas. Eles descobrem quais conceitos e ideias são difíceis de ser expressos e onde está o problema de escrita. Para alguns alunos, isso é suficiente para desencadear um estudo mais aprofundado para esclarecer os mal-entendidos ou até para buscar *feedback* de outros alunos (o que também é benéfico). E tudo isso ocorre sem o *feedback* do professor.

O apoio à ideia de trabalhos regulares e bem distribuídos vem da descoberta da vigorosa pesquisa sobre "tempo para a tarefa". Isso mostra que, quanto mais tempo os alunos passam estudando dentro e fora da sala de aula, mais eles aprendem (Chickering & Gamson, 1987). Esse aprendizado não é apenas consequência da prática, mas também o resultado do *feedback* que os elaboram criam durante a prática. A principal desvantagem dos vários trabalhos é que os professores podem achar que precisam dar nota e *feedback* a todos eles. Contudo, uma pequena proporção das notas pode ser atribuída pelo esforço, pela produção do trabalho em si. E o *feedback* do professor pode ficar limitado pelo uso de uma rubrica simples e/ou dando o *feedback* geral com base em uma amostra dos trabalhos da turma toda. Como alternativa, o *feedback* pelos próprios colegas também pode ser adequado.

A reflexão dos alunos sobre os comentários do professor

Os alunos também podem refletir sobre a relevância dos comentários fornecidos pelos professores. Quando um professor faz comentários, os alunos normalmente os recebem de acordo com o trabalho que fizeram. No entanto, muitos alunos relatam que tais comentários não atendem às suas necessidades. Por exemplo, eles podem não ser relacionados às áreas nas quais eles (alunos) acreditam precisar de melhorias.

Do ponto de vista do professor, fornecer comentários individuais é uma atividade que consome tempo e que apresenta poucos benefícios, caso o aluno não a considere útil. Contudo, o professor poderia multiplicar os benefícios se juntasse todos os comentários do mesmo trabalho e usasse de maneira diferente. Uma lista padronizada seria suficiente, embora existam softwares que permitem que os comentários sejam armazenados e acessados a partir de um banco de dados. Por exemplo, pode-se pedir que os alunos selecionem nessa lista os comentários que consideraram mais relevantes ao trabalho e dizer como agiriam com relação a eles. Isso estimularia a reflexão deles, tanto em relação aos comentários quanto em relação a seu próprio trabalho. O importante é que os alunos, e não o professor, sejam os protagonistas na identificação da relevância dos comentários. Engajar-se com os comentários que os outros alunos recebem para o mesmo trabalho torna-os atentos quanto às armadilhas que podem não ter percebido, coloca os comentários individuais em um contexto mais amplo, envolve os alunos ativamente e os ajuda a desenvolver melhor compreensão sobre os requisitos do trabalho.

Os comentários podem ser compartilhados de várias maneiras. O professor pode fazer um resumo on-line, já que isso oferece maior flexibilidade de compartilhamento. Essa atividade não precisa consumir mais tempo, visto que os comentários produzidos em um ano podem ser reutilizados com os alunos novos nos anos subsequentes, caso o professor utilize a mesma avaliação. Ao levar essa ideia adiante, é possível incentivar os alunos a montar grupos de estudo nos quais poderão discutir o trabalho e os comentários. Alguns alunos provavelmente já estão fazendo isso.

Mecanismos para fortalecer a autoavaliação

Também é possível estruturar os trabalhos de forma a incentivar a autoavaliação formal. Na verdade, os professores podem integrar essas autoavaliações com qualquer curso ou trabalho. Os alunos podem ser obrigados a fazer um julgamento avaliativo quando entregam um trabalho (por exemplo, "O que você fez bem?. Dê exemplos"; "Em que você acha que o trabalho está fraco?"). Em um curso de farmácia na minha universidade, foi desenvolvida uma página-padrão para todos os trabalhos com o intuito de auxiliar na autoavaliação. Os alunos precisavam reformular a pergunta da dissertação com as próprias palavras, julgar se tinham atendido a alguns dos critérios estabelecidos, estimar a nota que esperavam tirar e fornecer uma justificativa para tal. Depois, os professores comentavam essas autoavaliações. Essa abordagem não apenas incentivou os alunos a reavaliar os próprios trabalhos, como também deu ao professor a percepção de como os alunos percebem e julgam as próprias competências.

A autoavaliação será ainda mais poderosa se os professores pedirem que os alunos julguem os próprios trabalhos, formulando critérios e padrões que possam ser aplicados. Isso geralmente acontece nos anos posteriores das aulas de projeto, mas poderia ser antecipado para os iniciantes. Por exemplo, pode-se convidar os alunos para elaborar os critérios pelos quais se avalia um trabalho não convencional (um blog, wiki etc.) e depois realizar uma autoavaliação do desenvolvimento desse trabalho. A lógica é afastar os alunos da dependência do julgamento de outros e aumentar a confiança no próprio julgamento. Isso prepara os alunos para a prática profissional e aprendizagem futura.

▣ CONCLUSÃO

Este capítulo apresentou muitas ideias e abordagens práticas para melhorar o poder do *feedback* escrito. Foram abordados os aspectos relacionados à qualidade do comentário escrito, as formas de melhorar a interação do aluno e o emprego desse tipo de *feedback*. Nesta conclusão, a essência do conselho está dividida em três orientações gerais. Os professores devem garantir que o *feedback*:

1. *Seja expresso nas ações dos alunos.* Certifique-se de que o *feedback* seja prospectivo em ação. Esta é a recomendação mais consistente das pesquisas sobre comentários escritos, tanto do ponto de vista dos alunos como dos docentes. Talvez o cenário ideal de *feedback* no ensino superior seja a supervisão de projeto, na qual os alunos participam de reuniões frequentes com o professor para discutir e refazer um trabalho em desenvolvimento. Se conseguíssemos transformar o *feedback* de turmas grandes no *feedback* de supervisão de projetos, este causaria o maior impacto possível.
2. *Seja contingente e sensível às necessidades dos alunos.* Não existe um nível correto de especificidade ou detalhes no *feedback*; tudo depende da necessidade dos alunos e do seu propósito em fazê-lo. Contingência exige que os alunos tenham

diálogos relevantes e sensíveis sobre o *feedback* não apenas com o professor, mas também com os colegas. Isso é necessário porque o nível correto de especificidade ou detalhes não pode ser previsto. Trata-se de envolver os alunos ativamente na reflexão do *feedback* e do trabalho desenvolvido de modo que precisem localizar a relação de contingência.

3. *Não seja visto pelos alunos como um julgamento.* O papel do *feedback* é auxiliar os alunos no seu aprendizado para que sejam bem-sucedidos nas suas atividades escolares, mas sem exercer através do *feedback* o poder sobre eles. Isso implica criar expectativas que desafiem os alunos e que garantam a eles terem as condições para o sucesso escolar. A maioria do que foi aqui sugerido, se implementado adequadamente, pode levar ao engajamento positivo com o *feedback*, ou seja, comentário sobre a resposta do leitor (Lunsford, 1997), *feedback* de contingente, autoavaliação que possibilita que os alunos tenham uma sensação de controle sobre seu aprendizado, e *feedback* pelos pares, que também promove um senso de comunidade.

A palavra final tem a ver com a atribuição da nota. A nota geralmente é uma preocupação, já que muitos alunos dão mais a atenção a ela do que aos comentários. Neste livro, há um capítulo sobre notas (Capítulo 10) e outro sobre motivação (Capítulo 11). No entanto, o conselho essencial aqui é assegurar que a nota não tenha impacto negativo sobre o processo de *feedback*. As abordagens simples podem funcionar: pedir aos alunos que respondam aos comentários antes da atribuição de notas ou que discutam, em sala de aula, o *feedback* antes da entrega delas. No entanto, tudo isso se resume à motivação. Se você seguir as recomendações deste capítulo, os alunos virão a apreciar o valor de *feedback* e sua ajuda para o sucesso no aprendizado.

▣ LEITURA COMPLEMENTAR

NICOL, D. J. & MACFARLANE-DICK, D. 2006. Formative assessment and self-regulated learning: a model and seven principles of good *feedback* practice, *Studies in Higher Education*, v. 31, n. 2, p. 199-218.

NICOL, D. (2009). Transforming assessment and feedback: enhancing integration and empowerment in the first year, publicado pela Quality Assurance Agency for Higher Education, disponível em: http:// www.enhancementthemes.ac.uk/documents/first-year/First_Year_Transforming_Assess.pdf. Partindo da perspectiva de que o propósito da avaliação e do *feedback* é ajudar os alunos a desenvolver a capacidade de monitorar, avaliar e regular o próprio aprendizado, essas duas publicações reinterpretam a pesquisa sobre *feedback* e dividem-na em conjuntos de princípios que podem ser utilizados para guiar a prática. Nicol & Macfarlane-Dick (2006) sugeriram sete princípios para um bom *feedback*, além de várias aplicações práticas. Esses princípios oferecem outra maneira de implementar e interpretar as ideias apresentadas no capítulo. O trabalho de Nicol (2009) apresenta um desenvolvimento mais avançado dos princípios de *feedback*, mas com foco no ensino de primeiro ano. Essa publicação inclui uma revisão da literatura, definições curtas de cada princípio, vários exemplos de implementação e diretrizes estratégicas para gerentes seniores. Você pode encontrar todo esse material e muito mais no site da Re-engineering Assessment Practices (Reap): www.reap.ac.uk. O objetivo da Reap, fundada pelo governo escocês (£lm), é mostrar como a tecnologia pode ser usada para melhorar a avaliação e as práticas de *feedback* em turmas grandes.

BLACK, P. & WILIAM, D. (1998) Assessment and classroom learning, *Assessment in Education*, v. 5, n. 1, p. 7-74. Paul Black e Dylan Wiliam forneceram a revisão mais abrangente já disponível de avaliação formativa e *feedback*. Eles analisaram o resultado de mais de 250 estudos em todos os níveis de educação. Trata-se do ponto de partida para os interessados nesse tópico.

BRYAN, C & CLEGG, K. (2006). *Innovative assessment in higher education*. Londres: Routledge. Esse livro apresenta um panorama atualizado do pensamento e da pesquisa sobre avaliação formativa. Baseia-se na ideia de que a avaliação existe *para* o aprendizado e os alunos devem ser parceiros ativos nessa avaliação. A primeira parte do livro fornece estrutura para refletir sobre avaliação e *feedback*, enquanto a segunda dá exemplos de práticas inovadoras.

Grant Wiggins (1991) *Educative assessment*. É o melhor exemplo da prática norte-americana na área. Embora o livro tenha uma perspectiva voltada para escolas, o título destaca a ideia de avaliação *para* o aprendizado, e não *do* aprendizado. O foco está na concepção de avaliações para informar e melhorar o desempenho do aluno.

Capítulo 10

Orientações para atribuição de notas

Nos noticiários, as avaliações estão sempre em destaque. Avaliação da inflação, avaliação de contratos, o ato de avaliar e julgar está presente em todas as áreas da vida moderna, estimulando debates fervorosos e gritos de desespero. Minhas ideias sobre as avaliações ficaram um pouco mais claras quando conversei com meus assistentes sobre as políticas de atribuição de notas. Isso pode explicar por que não sou extremamente emotivo sobre esse assunto.

Primeiro, vamos concordar que as notas são, essencialmente, um meio de comunicação. Então, a questão é: "O que o professor quer comunicar e a quem?". Quando se coloca a atribuição de notas nesse contexto, quatro aspectos se tornam aparentes:

1. A avaliação é muito mais do que atribuir nota. Conforme vimos nos capítulos anteriores, a maior parte da avaliação deve vir na forma de comentários nos trabalhos, respostas às afirmações dos alunos, diálogos e outros meios de ajudá-los a entender onde estão e como melhorar. O professor que dá a nota de um curso está se comunicando com vários grupos – com cada aluno, professores com turmas mais avançadas, comissões de graduação, futuros empregadores etc.
2. O que um professor comunica pela nota depende do significado da nota para o leitor – o efeito que ela tem sobre a pessoa.
3. Os professores não podem mudar o significado das notas de forma unilateral. As interpretações dos alunos serão feitas de acordo com suas experiências anteriores, e eles podem ficar incomodados ou sentir que estão sendo enganados quando o professor utiliza a nota de novas maneiras. Isso explica a forte

reação emocional à tão famosa inflação de notas e às práticas que se desviam dos significados tradicionais.
4. O significado dos conceitos A, B e C, típicos das escolas norte-americanas, mudou nos últimos cinquenta anos. Em meados da década de 1900, a nota média era C. Hoje, B é mais comum. Isso não é problema desde que as pessoas que estão atribuindo e interpretando as notas entendam o significado atual, o que é um assunto aberto para debates.

Para que as notas são utilizadas? Sugiro que a pessoa que lê uma nota simplesmente quer informações relacionadas a alguma decisão que envolva um julgamento sobre o desempenho *futuro* do aluno. Há resistência no domínio dos sistemas de atribuição de notas, aprovação, reprovação e outros sistemas alternativos porque eles podem não ser transmissores eficientes de informações úteis para aprimorar o desempenho futuro do aluno avaliado. O quadro apresentado a seguir descreve como três grupos – alunos, professores e empregadores – usam as notas.

As notas fornecem informações úteis para a tomada de decisão?

Um dos argumentos contra o sistema convencional de notas é que elas não fornecem informações úteis para as principais finalidades para as quais são utilizadas. Os professores presumem que as notas têm algum valor motivacional e informativo para os alunos. Contudo, os críticos discutem que a ameaça de notas baixas geralmente funciona como apoio utilizado por professores ruins. Além disso, a grande ênfase nas notas pode reduzir a motivação de aprendizagem futura e pode até resultar em desempenho mais fraco por parte dos alunos que são mais motivados pela nota. Na verdade, aqueles que mais têm êxito profissionalmente, depois de concluída a faculdade, tendiam a ter na escola uma motivação apenas moderada com relação às notas e muita motivação intrínseca sobre o conteúdo estudado (Lin et al., 2003).

E quanto às informações para os empregadores? Provavelmente, a maioria dos psicólogos de recursos humanos concordaria que a melhor referência de sucesso de um profissional seja dada pelos seus bons desempenhos em empregos anteriores. Para um jovem que está entrando no mercado de trabalho, entretanto, a única experiência anterior foi um estágio, que, pela lei brasileira, se limita a seis horas diárias. A decisão do empregador precisa, então, depender de outras informações como entrevistas, cartas de recomendação, dados biográficos, antecedentes familiares e resultados dos testes. As fontes são parcialmente

■ ORIENTAÇÕES PARA ATRIBUIÇÃO DE NOTAS ■

O que alunos, professores e empregadores querem com as notas?

Alunos

Os alunos querem poder usar as notas para auxiliá-los na tomada de decisões da seguinte maneira:

1. Será que vou me dar bem se fizer cursos extras nesta área?
2. Devo me especializar nesta área? É uma carreira potencial na qual tenho chances de ser bem-sucedido?
3. Tenho as habilidades necessárias para trabalhar de forma independente nesta área – aprendendo mais, resolvendo problemas e capacidade de avaliar meu próprio trabalho?

Professores

Os professores que orientam alunos ou responsáveis pelas admissões esperam que as notas lhes digam:

1. Este aluno tem a motivação, habilidade, conhecimento e capacidade necessários para ser bem-sucedido em cursos avançados (na medida em que os tipos de problemas administrados no início do curso são relevantes para a demanda de cursos ou programas avançados)?
2. Que tipo de pessoa é esta? O que o padrão de notas nos diz sobre a capacidade e os hábitos de trabalho deste aluno?

Empregadores

Os futuros empregadores querem usar as notas para auxiliar nas decisões relacionadas ao desempenho do aluno no trabalho.

1. Quão bem o aluno conseguirá resolver problemas no local de trabalho relacionados à sua área?
2. O padrão geral de notas indica que este indivíduo é o tipo de pessoa que vai se dar bem na organização?

Com base nessa análise, parece evidente que as notas não são utilizadas apenas como registro histórico do que aconteceu, mas também como informação sobre o que o aluno consegue fazer em situações fora da sala de aula para as quais recebeu nota.

adequadas. Na medida em que o novo emprego exige gastos com formação, parece bem provável que as notas – representando o resultado das habilidades aplicadas no estudo, na aprendizagem e na resolução de problemas – venham a acrescentar algumas informações úteis, embora incompletas. As notas também podem ser usadas como medidas substitutas de uma forte ética trabalhista, persistência e flexibilidade ao se adaptar a uma grande variedade de situações (contudo, não estou dizendo que seja uma interpretação precisa das notas).[1]

Como as notas muitas vezes são utilizadas em associação com outras variáveis, ninguém deve esperar que elas sempre se correlacionem com o sucesso dos alunos selecionados. É um truísmo matemático simples que, quando utilizamos vários critérios de seleção – cada um deles com uma validade –, devemos esperar correlações positivas baixas, zero ou até negativas entre uma variável e o critério definitivo de desempenho. Esse resultado ocorre devido ao balanço entre os critérios. Selecionamos algumas pessoas com valores baixos em alguns atributos importantes porque têm notas altas e selecionamos outras que, apesar das notas baixas, porque têm valores altos em outros atributos. A crítica comum de que as notas não predizem o desempenho futuro é extremamente inválida, pois muitos dos estudos mencionados foram realizados em situações nas quais as notas e outros indicadores já tinham sido utilizados na seleção.

Podemos confiar nas notas?

O valor informativo das notas que atribuímos é altamente influenciado pelos métodos utilizados para avaliar o aprendizado. No Capítulo 7, descrevi várias maneiras de verificar o aprendizado do aluno, desde testes típicos de sala de aula até trabalhos fora da sala de aula e avaliações autênticas. Para que as notas sejam realmente úteis, elas precisam ter base naquilo que a área de mediação entende como métodos válidos e confiáveis.

As avaliações *válidas* medem o que dizem que medem. Por exemplo, a melhor maneira de medir a habilidade do aluno de estruturar um argumento persuasivo é estimulá-lo a criar os próprios argumentos sobre o tópico e transmiti-los por escrito ou oralmente. Responder às questões de múltipla escolha sobre as partes de um argumento não mede a mesma coisa. Mesmo o ato de criticar o argumento

---

[1] No Brasil, entretanto, é muito raro o empregador verificar as notas obtidas pelos profissionais quando eram alunos da faculdade. O que tem ocorrido com mais frequência no Brasil é de algumas empresas aceitarem candidatos oriundos de faculdade que tiveram boas avaliações no Exame Nacional de Desempenho Estudantil (Enade), promovido pelo Ministério da Educação. (NRT)

de alguém mede uma habilidade diferente. Quando classificamos a habilidade de argumentação com atividades desenvolvidas com argumentos reais, obtemos a medida mais válida e provavelmente também a mais preditiva de sucesso futuro. Quanto mais nos afastamos da situação, menos válidas as medidas se tornam.

Um dos aspectos que devemos procurar para determinar a validade das medidas que geram as notas é o que foi incluído no cálculo da nota. Muitos professores dão ou tiram pontos pelas ações dos alunos que têm pouco ou nada a ver com as medidas do aprendizado. Por exemplo, eles fazem deduções para trabalhos atrasados ou fora das orientações. Embora estes sejam possíveis substitutos para qualidades como responsabilidade pessoal, maturidade ou comportamento profissional, não são medidas válidas para verificar o que o aluno aprendeu. Incluí-los na atribuição de nota de um trabalho diminui a validade geral da nota. Eu tenderia a estabelecer uma categoria de nota totalmente separada, chamada "responsabilidade demonstrada" ou "diligência", que seria empregada para medir itens como atraso ou desatenção nas políticas da classe. Isso seria separado da qualidade do trabalho, mas ainda faria parte da avaliação geral do aluno. Suspeito que, em muitos casos, esse tipo de medida pudesse melhor predizer o sucesso futuro do aluno.

TABELA 10.1 Classificação do contrato *versus* competência.

	A favor	Contra
Contrato	Compromisso para contratar alunos motivados. Pode ser individualizado.	Pode recompensar a quantidade e não a qualidade.
Competência	Liga as notas aos objetivos do curso. Incentiva aluno e professor a pensar sobre os objetivos.	Pode ser difícil de operacionalizar.
Ambos	Reduzem a ansiedade dos alunos quanto a competição e notas. Estimulam a cooperação.	

Outra qualidade importante de uma avaliação é sua confiabilidade. Uma avaliação *confiável* gera resultados mais consistentes tanto no decorrer do tempo quanto por meio de vários professores. Por exemplo, as provas de múltipla escolha são confiáveis porque nenhum julgamento subjetivo influencia a nota: as repostas estão certas ou erradas. Os trabalhos e as provas dissertativas são menos confiáveis, a menos que você empregue o sistema de tópicos para atribuir as notas. Se tiver uma medida confiável, a nota de todos indicará um desempenho bem específico, e todas as pessoas com o mesmo desempenho receberão a mesma nota.

O que tudo isso significa para você que atribui as notas? Significa que, para se comunicar precisamente com todos os clientes dessas notas, você precisa ter certeza de que a base para suas notas é válida e confiável. Se conseguir fazer isso, eles poderão acreditar em você quando fornecer evidências sobre o desempenho deles.

É claro que, na realidade, não há políticas de notas tentando nos deixar conformados com os mesmos padrões exatos. Como profissionais, temos de nos policiar. Cabe a nós manter nossos padrões, não deixar que as notas fiquem inflacionadas, mas sim dar notas honestas que realmente comuniquem o que o aluno quer alcançar.

Atribuição de notas: em "curva" ou fora do padrão?

Uma das controvérsias persistentes no ensino universitário é se devemos atribuir notas "na curva" (que ocorrem em relação à média da classe) com base em um padrão normativo ou atribuir notas sem um padrão absoluto (critério pessoal do professor). As duas posições provavelmente não estão tão distantes quanto os argumentos indicam. Até os professores que dão notas com base no padrão normativo da escola são influenciados pelo fato de se tratar de uma turma boa ou ruim ao determinar o ponto de corte entre as notas. De maneira semelhante, os professores que não dão notas conforme o padrão normativo determinam seus padrões alinhados de acordo com as experiências anteriores que consideram realização razoável durante o curso. Pessoalmente, acredito que a atribuição de notas em um único padrão normativo é disfuncional. Se possível, as notas devem se basear mais nos padrões absolutos do que em uma posição relativa em determinada turma.

O uso de um padrão absoluto se torna mais fácil se você formulou seus objetivos principais e secundários e testou sua realização. Travers (1950b) propôs um conjunto de padrões absolutos:

- A: Todos os objetivos (principais e secundários) atingidos.
- B: Todos os objetivos principais atingidos; alguns dos secundários não.

- C: Todos os objetivos principais atingidos; muitos dos secundários não.
- D: Poucos objetivos principais atingidos, mas o aluno não está preparado para progredir com o trabalho.
- E ou F: Nenhum dos objetivos principais atingidos.

De maneira ideal, deveria conseguir fazer uma lista dos meus objetivos para o curso e, no final deste, avaliar cada um deles de modo que pudesse utilizar tal sistema com base em critérios. Na verdade, porém, minhas provas, trabalhos, publicações, pesquisas e outros elementos da avaliação do aprendizado raramente são medidas puras de um único objetivo. Por exemplo, minhas provas avaliam o conhecimento e a compreensão dos principais conceitos e fatos, além da habilidade de aplicá-los e pensar com eles. Seria impossível separar todos os componentes. Consequentemente, atribuo notas para todas as provas, trabalhos e outras avaliações, e dou as notas com base no total da porcentagem de pontos que o aluno obteve no decorrer do semestre. Pelo menos essa estratégia evita os efeitos nocivos da classificação do desempenho do aluno relacionados uns aos outros e, provavelmente, aproxima os resultados descritos por Travers.

Há uma questão muito maior e mais filosófica por trás do debate sobre as notas com base em critérios do professor *versus* notas com base em normas. O que as notas significam? O propósito da nota é identificar os "melhores" alunos em um grupo (com base em normas) ou identificar o que cada aluno alcançou (com base em critérios)? Ambas as posições são legítimas e podem ser (e são) defendidas. Não existem respostas prontas para a escolha. Por exemplo, muitas vezes precisamos alocar recursos ou prêmios limitados somente para o melhor grupo. Nesses casos, faz sentido usar comparações intragrupos. Mas e se todos do grupo trabalham pessimamente ou trabalham muito bem? Deve-se escolher "o melhor dos piores" ou abandonar as pessoas boas que, em outro grupo, seriam as melhores? E se as habilidades necessárias para a próxima aula ou trabalho fossem tão críticas que a não obtenção de um nível absoluto de competência pudesse provocar consequências terríveis? Deve-se aprovar apenas os que satisfazem os padrões? (Pense em tomar uma injeção com um enfermeiro ou médico que tenha sido o melhor aluno em uma turma de tolos... Prefiro que todos os funcionários da saúde satisfaçam um padrão definido.)

Não tenho uma resposta apropriada para esse dilema. A escolha baseia-se em fatores, tais como:

1. Qual é a validade do instrumento no qual a nota se baseia? É confiável? Pode não ser apropriado usar critérios como referência se as medidas não forem precisas ou justas.

2. O grupo em avaliação é seleto? Se o grupo for bem homogêneo, basear-se em normas será inadequado porque não haverá uma distribuição de habilidades por todo o grupo.
3. O conteúdo em avaliação é crítico? Se for crítico, sou a favor dos critérios como base.
4. O trabalho futuro depende deste conteúdo? Se sim, então pelo menos os critérios se certificam de que todos os aprovados têm os pré-requisitos daquele futuro trabalho.

Há muitos outros fatores envolvidos nesse processo, mas o ponto mais importante é considerá-los em vez de fazer escolhas sem nenhum critério.

Mecanismos para reduzir a ansiedade dos alunos em relação às notas

Como as notas de muitos alunos representam um dragão misterioso e assustador, a ansiedade poderá ser reduzida se os alunos participarem do planejamento dos métodos de atribuição de notas. Geralmente, eles conseguem reconhecer a necessidade do docente de agir de acordo com as políticas da faculdade na distribuição de notas, e o dragão parece menos ameaçador caso tenha ajudado a determinar o sistema pelo qual é devorado (ou recompensado).

Alguns professores chegam a ponto de permitir aos alunos determinar as próprias notas ou levar os grupos a atribuir nota uns aos outros. Gosto da ideia dos alunos desenvolver capacidade de autoavaliação, mas reconheço que muitos deles resistem a esse procedimento, tanto por modéstia como pelo medo de se subestimarem. Caso deseje utilizar esse procedimento, sugiro que tenha uma discussão aprofundada sobre o plano com os alunos e um conjunto de critérios bem-definidos e acordados entre as partes para que todos os alunos o utilizem.

É preciso esclarecer seus critérios, independentemente da participação dos alunos. Exemplos de trabalhos anteriores já com as notas podem auxiliar. Pedir aos alunos que entreguem as próprias estimativas de notas pode ajudar a motivá-los e desenvolver a capacidade de autoavaliação.

Em geral, a motivação não recebe ajuda apenas das notas altas nem dos padrões rigorosos. Os alunos são mais motivados quando sentem que podem alcançar o sucesso com esforços razoáveis (Harter, 1978).

Ao manter os alunos informados durante o curso sobre onde estão, o professor os ajuda a controlar grande parte da ansiedade que sentem quando o sistema de atribuição de notas é indefinido e não estruturado. Às vezes, pode parecer mais fácil lutar contra alunos conscientes de suas notas sendo bem indefinido sobre elas, mas o moral deles é melhor quando conhecem a situação que precisam administrar.

Qualquer que seja sua estratégia de nota, ser mais generoso ao dar notas em provas e trabalhos do que na atribuição da nota final garante visitas de alunos ofendidos. Uma das maneiras de resolver esse problema é oferecer oportunidades para que os alunos escolham questões em um exame ou entreguem trabalho extra para obter nota maior. Há muito a ser dito em favor da adoção de procedimentos que aliviam a dor em casos de reprovação, permitindo um retrabalho ou eliminando a nota menor. Será um ato de equilíbrio constante entre a medição da consistência e a preocupação com a saúde psicológica do aluno. Qualquer procedimento escolhido pode ter justificativas educacionais, mas o professor precisa conseguir convencer os administradores ou colegas de que o padrão de notas elaborado é adequado para a realização dos alunos.

O que fazer com o aluno que quer revisão de nota?

Se mantiver os alunos informados sobre as notas deles em provas, trabalhos e outras avaliações durante o semestre, certamente evitará a maioria das reclamações. Mas ainda pode haver algumas. Minha estratégia básica é a mesma utilizada na devolução de provas e trabalhos (ver Capítulo 8): primeiro ouça e depois repasse os critérios utilizados. Tente entender o raciocínio do aluno. Esta pode ser uma experiência de aprendizagem para ambos.

Se os alunos estiverem preocupados com as notas em relação à sua admissão em alguma escola especializada ou porque estão em período de experiência, ofereço-me para escrever uma carta para o orientador ou outra autoridade descrevendo o trabalho realizado em detalhes e mostrando quaisquer circunstâncias atenuantes que possam ter influenciado a nota. Isso pode servir para amenizar a recusa em mudar a nota.

Além disso, é claro, é possível tentar explicar aos alunos os fundamentos das notas. Geralmente, isso não parece fazer bem algum. Tanto o aluno quanto os docentes acabam confundindo dois critérios possíveis nos quais as notas podem se basear. Um é a quantidade relativa de *progresso ou desenvolvimento* que o aluno apresentou para a finalidade de atingir os objetivos do curso, e o outro refere-se à *realização dos objetivos do curso* no final do semestre. No primeiro critério, avaliação do aluno é relativamente a ele mesmo, no passado, ao progresso de aprendizado que experimentou em determinado período. No segundo critério, a avaliação apura apenas sua taxa de sucesso quanto aos objetivos do curso. Na maioria das turmas, pesquisas demonstraram uma correlação relativamente baixa entre esses dois critérios. Se o professor for dar nota com base exclusivamente no progresso, os alunos que vão para o curso com menos conhecimento prévio ainda poderão ser os piores da turma no final do curso e ter um A pelo progresso alcançado. A maioria dos empregadores e professores interpreta as notas em termos de realização de objetivos. Assim, os professores que dão notas com base unicamente no progresso do aluno podem mandar os alunos para cursos avançados ou empregos para os quais faltam as habilidades e os conhecimentos necessários a eles.

Contudo, a avaliação do progresso do aluno é relevante para a previsão do desempenho futuro. Um aluno que progrediu bastante apesar do péssimo conhecimento prévio pode se dar tão bem em curso ou emprego avançado quanto alguém com desempenho um pouco melhor no final do curso que progrediu muito pouco. Minha escolha é atribuir notas primeiro com base na realização dos objetivos do curso (desempenho geral), mas, quando o total de pontos ou desempenho geral fica próximo ao limite entre as notas, dou a nota maior se houve bastante progresso.

Não importa como se atribui a nota, pois alguns alunos sempre estarão infelizes. É importante ser simpático, mas cuidado! Se o professor começar a mudar as notas, os tambores da selva do campus rapidamente espalharão a notícia. Certifique-se de compreender os regulamentos da sua instituição com relação às mudanças na nota. Verifique também os procedimentos que os alunos podem seguir para apelar para notas caprichosas.

Não termine de ler este capítulo com a própria ansiedade despertada pelos perigos de classificação. Um bom professor deve ser humilde quando percebe o poder que tem sobre a felicidade dos alunos, na simples impressão de uma nota A, B, C ou D. No entanto, uma das verdadeiras satisfações do ensino é dar uma nota boa para um aluno mediano, que veio à vida durante o curso, se tornando um ótimo aluno.

Notas *versus* aprendizado: algumas pesquisas relacionadas

Há muitas coisas escritas sobre a orientação para objetivos e o efeito no aprendizado. Carol Dweck (1986), entre outros, constatou que muitos alunos estão muito mais preocupados em passar uma imagem de competentes, o que pode significar que o aprendizado em si fica em segundo plano. Este é o fenômeno de orientação para o objetivo. Alguns alunos têm objetivos de controle (eles realmente querem aprender e são o que chamamos de "não conscientes pelas notas"). Outros trabalham principalmente em razão da nota (na literatura, chamados de "voltados para o desempenho"). O professor encontra uma explicação mais completa sobre essa teoria no Capítulo 11 sobre motivação, mas a relevância da teoria para as notas é abordada a seguir.

Embora originalmente essas orientações tenham sido consideradas relacionadas a algumas características de personalidade, a literatura mais recente relaciona tais orientações às condições de aprendizagem, nas quais as recompensas e punições estão no caminho do sucesso. Os pesquisadores até afirmam que uma única pessoa pode ter os dois tipos de objetivos na mesma situação, mas para aspectos diferentes da tarefa. Todos nós já tivemos alunos cujo único interesse parecia estar nas notas. As pesquisas sobre o assunto mostraram que tais alunos geralmente têm mente bem literal, não estão dispostos a experimentar coisas novas e provavelmente optam pelo que é conhecido, pois sabem que podem ser bem-sucedidos. Às vezes, o professor encontra um aluno que quer aprender a qualquer custo. A literatura científica mostra que esse tipo de aluno está disposto a cometer erros e a interpretá-los como um meio de aprender mais. Obviamente, todos nós gostaríamos de ter alunos desse tipo. O lado bom é que podemos influenciar qual tipo de objetivo será trabalhado nas aulas: aprendizado ou notas. Ames (1992), Maehr & Midgley (1991), pesquisadores na área de motivação, elaboraram algumas diretrizes sobre como transformar os alunos em aprendizes voltados para o aprendizado. Esses autores apresentam as seguintes recomendações:[2]

1. Concentre-se nas atividades significativas, as quais os alunos podem ver que são relacionadas com o futuro deles. Isso os ajuda a focar as habilidades e não apenas uma nota.
2. Torne o aprendizado interessante, varie e inove. O objetivo é distrair os alunos para não focarem as notas, tornando a aprendizagem valiosa.
3. Torne a aprendizagem desafiadora, mas factível. O desafio é uma grande fonte de motivação para os alunos, mas somente se houver esperança de sucesso.
4. Ofereça aos alunos algumas opções sobre o que vão fazer. Quando podem escolher, eles ficam mais propensos a trabalhar em algo que de fato lhes interessa.
5. Concentre-se na melhora individual e não na comparação com outros. Essa provavelmente é a coisa mais importante, mas também a mais difícil de controlar. Os alunos têm uma longa história de comparar-se aos outros no quesito notas.
6. Faça avaliações privadas e não públicas. Isso se refere também ao item 5. As avaliações privadas dificultam a comparação entre os alunos.

---

[2] Essas recomendações foram adaptadas do trabalho de Pintrich & Schunk (2002, p. 238-239), que combinou as descobertas de todos esses pesquisadores em um conjunto coerente.

7. Reconheça o esforço e o progresso. Tente mudar a mentalidade dos alunos, fazendo-os abandonar a falsa ideia de que obter a resposta certa é o único objetivo.
8. Ajude os alunos a perceber os erros como oportunidades de aprendizagem. A melhor maneira de fazer isso é o modo como o professor reage quando determinado aluno comete um erro. Ele critica ou tenta ajudar os alunos a trabalhar em seus processos de raciocínio? Esses dois comportamentos resultam em reações bem diferentes por parte dos alunos.
9. Incentive a aprendizagem colaborativa. Os alunos que trabalham juntos voltados para um objetivo comum têm menor probabilidade de se compararem.

A pesquisa sobre a orientação para objetivos dos alunos indica que, se o professor conseguir estruturar sua turma nessa linha, os alunos se sentirão mais confortáveis ao deixarem as notas de lado e focarem o aprendizado, pois podem confiar no docente para ajudá-los a realizar o máximo de objetivos possíveis. Talvez isso ajude a tirar o peso das notas e, consequentemente, a diminuir sua importância geral.

CONCLUSÃO

1. As notas não são apenas comunicação entre professor e aluno, mas também uma ferramenta para a tomada de decisões para professores e empregadores no mercado de trabalho (sobretudo nos Estados Unidos).
2. As avaliações úteis são válidas e confiáveis.
3. Envolver os alunos no planejamento dos métodos de avaliação pode reduzir a ansiedade relacionada à nota.
4. Atribuir notas "na curva" pode causar efeitos prejudiciais. É importante ser cuidadoso.
5. Tente orientar os alunos para o aprendizado em vez de para as notas.

LEITURA COMPLEMENTAR

Há uma descrição do significado das notas para docentes, pais, diretores e alunos em *Making sense of college grades*, O. Milton, H. R. Pollio e J. Eison (São Francisco: Jossey-Bass, 1986).

Um esboço do problema da atribuição de notas está no trabalho de Line Fisch: "Students on the line" in *The chalk dust collection*: thoughts and reflections on teaching in colleges and universities (Stillwater, OK: New Forums Press, 1996), p. 132-134.

ORIENTAÇÕES PARA ATRIBUIÇÃO DE NOTAS

Barbara Davis descreve vários sistemas de determinação de notas e dá conselhos sensatos no capítulo "Grading practices", in *Tools for teaching*, 2. ed. (São Francisco: Jossey-Bass, 2008).

Outra fonte boa é o trabalho de B. E. Walvoord e V. J. Anderson, *Effective grading*: a tool for learning and assessment (São Francisco: Jossey-Bass, 1998).

Leia mais sobre a orientação para objetivos e sua relação com a atribuição de notas em *Motivation in education*: theory, research and applications, P. R. Pintrich e D. H. Schunk, 2. ed. (Upper Saddle River, NJ: Merrill/Prentice Hall, 2002).

Com as mudanças nos métodos de ensino, surge a necessidade de alterar o método de atribuição de notas. Rebecca S. Anderson e Bruce W. Speck: "Changing the way we grade student performance: classroom assessment and the new learning paradigm", *New Directions for Teaching and Learning*, n. 74, jul. 1998, oferece boas sugestões sobre novas maneiras de dar notas para os alunos.

Grading students, Lawrence H. Cross (ERIC Digest, 10/1995). ERIC Digests eram ótimos resumos de pesquisa e prática feitos pela ERIC Clearinghouses sobre vários assuntos. O trabalho foi interrompido, mas alguns dos materiais ainda estão disponíveis. O site que oferece acesso ao material é www.ericdigests.org.

PARTE 3

Como entender os alunos

Capítulo 11

Motivação na sala de aula universitária[1]

Poucos assuntos preocupam os professores tanto quanto a motivação de seus alunos. Preocupamo-nos com aqueles que parecem descomprometidos ou que frequentam as aulas esporadicamente e, em geral, rebaixamos aqueles que parecem se preocupar apenas com as notas. Ficamos realizados com os alunos que compartilham nossa paixão pela matéria, que estão dispostos a fazer perguntas inteligentes, que veem as notas como *feedback* informativo e que não só se preparam para as aulas, mas também nos procuram para aprender mais. Ficamos maravilhados quando comparamos notas com algum colega e descobrimos que esses perfis motivacionais contrastantes às vezes descrevem o mesmo aluno em cursos diferentes, sugerindo que a motivação não é uma característica permanente do indivíduo.

Todos nós queremos que os alunos motivados aprendam. Estes optam por frequentar as aulas regularmente, participam de maneira construtiva, persistem quando o aprendizado é difícil, preparam-se com afinco para as aulas e estudam de forma eficaz, pedem ajuda quando necessário e traduzem tudo isso em sucesso acadêmico. Saber mais sobre como os alunos ficam motivados e o que é possível fazer para estruturar uma aula que desperte isso pode fazer uma diferença enorme no engajamento e aprendizado. Uma sala de aula com alunos motivados também afeta *nossa* motivação docente e pode fazer do ensino uma experiência mais satisfatória para o professor.

---

[1] Este capítulo foi escrito por Barbara Hofer, Middlebury College.

• DICAS DE ENSINO •

Teorias motivacionais: panorama

Em geral, os pesquisadores consideram três índices de motivação: escolha, esforço e persistência. A conquista é resultado dessas variáveis. Assim, os alunos motivados a aprender escolhem tarefas que melhoram o aprendizado, trabalham arduamente nelas e persistem, apesar das dificuldades, até atingirem os objetivos. Então, não deve ser surpresa alguma que é importante considerar a motivação se o intuito é melhorar a aprendizagem do aluno. A questão da motivação variada é interessante e vários referenciais teóricos ajudam a elaborar as respostas.

Alguns alunos podem ser motivados por uma extrema *necessidade de conquista* (McClelland et al., 1953). A necessidade de conquista pode ser classificada como característica ou disposição individual e ser resultado dos ambientes iniciais, nos quais os pais determinavam padrões altos e valorizavam as realizações. Em geral, os alunos são diferentes entre si quanto ao grau pelo qual a conquista é significativa para eles, mas essa diferença explica apenas um aspecto da motivação, que também é considerada contextual e maleável. Determinado aluno pode apresentar um esforço enorme para vencer no campo de futebol e não na sua aula ou demonstrar interesse por algumas partes do seu curso e não por outras. E todos nós sabemos que os alunos que não parecem motivados no início do curso acabam se engajando completamente. Mais importante: o ambiente de sala de aula e as práticas instrucionais podem substituir determinados tipos de motivação, assim como o clima geral da instituição de ensino.

Autonomia e autodeterminação

Muitos psicólogos postulam que o ser humano tem uma necessidade fundamental de autonomia e autodeterminação (Deci & Ryan, 2000). Em geral, as pessoas querem controlar os próprios comportamentos e valorizam a sensação de controle sobre o ambiente. É possível enfatizar a sensação de controle dos alunos oferecendo oportunidades significantes de escolha e apoiando a autonomia que, em troca, aumenta a motivação. Muitas vezes, essas oportunidades de escolha podem ser relativamente simples, como a escolha do tópico do trabalho, as perguntas da prova, os prazos de entrega ou leituras, embora percorram um longo caminho até reconhecerem a perspectiva do aluno. Por exemplo, no meu programa de estudos, normalmente listo as datas de entrega dos trabalhos e digo aos alunos que podem escolher, entre essas datas, as que são melhores. Os trabalhos reais são semelhantes nesses pontos, mas recorrem ao material daquela parte do curso, e seleciono quatro ou cinco assuntos para os alunos escolherem. No entanto, muitas opções de escolha não ajudam, como Barry Schwartz (2004) mostrou em *The paradox of choice*. Então, os alunos não se beneficiam muito de trabalhos abertos e de tema livre. Parece mais eficaz fornecer parâmetros e orientações, além de alguma opção nessa estrutura.

Motivações intrínseca e extrínseca

A maioria dos pesquisadores educacionais reconhece que o que importa não é apenas a motivação dos alunos, mas também o tipo de motivação que o aluno tem. Professores universitários geralmente reclamam da preocupação que os alunos têm com as notas, tipificada pela eterna pergunta em sala de aula: "Isso cai na prova?". Alunos *extrinsecamente* motivados provavelmente se engajam no curso por motivos de recompensas externas, como notas, reconhecimento ou aprovação de outros (principalmente pais e professores). As pessoas *intrinsecamente* motivadas engajam-se em uma atividade pelo valor da atividade em si, e não por causa de uma recompensa externa. Esses alunos aprendem pelo simples prazer de aprender e têm percepção de autodeterminação quanto a seu trajeto educativo. Foi provado que a motivação intrínseca promove a compreensão conceitual, criatividade, envolvimento e preferência por desafios. Pesquisas sobre a aprendizagem universitária indicam que os alunos com orientação intrínseca têm maiores probabilidades de usar as estratégias cognitivas, como elaboração e organização, resultando em um processamento mais profundo do assunto (Pintrich & Garcia, 1991).

Embora a imagem de uma sala de aula com alunos intrinsecamente motivados pareça ideal, eles também são guiados pelo desejo de notas, aprovações, elogios e outras recompensas. As motivações intrínseca e extrínseca existem não como uma coisa só, mas como duas distintas, e os alunos podem ter várias metas para o mesmo curso. Por exemplo, um aluno que está matriculado em um curso obrigatório pode ficar extremamente interessado no material, mas também pode acabar vendo isso como um passo no desenvolvimento profissional e pode vir a sonhar com uma nota A para que então tenha chances de ser admitido em um curso profissional ou de pós-graduação. Mesmo os alunos que, inicialmente, parecem motivados apenas extrinsecamente talvez estejam vendo a disciplina meramente como requisito para a graduação e poderão se tornar intrinsecamente motivados se o professor despertar a curiosidade e fornecer níveis adequados de desafios e opções que enfatizem o controle (Lepper & Hodell, 1989). Os docentes também são excelentes modelos de motivação intrínseca. Falar do próprio entusiasmo e da paixão pela área pode ser contagioso.

Apesar de os estudos apontarem que as recompensas externas podem reduzir a motivação intrínseca por meio da diminuição da autodeterminação (Ryan & Deci, 2000), as pesquisas recentes apoiam o uso criterioso de recompensas externas como forma de complementar as outras abordagens motivacionais. As recompensas extrínsecas podem ser especialmente úteis quando falta motivação intrínseca – e é sensato presumir que os alunos nem sempre se sentirão intrinsecamente motivados a aprender tudo o que se espera deles durante os anos de faculdade. Os alunos também podem ver que as recompensas extrínsecas são produtivas durante os estágios iniciais da aprendizagem de uma nova matéria, antes de sentirem que podem começar a dominá-la, e quando a natureza das tarefas (como memorizar vocabulário em uma língua estrangeira ou aprender muitos termos novos de ciências) não for intrinsecamente interessante. Também existem evidências de um estudo sobre motivação intrínseca com estudantes universitários, no qual a busca pelas notas pode não ser totalmente ruim (Covington, 1999), no sentido de que o alcance dos objetivos pode aumentar o interesse, pelo menos entre os alunos cujos objetivos não são guiados pelo desejo de evitar a reprovação.

As recompensas extrínsecas são mais benéficas quando *contêm feedback informativo* e permitem que os alunos foquem a melhoria. Assim, as notas em si são menos úteis do que as notas acompanhadas por um *feedback* que mostra informações específicas sobre as mudanças. Também é possível adiar a concessão de notas e fornecer comentários apenas com o intuito de melhorar. No curso obrigatório de Métodos de Pesquisa, dou *feedback* sem atribuir notas no primeiro rascunho dos objetivos da pesquisa, informando como os alunos podem melhorar o trabalho na próxima versão.

Dedicar tempo para fazer *feedback* construtivo nos trabalhos dos alunos e devolvê-los como oportunidade para ensino futuro pode facilitar o engajamento e a motivação do aluno. Os alunos gostam de saber que o aprendizado deles é importante e que o professor pode ajudar a direcioná-los para o sucesso. Em geral, faço uma contagem das questões erradas de uma prova e uso alguns minutos da aula para revisar as mais erradas e esclarecer os equívocos. Se mais da metade da turma errar uma mesma pergunta, não a incluo na contagem e tento determinar se foi simplesmente um problema na sua elaboração ou se preciso passar mais tempo revisando a matéria.

Teoria da expectativa-valor

Os alunos normalmente direcionam o comportamento para atividades que valorizam e nas quais têm alguma expectativa de sucesso (Wigfield & Eccles, 2000). Com base nessa perspectiva sociocognitiva, a motivação é vista como resultado da multiplicação das duas forças. Se uma delas estiver ausente, o resultado a ser produzido será zero. Os professores podem se beneficiar ao saberem que precisam promover ambas. Os alunos precisam sentir que há uma possibilidade razoável de sucesso e que o trabalho tem valor. Dessa maneira, mesmo os alunos que acreditam que podem se dar bem em um curso introdutório podem não permanecer cursando a matéria se perceberem que o conteúdo não lhes interessa. Da mesma forma, até os que entraram com objetivos profissionais que dependem do curso podem abandoná-lo se não enxergarem a possibilidade de concluí-lo com sucesso. É possível presumir que os alunos sabem o valor da sua área ou curso, mas geralmente esse não é o problema, e pode valer a pena explicar a relevância do que está sendo ensinado. Criar a expectativa de sucesso no curso também é importante. Os alunos se beneficiam quando os professores oferecem grandes expectativas de sucesso e fornecem as condições para alcançá-lo. O *feedback* informativo também é crucial, assim como a disponibilidade de tempo ou o acesso aos tutores, sejam assistentes de graduação ou pós-graduação.

Metas de desempenho e domínio

O comportamento motivado é direcionado para os objetivos e os objetivos relacionados ao aprendizado tendem a refletir dois tipos de propósitos: domínio do conhecimento e desempenho de notas (Ames, 1992). Os alunos que adotam as *metas de domínio do conhecimento* são aqueles cujo principal desejo é entender e dominar a matéria. Em contrapartida, os alunos com *metas de desempenho* têm maiores chances de focar a conquista através de boas notas. As turmas criadas podem promover implicitamente qualquer tipo de meta, dependendo das práticas de atribuição de notas, do ambiente de aula e de outros fatores. E aqui o docente pode ter muita influência sobre as crenças motivacionais produtivas.

Em uma turma voltada para o domínio do conhecimento, os professores geralmente utilizam um sistema de notas com base em critérios, em vez da normativa ("na curva"), promovem um ambiente no qual os alunos podem correr riscos intelectuais e oferecem oportunidades para que demonstrem a melhoria. A orientação para o domínio do conhecimento pode estar visível em debates em sala de aula, quando os alunos fazem perguntas genuínas para as quais ainda não sabem a resposta, guiados pelo desejo de entender mais sobre o assunto e não simplesmente para impressionar os colegas e o professor. Os erros são vistos como oportunidade de aprendizado e não como medida de valor, sujeita ao julgamento dos outros.

Em uma turma voltada para o desempenho de notas, os professores geralmente utilizam práticas normativas de atribuição de notas, o que significa que somente determinada porcentagem de alunos consegue alcançar o sucesso, independentemente do quanto a turma trabalhe. Além disso, os professores não oferecem oportunidades de revisão e melhoria do trabalho escrito. As dúvidas dos alunos podem ser formuladas para serem apresentadas da melhor forma e para ganharem reconhecimento e recompensa. Em oposição aos alunos com metas de domínio de conhecimento, aqueles com o ego envolvido no desempenho comparam as notas e optam por atalhos acadêmicos, como evitar mais esforço além do necessário para obter determinada nota ou, conforme indicado por uma pesquisa recente, adentrar na desonestidade acadêmica (Jordan, 2001).

Em geral, as metas de domínio de conhecimento levam a resultados mais adaptáveis, já que os alunos provavelmente focam o aprendizado e o uso eficaz das estratégias cognitivas, e sentem menos ansiedade que normalmente atrapalha o desempenho (Pintrich, 2003). No entanto, os alunos em salas de aula extremamente competitivas – que são direcionados para o desempenho de notas – podem considerar adaptável buscar uma orientação para desempenho (Harackiewicz, Barron & Elliott, 1998). Assim, os docentes podem ter de exercer poder considerável ao moldarem as abordagens de objetivos nas aulas. A promoção de determinada orientação para objetivos começa com o projeto de curso e a elaboração do programa de estudo, quando fazemos as escolhas sobre as práticas de avaliação, notas e como a comunicação com os alunos deve ser. É aconselhável reservar um tempo no primeiro dia de aula para explicar suas práticas de atribuição de notas. Se estiver usando um sistema de notas com base em critérios, esclareça que os alunos não estão competindo por notas. Isso também torna evidente que a formação de grupos de estudo e o apoio entre os alunos na hora da aprendizagem são vantajosos. Os alunos que fazem cursos obrigatórios, essenciais para o progresso em direção aos objetivos profissionais (faculdade de medicina, administração etc.), podem se beneficiar de um ambiente que ensina que o sucesso não vem à custa dos outros. A orientação para os objetivos também se reflete em uma série de práticas de ensino. A orientação para o domínio do conhecimento cresce em ambiente de conforto e aceitação em sala de aula, com apoio dos professores e com a valorização dos riscos intelectuais, evitando comparações entre alunos.

Teoria da atribuição das causas de desempenho escolar

Quando as pessoas precisam buscar uma explicação para resultados inesperados, elas fazem atribuições sobre as causas prováveis, e tais pensamentos têm consequências motivacionais (Weiner, 2001). No âmbito acadêmico, isso geralmente acontece quando os alunos não conseguem sucesso em uma prova ou obtêm nota diferente da que esperavam. As atribuições típicas são: esforço ("Não estudei o suficiente"), capacidade ("Não sou bom nesta matéria") e sorte ("Caiu justamente aquilo que estudei na prova!"). As atribuições podem ser categorizadas em três dimensões: localidade, estabilidade e responsabilidade, que se referem, respectivamente, ao fato de a causa ser interna ou externa, estável ou instável e controlável ou não. Os alunos que explicam suas decepções com atribuições internas e controláveis ("Sei que não me preparei de maneira correta para a prova") têm mais chances de sucesso na próxima prova porque acreditam que podem afetar o resultado. Os alunos que atribuem a reprovação às causas incontroláveis e estáveis ("Nunca vou aprender estatística") têm menos chances de se motivarem para buscar melhoria e são extremamente pessimistas quanto aos resultados futuros.

Os professores podem auxiliar os alunos a fazer atribuições adaptáveis, principalmente ajudando-os a atribuir a reprovação ao esforço pessoal e não como um problema de capacidade, além de comunicar as próprias atribuições positivas sobre a capacidade de aprendizagem do aluno. Quando se reunir com os alunos para discutir o baixo desempenho ou nota baixa inesperada, o professor pode ajudá-los a reformular o pensamento sobre a causa dessas dificuldades e ajudá-los a obter sensação de controle sobre os resultados futuros, pensando diagnóstica e racionalmente. O professor deve pedir aos alunos que descrevam como estudaram (ou como escreveram determinado trabalho), que revisem os tipos de pergunta que erraram ou as falhas mais significativas, ajudando-os a aprender como se preparar ou escrever de maneira mais eficaz no futuro. Além disso, encaminhar os alunos para um centro de competências no câmpus com o objetivo de melhorar as estratégias de aprendizado pode transmitir a mensagem de que o problema é remediável e que eles podem assumir a responsabilidade para combatê-lo.

O poder motivacional de crenças sobre a inteligência

Valorizar as crenças dos alunos sobre esforço e trabalho duro também reforça a ideia de que a inteligência é progressiva e pode ser desenvolvida. Essa crença motivacional é poderosa, segundo Carol Dweck (2006). Os alunos com essa "mentalidade de crescimento" são mais suscetíveis a aceitar um trabalho desafiador, aprender com os erros e abordar o novo aprendizado com entusiasmo, pois trata-se de oportunidades de melhoria. Em contrapartida, as pessoas que acreditam em uma visão corporativa, ou o que chamamos de mentalidade condicionada, são dedicadas a preservar as impressões sobre sua capacidade. Alguns alunos temem que esforçar-se muito para conquistar algo indique falta de uma capacidade ou talento. Por isso, mesmo que trabalhem arduamente para isso, eles tentam esconder o empenho. As pessoas com mentalidade voltada para o crescimento do conhecimento tendem a valorizar todo tipo de empenho.

A pesquisa de Dweck, apoiada por muitos estudos experimentais, mostra que o *feedback* dos professores (e pais, treinadores e empregadores) tem efeito significativo sobre como os alunos percebem a inteligência. Quando o aluno que vai bem em um trabalho e ouve "Você é muito bom nisso!", ele fará o que for necessário para preservar essa imagem, talvez até nem fale na aula enquanto não tiver certeza da resposta, escolha trabalhos menos exigentes e evite atividades novas. O aluno que ouve "Você foi muito bem e deve ter trabalhado muito para entender tudo isso" provavelmente se sente reconhecido pelo esforço e quer continuar a vencer desafios.

Objetivos e motivação sociais

Obviamente, os alunos não são motivados apenas pelo desempenho acadêmico, mas também por outros fatores. Por exemplo, eles também têm objetivos sociais que são operacionais em sala de aula: querem ser socialmente responsáveis e formar relações sociais com os colegas (Patrick, Hicks & Ryan, 1997; Wentzel & Wigfield, 1998). Apesar de a maioria dos estudos sobre a relação entre objetivos sociais, motivação e conquista acadêmica ser conduzida com jovens adolescentes, certamente nenhum professor universitário duvida de que os objetivos sociais estão operantes em sala de aula. Permitir que os alunos façam novas amizades em aula, juntamente com a conquista dos objetivos acadêmicos, pode aumentar a motivação para frequentar as aulas e participar dos trabalhos acadêmicos. Por exemplo, uma breve discussão sobre uma pergunta com um colega funciona bem do ponto de vista cognitivo, porque promove a elaboração e a retenção e oferece oportunidades para esclarecimentos. Além disso, dá aos alunos a oportunidade de se conhecerem melhor. Ajudar os alunos a formar grupos de estudos antes das provas contribui para o preparo e também atende às necessidades sociais. Os projetos em grupo, desde que sejam bem estruturados e incluam a responsabilidade individual, também podem ser meios para que os alunos conheçam novas pessoas e façam amizades com interesses comuns.

Como colocar a teoria motivacional em prática?

Estes princípios podem ser utilizados de várias maneiras para estruturar as turmas que fomentam a motivação para aprendizagem:

1. Quando se planejam os trabalhos, é importante que haja questões sobre escolhas e controle. Se a intenção for que os alunos façam dois trabalhos escritos durante o semestre, é aconselhável dar os trabalhos em três momentos e deixar que eles escolham dois que desejam submeter à avaliação. Isso permite que os alunos se encarreguem do planejamento do trabalho no contexto dos requisitos de outros cursos e possibilita a seleção de assuntos de maior interesse

(e também tem a vantagem de espalhar a atribuição de notas). De maneira semelhante, é importante oferecer algumas opções de tópicos para cada trabalho e considerar algumas delas que envolvam o interesse. O professor deve promover a iniciativa dos estudantes, permitindo que os alunos proponham temas alternativos que satisfaçam o propósito do trabalho.

2. Projetar a própria motivação – para o assunto tratado e para os alunos. O professor deve aproveitar as oportunidades para descrever sua motivação intrínseca, tanto pelas pesquisas como pelo ensino, e a sua orientação para o domínio da aprendizagem. Boa parte da literatura sobre "recompensas" nas universidades focou o reforço extrínseco para o ensino, ignorando a motivação intrínseca do professor para o trabalho acadêmico (além da satisfação intrínseca de ensinar). O docente é um modelo forte para seus alunos à medida que vão desenvolvendo a paixão e motivação para o aprendizado e para as futuras profissões. É importante conhecer os alunos como pessoas que são, com intensa vida social fora da sala de aula.

3. É aconselhável promover a motivação intrínseca dos alunos para que venham para as aulas bem preparados. Para tanto, o professor deve tornar as palestras e os debates mais interessantes, variar o formato instrucional, induzir a dissonância cognitiva, estimular a reflexão e acrescentar elementos interativos sempre que isso for adequado. Os alunos se sentem mais motivados a ir à aula quando a experiência de aprendizagem coletiva ultrapassa claramente aquilo que pode ser copiado das anotações dos colegas.

4. Deve-se promover o domínio do conhecimento e encorajar os alunos a revisar o que escreveram. O professor não precisará ler os rascunhos de todos os trabalhos, mas poderá fazer isso com o primeiro trabalho escrito e, depois, criar grupos de revisão para os trabalhos seguintes. Pode-se variar esse processo respondendo aos rascunhos de um trabalho e depois lendo os rascunhos do parágrafo de abertura dos trabalhos seguintes. Ainda é possível promover o domínio do conhecimento desacoplando o *feedback* e a nota, de modo que os primeiros trabalhos recebam apenas comentários escritos.

5. Adotar uma abordagem com base em critérios de avaliação para a atribuição de notas em vez de normativa. É fundamental destacar os requisitos do curso para que o valor em pontos de cada trabalho esteja claro desde o início e para que os alunos saibam o que precisam fazer para serem bem-sucedidos – e saibam que podem alcançar o sucesso sem se preocupar com sua posição em relação aos demais. Isso promove uma sensação de controle, cria um ambiente cooperativo e não competitivo, e apela tanto para os alunos com motivação intrínseca como extrínseca.

6. É importante ministrar provas com certa frequência, levando os alunos a se acostumar com o formato e a ter oportunidades de aprender com os próprios erros. O docente deve considerar um formato semelhante no exame final e intermediário e permitir que os alunos justifiquem as respostas das questões de múltipla escolha, o que aumenta o controle e dá crédito parcial ou total para justificativas razoáveis e aceitáveis. Oferecer opções de questões dissertativas para serem respondidas (por exemplo, "Responda cinco das seis questões a seguir") também é uma boa estratégia. É possível dar uma dessas questões antecipadamente, sobretudo a que exige mais reflexão e preparo.
7. Ao atribuir notas às provas, o docente pode pensar em deixar de lado aquelas questões que muitos alunos erraram. Nesse caso, ele deve revisar o assunto quando devolver as provas. Essa sensação de responsabilidade compartilhada no processo de aprendizagem aumenta a consciência do aluno, mostrando que o docente é comprometido mais com o domínio do conhecimento do que com a penalização do que ele ainda não sabe.
8. Fornecer *feedbacks* construtivos, não controladores (evitar palavras como "deve") e informativos, reforçando o desejo do aluno em melhorar e continuar a aprender, é sempre importante. O docente deve ver um problema de prova, por exemplo, como algo que pode ser resolvido, e não como um julgamento do valor de uma pessoa.
9. Na supervisão de assistentes de professor, o docente deve tornar explícitas as implicações motivacionais das suas decisões de ensino. Sou grata a Paul Pintrich, Bill McKeachie e Scott Paris, que foram modelos extraordinários na elaboração de seminários de pós-graduação que promoviam a motivação do aluno, mas que também me deram oportunidades, como assistente de professor, para entender a estrutura motivacional dos cursos de graduação, que felizmente coloquei em prática no meu ensino.

CONCLUSÃO

1. Reconheça as necessidades de autodeterminação e autonomia dos alunos e ofereça oportunidades de escolha e controle.
2. Promova a motivação intrínseca, desperte a curiosidade, ofereça desafios e escolhas e forneça recompensas extrínsecas que contenham *feedback* informativo e foco na melhoria.
3. Deixe claro quais são os valores do seu curso e reserve algum tempo para ajudar os alunos a entender por que aquilo que estão aprendendo é importante. Ensine com senso de propósito.

4. Crie expectativas elevadas e condições que visem ao sucesso dos alunos.
5. Crie um ambiente em sala de aula que promova a orientação para o domínio de conhecimento e concentre-se no desenvolvimento da compreensão sobre domínio das habilidades e da matéria.
6. Promova atribuições adaptativas: ajude os alunos a valorizar a aplicação do esforço e estratégias de aprendizagem e comunique sua crença na capacidade deles.
7. Promova uma mentalidade de crescimento que incentive os alunos a perceber as próprias capacidades como maleáveis. Evite elogiar os alunos com relação a capacidades ou talento.
8. Ofereça oportunidades para os alunos satisfazerem os objetivos sociais de maneira compatível com os objetivos acadêmicos – pelo uso construtivo dos trabalhos em grupos e palestras interativas.

◉ LEITURA COMPLEMENTAR

Embora alguns dos trabalhos apresentados a seguir sejam voltados para as questões motivacionais do ensino nas escolas, as teorias e muitas das sugestões são úteis para os interessados na questão de motivação nas universidades.

Brophy, J. *Motivating students to learn.* Mahwah, NJ: Erlbaum, 2004.

Dweck, C. *Mindset, the new psychology of success.* Nova York: Ballantine, 2006.

Schunk, D. H., Pintrich, P. R. & Meece, J. *Motivation in education*: theory, research, and applications. 3. ed. Upper Saddle River, NJ: Merrill/Prentice Hall, 2007.

Svinicki, M. D. *Learning and motivation in the postsecondary classroom.* São Francisco: Jossey Bass, 2004.

Capítulo 12

O trabalho com alunos de diferentes culturas[1]

Responder às necessidades do aluno pode ser o jeito mais importante de melhorar o método de ensino. Apreciar as características e necessidades únicas dos alunos cria um ambiente educacional que melhora o aprendizado de cada um deles.

Muitos professores dedicados buscam obter *feedbacks* em sala de aula tanto pela observação das reações dos alunos quanto pela solicitação direta de comentários: "Como estou me saindo?", "Estou sendo claro?", "Isso é muito básico – vocês querem seguir mais rápido?". Na maior parte das vezes, tal *feedback* permite que o docente avalie precisamente o ritmo do progresso do aluno, bem como a eficácia da sua abordagem no ensino. No entanto, em uma classe de culturas diversas, algumas diferenças básicas nas experiências anteriores dos alunos e do professor podem provocar falhas nesse tipo de comunicação. Este capítulo aponta algumas características culturais comuns de alguns alunos provenientes de minorias étnicas e também destaca alguns exemplos de como um docente com antecedentes europeus brancos – que aqui chamarei de "antecedentes ocidentais" – pode trabalhar com alunos de culturas diferentes.

Os conselhos culturais podem fornecer diretrizes gerais úteis, mas elas não são necessariamente adequadas para todas as etnias de alunos. Lembre-se de que, assim como "os asiáticos não são todos iguais", todos os alunos de *qualquer* grupo étnico não são iguais por duas razões. Primeiro, existem várias nacionalidades e culturas mesmo dentro de uma categoria étnica. Por exemplo, entre os asiáticos, há mais de sessenta grupos culturais diferentes: chineses, japoneses, coreanos, vietnamitas etc. (Kim, McLeod & Shantzis, 1992; Maki & Kitano, 1989; Vea, 2008).

---

[1] Este capítulo foi escrito por Richard M. Suinn, Colorado State University.

Segundo, pode haver diferenças individuais em cada subgrupo. Níveis diferentes de aculturação e o fato de um indivíduo ter sido criado em uma família de etnia não tradicional podem invalidar as premissas culturais deste capítulo (Suinn, 2009). Por exemplo, colocar essas sugestões em prática com um aluno altamente culto e de etnia ocidental seria como utilizar um estereótipo (Stuart, 2004).

Após essa precaução, gostaria de compartilhar algumas ideias de uma cultura não branca. Espero, no mínimo, que os professores ganhem uma perspectiva que evite o *modelo de déficit*, a percepção de que o desempenho inadequado de uma pessoa de etnia diferente significa, automaticamente, que o aluno é academicamente deficiente, desmotivado, desinteressado ou despreparado. Em vez disso, vou destacar novas maneiras de entender as comunicações de alunos de diversas culturas e apresentar sugestões de como o comportamento do docente pode ser adaptado para melhorar o ambiente de aprendizado do aluno.

Cultura e comunicação

Comunicação não verbal

Contato visual. O professor está dando uma palestra complicada. Um aluno na plateia olha para ele, acena e sorri ocasionalmente. Outro aluno não faz contato visual e continua olhando para baixo. Ele nem sequer está tomando notas. Qual desses alunos está interessado na palestra? Qual deles está ouvindo atentamente? Qual está perdido em pensamentos?

O passo a passo do ensino é o ato da comunicação como processo interacional de duas vias. Em geral, o professor se comunica verbalmente. Os alunos também se comunicam não apenas quando se faz uma pergunta, mas também de forma não verbal quando estão ouvindo. As dicas não verbais fornecem *feedback* importante que influencia a comunicação futura.

Interpretamos aquilo que observamos e nossas interpretações influenciam nossas ações. Nossa acepção vem de nossa cultura como ocidentais. Mas, para nos tornarmos professores culturalmente sensíveis, devemos ter em mente que os comportamentos de culturas diferentes têm significados diferentes. Do ponto de vista ocidental, a interpretação de um aluno que não está fazendo contato visual é a de que ele está desatento, distraído, desinteressado ou absorto no próprio pensamento. Qual é a consequência no seu comportamento? O professor pode passar mais tempo no mesmo assunto para despertar o interesse ou até falar mais alto (talvez o aluno ouça o que está dizendo na segunda vez). O professor pode olhar fixamente para o aluno ou chamá-lo para uma reunião, ou ainda pode até dispensá-lo, considerando-o causa perdida.

■ O TRABALHO COM ALUNOS DE DIFERENTES CULTURAS ■

É importante estar ciente de que, para alguns grupos étnicos, como ásio-americanos, afro-americanos e norte-americanos nativos, desviar o olhar pode ser indicação de *atenção redobrada* e não desatenção (Baruth & Manning, 1991; Garwick & Auger, 2000; Gudykunst, 2004). Estima-se que os norte-americanos brancos fazem contato visual em 80% do tempo quando estão ouvindo e desviam o olhar 50% do tempo quando estão falando, e os afro-americanos fazem mais contato visual quando estão falando e menos quando estão ouvindo (Sue & Sue, 2003). Além disso, nas culturas asiáticas, encarar uma pessoa de *status* mais elevado que o próprio é considerado rude (Sue & Sue, 2003), e o olhar mútuo entre pais e filhos mexicano-americanos também não é comum (Schofield et al., 2008). Então, o contato visual ou a falta dele não é sinal automático de atenção ou desatenção.

Falta de participação. Durante a aula, o professor não quer saber apenas se os alunos estão ouvindo, mas se eles também estão entendendo o assunto. Então pergunta: "Fui claro? Alguém tem alguma dúvida... qualquer dúvida?". E o que acontece é... ninguém faz perguntas ou nem levanta a mão.

Do ponto de vista ocidental, como ninguém fala ou levanta a mão, o professor já deve estar se parabenizando: "Muito bem! Minha apresentação foi clara. Devo ser um ótimo professor!". Consequentemente, o docente conclui a exposição e avança para o próximo tópico. No entanto, o silêncio entre as minorias étnicas pode ter vários significados (Schrader-Kniffki, 2007). Deve-se ressaltar que, em algumas culturas, é importante mostrar respeito pelos mais velhos ou por pessoas com conhecimento maior que seu próprio, e fazer uma pergunta pode ser considerado desrespeitoso e insultante. Fazer a pergunta sugere que a pessoa mais velha (ou professor) não está sendo clara. Assim, um aluno de etnia diferente que não consegue entender o professor pode se culpar por não estar devidamente preparado.

Em muitas culturas, o aluno que questiona o professor não é visto com bons olhos, pois esse tipo de comportamento pode indicar arrogância ou intenção de perturbar a harmonia. Os norte-americanos nativos e os ásio-americanos valorizam o estilo interpessoal sem confrontação como meio de proteger a harmonia do sistema. Seria impróprio agir de outra forma (Lee, 1991; Swinomish Tribal Mental Health Project, 1991).

Outras razões de base cultural para a falta de participação incluem:

- *Valor culturalmente arraigado de humildade.* Algumas culturas valorizam a modéstia, e não o destaque, em meio a uma multidão. Um ditado japonês explica bem isso: "O prego que se destaca é martelado". Outro ditado proclama que os ocidentais valorizam "não apenas o saber, mas o que dizem saber", enquanto os asiáticos "valorizam o conhecimento e desencorajam sua verbalização" (Nishida, 1996). Tal experiência pode levar ao que chamo de efeito "holofote". Assim como um animal silvestre que fica "paralisado" sob o brilho dos faróis, com aluno de etnia diferente pode ocorrer o mesmo quando o professor concentra a atenção nele, direcionando-lhe uma pergunta.

- *Histórico de desconfiança dos motivos e intenções de terceiros.* Os alunos que já vivenciaram experiências de racismo, sentiram-se rebaixados e experimentaram o modelo de déficit, são os mais vulneráveis (Vontress & Epp, 1997). Por precaução, o aluno afro-americano pode relutar em participar de qualquer atividade ou emudecer quando alguém faz uma pergunta a ele. Algumas questões povoam os pensamentos desse aluno, como "Estão me perturbando para me fazer parecer tolo na frente da turma?" e "Você está armando para mim para que possa criticar minha resposta e dizer que estou errado novamente?".

O que é possível fazer. Uma compreensão melhor sobre o significado real do comportamento dos alunos o coloca em uma posição melhor para responder aos *feedbacks* não verbais. O primeiro passo é evitar as falsas suposições de que a falta de contato visual e participação significam desatenção, desinteresse e tédio. Também evite a falsa suposição de que a ausência de dúvidas significa que sua apresentação foi bem compreendida. Considere os possíveis valores culturais dos comportamentos não verbais e do silêncio nas comunicações.

Descobrir o que está acontecendo exige que se ganhe a participação verbal por parte dos alunos, em algum momento, caso as dicas não verbais não sejam indicadores confiáveis. Isso nos leva à questão dos aspectos culturais da comunicação oral.

Comunicação verbal

Discurso relutante. O professor faz uma pausa na aula para obter *feedback*. Ele pergunta diretamente a um aluno se sua palestra foi clara ou pergunta se este tem alguma dúvida, ou ainda pede que explique, com as próprias palavras, o que acabou de aprender. O aluno se levanta lentamente, parece encabulado, muda o apoio de um pé para o outro, fica de cabeça baixa como se estivesse carregando o peso do mundo e, silenciosamente, responde de modo tão breve, que não satisfaz o professor, porque este ainda não sabe quanto da sua apresentação os alunos entenderam.

Se não estivesse se sentindo tão complacente com o aluno de língua presa, poderia se sentir confuso com o que está acontecendo e especular se o aluno está sendo evasivo ou não quer cooperar. Como o professor pôde ver nos exemplos anteriores, há várias explicações culturais possíveis para a relutância do aluno em verbalizar. Talvez o aluno esteja cauteloso para continuar sendo respeitoso, não desafiando ou insultando o especialista com *status* superior – o professor (McGregor, 2006). Ou, talvez, ele sinta necessidade de fugir do foco de atenção o mais rápido possível, dando uma resposta curta. Ou, ainda, a desconfiança sobre as suas intenções exige cautela.

O que é possível fazer. Como o professor pode superar a relutância de um aluno de origem cultural diferente em responder a uma pergunta direta de maneira mais abrangente? O professor pode tentar várias estratégias e ainda se mostrar sensível às várias questões culturais.

- *Preocupação em insultar o professor.* A maneira como elabora sua pergunta pode fazer toda a diferença. "Minha explicação está clara?" é uma pergunta muito difícil para um aluno respeitoso. Em vez disso, reestruture a situação de modo que a resposta do aluno seja colaborativa e não crítica. Por exemplo, "A propósito, você sabe que já dei muitas aulas sobre este assunto que, às vezes, esqueço quanto estou familiarizado com o tema e omito detalhes importantes. Então, você pode me ajudar…".
- *Preocupação em ser o centro das atenções.* Apesar dos muitos anos de experiência como palestrante e professor, algumas vezes sinto esse desconforto, especialmente quando estou participando de um debate com um grupo de pessoas que acabei de conhecer. É uma sensação de vergonha, de ver que todo mundo está quieto, que todos os olhos e ouvidos estão voltados para mim e não para o líder da discussão. Todas as minhas sensibilidades culturais são agitadas e penso comigo: evite destacar-se, não se envergonhe, seja modesto e respeite os outros que vão assumir a liderança, evite a arrogância.

Uma das soluções para o desconforto de estar no centro das atenções é encurtar a apresentação. Desligue ou torne-se o holofote. O docente pode avisar os alunos que vai fazer uma pergunta, mas que eles se limitem a uma resposta curta porque deseja ouvir a resposta dos outros alunos para obter o ponto de vista do grupo. Essa estratégia faz o holofote brilhar apenas por um breve momento. O professor também pode dizer que os alunos não precisam ficar de pé quando forem chamados. Direcionar primeiro sua pergunta a todos os alunos leva o aluno relutante a ter tempo de pensar.

- *Preocupações relacionadas à confiança.* Leva tempo para desconstruir a desconfiança e para estabelecer a confiança. Às vezes, as pessoas com experiências de vida difícil observam bastante e atribuem significado ao tom associado às declarações, ao significado implícito dos termos, aos sinais de postura e a outros comportamentos não verbais. Geralmente, isso serve como guia de sobrevivência, principalmente em ambientes estranhos. Então, o modo como o professor formula a pergunta, o tom e a postura que a acompanham e aquilo que o professor diz após as repostas dos alunos oferecem informações que influenciam na confiança/desconfiança.

Quando pede para um aluno responder, pode parecer como se estivesse lançando um desafio ou fica claro que o professor realmente quer saber o que o aluno tem a dizer, sem segundas intenções? Para melhorar a confiança, pense cuidadosamente nas palavras usadas na formulação da questão, reserve um tempo para explicar *por que* está fazendo determinada pergunta. É importante evitar a indelicadeza não apenas ao formular a questão, mas também nos comentários que seguem a resposta. Deve-se pensar no que é dito depois da resposta do aluno. O comentário é de apoio ou é uma correção que implica que o aluno está errado ou que o professor não gostou da resposta? Um pouco de incentivo e uma atitude positiva ajudam muito.

Circularidade *versus* linearidade. No primeiro encontro com a turma, o professor decide estabelecer a harmonia fazendo uma pergunta simples de opinião pessoal: "Vocês se divertiram nas férias?"

Ele recebe uma resposta bem extensa: "Bem, passei o primeiro dia em casa... Meu vizinho vai arrumar um emprego novo logo. Nós assistimos ao filme *Guerra nas estrelas* na TV... Voltamos ontem... de volta com meu colega de quarto... a visita foi interessante".

Essa resposta vaga pode parecer confusa e não satisfatória. O "interessante" genérico transmite tudo e nada ao mesmo tempo. No entanto, essa resposta pode representar um estilo "circular" étnico-cultural de comunicação oral, em vez do sistema ocidental "linear" (Gudykunst, 2004; Park & Kim, 2008). O pensamento e a linguagem ocidentais tendem a avançar de forma linear. Quando se faz uma pergunta, espera-se uma resposta direta:

— O que você comeu no café da manhã?
— *Bacon* e ovos.
— Onde e quando vamos almoçar?
— O cardápio de hoje está excelente no centro estudantil. Vamos nos encontrar lá às 11h30.
— Como foi o filme?
— Excelente! Gostei da parte sobre...

Uma resposta linear para a pergunta "Vocês se divertiram nas férias?" comunica fundamentalmente sim ou não. Muitos detalhes podem ser oferecidos, mas a pergunta básica a ser respondida é: "Divertiram-se ou não?".

Um professor com formação ocidental que ouve todo o rodeio na resposta deve pensar: "O aluno está sendo evasivo e evitando minha pergunta direta. Existe uma razão? Talvez não confie em mim ou talvez tenha tido alguma experiência ruim durante as férias e não quer falar sobre o assunto. Talvez tenha feito algo que sinta vergonha, talvez até algo criminoso... Esse aluno rebate minhas aberturas para ser sociável. Ele está rejeitando minhas tentativas de estender a mão. Talvez o aluno tenha poucas habilidades sociais". O professor pode não estar ciente do número de questões culturais que dão origem à comunicação circular (Gudykunst, Ting-Toomey & Nishida, 1996; Huang, 1994; Okun, Fried & Okun, 1999; Ting-Toomey & Chung, 2005; White & Parham, 1990):

- A resposta do aluno pode refletir uma tradição cultural de um período pré-letrado no qual o conhecimento era transmitido oralmente, contar histórias era um meio de educar e os contos longos ou provérbios eram empregados para transmitir informações. O aluno começa de maneira indireta, bem adaptada para incorporar uma moral, mensagem ou a resposta principal. Na cultura desse aluno, agarrar o tema geral da "história" é mais importante que o significado encontrado nas palavras específicas, e a conversação geral pode preceder qualquer interação mais séria. Esse diálogo aparentemente superficial desenvolve um nível de conforto e estabelece a harmonia (Ruiz & Padilla, 1977).
- A resposta circular pode ser outra maneira de manter a atitude respeitosa pelo especialista-autoridade-professor. As respostas cuidadosamente formuladas evitam a impressão de que o aluno é presunçoso demais para oferecer conselhos, instruir o professor e até lhe dizer algo que ele ainda não saiba.
- Certo nível de defesa pode causar a resposta circular, já que isso impede o aluno de ser pessoalmente avaliado. A circularidade pode permitir ao aluno evitar o comprometimento com uma declaração firme ou a chance de ser rebaixado.

O que é possível fazer. Mais uma vez, você pode tomar a iniciativa de configurar o ambiente para melhor capacidade de resposta por parte dos alunos. Tenha em mente que alguns comportamentos de alunos de outras culturas vêm de uma longa tradição ou socialização repetida. A maneira como se comportam não é consciente nem intencional, mas habitual e tradicional. Assim, um professor dedicado pode tirar melhor proveito desses alunos.

• DICAS DE ENSINO •

A paciência, é claro, é essencial. Controle sua necessidade de resposta rápida, precisa e linear, e permita que a narrativa sinuosa relaxe em seu próprio tempo. É importante ouvir cuidadosamente para ver as implicações e o tema escondido.

Cuidado com a formulação de perguntas que podem pôr o aluno em evidência. É necessário criar a própria versão de não linearidade (Block, 1981; Sanchez & Atkinson, 1983). Em vez de "Diga-me como *você* resolveria este problema", considere estas questões: "Que abordagem poderia ser aplicada para lidar com este problema?", "Vamos supor que algum conhecido seu esteja passando por este problema, como você acha que essa pessoa começaria a resolvê-lo" ou "O que você já viu os outros fazendo?".

Motivação e estresse

"Por que o desempenho destes alunos não é como deveria ser?" "Eles simplesmente não respondem aos estímulos como os outros alunos. Obviamente, eles não se importam!" "Não consigo chegar até eles. Sei que eles podem melhorar – afinal, chegaram até aqui."

Tais preocupações relacionadas ao desempenho inadequado do aluno podem ser explicadas pela contribuição de dois fatores culturais: diferenças na motivação entre diferentes culturas e estressores culturais. Aumentar o desempenho do aluno em direção a seu potencial pode ser enfatizado por meio de incentivos culturalmente adequados ou pela redução de interferências de determinados estressores.

Diferenças culturais na motivação

Há uma diferença fundamental entre as orientações motivacionais ocidentais e de outras culturas. A primeira enfatiza uma orientação individualista, a segunda, uma coletivista.

Os ocidentais tendem a ser impulsionados por objetivos como individuação, independência, autodesenvolvimento, autoconfiança, "ser o melhor possível", satisfação de realização pessoal. Outras culturas tendem ao coletivismo, talvez remontando à época das tribos, mas agora voltadas para a unidade familiar. Entre as culturas étnicas, os objetivos são metas em grupo, a conquista da honra perante a família, e a desaprovação pessoal é agonizante porque reflete de maneira negativa na família (Avila & Avila, 1995; Fuligni et al., 1999; Garrett & Garrett, 1994; Gudykunst & Matsumoto, 1996; Lee, 2008). Assim, os apelos com base no reconhecimento e na conquista pessoais podem ser falhos para motivar um aluno étnico, mas colocar o foco nos valores familiares pode significar mais sucesso.

Definição de "família". Para várias culturas étnicas, *família* significa mais do que o núcleo familiar ou parentes consanguíneos. Para alguns hispânicos, há termos para um tipo de membro da família, *compadrazo* ou *compadre/comadre,* que se referem aos padrinhos que funcionam como uma família (Arredondo, 1991; Ruiz, 1995). Para os afro-americanos, os papéis da família podem ser assumidos não apenas pelos avós, mas também por pessoas que estão fora do agregado familiar, desde vizinhos até representantes religiosos (McAdoo, 1999).

Coletivismo e objetivos da família. Evocar os laços familiares pode ser uma maneira eficaz de lidar com alunos que necessitam de inspiração motivacional (Trusty & Harris, 1999). Um aluno de graduação, com desempenho escolar abaixo da média, melhorou os hábitos de estudo quando lhe perguntaram: "Se você largar a faculdade, o que acha que seu irmão mais novo vai fazer da vida?". Trata-se de um argumento mais revelador do que a súplica: "Você desperdiçará sua vida se não tomar jeito!" – um apelo individualista.

Com o apoio da família, um aluno de alguns grupos étnicos pode alcançar muita força e pode lutar pelos objetivos (McGregor, 2006; Vasquez, 1982). Uma vez, quando estava discutindo os planos para o fim de semana, timidamente perguntei a uma aluna latina de pós-graduação se a visita do novo namorado poderia desviá-la dos trabalhos da semana. Sua resposta imediata e nem um pouco absurda foi: "De jeito nenhum! Meus pais e eu concordamos: só tenho uma razão para estar aqui... primeiro os estudos. Abandonar não é uma opção. Meu namorado entende isso!".

Os valores familiares também podem influenciar o que define o sucesso (Sage, 1991). Para alguns pais de gerações mais velhas, o sucesso dos filhos adultos pode estar em emprego que dê segurança e salário constante. Assim, o valor da educação é verificado nesses termos.

Para um norte-americano nativo, a orientação para o coletivismo pode envolver membros da tribo que, além de influenciarem valores, oferecem suporte. Resolver problemas "da maneira nativa" se refere a buscar a sabedoria dos membros da tribo, geralmente voltando para a reserva (Attneave, 1982; J. McDonald, comunicação pessoal, 2004; P. Thurman, comunicação pessoal, 2004).

Estressores culturais

Lembre-se de que o insucesso pode ser causado pelo comprometimento do desempenho devido aos estressores que o aluno de outra cultura encara. Há várias condições possíveis e únicas de um estressor: síndrome do impostor, condição de primeira geração e ansiedade por aculturação.

Síndrome do impostor. Trata-se de estresse causado pela falta de confiança, visto que o aluno de outra origem étnica está ciente de sua condição de minoria. Cercados pela maioria de alunos brancos com diferentes hábitos socioculturais e cujo inglês pode soar mais fluente ou sem sotaque, os alunos de outras culturas se sentem diferentes. Na verdade, eles são, no mínimo, diferentes na aparência física.

A síndrome do impostor levanta questões como "Realmente pertenço a este lugar?" ou "Talvez estar aqui seja um erro" (Ewing et al., 1996; McDavis, Parker & Parker, 1995). Apesar de todos os fatos contrários, é muito difícil evitar esse tipo de sentimento. Durante a minha carreira, fui bem-sucedido ao ser eleito para várias comissões e conselhos importantes da American Psychological Association (APA). Apesar de confiar nas minhas habilidades, ainda me sentia desconfortável na primeira reunião – com a sensação vaga de que todos já se conheciam e eu era o único estranho. Finalmente acabei com a minha inquietude ao me fazer lembrar que o procedimento de eleição significava que três novas pessoas sempre entravam, então, deveria haver mais duas na mesma situação. Além disso, em vez de agir como se não fizesse parte daquilo, apresentava-me de imediato e assumia meu lugar na mesa, como os demais.

Na ocasião, a questão do impostor piorava com a acusação de outros. Lembro-me de um candidato branco e malsucedido alegando que um aluno de uma minoria étnica pegou o lugar "dele" somente por causa da ação afirmativa. Também me lembro da experiência de um afro-americano que, depois de se submeter a testes desenvolvidos para crianças brancas, entrou em uma escola para superdotados e continuamente confrontava a crença dos alunos de que ele não poderia, de modo algum, ter se qualificado sozinho.

Condição de primeira geração. "Os alunos de primeira geração" são os primeiros de suas famílias a frequentar uma universidade. Assim, às vezes se sentem estressados por causa da falta de familiaridade com o novo ambiente, ou seja, a vida universitária. Ingressar na faculdade pode ser como entrar em um país estrangeiro, já que o aluno encara decisões como quais cursos fazer, sente falta da família e dos amigos, luta para se engajar em um mundo de maioria branca e tenta familiarizar-se com costumes para ele desconhecidos (Latus, 2007). O sistema de apoio familiar do aluno pode não conseguir ajudá-lo. Como nenhum outro membro da família passou por essas demandas, não há um entendimento claro das novas pressões e tensões que o aluno vive e, por isso, não oferecem apoio (Fallon, 1997; Komada, 2002; Shields, 2002).

Para os alunos oriundos de um ambiente cultural de minoria étnica, certos conceitos e procedimentos podem ser difíceis de entender. A seguir, apresentamos alguns aspectos associados ao ingresso na universidade:

- *Fazer na hora certa.* Alguns norte-americanos nativos acreditam que levar certo tempo para fazer as coisas bem é mais importante do que fazer rápido e malfeito. Assim, o pedido para que um trabalho seja feito "na hora" pode, inicialmente, ser uma exigência aborrecedora, porque o aluno está mais concentrado em fazer um trabalho completo e de alta qualidade (Herring, 1997; LaFromboise, Berman & Sohi, 1994; Sutton & Broken Nose, 1996).
- *Atribuir notas com base na participação em aula.* A exigência de falar em voz alta durante a aula pode conflitar com as questões que citei anteriormente com relação à relutância em participar.
- *Ser graduado na curva.* Para diversos grupos étnicos que valorizam cooperação e coletivismo (trabalhar para o bem comum), a ideia por trás da atribuição de notas na curva pode ser difícil de compreender, já que envolve uma pessoa competindo com outra por determinado objetivo.
- *Procurar ajuda de estranhos.* Os amigos bem-intencionados podem alertar um aluno de minoria étnica: "Você vai estar em desvantagem. Lembre-se de que ninguém vai querer ajudá-lo a ter sucesso. Então, você deve ser duro, estar preparado para lidar com as coisas sozinho" (Thompson, Bazile & Akbar, 2004). Nessas condições, principalmente se o aluno sentir vergonha de estranhos por outras razões, é fundamental que ele peça ajuda ao professor, encontre um tutor ou identifique um mentor.

Ansiedade por aculturação. Lembro-me de um aluno índio cujos anciãos tribais estavam relutantes com o fato de ele deixar a reserva. Havia o receio de que ele achasse que a vida era mais atraente em outro lugar e que sua identidade de origem fosse diminuída pela aculturação na sociedade norte-americana.

Os quatro grupos de minoria étnica norte-americana utilizam alguns termos para se referir aos membros do grupo que perdem a identidade étnica por causa da exposição na cultura ocidental. As pessoas que trocam suas raízes culturais por uma identificação na cultura branca são chamadas de "maçã" (vermelha por fora e branca por dentro), "banana" (amarela por fora e branca por dentro), "coco" (marrom por fora e branca por dentro) ou "Oreo" (preta por fora e branca por dentro) (LaFromboise, Coleman & Gerton, 1998; Lone-Knapp, 2000; Maruyama, 1982; Tatum, 1993; Willie, 1975). O que isso significa? Outra fonte de estresse para a pessoa de minoria étnica que agora, além de lidar com as tarefas acadêmicas e se adaptar ao novo ambiente, tem de encarar o risco de difamação em seu próprio grupo cultural de origem.

As experiências educacionais geralmente têm como objetivo o crescimento pessoal e desenvolvimento de novos conhecimentos, condução de pesquisas e abertura de novas visões do mundo. À medida que o conhecimento pessoal e as habilidades se ampliam, o senso de identidade também se expande. A identidade de uma pessoa pode ser solidificada, ampliada ou até mesmo radicalmente alterada. Se as mudanças de identidade ocorressem sem consequências sociais, a transformação seria fácil. No entanto, para um aluno de minoria étnica com grandes laços tradicionais, isso pode causar um sério desconforto (Winrow, 2002): "Traí meu próprio grupo?", "O que sou? Não sou nem carne nem peixe agora! E essa pessoa em que me tornei é melhor ou pior do que antes?", "Sou tão híbrido assim que agora estou exilado tanto da maioria quanto da minoria?". É fácil imaginar como um conflito tão significativo consegue interromper a atenção voltada para os estudos acadêmicos e até mesmo dar lugar a pensamentos de abandono.

O professor pode melhorar o aprendizado e o desempenho de um aluno de etnia diferente de várias maneiras. O primeiro passo e o mais importante é ter consciência de que o baixo nível de conquistas pode não ser devido à baixa capacidade, mas às questões motivacionais ou à interferência de fatores. Se a motivação ou o estresse estiverem envolvidos, então as seguintes abordagens podem ser úteis.

Aumento da motivação

O que é possível fazer. Lembre-se de que as metas individualistas podem não ser tão significativas quanto os objetivos coletivistas, voltados para a família. Ao discutir o estabelecimento de metas com um aluno de minoria étnica, é importante que o professor descubra como ele veio parar na escola e esteja ciente dos valores familiares e das expectativas. O docente deve identificar os pontos fortes desses laços familiares e os membros da comunidade ou da família cujas opiniões têm mais peso (Fryberg & Markus, 2007). É necessário tentar diferenciar os objetivos pessoais dos familiares e estar preparado para lidar com conflitos entre objetivos familiares, expectativas e novos desejos pessoais – muitas vezes, a expectativa da família é de que o filho seja médico ou advogado, enquanto ele sonha em ser filósofo.

O professor pode pensar em convidar as pessoas significantes da família ou comunidade para trabalhar com o aluno malsucedido, o que poderia até englobar a resolução de problemas.

James, um aluno afro-americano, morava em casa quando começou o primeiro ano da faculdade. Como filho mais velho e o primeiro a ingressar na faculdade, James era admirado por toda a família e pelos amigos. Seis irmãos, de todas as idades, também moravam no apartamento e o ambiente era carinhosamente descrito como "caos organizado". Uma das avós também compartilhava um quarto e ajudava na limpeza diária, cozinhava e cuidava da criança mais nova, enquanto a mãe de James trabalhava. Embora ele tenha conseguido acompanhar os trabalhos durante sua educação básica, logo descobriu que, na faculdade, as leituras extras e a pressão dos prazos de entrega acrescentavam novas demandas. Como o câmpus ficava a duas horas de distância, sua única opção era estudar em casa depois da aula. Contudo, a falta de privacidade, o fluxo constante de atividade e o nível de barulho eram verdadeiros problemas.

Um professor com conhecimento da maioria das culturas pensaria em uma possível mudança para o dormitório, que ofereceria horas de silêncio, tutores, integração com a "vida universitária" e individualização. Contudo, essa solução ignoraria determinados valores culturais, além da questão financeira. O jovem estudante seria forçado a deixar o principal sistema de apoio, sua responsabilidade como "homem da família" e um ambiente cultural que é parte integral do desenvolvimento psicológico atual. Sua presença na comunidade e igreja era inspiração para o bairro, um papel que o deixa constrangido, mas que reconhece que vem com o pacote.

Como alternativa culturalmente sensível, um professor que percebeu a necessidade de James ter um tempo para estudar visitou a casa em que o aluno morava com o propósito de conversar com a família dele. Rapidamente ficou claro que todos entendiam o problema e queriam que James fosse bem-sucedido nos estudos. A família discutiu opções tais como estudar na casa do vizinho, mas isso seria uma imposição para os outros, então foi temporariamente eliminada. A avó apresentou uma solução. Em tom firme, ela afirmou que, dali por diante, todas as crianças iriam participar do programa noturno "Hora de ajudar James". Um quarto seria desocupado e se transformaria na "sala de estudos de James" por duas horas. Durante esse período, a avó, com a ajuda da irmã mais velha do aluno, organizaria atividades para todas as crianças, como assistir à TV, contar histórias e brincar na parte externa da casa, tudo para garantir o silêncio necessário. As crianças revezariam as atividades. Fizeram um cartaz no qual James poderia perceber seu progresso após cada noite de estudo. Conforme ele concluía os trabalhos e recebia as notas, ele compartilhava com a família antes da próxima "Hora de ajudar James". Com essa solução, James e a família conseguiram comemorar a conquista do título de bacharel.

Fomas de lidar com os estressores

O que é possível fazer. Entender a fonte do estresse de um aluno pode ajudar o docente a oferecer a assistência necessária. É necessário familiarizar-se com os estudos que oferecem as visões pessoais dos alunos de minorias étnicas sobre o ambiente acadêmico (Garcia-Sheets, 2008; Wimms & Maton, 2008; Winrow, 2002).

• DICAS DE ENSINO •

A síndrome do impostor pode ter raízes na história do racismo ou ser questão de simplesmente adentrar em um ambiente novo e desconhecido, incluindo as definições sociais e interpessoais. O mentor que acredita no aluno sabe como ensiná-lo a usar seus pontos fortes e que reconhece o valor de dar um passo de cada vez pode ser uma grande influência positiva.

O espectro da presunção de privilégio especial por meio de ações afirmativas pode contribuir com a síndrome do impostor. Não há ação que apague tais sentimentos. No entanto, o argumento a seguir pode ser valioso: se os detratores interpretam as ações afirmativas como privilégios especiais, é igualmente importante para eles reconhecerem que o "privilégio branco" também existe, mas não é avaliado. Por causa do privilégio branco, na maioria das comunidades, uma pessoa branca nunca precisa se preocupar em como é vista pelos outros quando entra em uma loja, um restaurante ou uma aula, ou quando pega o ônibus, acena para um táxi parar ou se levanta para expressar uma opinião (Lawrence, 1998; Sue, 2003, 2004). O sentimento de pertencimento, a preocupação constante com notas baixas e a possibilidade de não ter seu nível de conforto deslocado em interações são alguns privilégios. Uma pessoa de minoria étnica, pelo contrário, continuamente se vê confrontada com olhares diferentes e não consegue alterar esses fatores. Essa pessoa acaba se adaptando, é claro, mas nunca adquire o privilégio do branco.

É totalmente legítimo para escolas, empresas e indústrias determinar critérios objetivos de seleção de seu pessoal, acadêmico ou profissional. Atletas e alunos com experiências de vida especiais são recrutados pelas escolas, assim como os que mostram evidências de alta motivação, que apresentam hábitos de trabalho excelentes e até aqueles que representam a diversidade cultural têm admissão em programas de graduação nas universidades. Isso representa oportunidade, e não garantia de sucesso eventual. Para os alunos que podem se sentir vulneráveis à síndrome do impostor, eu rapidamente mostraria que "A porta está aberta para vocês entrarem. Depois, vão ter de provar se merecem ficar".

A condição de primeira geração não é exclusiva dos alunos de minorias étnicas, embora histórico de pobreza, pouco preparo educacional e imigração recente sejam fatores característicos de grande parte dos estudantes dessas minorias que pertencem a essa primeira geração. Como esses alunos não têm informações sobre o ambiente escolar, o que provavelmente é um fator-chave para o sucesso na universidade, qualquer passo que a escola puder dar para aumentar a familiaridade ajuda bastante esses alunos.

Uma solução útil é o dia de visitação, antes de entrar na faculdade, quando os futuros alunos e suas famílias podem se ambientar com o câmpus e os procedimentos universitários. Elaborar um guia de sobrevivência para alunos de diversas culturas ou distribuir uma seção de certo guia já existente pode ser excelente recurso (a APA oferece um para alunos de pós-graduação; ver El-Ghoroury et al., 1999). Os debates informativos patrocinados pelos escritórios de serviços para estudantes de minorias étnicas podem ser importantes, sendo inclusive uma maneira de equiparar os estudantes de minorias étnicas com os demais novos alunos da universidade.

Muitos alunos sentem falta de casa quando a abandonam para frequentar a escola em outro lugar. A saudade de casa aumenta a dificuldade causada pelo deslocamento geográfico, a separação do sistema de apoio da família e amigos, o enfrentamento de uma cultura universitária desconhecida e o estresse da necessidade imediata de adaptação a vários novos desafios.

A maioria dos alunos lida com a saudade inicial, desenvolve uma nova sensação de liberdade e autoconfiança e se sente confortável com a nova identidade. Conforme mencionei anteriormente, o aluno étnico também pode se adaptar rapidamente e descobrir o novo "eu" que emerge, mas também pode se ver confrontado com os conflitos de identidade que surgem. Para alguns alunos brancos, as rápidas visitas à família ou mesmo telefonemas para os parentes servem como uma conexão que ameniza a transição. Da mesma forma, para um aluno de outra cultura, essa conexão pode oferecer energia refrescante para continuar avançando. Para alguns norte-americanos nativos, a renovação espiritual poderosa vem até de uma rápida visita à reserva ou ao ambiente tribal.

Personalização dos métodos de ensino

Além de ser sensível às diferenças culturais entre os alunos, o professor pode deixar sua sala de aula ainda mais acolhedora e eficiente para a minoria étnica com as suas opções de abordagem de ensino.

Formas de relacionar os estilos de aprendizagem

Experimente este exercício: feche os olhos e imagine um avião voando que passa bem próximo de você. Agora abra os olhos e descreva-o a um colega com o máximo de detalhes.

Como era o avião na sua imaginação? Quando o descreveu, quais detalhes eram importantes? Visual ("O avião tinha corpo longo com janelas")? Auditivo ("Ele rugiu ao passar por mim")? Tátil ("Senti o vento soprando")? Espere alguns amigos repetirem o exercício e compare os resultados. Observe as diferenças individuais no modo como determinado sentido domina cada pessoa.

O exercício mostra que pessoas diferentes formam imagens de maneiras diferentes. Da mesma forma, alunos diferentes – tanto a maioria como a minoria –

podem ter estilos de aprendizagem diferentes (Roig, 2008). Alguns aprendem melhor com áudio, outros, com apresentações. Alguns aprendem melhor com o estímulo visual, outros, com o material impresso. Outros aprendem melhor quando escrevem ou quando verbalizam a matéria em voz alta, em suas próprias palavras. É como se a fiação interna fosse diferente, como um videocassete com entrada de vídeo e áudio. Introduzir um sinal de áudio na entrada de vídeo provocará uma falha e vice-versa. A utilização da entrada correta produz resultados claros. Ao relacionar o método de ensino com o estilo de aprendizagem do aluno, o professor melhora a capacidade de o aluno captar as informações e recordar a matéria.

Seja concreto

Ser concreto é outro princípio genérico do ensino, mas há diferentes maneiras de conseguir isso. O professor pode usar metáforas ou exercícios de demonstração, ou ainda exemplos das experiências de vida dos alunos. Entender as experiências culturais de um aluno de minoria étnica pode ajudar a trazer o conteúdo acadêmico para a vida de maneira concreta. Também é útil discutir as aplicações práticas dos temas de sala de aula para satisfazer os interesses pragmáticos dos estudantes étnicos (Reyes, Scribner & Scribner, 1999).

Melhore a medição do desempenho

Anteriormente, descrevi algumas diferenças entre os conceitos de tempo dos ocidentais e de outros grupos étnicos. Como vimos, os norte-americanos nativos valorizam fazer a tarefa bem-feita em vez de fazê-la rapidamente. Portanto, as provas cronometradas podem ser péssimos indicadores de seus conhecimentos reais. Além disso, as provas de múltipla escolha cronometradas dependem muito da capacidade de memória. Alternativas úteis podem incluir provas que podem ser feitas em casa, que medem a habilidade analítica, criatividade e compreensão sem a questão do tempo cronometrado.

Uma abordagem interessante é testar com base na teoria triárquica da inteligência, que postula três elementos: analítico, criativo e prático. Sternberg (2003; Sternberg & Grigorenko, 2008) descobriu que as medições do conhecimento analítico/prático/criativo preveem a média de pontos na faculdade de forma mais precisa que a tradicional prova verbal/matemática do SAT e que os alunos que aprenderam com a atenção voltada para estas prioridades educacionais têm desempenho melhor nos exames tradicionais.

Escolha comportamentos não verbais adequados

Assim como o jeito de o aluno falar, ouvir e posicionar-se cria uma impressão, o impacto que o professor tem sobre os alunos resulta não apenas das comunicações verbais explícitas, mas também de certos comportamentos não verbais.

- *Pausas na conversação.* De maneira típica, o ocidental faz uma pausa um segundo antes de continuar a falar, portanto qualquer pausa mais longa é sinal de que a pessoa terminou. Os norte-americanos nativos fazem pausas por mais tempo, de quatro a cinco segundos, antes de concluírem uma frase ou pensamento (Baruth & Manning, 1991). Por não compreender o significado dessa longa pausa, o ocidental pode começar a falar e, assim, interromper a conversação e passar sinais de grosseria, desinteresse, desrespeito ou atitude dominadora.
- *Espaço pessoal.* Os diferentes grupos culturais interagem normalmente em distâncias diferentes (Hall, 1966). O espaço que cada grupo prefere é conhecido como espaço pessoal. Se uma pessoa entra no espaço de outra, isso é visto como intrusão. Da mesma forma, se for mantida uma distância muito grande durante uma interação, isso poderá ser interpretado como indiferença. Os afro-americanos e hispânicos tendem a ficar mais perto de alguém quando estão conversando do que os norte-americanos brancos e os asiáticos, que preferem distâncias maiores (Jensen, 1985; Mindess, 1999). A compreensão das normas de espaço pessoal é importante para manter boa comunicação interpessoal.

Para algumas culturas, o toque é inaceitável. Assim, o professor que tenta alcançar o aluno para oferecer apoio e incentivos e o acaba tocando levemente pode provocar o efeito oposto.

Um exercício de ensino interessante mostra as regras norte-americanas rígidas, mas inconscientes, sobre o espaço. Leia as perguntas seguintes sobre comportamentos em elevador e veja se está ciente dessas regras:

1. Quais são as regras para ficar no elevador? Onde as pessoas ficam quando há apenas duas ou três delas (que não se conhecem)? O que acontece quando uma quarta pessoa entra no elevador?
2. Como você se sentiria se houvesse duas pessoas no elevador e um terceiro estranho entrasse e parasse bem a seu lado?
3. O que acontece quando o elevador fica mais cheio e há mais de quatro pessoas nele?

4. As pessoas ficam próximas? O que você pode "tocar"?
5. O que as pessoas olham em um elevador lotado?
6. Quando é permitido falar com as outras pessoas?

Compare as suas respostas com as regras do Apêndice, que são as regras tipicamente obedecidas nos Estados Unidos.

Seja acessível

Em relação à estrutura interpessoal, há dois tipos de cultura: horizontal e vertical. Uma cultura hierárquica e vertical determina os papéis de *status* mais elevados para menos elevados com títulos (Feldman & Rosenthal, 1990; Gudykunst, 2004; Lee, 1999). A estrutura da cultura ocidental tende a ser horizontal – todos no mesmo nível. Um aluno criado em uma estrutura vertical pode preferir chamar o docente pelo seu título e ficar confuso com a sua insistência de atribuir um modo mais familiar (Yamauchi & Tharp, 1995). Para os alunos de uma cultura horizontal, o convite "Chame-me de Bill" ou o comentário "Sou a Janet" confirma a mensagem desejada de igualdade. O professor pode usar um título para permitir que a minoria étnica de alunos sinta-se confortável, enquanto ainda transmite sua abertura e acessibilidade.

Uma pesquisa recente descobriu que a taxa de desistência entre os alunos hispânicos do ensino médio foi quase três vezes maior que a dos alunos brancos e duas vezes maior que a dos alunos afro-americanos (Fry, 2003). Um estudo dos fatores associados com a persistência na escola identificava professores como o segundo maior fator de influência para os hispânicos (Fuentes, Kiyana & Rosario, 2003). O mais interessante é como esses professores foram descritos: pessoas que encorajam os alunos a serem bem-sucedidos, têm altas expectativas e acreditam que estes podem atingir tais expectativas. Em vez de serem vistos como indiferentes ou controlados, os professores foram descritos como "brincalhões". Em essência, eles foram vistos como acessíveis, interessados nos alunos e dispostos a encontrar o potencial em vez de déficits nos jovens para quem dão aulas.

É importante que o professor tome a iniciativa de ser acessível e transmita um interesse real, além de ser acolhedor nas palavras e ações (Suinn, 2007). Uma saudação simples ajuda, seja na sala de aula, nos corredores ou mesmo fora da escola.

- Reserve um tempo para bater papo. A princípio, talvez o professor precise puxar assunto, evitando o efeito de centro das atenções.

- Trabalhe em horários consistentes, mas encoraje as visitas rápidas dos alunos à sua sala na universidade.
- Seja encorajador e positivo, orientado para apoio e solução, e, acima de tudo, ouça.
- Trabalhe com os problemas e se envolva na reavaliação positiva: "A persistência funciona", "Um passo por vez é sinônimo de progresso", "Você consegue".
- Ajude os alunos a identificar os pontos fortes, encontre maneiras de cooperar e ser bem-sucedido e incentive os pontos fortes.

CONCLUSÃO

Preste atenção em seus alunos para aprender sobre eles e realmente compreendê-los. Seja uma pessoa acolhedora, interessada, que se preocupa com eles. Identifique e desenvolva os pontos fortes. Incentive-os!

LEITURA COMPLEMENTAR

BENNETT, C. *Comprehensive multicultural education*: theory and practice. 5. ed. Boston: Allyn and Bacon, 2003.

CLAYTON, J. *One classroom, many worlds*: teaching and learning in the cross-cultural classroom. Portsmouth, NH: Heinemann, 2003.

GORSKI, P. *Multicultural education and the internet*: intersections and integration. 2. ed. Nova York: McGraw-Hill, 2004.

GUDYKUNST, W. *Bridging differences*: effective intergroup communication. 4. ed. Thousand Oaks, CA: Sage, 2004.

LASSITER, S. *Cultures of color in America*: a guide to family, religions and health. Westport, CT: Greenwood Press, 1998.

SUE, D. W. & SUE, D. *Counseling the culturally diverse*: theory and practice. 5. ed. Nova York: Wiley, 2007.

TERRELL, R. & LINDSEY, R. *Culturally proficient leadership*: the personal journey begins within. Thousand Oaks, CA: Sage, 2008.

TING-TOOMEY, S. & CHUNG, L. *Understanding Intercultural Communication*. Los Angeles, CA: Roxbury, 2005.

Apêndice

De acordo com Judie Haynes, os comportamentos a seguir são típicos de pessoas em elevadores nos Estados Unidos (www.everythingesl. net/inservices/proxemics_elevator.php):

1. Se houver apenas duas ou três pessoas no elevador, cada uma delas geralmente se encosta nas paredes. Se uma quarta pessoa entra no elevador, os quatro cantos normalmente ficam ocupados.
2. Estar em um elevador lotado seria uma quebra do nosso "espaço pessoal". Nesse caso, qualquer pessoa se sentiria totalmente desconfortável e mudaria de lugar ou sairia do elevador na próxima parada.
3. Quando há mais de quatro pessoas no elevador, os ocupantes começam a seguir um conjunto complexo de regras comportamentais. Todo mundo se vira para a porta. Mãos, bolsas e pastas ficam penduradas na frente do corpo. As pessoas normalmente se encolhem arredondando os ombros para ocupar o menor espaço possível.
4. As pessoas não se tocam de forma alguma, a menos que o elevador fique completamente lotado. E, nesse caso, tocam-se apenas no ombro ou braço superior. Se alguém vir um elevador abarrotado, provavelmente optará por esperar o próximo.
5. Todo mundo geralmente olha para o indicador de andar situado acima da porta.
6. É incomum que as pessoas (que são estranhas) conversem em um elevador, a menos que estejam compartilhando algum tipo de experiência semelhante (como uma conferência). As pessoas que se conhecem geralmente falam baixinho. Quando um grupo de pessoas entra no elevador e não segue essas regras, os outros ocupantes podem se sentir muito desconfortáveis.

Capítulo 13

Como lidar com os problemas dos alunos e com os alunos-problema (Quase sempre há pelo menos um!)

Não há um professor no mundo que não teve de lidar com os problemas dos alunos e com os alunos-problema. De alguma forma, é reconfortante saber que não se está sozinho com determinado problema e que este provavelmente não se deva exclusivamente à própria inadequação como professor. Este capítulo aborda alguns problemas comuns que os professores enfrentam em todos os níveis e sugere algumas estratégias. Distribuí o capítulo em três categorias de problemas, desde aqueles diretamente relacionados ao mundo acadêmico até aqueles outros decorrentes do fato de que estamos trabalhando com seres humanos engajados no processo de aprendizagem.

Primeiro, um conselho geral: faz parte da natureza humana perceber o aluno como problema, mas, antes de se concentrar em mudar o comportamento dele, é importante dedicar um pouco de tempo para verificar o que está sendo feito que possa estar relacionado a tal comportamento. É preciso também não se esquecer de que os problemas interpessoais envolvem pelo menos duas pessoas.

PROBLEMAS INTELECTUAIS/ACADÊMICOS

Os problemas analisados nesta seção surgem de coisas que afetam o modo como as pessoas aprendem e o que acontece quando elas encontram dificuldades.

Alunos agressivos e desafiadores

Há muitas razões pelas quais um ou mais alunos podem ter maior disposição à agressividade e sempre desafiarem o que é dito em sala de aula. O motivo mais provável é a de que eles estão interessados no assunto e têm muito conhecimento prévio para dar de contribuição, mesmo que esse conhecimento esteja errado. Outra possibilidade é que eles podem estar desafiando o professor porque há realmente um desacordo sobre determinado tema e estão flexionando os músculos mentais acadêmicos contra alguém com muito conhecimento na área. Geralmente, é possível diferenciar esses alunos daqueles que transmitem hostilidade, tanto verbal como silenciosamente, com relação ao professor. Às vezes, a atitude não é tanto de hostilidade, mas sobretudo de desafio à sua autoridade.

Ao ser confrontado com a primeira dessas duas alternativas, o professor deve ficar satisfeito e considerar um "momento de aprendizado". Ao discordar ou sempre acrescentar sua contribuição, esses alunos estão dando a oportunidade de realizar duas atividades de ensino muito importantes. A primeira é investigar mais a fundo a lógica por trás dos fatos e os princípios que, às vezes, se passam pela cabeça dos alunos. Em vez de simplesmente aceitar tudo o que o professor diz, os alunos devem tentar conciliar as novas informações com seus conceitos pré-formados. Eles deveriam estar em busca de mais profundidade, mais exemplos, explicações. Esses alunos desafiadores estão na primeira linha daquele incentivo dos alunos. A segunda atividade de ensino que eles estão possibilitando ao professor é a de modelar o que parece ser um pensador crítico com relação aos desafios de suas ideias. O que se vê nos dias de hoje (até mesmo em política) é que os alunos raramente têm a oportunidade de ver dois indivíduos realmente discutindo, o que se nota é que só um fala (em geral, o professor) enquanto os outros ouvem passivamente (os alunos, normalmente). Quando os alunos desafiam o professor, é possível realizar esse debate acadêmico, que pode ser muito rico e produtivo, incluindo a escuta atenta, a reflexão profunda, a discordância respeitosa e o comprometimento razoável quando bem argumentado.

Adiante neste capítulo, na seção sobre problemas emocionais, abordo questões relacionadas a alunos hostis ou que se enfurecem por qualquer coisa.

Alunos que querem a verdade e aqueles que acreditam que tudo é relativo

O professor acabou de dar uma aula magnífica comparando duas teorias concorrentes. No final, um aluno diz: "A aula foi ótima, mas qual teoria está certa?".

Muitos alunos sentem que o trabalho do professor é informar quais são os fatos e as grandes verdades e que o trabalho deles é ouvir a verdade, aprendê-la e colocá-la nas provas. Para William Perry, da Harvard University, esse conceito parece extremamente comum entre os alunos de primeiro ano.

Perry (1981) sugeriu que as diferenças individuais nas respostas dos alunos para o ensino podem ser conceitualizadas em termos dos estágios do desenvolvimento cognitivo. Os alunos dos estágios iniciais têm uma visão dualista sobre o conhecimento. Eles acreditam que as coisas ou são verdadeiras ou são falsas, ou são certas ou são erradas. Pensam que o professor sabe a verdade e que o trabalho deles é aprender essa verdade dita pelo professor. Os alunos dos estágios intermediários já aprenderam que as autoridades nos diversos assuntos divergem sobre esses assuntos. Eles já compreendem a ideia de que não há uma verdade estabelecida e que todo mundo tem o direito de emitir a própria opinião. Essa fase é sucedida pelo reconhecimento de que algumas opiniões e generalizações são mais bem argumentadas do que outras e que o dever dos alunos é aprender os critérios necessários para avaliar a validade das afirmações nos diferentes assuntos. Os alunos dos estágios finais estão prontos para confiar em valores, crenças e objetivos, para tomar decisões e agir com base nos próprios valores, apesar da falta da certeza que trazem consigo.

Dezesseis anos após a publicação do artigo de Perry, Barbara Hofer (1997) descobriu que os dualistas eram coisas raras na University of Michigan, onde conduziu a pesquisa. Em vez disso, os estudantes universitários ficaram mais propensos a acreditar que as perspectivas múltiplas são igualmente válidas. Os alunos como os que Hofer estudou devem ser desafiadores de tudo o que o professor diz (ou qualquer outra autoridade em um assunto qualquer). Como o docente deve responder ao desafio?

Infelizmente, às vezes ficamos nas mãos desses alunos com os tipos de prova e ensino que utilizamos. Se tudo que fazemos é transmitir a informação de forma clara e limpa, se tudo que usamos são provas nos quais há apenas uma resposta correta, por que os alunos deveriam pensar diferente? Ou ainda, se não criticamos as ideias ou não damos *feedback* quando seus pontos são menos coerentes ou corretos, por que eles deveriam se incomodar em pensar um pouco mais? Aqui está um exemplo no qual temos de assumir nossa parte da culpa nesse problema.

As pesquisas, como as feitas por Perry e Hofer, concordam que os professores precisam ajudar os alunos a entender como o conhecimento chega às disciplinas, o que conta como evidência e como ler de maneira crítica e como avaliar as próprias queixas. Para o desenvolvimento de tais crenças epistemológicas, os alunos precisam discutir e debater assuntos nos quais as ideias concorrentes são desafiadas e defendidas; eles também precisam escrever diários e trabalhos que serão respondidos pelo professor. E o mais importante de tudo, eles precisam de bons modelos sobre como pensar nesses dilemas, modelos que sejam uma constante no pensamento e na aprendizagem de nível superior. Como mencionado na seção anterior, os alunos precisam ver como o docente lida com contradições e inconsistências, como resolve problemas quando não tem informações suficientes e como lida com a frustração de nunca ter certeza da resposta "certa".

Alunos que estão despreparados para o curso ou que estão buscando preparo

Às vezes, os alunos entram em nossas aulas sem o conhecimento prévio adequado. Talvez eles não tenham os pré-requisitos ideais ou não se aplicaram diligentemente em seus cursos anteriores. Realmente nada se pode fazer em relação ao passado, às eventuais deficiências que tornaram o aluno despreparado para o curso que ministramos. A questão é como lidar com esses problemas agora.

Se as lacunas do conhecimento puderem ser remediadas, através de recursos pedagógicos suplementares, isso colocará o aluno de volta ao comando de seu próprio aprendizado, o que é uma boa fonte de motivação, principalmente para aqueles que ficam para trás sem serem culpados por sua defasagem de aprendizado. Os recursos de ensino disponíveis na internet, por exemplo, podem ser úteis para o desenvolvimento ou recuperação de habilidades básicas, como matemática ou escrita. Como alternativa, o professor pode preparar tutoriais sobre os déficits que ocorrem mais comumente e que foram observados nos alunos dos semestres anteriores. O departamento da universidade pode até optar por criar um site comum que ajude os alunos com as habilidades-chave necessárias em todos os cursos. Ou um site que forneça exemplos, definições e atividades para que os alunos possam praticar os pontos básicos da matéria. O professor também pode reservar os materiais ou livros didáticos alternativos na biblioteca ou on-line para os que não tiveram o conteúdo adequado nos pré-requisitos do curso. Inclua exemplos de perguntas ou provas antigas para ajudá-los a decidir se eles entendem bem o suficiente antes de prosseguir.

É importante sentir o apoio das pessoas quando se está com problemas. Então, se puder, incentive os alunos a formar grupos de estudo para trabalhar juntos durante o semestre, gerando assim apoio mútuo e recíproco. A parte mais difícil para os alunos é encontrar tempo para ficarem juntos. Um colega meu, que dá aula em um grande curso (quinhentos alunos), instituiu um *matchmaker* eletrônico que permite aos alunos indicar quando estão livres para estudar e em que lugar da cidade moram. Esses sistemas ajudam os alunos em dificuldade a encontrar colegas que não estão com dificuldades e que estejam dispostos a ajudá-los como meio de ganhar créditos extras (tudo certificado pelo professor, claro). Outra maneira de ajudar é criar um fórum de discussão na aula, no qual os alunos possam postar perguntas e obter respostas de outros alunos e do professor. Se vários alunos fizerem a mesma pergunta, o professor poderá criar uma página de

FAQs com a melhor solução para cada problema e disponibilizá-la para todos, incluindo as turmas futuras.

Quando alguns alunos estão passando por problemas que exigem ajuda extra, geralmente, aplico questionários e provas no início do semestre para ajudá-los a identificar e diagnosticar as dificuldades. Convido aqueles que não se saíram tão bem quanto o esperado para conversar. Quando faço isso, peço que avaliem a causa da dificuldade e tento oferecer sugestões úteis. Em geral, faço algumas perguntas específicas:

"Você perdeu alguma aula?"
"Você estuda a matéria antes da aula?"
"Como você estuda?" (Essa questão pode provocar uma discussão sobre as estratégias de aprendizagem 1 – ver Capítulo 20.)
"Que tipo de anotações você faz?" (Em geral, peço para dar uma olhada.)
"Você discute as aulas com os colegas – fazendo perguntas, explicando, resumindo?"

Às vezes, encaminho os alunos para outros recursos pedagógicos do câmpus, como o centro de apoio de aprendizagem do aluno. Sempre tenho panfletos do centro de aprendizagem em minha sala para oferecer aos alunos que possam precisar de incentivo. Se eles perceberem quanto o pessoal de lá pode ser prestativo, ficarão mais dispostos a visitá-los. Mais tarde, volto a falar com os alunos para saber se experimentaram minhas sugestões e observo o desempenho futuro para verificar se ainda precisam de ajuda.

Ensino e tutoria individualizada

Vamos abordar aqui as interações relacionadas a questões mais amplas sobre o desenvolvimento pessoal e educacional do aluno. A interpretação mais adequada da orientação educacional é aquela definida explicitamente e negligenciada. Até em classes de quarenta a sessenta alunos, é difícil o processo de aprendizagem incluir a união de um intelecto maduro (do professor) e outro em amadurecimento (do aluno). Frequentemente, os alunos devem se contentar em ouvir as palestras do professor em sala de aula e realizar as leituras direcionadas para algumas noções abstratas do "aluno".

Nas interações com alunos fora da sala de aula ou como orientador acadêmico, é possível complementar o aprendizado relacionado ao curso com um aprendizado personalizado, que facilita a adaptação do indivíduo à faculdade. Isso é extremamente necessário para os alunos de primeiro ano, para os quais novas esferas intelectuais estão se abrindo, geralmente quando dão um grande passo ao se distanciar das famílias e comunidades. Trata-se, provavelmente, de uma época em que é necessário digerir muitas suposições novas e maneiras também novas de lidar com as ideias importantes. Os orientadores educacionais, pelo fato de não terem nenhum comprometimento de abordar determinado assunto, conseguem oferecer aos alunos a oportunidade de digerir e integrar as experiências intelectuais que estão tendo. Longe de ser uma tarefa atribuída ao fato de o docente ser menos bem-sucedido, essa responsabilidade é mais bem-aceita por professores com interesses intelectuais amplos e consistentes que, ao mesmo tempo, têm um forte comprometimento pedagógico. Pascarella & Terenzini (2005) citam as interações individuais com alunos como uma variável-chave de impacto sobre o seu desenvolvimento.

Nesse momento, quando os alunos estão dando um grande passo em direção à maior independência da família e tentando buscar modelos que possam representar as inovações do papel de adulto a que aspiram, é a hora de haver oportunidades para estreitar as relações com os docentes. As características de uma universidade grande colocam obstáculos no caminho dessa experiência. A orientação educacional individual é um dos meios importantes de chegar se atingir os objetivos pedagógicos. Parece provável que o padrão mais eficaz de se fazer isso é com os orientadores, planejando reuniões em pequenos grupos de alunos, para dar a oportunidade aos alunos iniciantes, que vêm de diferentes partes do Estado e do país, de trocar os impactos de suas experiências universitárias iniciais com uma pessoa intelectualmente madura. Várias faculdades e universidades agrupam os alunos de primeiro ano em grupos de interesse ou seminários que se encontram regularmente durante o primeiro semestre para ajudá-los a estabelecer os sistemas de apoio social e acadêmico. Normalmente, pensamos em tutoria de alunos de pós-graduação, mas trata-se de função que atinge todos os alunos de todos os níveis.

Os problemas de alunos mais velhos que ingressam na faculdade são, de algum modo, semelhantes aos dos iniciantes, apesar das diferenças óbvias quanto às experiências de vida. Tanto os alunos mais jovens como os mais velhos geralmente ficam ansiosos com a capacidade de realizar o trabalho acadêmico. Contudo, os mais velhos podem ter preocupações ainda maiores quanto à sua capacidade de se adaptar ao ambiente universitário e de se relacionar com os colegas (em geral, bem mais jovens e com vida social bem diferente).

Problemas de gestão de turma

Algumas vezes, os problemas que temos com os alunos são realmente de políticas ou manutenção das regras. É impressionante o esforço que os alunos fazem para tentar driblar as regras. A melhor maneira de poupar tempo e esforço nessa área é ter políticas justas que o professor deixa bem claras e acessíveis (como no programa de estudo ou no site da turma), observando o cumprimento de forma consistente (mas não inflexível). Vamos considerar alguns pontos específicos desse assunto.

Alunos que buscam a atenção e os que dominam as discussões

No livro *The college classroom*, Dick Mann (1970) e seus alunos de pós-graduação descrevem oito grupos de alunos, e um deles é formado pelos que "buscam atenção". Os que buscam atenção falam mesmo quando não têm nada a dizer. Eles brincam, tentam aparecer, elogiam o professor ou outros alunos – tentam ser notados a todo momento (Mann et al., 1970).

No início do semestre, quando estou tentando iniciar os debates, fico muito agradecido a esse tipo de aluno. Eles ajudam a dar continuidade ao debate. Mas, com o avanço das aulas, os outros alunos e eu acabamos perturbados pelos alunos que falam demais e interferem nas chances que os demais têm de falar. O que fazer nesse caso?

Geralmente, começo sugerindo que quero conhecer as ideias de todo mundo – que cada aluno tem uma perspectiva única e que é importante juntar o máximo possível das opiniões individuais para dar apoio ao assunto em discussão. Caso levantem as mãos para participar, chamo primeiro os que não têm falado recentemente.

Se o problema persiste, digo-lhes que algumas pessoas parecem participar muito mais que outras e peço sugestões sobre o que pode ser feito para que todo mundo tenha chance de participar. Como alternativa, peço a dois ou três alunos que atuem como "observadores do processo" por um dia, que relatem, no final da aula ou no início da próxima, as observações sobre o andamento do debate, que problemas perceberam e quais são as sugestões de melhoria (posso até pedir a um daqueles que lutam para obter atenção que seja um observador). Outra possibilidade é gravar uma aula em áudio ou vídeo e assistir com a turma em uma próxima aula para ver as reações dos alunos.

Se tudo isso falhar, peço ao "buscador de atenção" que me encontre depois da aula e menciono que estou preocupado com os debates da turma e que, embora aprecie o envolvimento dele, seria muito bom se pudesse guardar alguns comentários até que todo mundo tenha sido ouvido. Às vezes, falo assim: "Os outros alunos estão começando a depender de você para fazer todo o trabalho. Então, vamos estimulá-los a falar mais". Dito desta forma, o comentário nos torna cúmplices na promoção da educação para o restante da turma.

• DICAS DE ENSINO •

Alguns alunos mais destacados são mais bem informados, fluentes nos assuntos tratados em sala de aula e estão dispostos a contribuir com informações relevantes, proporcionar perspectivas reais e resolver problemas da turma. Valorizamos esses alunos. Mas ainda assim devemos reconhecer o perigo potencial de que os outros alunos se afastem, não sentindo necessidade de participar porque o aluno mais dominador é tão brilhante ou articulado que suas próprias ideias e dúvidas parecem fracas ou inadequadas. Nesse caso, os subgrupos podem ajudar, com a condição de que cada aluno apresente uma pergunta, ideia ou reação à tarefa do grupo antes de começar o debate geral.

No informativo *The university teacher*, Harry Stanton (1992), consultor em ensino superior na University of Tasmania, sugeriu que os alunos devem receber três fósforos ou marcadores no início da aula. Cada vez que o aluno fala, ele abaixa um marcador e, quando não tiver mais marcadores na mão, suas contribuições para aquela aula já se encerraram. Talvez os subgrupos possam unir os marcadores ou um grupo empresta ou barganha um marcador extra quando tiverem uma ideia muito boa que precisa ser apresentada.

Alunos desatentos

Periodicamente, tenho uma turma na qual dois ou três alunos no fundo da sala têm conversas paralelas. Isso é irritante não apenas para mim, mas para os alunos sentados perto deles. O que fazer?

Primeiro, deve-se considerar se o problema é com o conteúdo da disciplina e não com os alunos. A matéria está difícil? Fácil demais? O tema da discussão desperta ansiedade? Se a resposta para essas perguntas for "não" e o comportamento persistir apesar da mudança de assunto ou nível de dificuldade, o que fazer?

Minha primeira tentativa é dividir a turma em grupos designados para trabalhar com determinado problema ou elaborar uma hipótese e passear pela sala para ver como estão progredindo. É importante verificar, no grupo com o aluno problemático, se eles estão realmente trabalhando na atividade. Isso geralmente funciona e, às vezes, faz que os alunos voltem a se ocupar com a aula até o fim.

Entretanto, suponhamos que, na próxima aula, o mesmo problema volte a acontecer. Desta vez, peço à turma que elabore um trabalho de minuto (tipo de trabalho já citado anteriormente) e chamo um dos alunos desatentos para explicar o que escreveram ou alguém sentado próximo do grupo desatento, o que significa que concentro a atividade naquela parte da sala.

Outra possibilidade é anunciar que, como as evidências de pesquisa indicam que os alunos que se sentam na frente obtêm notas melhores (é possível explicar que ver o rosto e a boca do professor melhora a atenção e compreensão), existe uma política de rodízio de lugares e, na próxima semana, os alunos sentados no fundo devem se sentar na frente e vice-versa.

Se tudo isso der errado, posso promover um debate geral sobre os fatores que facilitaram ou dificultaram o aprendizado em sala de aula até o momento. Como alternativa, posso pedir a um ou mais alunos que me encontrem fora da aula e perguntar o que estão achando da turma e expresso minha preocupação de não conseguir ensinar de modo a chamar a atenção deles.

Alunos despreparados para as aulas

Em geral, há muitas razões que justificam o despreparo dos alunos, mas alguns deles são cronicamente despreparados sem nenhuma razão aparente. O que podemos fazer? Aqui, vou trabalhar com as sugestões feitas nos capítulos 5 e 6.

No meu curso introdutório, tento avisar, desde o início, que espero que os alunos leiam a matéria antes da aula. Anuncio que, no segundo dia de aula, vou dar um questionário curto com base na primeira palestra ou debate e a tarefa do segundo dia de aula. Entrego o questionário e depois peço aos alunos que corrijam os próprios trabalhos, indicando que essa atividade tem dois propósitos: introduzir o hábito de ler a matéria antes da aula e mostrar se estão ou não entendendo os principais pontos da matéria. Uma semana depois, aplico um segundo questionário e, três semanas depois, outro um pouco mais longo. Nesse momento, minha expectativa é de que os alunos tenham determinado uma rotina para ficar em dia com as tarefas.

Esse procedimento presume que os alunos saibam o que se espera deles. Uma das causas mais comuns da falta de preparo é o fato de os alunos não saberem o que esperamos deles. Em geral, os professores dizem algo como: "Pode ser bom dar uma olhada no próximo capítulo antes da próxima aula". Ou dizem que a palestra da próxima aula será sobre x, mas não mencionam que se trata também do tema da leitura seguinte. Passar algumas perguntas para os alunos refletirem conforme estudam para a aula seguinte pode ajudar, assim como um aviso de que haverá atividade nesta aula que dependerá da leitura. Uma das vantagens de um programa bem escrito é que ele comunica as expectativas. O professor também precisa comunicar suas expectativas com o uso frequente da frase "Como vocês puderam ver pela tarefa de hoje" ou perguntas como "O que x (autor do livro) diz sobre…?" ou "Que evidência da leitura que fizeram apoia (ou não) seu ponto de vista?". Escrevi um artigo para o National Teaching Learning Forum – "The Scout's Motto: Be Prepared" (Svinicki, 2008) – no qual apresentava uma variedade de soluções para esse problema. Ajudou a esclarecer (para mim mesma) o que significava estar preparado para a aula e compartilhar isso com os alunos. O professor pode acabar vendo que até a definição de "leitura" varia de aluno para aluno e de turma para turma.

O bajulador, o discípulo, o vigarista

Se o professor é novo ou está um pouco inseguro, é tentador responder de maneira positiva a qualquer um que diz que é o melhor educador que ele já teve ou que está impressionado com a profundidade de seu conhecimento e quer conhecer um pouco mais sobre seus interesses nas pesquisas. Normalmente, tal interesse é genuíno e pode ser verdadeiramente enriquecedor tanto para o professor como para o aluno, mas há alunos para os quais essa abordagem é uma estratégia consciente de obter notas melhores ou conseguir exceções nos prazos de entrega de trabalhos.

O verdadeiro perigo apresentado por esse tipo de aluno é que o professor começa a desconfiar de todos e perde a compaixão pelos alunos que realmente precisam de uma prorrogação ou alguma outra indicação de flexibilidade. Prefiro ser enganado algumas vezes a me desfazer, por pura rigidez, de um aluno realmente necessitado. Assim, meu conselho é começar presumindo que a honestidade existe. Contudo, no geral, não se devem mudar as regras do jogo a menos que você esteja disposto a mudá-las para todos ou convencido da existência de motivos razoáveis para tal exceção.

Alunos com desculpas

Acredito que é melhor ser levado por uma desculpa fraudulenta do que ser visto como injusto em resposta a uma desculpa legítima. No entanto, ninguém quer ser visto como um ser tão ingênuo a ponto de os alunos passarem a inventar desculpas em vez de fazerem os trabalhos. Caron, Whitbourne & Halgin (1992) estudaram a elaboração de desculpas e, em sua amostragem, descobriram que cerca de dois terços dos alunos admitiram ter dado pelo menos uma desculpa falsa durante os anos de faculdade. No relatório desses alunos, parece que as desculpas fraudulentas eram tão frequentes quanto as legítimas. Na maioria dos casos, a desculpa era empregada para ganhar mais tempo para a realização de um trabalho.

Os dados do grupo de Caron, Whitbourne & Halgin (1992) não dão dicas sobre o que se pode fazer para evitar ou detectar as desculpas falsas. Se o problema estiver relacionado ao tempo, o professor poderá montar verificações do progresso de um trabalho ou outra tarefa para reduzir a tendência de adiamento até o último momento. Por exemplo, pode-se exigir que os alunos entreguem um esboço ou bibliografia antes da data de entrega do trabalho.

Às vezes, informo, no programa de estudos, que haverá uma série de penalidades nas notas de acordo com o atraso do trabalho. Informo, ainda, que essa tática foi elaborada para compensar a vantagem que os alunos atrasados ganham com o tempo extra, procurando mais fontes, obtendo mais comentários e *feedback* etc. Uma alternativa que ainda não usei, e que pode ser mais vantajosa psicologicamente, é oferecer um bônus para os trabalhos entregues com antecedência. Também pode ser sábio dizer, no programa do curso, que o professor quer ser flexível com as datas de entrega, que reconhece que eventos inesperados podem impedir a conclusão de um trabalho, mas, ao fazer exceções, vai exigir provas de que realmente necessitam de uma prorrogação.

A melhor defesa contra as desculpas é um bom ataque, ou seja, um curso bem elaborado que leva em consideração o fato de que a vida nem sempre corre como o planejado. Por exemplo, no Capítulo 10, mencionei quão sábio é permitir que os alunos deixem de lado a nota mais baixa que obtiveram em uma prova sem que haja necessidade de explicações. Isso evita ter de julgar a veracidade das desculpas para provas perdidas. Os alunos raramente arrumam desculpas para ausências contínuas sem uma boa maneira de sustentar suas reivindicações. Portanto, o conselho é pensar em maneiras de oferecer oportunidades legítimas, caso o aluno tenha dificuldades. Dessa forma, o professor evitará papel de juiz.

Problemas emocionais

Agora, vamos falar sobre o tipo de problema mais difícil de ser encarado por todos os professores: os problemas que envolvem as questões emocionais em vez das questões de gestão ou acadêmicas que estive apresentando até aqui.

Alunos irritadiços

Anteriormente, descrevi alunos que eram agressivos quando se tratava de confrontar ideias. No entanto, alguns alunos realmente ficam irritados com sua autoridade e expressam essa raiva verbalmente ou não, dentro ou fora da sala de aula. O que se deve fazer com eles?

Provavelmente a estratégia mais comum é tentar ignorá-los, o que normalmente é bem-sucedido, para evitar confrontos em público e a interrupção da aula. Porém pode não resultar em melhor motivação e aprendizagem para o aluno, e, às vezes, é difícil não reagir à hostilidade. A hostilidade seria um erro porque não é um bom modelo para lidar com as situações emocionais nem para o aluno, nem para o restante da turma.

■ DICAS DE ENSINO ■

Tento evitar situações como esta me familiarizando mais com o aluno. Se pedi aos alunos que entregassem trabalhos de minuto ou artigos, leio o que o aluno irritadiço escreveu com cuidado especial e tento entender qual é o problema. Posso até pedir para o aluno vir conversar comigo e discutir o trabalho. Nessa reunião, pergunto a ele como se sente com relação ao curso, do que gosta, que assuntos são mais interessantes (uso o pronome masculino deliberadamente porque esses alunos são, em sua grande maioria, homens, embora já tenha encontrado algumas mulheres hostis). Às vezes, o docente se vê em uma conversa na qual tem de arrancar todas as palavras do aluno, embora ele tenha aceitado seu convite para voltar outra hora. Às vezes, será necessário convidar um pequeno grupo de alunos (incluindo o aluno hostil) de modo a tornar a situação menos ameaçadora para este, que esconde o medo com a agressividade. Qualquer que seja a estratégia, parece-me importante informar aos alunos que o professor os reconhece como indivíduos, que está comprometido com o aprendizado e que está disposto a ouvir e responder da forma mais construtiva possível.

E quanto à hostilidade evidente – o aluno que ataca seu ponto de vista durante uma palestra, um debate ou aquele que acha que seu péssimo ensino ou as notas injustas provocaram o mau desempenho na prova? Antes de tudo, deve-se *ouvir* cuidadosa e respeitosamente. Lembre-se de que nada é mais frustrante do que ser interrompido antes do seu argumento ou sua queixa ter sido ouvida. Em seguida, é importante reconhecer que existe uma possibilidade de o aluno estar certo ou, pelo menos, de que há lógica ou evidência do lado dele. Com base nisso, você tem pelo menos três opções:

1. Posicione-se da maneira mais calma e racional possível, reconhecendo que nem todos concordam. Se for um problema profundo, pergunte à turma que evidências podem ser obtidas para resolver ou esclarecer a questão. Não confie na própria autoridade ou poder para rebaixar o aluno ou criar uma situação de "ganhar ou perder". Se for um problema com relação à atribuição de notas, explique por que fez aquela pergunta, que tipo de pensamento estava esperando obter e como os alunos que foram bem responderam à questão. Reconheça que sua decisão pode não ser perfeita, mas mostre que tem responsabilidade para tomar decisões da melhor maneira possível, e assim foi feito.
2. Apresente a questão à turma: "Como vocês se sentem em relação a isso?". Essa tática tem o perigo óbvio de que tanto o docente quanto o agressor podem não encontrar apoio e se sentirem alienados do restante da turma, mas, muitas vezes, vai levar as discussões de ambos os lados para debate aberto e acabar se tornando uma experiência útil de reflexão para todos. Esta pode ser uma boa

hora para usar o método de duas colunas descrito no Capítulo 5, colocando a lista dos argumentos de ambos os lados na lousa, sem comentários.
3. Admita que pode ter errado e diga que reservará um tempo para reconsiderar e reavaliar na próxima aula. Se o aluno realmente tiver um argumento válido, isso lhe dará respeito e reputação de pessoa justa. Se a argumentação do aluno foi infundada, pode ficar com a fama de ser facilmente influenciável e ver um número crescente de alunos pedindo alteração de notas.

E o aluno que vem para sua sala pronto para atacar sua atribuição de notas no que foi claramente "um trabalho muito bom"? Novamente, o primeiro passo é escutar. Peça-lhe que exponha os argumentos. Como sugerido no Capítulo 7, é possível ganhar tempo para pensar se avisar com antecedência que os alunos que tiverem dúvidas ou reclamações sobre as notas de prova devem trazer uma explicação, por escrito, do ponto de vista e da lógica que utilizaram ao pedirem uma nota maior.

Porém, mais uma vez, não adote posição tão defensiva com relação às notas de modo a torná-lo incapaz de fazer um ajuste, caso o aluno tenha um argumento válido. Em casos mais raros, já pedi para outro docente ler o trabalho ou prova com o objetivo de obter uma avaliação independente.

Se o professor não considerar que o aluno tem um argumento válido e a explicação não for convincente, poderá acabar dizendo que, embora ele possa estar certo, é necessário atribuir as notas com base nos critérios que julga serem corretos. Se já deixou claros os itens que utiliza para dar notas, tanto antes de ministrar a prova ou trabalho como na hora da entrega do material, as queixas devem ser raras.

Alunos desmotivados, prontos para desistir

Muitas vezes, após as primeiras semanas de aula, o professor verá que alguns alunos estão desmotivados e desencorajados. Às vezes, chegam atrasados ou faltam à aula; outras vezes, os trabalhos são resumidos e falta senso de entusiasmo ou criatividade. Nas minhas turmas introdutórias, alguns alunos começam com grande entusiasmo e energia e, semanas depois, parecem ter perdido todo o gás. Curiosamente, observamos o mesmo fenômeno em nosso seminário para iniciantes do curso de doutorado. Em ambos os casos, a transição para um novo nível educacional traz exigências maiores que as vividas anteriormente pelos alunos. Frequentemente, o apoio da família e dos amigos não ocorre mais. Eles começam a duvidar da própria capacidade de alcançar os objetivos.

Há uma espécie de solução mágica para esse problema que as pesquisas mostraram ser surpreendentemente eficaz: envolve trazer os alunos do ano anterior, que descrevem suas experiências de frustração e dúvidas durante o início do curso e relatam que conseguiram superá-las e sobreviveram. A teoria que explica a eficácia dessa prática afirma basicamente que o trabalho é convencer os alunos desencorajados de que os problemas não precisam ser atribuídos à falta de capacidade, a qual não pode ser mudada, mas que se trata de um problema temporário. Ao desenvolverem estratégias mais eficazes, investirem mais esforços ou simplesmente se preocuparem menos, os alunos têm maiores chances de alcançar resultados melhores (Van Overwalle, Segebarth & Goldchstein, 1989; Wilson & Linville, 1982).

Alunos com reações emocionais a temas sensíveis

Em quase todas as disciplinas, existem tópicos que despertam sentimentos mais intensos nos alunos. Em um curso de psicologia, um tema sensível pode ser "diferenças do grupo quanto à inteligência"; em um de biologia, pode ser "evolução" ou "experimentos com animais"; em sociologia, "o papel do controle de natalidade e do aborto na política da população". Normalmente, hesitamos em abrir tais temas em debates. Todavia, se o tópico for relevante e importante, é fundamental reconhecer a sensibilidade do assunto, admitir que alguns alunos terão dificuldade de manifestar suas ideias e explicar por que o tema é relevante aos objetivos do curso. Comparar abordagens alternativas, talvez usando o método de duas colunas descrito no Capítulo 5, pode ajudar os alunos a enxergar a complexidade do assunto.

Quando estiver conduzindo a discussão de um tema sensível, é importante enfatizar que todos os alunos devem ouvir os colegas com respeito e tentar entender os pontos de vista. O professor pode pedir que um aluno conte com as próprias palavras o que os outros disseram. Se os nervos estiverem à flor da pele, o docente poderá "jogar um balde de água fria" pedindo aos alunos que escrevam, por alguns minutos, algo que aprenderam ou um ponto que precisa ser considerado. Levar os alunos a escrever uma dissertação curta defendendo uma posição oposta ao que pensam é uma maneira eficaz de abrir a mente.

É necessário reservar tempo suficiente para uma discussão adequada. Os alunos podem relutar em participar até sentirem que é seguro falar honestamente. Esse medo de rejeição também sugere que o professor deixe os tópicos controversos para o final do semestre para assegurar que os alunos desenvolveram confiança.

Como lidar com problemas psicológicos

Em algum momento, o professor pode suspeitar que um aluno precisa de orientação psicológica. Alguns dos sinais são: agressividade, mau humor, preocupação excessiva, desconfiança, desamparo, surtos emocionais e depressão. Às vezes, também verá sinais de abuso de álcool ou drogas. Como ajudar o aluno?

O primeiro passo é o professor conversar com aluno. Geralmente, pode-se sugerir que ele procure o professor para discutirem alguns aspectos relacionados a um trabalho ou prova. Normalmente, o aluno está ciente de que as coisas não estão indo bem e, aí, o professor pode simplesmente dizer: "Como vão as coisas?" ou "Qual você acha que é a razão dos seus problemas?". Ouça em vez de intervir. Depois de ouvir e manifestar preocupação, o docente pode dizer: "O que você acha que pode fazer?". Uma alternativa, provavelmente a melhor, é procurar ajuda profissional (aproveite o tempo para descobrir qual ajuda está disponível na universidade antes de sugerir ao aluno). Se o aluno concordar que a assistência profissional pode ser uma boa ideia, descobri que ajuda pegar o telefone e falar: "Vou ligar para ver quando podem atendê-lo". Mesmo que o aluno não consiga ajuda profissional imediatamente, a preocupação e o apoio serão úteis, e o conhecimento da parte do aluno da disponibilidade da ajuda profissional pode ser valiosa mais tarde.

Suicidas potenciais

A preocupação crescente com o risco de suicídio entre alunos universitários induz a algumas palavras sobre o reconhecimento precoce dos tipos de estados depressivos que acompanham tais riscos. Se o professor perceber uma queda repentina na assiduidade do aluno, pode querer saber mais, principalmente se notar sinais de abandono da higiene pessoal, letargia e alterações significantes de peso ou expressão facial atipicamente triste ou angustiada. O interesse no aluno deve incluir preocupação com outras alterações que ele possa estar vivenciando, incluindo separações e perdas. O professor deve prestar atenção nas conversas sobre morte ou que fazem referências a suicídio ou, ainda, com relação a pôr os assuntos pessoais e legais em ordem.

A preocupação principal não deve ser a de obter uma avaliação precisa do risco de suicídio. Na verdade, não é da competência do professor se tornar esse tipo de conselheiro do aluno, isso seria inadequado e até antiético. Mas o docente é um daqueles que se encontram em posição de reconhecer alterações nos alunos. Um aluno que apresenta qualquer uma dessas características certamente está com problemas. Uma boa fonte de conselhos sobre a saúde mental dos alunos é o site da National Academic Advising Association (www.nacada.ksu.edu/Clearinghouse/Advisingissues/Mental-Health.htm), dos Estados Unidos, em que há materiais para consulta, panoramas dos problemas comuns enfrentados pelos universitários e bibliografias que tratam de vários assuntos. Ajudar o aluno deve ser o principal objetivo. Certa vez, fui com um aluno até a clínica para ter certeza de que ele chegaria lá. Outras vezes, quando parecia que um aluno não ia buscar ajuda, pedi ao serviço de saúde da universidade que fosse conversar com ele. Às vezes, a simples ideia de que alguém realmente se importa com ele é suficiente para ajudá-lo a superar as fases ruins.

CONCLUSÃO

1. Não evite controvérsias. Use-as como oportunidade de modelar as boas habilidades de resolução de problemas e pensamento crítico.
2. *Ouça* e leve os alunos a ouvir.
3. Mantenha a calma. Não é necessário responder imediatamente.
4. Refaça a frase, pergunte e resuma, mas retarde a sugestão de alternativas até que tenha certeza de que entendeu.
5. Converse com seus colegas. Pergunte o que eles fariam.
6. Lembre-se de que seus alunos-problema são seres humanos que têm dificuldades e precisam da sua simpatia e ajuda.

LEITURA COMPLEMENTAR

Uma excelente revisão sobre a pesquisa de retreinamento atribucional que lida com a motivação de alunos desencorajados foi feita por R. P. Perry, R J. Hechter, V. H. Menec & L. Weinberg, *A review of attributional motivation and performance in college students from an attributional retraining perspective*, Occasional Papers in Higher Education, Centre for Higher Education Research and Development, University of Manitoba, Winnipeg, Manitoba, Canada R3T 2N2.

Duas compilações interessantes relacionadas à pesquisa e ao pensamento sobre os problemas em sala e aula são de Steven M. Richardson, Promoting civility: a teaching challenge, n. 77, mar. 1999, e de John Braxton & Alan Bayer, Faculty and student classroom improprieties: creating a civil environment on campus, n. 100, 2005, na série *New Directions for Teaching and Learning*.

Na publicação de A. W. Chickering, *The New American College* (São Francisco: Jossey-Bass, 1988), o capítulo escrito por Jane Shipton & Elizabeth Steltenpohl oferece uma ótima perspectiva sobre as questões mais amplas enfrentadas pelos orientadores acadêmicos. O planejamento típico de 15 minutos por orientando é obviamente insuficiente para fazer o programa acadêmico relacionado às metas ao longo da vida.

Em *Tools for teaching* (São Francisco: Jossey-Bass, 2009), Barbara Davis oferece ótimos conselhos práticos nos capítulo 44, "Holding office hours", e 45, "Academic advising and monitoring undergraduates".

Ver também Alice G. Reinarz e Eric R. White (Eds.). Teaching through academic advising: a faculty perspective, *New Directions for Teaching and Learning*, n. 62, 1995.

Capítulo 7: "One-on-One Interactions with Students", no livro de Anne Curzan e Lisa Damour, *First day to final grade* (Ann Arbor: University of Michigan Press, 2000), oferece bons conselhos sobre a orientação de alunos com muitos problemas.

Um recurso útil é o capítulo de Mary Deane Sorcinelli, "Dealing with troublesome behaviors in the classroom", in K. W. Prichard & R. M. Sawyer, *Handbook of college teaching: theory and applications* (Westport, CT: Greenwood, 1994).

Barbara Hofer & Paul Pintrich revisaram as várias teorias sobre as crenças e o aprendizado epistemológico em The development of epistemological theories: beliefs about knowledge and knowing and their relation to learning, *Review of Educational Research*, v. 67, p. 88-140, 1997.

Uma leitura especialmente relevante é de R. Harper & M. Peterson: Mental health issues and college students, *NACADA Clearinghouse of Academic Advising Resources*, 2005. Disponível em: <www.nacada.ksu.edu/Clearinghouse/AdvisingIssues/Mental-Health.htm>; acesso em: 27 maio 2009. Esse artigo trata principalmente do que os orientadores podem fazer para reconhecer e ajudar os alunos problemáticos.

PARTE 4

Como aumentar o repertório de habilidades e estratégias para facilitar a aprendizagem ativa

Capítulo 14

Aprendizagem ativa: aprendizagem em grupo[1]

O valor da aprendizagem ativa em si

Antes de começarmos a discussão sobre como tornar os alunos ativos na aprendizagem em grupos, creio que vale a pena fazer algumas considerações sobre o motivo de envolvê-los na aprendizagem ativa antes de mais nada. No decorrer do livro, tentei incluir ideias da literatura de pesquisa sobre aprendizagem, e, se existe alguma coisa com a qual a literatura concorda plenamente, trata-se do valor de envolver o aluno no processamento ativo das informações recebidas. Há uma grande diferença entre ouvir e aprender. Na verdade, há uma diferença entre ouvir e escutar atentamente. Apesar de alguns professores acreditarem que falar é ensinar, o aluno não armazena as informações novas na memória de longo prazo até que consiga fazer alguma coisa com elas. Pode ser que o aluno faça uma conexão entre o que está ouvindo e o que já sabe. Ou pode ser que ele crie um exemplo ou imagem que represente as novas informações e suas estruturas. Seja qual for o ato de processamento, mesmo que seja tomar notas das apresentações resumindo o que foi dito em vez de escrever na íntegra, o aluno torna a informação exclusiva para sua compreensão. Então, é necessário ter alguma forma de aprendizagem ativa.

Outra vantagem da aprendizagem ativa é que ela ajuda a eliminar a "ilusão do entendimento". Refiro-me àquela experiência maravilhosa que todos nós já tivemos

---

[1] Uso a expressão *aprendizagem em grupo* para incluir as aprendizagens "colaborativa" e "cooperativa". Alguns autores diferem a aprendizagem colaborativa da cooperativa, mas ambas envolvem o aprendizado com colegas no qual existe uma interdependência de alunos trabalhando por um objetivo comum. As semelhanças e diferenças nos aprendizados colaborativo e cooperativo foram abordadas no trabalho de Cooper, Robinson & Ball (2003).

de ouvir um especialista descrevendo determinado processo e achar que estamos entendendo. Porém, mais tarde, descobrimos que não conseguimos reproduzir ao tentar fazer algo sozinho. Muitos alunos já disseram: "Entendi quando você explicou durante a aula, mas, quando fui fazer a tarefa, não consegui!". Esse é um exemplo do fenômeno abordado aqui. Achamos que entendemos algo simplesmente porque vimos, escutamos ou lemos antes. Precisamos tentar pôr as informações em prática para perceber que ainda não entendemos. A aprendizagem ativa durante a aula quebra esse ciclo em vez de esperar até o dia da prova para mostrar aos alunos que não entenderam muito bem.

E, finalmente, a aprendizagem ativa abre a oportunidade para a motivação. Fazer algo geralmente é mais motivador e interessante do que apenas tomar notas. E, quando fazemos algo e acertamos, sentimo-nos muito motivados. A inclusão de perguntas, questionários sem valor de notas e oportunidades de pôr as ideias em prática pode ser feito bem rapidamente, sem a necessidade do professor avaliar ou revisar o trabalho de todos os alunos. Um exemplo perfeito de aprendizagem ativa que está se popularizando é o uso dos sistemas de resposta pessoal (*clickers*) nas aulas teóricas (ver Capítulo 17 sobre tecnologia para obter uma descrição mais detalhada do equipamento). Essa tecnologia permite que o professor, com certa periodicidade, peça a todos os alunos que respondam a uma pergunta clicando na resposta escolhida; em seguida, os resultados são exibidos para a turma e usados como *feedback*. Se já utilizou um desses sistemas ou já viu alguém usando, sabe quanto os alunos podem se interessar em ver a resposta certa e o momento único que vivenciamos quando erram.

Embora o sistema de *feedback* que acabamos de ver seja ótimo para a aprendizagem ativa, nem toda a aprendizagem ativa necessita de *feedback* do professor. Às vezes, pedir aos alunos que parem e escrevam o que estão pensando já é suficiente para aquele momento. A escrita é uma excelente oportunidade para a aprendizagem ativa individual (ver Capítulo 16 para obter mais ideias sobre a escrita como forma de aprendizado). Já comentei a estratégia do "trabalho de minuto", de pedir aos alunos que passem 5 minutos no final da aula escrevendo um resumo sobre o que entenderam da matéria do dia. Geralmente, os trabalhos são entregues para o professor ler, mas não precisam ser avaliados com nota, e podem ser lidos e digeridos para servir de base para uma futura conversa entre o docente e a turma.

O valor da aprendizagem ativa em grupos

O gargalo da eficiência educacional é que aprender a pensar exige raciocínio e comunicação do pensamento por meio da fala, da escrita ou do ato de fazer, para que outros possam ter reações. Infelizmente, o professor só consegue ler um

■ APRENDIZAGEM ATIVA: APRENDIZAGEM EM GRUPO ■

trabalho por vez, só consegue ouvir comentários de um aluno por vez e só consegue responder a um de cada vez.

O problema não é transmitir o conhecimento dos professores para os alunos com maior eficiência. Os materiais impressos fizeram isso muito bem por muitos anos e, para a maioria dos propósitos educacionais, ainda são superiores às muitas opções modernas. O problema é a interação entre o aluno e o professor. Felizmente, as interações que facilitam a aprendizagem não precisam ficar limitadas às interações com os professores. Muitas vezes, os grupos de alunos são até mais produtivos.

Por que a aprendizagem em grupo funciona?

A melhor resposta para a pergunta "Qual é o método de ensino mais eficaz?" é que depende do objetivo, do aluno, do conteúdo e do professor. A segunda melhor resposta pode ser "alunos ensinando outros alunos". Há muitas evidências de que a aprendizagem e o ensino em grupo são extremamente eficazes para vários objetivos, conteúdos e alunos de diferentes níveis e personalidades (Johnson et al., 1981). Além disso, a habilidade de trabalhar de forma cooperativa é essencial na maioria das profissões que os alunos futuramente vão exercer. Miller & Groccia (1997) descobriram que a aprendizagem cooperativa produz resultados positivos na habilidade de trabalhar em equipe, além de melhores resultados cognitivos. Marbac-Ad & Sokolove (2000) constataram que a aprendizagem cooperativa nos cursos de biologia resulta em questionamentos de níveis mais avançados por parte do aluno.

Angela O'Donnell (2006) fez uma revisão bem cuidadosa do processo por trás da aprendizagem em grupo. Ela descreve a base social/motivacional, além da cognitiva, como vantagens da aprendizagem em grupo. Por exemplo, a aprendizagem motivacional em grupo tem a vantagem da interação com o colega – oportunidade para estímulo e apoio mútuo. Uma amostra do valor motivacional da aprendizagem em grupo (Schomberg, 1986) é que reduz o absenteísmo. Saber que seus parceiros estão dependendo de você aumenta a probabilidade de realização do trabalho. Na dimensão cognitiva, o trabalho em grupo oferece oportunidade de elaboração – pôr a matéria nas palavras de alguém – e uma chance para começar a usar a linguagem da disciplina. Transmite a mensagem de que o lócus do aprendizado está na cabeça dos alunos. Um colega de turma eficaz também consegue atuar como modelo de estratégias úteis de aprendizado, além do próprio professor.

Várias das técnicas de aprendizagem em grupo envolvem alternar entre ouvir, resumir ou explicar. As estruturas da aprendizagem em grupo, como a célula de aprendizagem que reduz a chance de um participante ser apenas um recipiente passivo de conteúdos, podem ser muito úteis para a motivação e o aprendizado.

Na aprendizagem em grupo, o papel do aluno bem-sucedido é questionar, explicar, expressar opiniões, admitir confusão e revelar os equívocos. Mas, ao mesmo tempo, o aluno deve ouvir os colegas, responder às dúvidas, questionar as opiniões e compartilhar informações ou conceitos que virão a esclarecer qualquer mal-entendido. A realização dessas tarefas necessita de habilidades interpessoais e cognitivas, ou seja, poder dar *feedback* de forma encorajadora e sem ameaça, mantendo o foco no objetivo do grupo, desenvolvendo procedimentos voltados para as tarefas e sustentando as tarefas mútuas. Não é de admirar que a aprendizagem em grupo possa apresentar falhas; mas a maravilha é que a discussão aberta entre os alunos do grupo tende a resolver ou minimizar as eventuais falhas.

Os alunos falam mais em grupos pequenos do que em grandes. Alunos que estão confusos têm maiores chances de fazer perguntas sobre suas dificuldades ou falhas ao grupo de colegas do que com o docente. Os alunos que não estão confusos devem organizar e reorganizar ativamente o próprio aprendizado para poder explicá-lo. Assim, tanto o aluno confuso quanto aquele que possui poucas dúvidas se beneficiam das interações com os colegas do grupo.

Aprendizagem em grupo: variações sobre o tema

Tutorial em pares

"Pago para ser um tutor e não para ser ensinado" é a mensagem dada pelos estudos sobre tutoria de grupos. Por exemplo, Annis (1983a) comparou o aprendizado de alunos que liam um trecho do texto que colegas ensinavam com o de alunos que liam um trecho do texto e ensinavam a matéria para outro aluno.

Os resultados mostraram que ensinar produz melhor aprendizado do que ser ensinado. Quem tenta ensinar acaba aprendendo bem o conteúdo do ensino. Um estudo semelhante feito por Bargh & Schul (1980) também mostrou resultados positivos, e a maior parte do ganho de retenção foi atribuída ao estudo mais profundo do conteúdo quando é preparado para ser ensinado. Esses resultados se encaixam nas teorias contemporâneas sobre aprendizagem e memória.

O preparo para o ensino envolve uma reflexão ativa sobre a matéria, análise e seleção das ideias principais, bem como processamentos dos conceitos no próprio raciocínio do aluno. Contudo, isso não significa que os alunos que não ensinam não consigam aprender. O ensino em grupos de alunos também ajuda os que estão aprendendo (Cohen, Kulik & Kulik, 1982; Lidren, Meier & Brigham, 1991). Hartman (1990) apresentou sugestões úteis para o treinamento de tutores.

O ensino em grupos não precisa ser apenas em duplas. A tutoria de grupos também é eficaz.

O par de aprendizagem: das células de aprendizagem à estratégia do *Think-Pair-Share*

Geralmente, não pensamos em uma dupla de alunos como "grupo", mas é uma maneira simples de começar a usar a aprendizagem ativa, são simples de implementar e não leva muito tempo. Um dos melhores sistemas desenvolvidos para ajudar as duplas de alunos a aprender de forma mais eficaz é a "célula de aprendizagem" desenvolvida por Marcel Goldschmid (1971), do Swiss Federal Institute of Technology. A célula de aprendizagem, ou duplas de alunos, refere-se à maneira cooperativa de aprender em duplas, na qual os alunos se alternam fazendo perguntas e respondendo às dúvidas sobre os materiais lidos anteriormente.

1. Para se preparar para a célula de aprendizagem, os alunos leem o trabalho e escrevem perguntas que tratam dos principais pontos levantados durante a leitura ou em outros materiais relacionados.
2. No começo de cada aula, os alunos são divididos em pares aleatoriamente e um parceiro, A, começa fazendo a primeira pergunta.
3. Depois de responder e, talvez, até ser corrigido ou receber informações adicionais, um segundo aluno, B, faz uma pergunta para A. E continuam assim.
4. Durante esse período, o professor vai de dupla em dupla, dando *feedback* e respondendo às dúvidas.[2]

Uma variação desse procedimento leva cada um dos alunos a ler (ou preparar) materiais diferentes. Nesse caso, A "ensina" para B os pontos essenciais da leitura que fez, depois faz as perguntas que preparou para B, e, em seguida, eles invertem os papéis. A pesquisa de Goldschmid e colegas demonstrou que a célula de aprendizagem é eficiente em várias disciplinas (Goldschmid, 1975; Goldschmid & Shore, 1974). Treinar os alunos para formular perguntas que instiguem o raciocínio só melhora a aprendizagem (King, 1990; Pressley et al., 1992).

Outra forma mais simples do trabalho em duplas é chamada estratégia *"Think-Pair-Share"*. É difícil definir as verdadeiras origens dessa estratégia, mas ela foi mencionada praticamente por todos os autores que escrevem sobre a aprendi-

---

[2] Os alunos também podem utilizar a técnica de "células de aprendizagem" fora da sala de aula. Meus alunos a utilizam na preparação para as provas. Um método com estrutura semelhante é o "Ask to Think – Tell Why" (King, 1997).

zagem em grupo na sala de aula. A ideia básica é fazer uma pergunta para a turma e pedir a cada pessoa que reflita por um instante. A turma se divide em pares e cada membro compartilha com o outro o que pensa a respeito da pergunta. Depois, compartilham isso com a turma toda. Para recapturar a atenção do aluno e estimular o processamento mais profundo, geralmente peço que pensem no problema por 1 minuto, escrevam por 1 minuto e compartilhem o raciocínio com o vizinho. Assim, os alunos se sentem mais livres para participar de uma discussão geral do problema. Os pares também podem ser eficazes em entrevistas, discussões sobre um tema ou pergunta, análises de caso ou problema, resumos de palestra ou leitura designada ou mesmo para verificar se entenderam o que o professor acabou de dizer.

Outro tipo de compartilhamento em duplas é o uso das controvérsias criativas (Johnson & Johnson, 1995) que apresentei no Capítulo 5 como técnica para discussão. Nesse formato, cada aluno da dupla recebe um lado de um argumento para pesquisar e desenvolver. Depois, eles comparam os argumentos e tentam chegar a um meio-termo que satisfaçam ambos.

Aprendizagem em equipe: sindicato e vaivém

O termo *sindicar* não tem uma boa conotação nos Estados Unidos, mas, no Reino Unido e em outros países, esse verbo é empregado para descrever o sistema de aprendizagem em equipes que se mostrou eficaz. Na aprendizagem sindicada em duplas, a turma é dividida em equipes (ou sindicatos) de quatro a oito alunos. Cada sindicato recebe um trabalho (três ou quatro perguntas). As referências são sugeridas e os membros do sindicato podem dividir a leitura. As descobertas são discutidas posteriormente pelos vários sindicatos, quando se reúnem em pequenos grupos durante o período de aula. O sindicato pode, então, fazer um relatório escrito ou oral para toda a turma.

Percebi que obtenho relatórios mais interessantes quando lembro os alunos que, muitas vezes, eles se sentem entediados com os relatos dos colegas. Por isso, eles precisam planejar não somente o conteúdo de relatório, mas também como torná-lo interessante. Fico impressionado com a criatividade deles. Os meus alunos desenvolveram um gráfico e áudio, dramatização, participação e outros mecanismos para motivar os colegas.

O método do *vaivém*, desenvolvido por Elliot Aronson, começa como o sindicato, dividindo a turma em grupos que recebem trabalhos. Os integrantes de cada grupo relatam para o próprio grupo, que concorda sobre o que e como apresentar para o restante da turma. No entanto, em vez da apresentação para a turma toda, cada membro do grupo se reúne em um novo grupo de trabalho com um membro de cada um dos outros grupos. Nesse novo grupo, cada aluno é responsável por ensinar os demais o que seu grupo aprendeu. Como os alunos estão em um grupo representado por alunos de todos os outros grupos, todos eles têm a oportunidade de aprender o essencial sobre cada trabalho.

Os alunos normalmente formam grupos para estudar o material difícil juntos ou para se preparar para uma prova. Yan & Kember (2004) entrevistaram alunos de várias disciplinas e descobriram que alguns grupos colaboravam para minimizar o trabalho dos integrantes. Outros, no entanto, colaboravam para obter melhor compreensão do assunto ou do conceito.

Grupos on-line: síncronos e assíncronos

A tecnologia permite que os grupos trabalhem juntos mesmo que não consigam se reunir no mesmo lugar e na mesma hora. Muitas das estratégias que descrevi para trabalhos em grupo em sala de aula podem ser reproduzidas on-line. Os trabalhos em grupo no ambiente virtual podem ocorrer de duas formas: síncrona e assíncrona. Na primeira forma, todos os membros do grupo se encontram praticamente no mesmo horário na plataforma de estudos (ou software de estudos) e realizam simultaneamente determinada atividade. Na segunda forma, cada membro do grupo pode entrar na plataforma de estudos sem horário predefinido e, portanto, sem necessariamente estar on-line com os demais colegas (esse uso da tecnologia como suporte do aprendizado aluno-aluno e aluno-professor será abordado com mais detalhes no Capítulo 17). O uso inclui fóruns de discussão, e-mails, wikis, chats, webconferências e provavelmente muito mais, uma vez que a tecnologia avança o tempo todo. Como o software de gerenciamento de turma me permite formar espaços de grupo únicos para cada grupo da turma, é fácil para eles se encontrarem quase sempre que puderem e compartilharem as ideias quando e onde for mais conveniente. Além disso, para alguns alunos, principalmente os estrangeiros cujo idioma pode não ser tão bom quanto o do colega da dupla, o trabalho em grupo assíncrono dá o tempo necessário para interpretar o que seu parceiro está dizendo, elaborar uma resposta e editá-la antes de torná-la pública.

Um uso extremamente interessante dos grupos on-line síncronos foi muito útil no ano passado, quando tive dois alunos surdos na minha sala. Pelo fato de o trabalho em pequenos grupos ser muito importante nas minhas aulas, eu montava salas de bate-papo para os grupos em que esses alunos estavam. Todos os alunos daquele grupo faziam o *login* e todo mundo podia contribuir sem ter de passar por um intérprete. Foi muito gratificante para mim e para *todos* os meus alunos, e resultou em uma inclusão muito melhor dos alunos surdos nos diálogos da turma.

■ DICAS DE ENSINO ■

Uma colega professora utiliza a conversa síncrona na aula para ter um registro permanente do debate para análise posterior, a ser feita por ela e pelos alunos. Essa característica dos grupos on-line destaca um fenômeno interessante da literatura. Como a tecnologia permite que os pesquisadores capturem um bom registro permanente das discussões que estão tendo, há muitos estudos sobre a comunicação mediada pelo computador, e sabemos mais sobre o assunto do que de qualquer outro método de ensino. Uma revisão da literatura feita por Romiszowski & Mason (2004) forneceu todos os tipos de perspectivas sobre como usar os debates on-line. Quanto à minha colega, ela aplica esse método porque está interessada em estudar como os alunos conseguem compreender as ideias e conceitos. Os alunos dela utilizam o material para revisar os debates e escrever trabalhos sobre o que foi dito. Ela fica com um registro permanente de quem participou e qual foi a qualidade da contribuição dada por cada um deles.

Aprendizagem em equipes

Esse tipo de aprendizado em grupo é uma estratégia estruturada e bem desenvolvida para ajudar o aluno a aprender com o outro, em vez de depender exclusivamente do professor. Foi desenvolvido por Larry Michaelsen em grandes turmas de gerenciamento da University of Oklahoma, no final da década de 1970, e vem se espalhando desde essa época. Há duas boas referências sobre essa técnica apresentadas na leitura complementar deste capítulo, mas aqui apresentamos uma visão geral. Os alunos são divididos em grupos de sete a nove integrantes e trabalham juntos durante todo o semestre. Antes de virem para a aula, eles leem o texto designado para o dia. Quando chegam à sala, os alunos respondem, de forma independente, ao questionário "de prontidão" sobre o assunto abordado na leitura e o entregam. Depois, reúnem-se em grupos e refazem o questionário. A discussão ferve quando eles começam a discordar sobre qual é a resposta correta. Nesse ponto, reside um dos pontos fortes desse tipo de aprendizagem: é preciso convencer os outros de que determinada resposta está certa, o que significa que é necessário ter certeza disso para não deixar o grupo perdido. Articular o raciocínio e argumentar com os colegas são ações metodológicas de aprendizagem muito valiosas. Eventualmente, a nota de cada aluno no questionário é uma combinação do seu desempenho com o desempenho do grupo.

Comunidades de aprendizagem

Atualmente, existe um grande movimento na educação de nível superior para empregar todas essas vantagens do aprendizado em grupos que chamamos "comunidades de aprendizagem". Gabelnick et al. (1990) relataram o crescimento das comunidades de aprendizagem na educação de nível superior. Há várias maneiras de pensar nessas comunidades, mas uma das mais relevantes para nosso propósito é a "comunidade de sala de aula". A ideia por trás de tal sistema é aproveitar todos os benefícios da aprendizagem em grupo no contexto de uma turma. Os alunos e professores trabalhariam juntos para atingir os objetivos de aprendizagem, em vez de o professor solicitar uma tarefa aos alunos. A turma tomaria decisões em grupo sobre como proceder, com o apoio de todos os integrantes. Os alunos se sentiriam como membros daquela comunidade, aprendendo e ajudando os demais. Um componente crítico de todo esse processo é a aprendizagem ativa que ocorre na sala de aula. As comunidades de sala de aula oferecem um local seguro para a difícil missão de aprender coisas novas.

Problemas com os trabalhos em grupo

Aqui vão algumas dicas que podem ser úteis para dar início aos vários tipos de métodos de aprendizagem cooperativa:

1. O professor deve ser o responsável pela formação de grupos, e não os alunos. Ele tem mais chances de criar grupos diversos e menos chances de fazer grupos só com amigos (principalmente casais, o que pode causar dificuldades nas dinâmicas de grupos). Vejo que meus alunos preferem estar em um grupo diferente do grupo social em que circulam. Assim, têm maiores probabilidades de se concentrar na tarefa. Sugiro formar grupos com base nas características e habilidades que os alunos trazem para o grupo. Por exemplo, em uma das minhas turmas de pós-graduação, reúno alunos de diversas áreas e o objetivo da aula é entender como as teorias se aplicam aos diversos campos de atuação. Então, nessa aula, tento criar grupos com um representante de cada área de especialização. Quando eles trabalham com uma teoria, cada um aluno representa sua área para os representantes de outras áreas. Contudo, em uma turma de graduação composta por futuros professores que estarão lecionando em diferentes níveis, o objetivo é conseguir aplicar as teorias para a concepção de instruções para os futuros alunos. Então, formo grupos de acordo com a área de formação ou futura área de atuação: todos os professores da Educação Infantil em um grupo, os do Ensino Fundamental em outros e assim por diante. Dessa maneira, eles tiram o máximo de proveito das aplicações nas suas respectivas áreas de interesse. Alguns professores formam grupos com base nos inventários de personalidade. Não recomendo por uma série de razões, mas principalmente porque muitos professores não são treinados quanto ao uso de

tal inventário e põem muita fé na sua validade e confiabilidade. É melhor perguntar direto aos alunos como preferem trabalhar em grupo e reunir os que têm preferências semelhantes.

2. Depois que os grupos estiverem formados, o professor deverá pedir aos alunos que discutam seu funcionamento eficaz. (Ver quadro sobre comportamento em grupo para obter ideias do que se deve discutir com a turma.) O docente deve explicar por que trabalhar junto é importante e valioso, mesmo que os alunos não gostem. Quando chegarem a um acordo sobre o que é um bom comportamento em grupo, eles deverão assinar um contrato no qual constará que obedecerão às regras ou sofrerão as consequências de expulsão do grupo. Se isso acontecer, eles precisarão procurar outro grupo que os aceite ou terão de fazer os trabalhos sozinhos. Alguns professores adotam a filosofia de que os alunos precisam aprender a trabalhar com pessoas com as quais não têm muita afinidade e se recusam a redistribuir os grupos. Isso pode até ser uma boa ideia, mas o professor também deve facilitar uma discussão sobre o que o grupo deve fazer para se reestruturar. Uma estratégia que parece ser bem-sucedida, caso a intenção seja deixar os alunos trabalhando juntos durante todo o semestre, é fazer uma pesquisa de opinião no meio do período, obtendo uma avaliação para cada integrante sobre sua contribuição para o grupo e as mudanças que os demais integrantes venham a sugerir. Um colega professor tem um sistema on-line bem estruturado que permite que tudo aconteça de forma anônima e privada, e parece funcionar bem para colocar os alunos na linha novamente.

3. Certifique-se de que os alunos saibam quais são suas tarefas. Por exemplo, se envolver trabalho fora da sala se aula, dê ao grupo alguns minutos no fim do dia para que possam discutir os planos. Nessa hora, eles também devem dizer o que pretendem fazer, quando e onde vão se reunir.

4. Para um trabalho em grupo realizado em sala de aula, caminhe pela sala e ouça o que estão dizendo para ter certeza de que não estão perdidos ou confusos. Utilize esse tempo para ajudá-los a permanecer no caminho certo, mas não deixe que eles pensem que você faz parte do grupo.

5. A parte mais complicada do trabalho em grupo é a atribuição de notas. Johnson & Johnson, os defensores da aprendizagem colaborativa mais amplamente publicados, recomendam que o professor tenha tanto medições individuais da produtividade e aprendizado como em grupo. A nota de cada aluno seria, então, uma combinação das duas. Percebi que ajuda muito pedir aos integrantes do grupo que descrevam, por escrito, a contribuição que cada colega deu para o grupo durante todo o projeto. Faço isso em vez de deixá-los atribuir uma nota. Depois, uso essas descrições para procurar os pontos fortes e fracos e chegar a um consenso sobre a contribuição de cada um deles.

> **Sugestões para os alunos: como ser um grupo eficaz**
>
> 1. Certifique-se de que todos estejam contribuindo com os debates e as tarefas.
> 2. Não tire conclusões muito rapidamente. Certifique-se de estar considerando as ideias da minoria.
> 3. Não presuma haver consenso apenas porque ninguém se opôs à ideia ou ofereceu uma alternativa. Verifique se cada integrante do grupo está de acordo verbalmente, e não por um voto.
> 4. Estabeleça objetivos – imediatos, intermediários e de longo prazo –, mas não tenha medo de alterá-los conforme as coisas vão caminhando.
> 5. Devem-se determinar as tarefas a serem feitas e certificar-se de que cada um saiba o que deve fazer e qual é o prazo de entrega.
> 6. É importante certificar-se de que há um acordo quanto ao horário e local do próximo encontro e sobre o que se espera alcançar.
> 7. Antes de terminar uma aula, deve-se avaliar o processo do grupo. O que é possível fazer diferente da próxima vez?

▣ CONCLUSÃO

1. Muitas vezes os alunos aprendem mais quando interagem com os outros alunos do que quando ouvem. Uma das melhores maneiras de conseguir um entendimento claro e duradouro é explicar o tema para outra pessoa.
2. Isso não significa que professores podem ser eliminados ou que há tempo para perambular sem compromisso. Deve-se passar mais tempo ajudando os alunos a trabalhar juntos de maneira eficaz e menos tempo preparando aulas.
3. A aprendizagem cooperativa em grupos é um dos modelos mais valiosos para o ensino eficaz.

▣ LEITURA COMPLEMENTAR

Um dos estudiosos mais importantes da aprendizagem cooperativa no ensino superior é Jim Cooper, que, em 1991, deu início ao boletim *Cooperative Learning and College Teaching*, uma excelente fonte de ideias e maneiras diferentes de utilizar a aprendizagem cooperativa.

Small group instruction in higher education, editado por J. L. Cooper, P. Robinson & D. Ball (Stillwater, OK: New Forums Press, 2003), é um recurso excelente.

Outro ótimo recurso é o livro de Philip Abrami: *Classroom connections*: understanding and using cooperative learning (Toronto: Harcourt Brace, 1995).

Dois livros abrangentes sobre a aprendizagem cooperativa são de D. W. Johnson, R. T. Johnson & K. A. Smith, *Active learning*: cooperation in the college classroom (Edina, MN: Interactive Book Co., 1991), e B. Millis & P. Cottell: *cooperative learning for higher education faculty* (Phoenix: ACE & Oryx Press, 1998).

A aprendizagem cooperativa não implica ausência de controvérsias. D. W. Johnson, R. T. Johnson & K. A. Smith descrevem o uso e valor das controvérsias no livro *Academic controversy*: enriching college instruction through intellectual conflict (Washington, DC: Ashe/Eric, 1997).

A aprendizagem em grupo pode ser bem explorada no livro de L. K. Michaelsen, A. B. Knight & L. D. Fink, *Team-based learning*: a transformative use of small groups (Westport, CT: Praeger, 2002), e em L. K. Michaelsen, M. Sweet & D. X. Parmalee: team-based learning: small group learning's next big step. *New Directions for Teaching and Learning Series*, n. 116 (São Francisco: Wiley Periodicals, 2008) – on-line.

Quanto aos trabalhos em grupos on-line, a revisão feita por Romiszowski & Mason, "Computer-mediated communication", in: D. Jonassen (Ed.) *Handbook of research on educational communications and technology* (Mahwah, NJ: Lawrence Erlbaum, 2004), pode esclarecer muitas dúvidas com conclusões baseadas na literatura de pesquisa (embora seja um pouco técnico).

Capítulo 15

Aprendizagem experiencial: com base em estudo de casos, estudo de problemas e fatos da realidade

A sustentação da aprendizagem experiencial

Uma das maiores críticas à educação em geral refere-se ao fato de que tudo que se aprende na escola nunca é aplicado na vida real. E, mesmo que pudesse ser aplicado, os alunos parecem não conseguir transferir o que aprenderam na escola para a vida real. Às vezes, culpam-se as escolas por estarem muito longe das necessidades da experiência de vida diária. Outras vezes, culpam-se os alunos por não conseguirem generalizar o que aprenderam, como se fosse um déficit no caráter, intelecto ou motivação. E pode ser um pouco de ambos. Mas os psicólogos começaram a descrever esse fenômeno de falha na transferência como "aprendizagem situada" (Lave & Wegner, 1991). Não é uma coisa fácil de ser descrita, mas, em resumo, significa que saber algo está intimamente relacionado a um contexto, e, quando aprendido, aprendemos não apenas os fatos e as habilidades, mas também esse contexto. Quando tentamos remover o conhecimento ou as habilidades do contexto, não temos mais a mesma situação e, portanto, não temos mais a mesma resposta. (Isso é semelhante ao que fazemos quando tentamos lembrar onde colocamos a chave do carro. Tentamos pensar na última vez que a utilizamos, o que desencadeia na nossa memória onde estivemos e onde ela provavelmente está. Tiramos vantagem do fato de que nossa memória está ligada a determinado lugar e tempo.) A falha na transferência pode ser atribuída à falta de dicas da situação que fez parte do processo de aprendizagem original. A habilidade aprendida fica "situada" no contexto da aprendizagem original e não pode ser separada com facilidade, se é que se pode separar. Alguma vez você comprou um computador novo que utilizasse softwares ligeiramente diferentes do seu computador antigo e percebeu que as habilidades que tinha aprendido no ambiente antigo não eram mais úteis, mas que, às vezes, interfeririam no uso do computador novo? Suas habilidades de informática estavam "situadas" no ambiente do computador antigo. Então, leva muito tempo para descobrir quais habilidades são transferidas e quais não são. Se o novo computador fosse idêntico ao antigo, seria possível fazer a transferência imediatamente. Quanto mais diferente o computador novo for do velho, mais difícil será utilizá-lo. É mais ou menos esse o objetivo da aprendizagem experiencial. Se o professor deseja que os alunos transfiram o que aprenderam para o mundo real, é fundamental que o aprendizado ocorra em condições idênticas às do mundo real.

A segunda parte da sustentação da aprendizagem experiencial é que o aprendizado no mundo real deve refletir as habilidades e atividades reais que os alunos precisam empregar algum dia. Quanto mais os alunos se envolverem na resolução de problemas, maior será a probabilidade de aplicar o que aprenderam depois da graduação.

A sustentação final da aprendizagem experiencial não é tão óbvia até que comecemos a pensar nela. O aprendizado no mundo real é um trabalho difícil e exige muito esforço mental. Para conseguir transferir o que foi aprendido, é imprescindível que o indivíduo tenha "consciência" daquilo que aprendeu. Isso significa que o foco dos alunos deve estar no fato de que eles *estão* aprendendo e no que estão aprendendo. Sem essa consciência eles estão simplesmente passando pelo estudo. Portanto, uma parte importante da aprendizagem experiencial é a reflexão na experiência.

A essência da aprendizagem experiencial

Com base nessa discussão, os seguintes componentes foram incorporados na maioria dos métodos de aprendizagem experiencial:

1. O aprendizado emprega o máximo possível de situações, problemas, equipamentos e ações do mundo real.
2. As situações da realidade envolvem problemas complexos e mal definidos que não têm uma resposta simples e podem até ter mais de uma resposta possível.
3. As situações educacionais envolvem os estudantes na resolução de problemas que refletem os tipos de problemas que encontram no mundo real, usando ferramentas reais da disciplina.
4. O professor é um recurso, mas não o líder da atividade de resolução de problemas.
5. Quando os alunos chegarem a uma solução, eles passarão mais um tempo refletindo sobre como conseguiram isso e obterão *feedback* sobre a qualidade da solução proposta.

Por exemplo, se eu estiver dando aula para uma turma de psicologia sobre o desenvolvimento da primeira infância e quiser que os alunos entendam os tipos de atividades de aprendizagem adequadas para as diferentes idades, posso pedir a eles que elaborem um *playground* para uma escola de educação infantil real, adequado às necessidades de todos os alunos e professores do local. Trata-se de uma situação de problema real (aplicando o que sabem sobre desenvolvimento para selecionar os equipamentos adequados para o *playground*) e mal estruturada (não há um projeto correto) que envolve um conjunto de habilidades que poderão ser necessárias no futuro (a propósito, a maioria dos meus alunos são professores). Equipes de alunos são escolhidas para estudar a escola e criar uma proposta para o *playground* com base no que aprenderam sobre crianças no local e no que aprenderam sobre elas nas aulas. Eles recebem um orçamento para que possam trabalhar no projeto e devem considerar o que as crianças e professores gostam e não gostam. Faço os grupos apresentarem as propostas para o diretor e os funcionários da instituição que selecionam os dois melhores. Às vezes, até levamos o projeto para o conselho diretivo da escola e pedimos a implementação do melhor projeto. Depois de escolher os projetos, a turma passa um tempo fazendo reflexões individuais e em grupo sobre o resultado das suas opções. O que eles aprenderam? O que eles omitiram? Qual é a eficácia do processo? E, o mais importante de tudo, o que eles aprenderam sobre as necessidades das crianças em decorrência desse projeto?

É claro que nem toda a aprendizagem experiencial pode ser complexa, então, vários níveis de complexidade podem ser substituídos pela situação real que acabei de descrever. As seguintes opções foram aplicadas em aulas de uma forma ou de outra por muitos anos, mas todas chegam ao mesmo ponto de pedir aos alunos soluções para problemas reais, o que resulta em algum tipo de aprendizado no processo.

Tipos de aprendizagem experiencial que representam os níveis de realidade

O método do estudo de caso

O método do estudo de caso é amplamente utilizado em cursos de administração e direito há anos e, agora, está sendo aplicado em várias outras disciplinas.

As discussões dos casos geralmente resultam em grande envolvimento por parte do aluno. Os métodos de caso têm a intenção de desenvolver a habilidade dos alunos em resolver problemas, empregando conhecimento, conceitos e habilidades relevantes para o curso. Os casos propiciam aprendizado contextualizado, o que é diferente da aprendizagem dissociada de contextos significativos.

■ DICAS DE ENSINO ■

Os casos normalmente são descrições de situações problemáticas reais na área em estudo. Às vezes, são sínteses elaboradas para representar determinado princípio ou tipo de problema. Por exemplo, em medicina, certo caso pode descrever um paciente e seus sintomas; em psicologia, um debate em grupo; em biologia, um problema ambiental. Então, embora os casos não sejam produzidos no próprio ambiente em questão, eles representam o melhor retrato possível daquele ambiente, que pode ser feito sem necessariamente estarmos lá. Seja qual for o caso, ele normalmente envolve a possibilidade de várias abordagens e ações alternativas e avaliação dos valores e custos das diferentes soluções para o problema proposto. Em geral, os casos exigem que os alunos apliquem o conteúdo do curso, além de consultarem outras fontes.

Como encontrar os casos certos. O professor pode escrever os próprios casos, mas também pode encontrar outros já escritos e adequados para seus propósitos que motivem os alunos. Por exemplo, Silverman, Welty & Lyon (1994) publicaram casos para cursos de formação de professores. Outros casos podem ser encontrados na internet.

De maneira típica, esse método envolve uma série de casos, mas em alguns cursos não são tão bem escolhidos de modo a representar adequadamente os níveis sequenciais de dificuldade. Muitas vezes, para tornar um caso realista, incluem-se tantos detalhes que os alunos iniciantes se perdem nos princípios e pontos que o caso tinha intenção de apresentar. Os professores que tentam ajudar os alunos a aprender discriminações complexas e princípios de resolução de problemas precisam escolher casos iniciais nos quais as diferenças são claras e extremas antes de partirem para os casos mais complexos e profundos. Normalmente, um dos objetivos do método do estudo de casos é ensinar os alunos a selecionar os fatores mais importantes entre os muitos fatores existentes, que podem formar um contexto a ser considerado.

O principal problema no ensino por meio de estudo de casos implica levar o aluno da fascinação com determinado caso ao princípio geral ou à estrutura conceitual. Ao escolher um caso para discussão, o professor precisa pensar: "Este caso envolve quais princípios teóricos e conceituais?".

Dicas para o ensino com casos. Os casos normalmente são apresentados por escrito, mas o professor pode utilizar um vídeo ou dramatizar uma situação-problemática. (Na dramatização, cada participante recebe um papel para interpretar, mas não há memorização de falas. O indivíduo improvisa as respostas para determinada situação – que representa o problema ou conflito real.)

Independentemente do método que utilizar para resolver o problema, o professor deve reservar um tempo de aula para os alunos tirarem dúvidas sobre o processo que estão prestes a empregar e esclarecer a natureza do problema apresentado.

O professor deve esclarecer as maneiras de resolver o estudo de caso, como:

1. Qual é o problema?
2. Elabore hipóteses sobre as causas dele.
3. Que provas podem ser reunidas para apoiar ou contradizer as hipóteses?
4. Que conclusões podem ser tiradas? Quais são as recomendações? Deixe claro que não há uma resposta certa.

Muitas vezes, o professor organizará grupos (como descrito no capítulo anterior) e reservará um tempo para que discutam quando vão se reunir e determinar o que fazer antes da reunião. Alguns problemas podem envolver trabalho que se estenderá ao longo de várias semanas, dentro e fora da sala de aula.

Quando os grupos se apresentarem, seu principal papel será o de facilitar o debate – ouvir, questionar, esclarecer, desafiar, encorajar a análise e resolução de problemas e testar a validade das generalizações. Talvez você opte por usar uma lousa, recursos visuais ou computador para resumir os pontos estabelecidos, as informações adicionais necessárias e possíveis considerações de valores e ética. Não se esqueça de incluir evidências que sustentem as abordagens apresentadas.

Se for um caso real, os alunos certamente vão querer conhecer todos os detalhes do trabalho realizado. O professor pode promover um debate produtivo sobre como as variáveis consideradas e as estratégias empregadas no processo se diferem daquelas utilizadas em aula. Às vezes, o docente pode trazer alguém que trabalha na área para que os alunos possam ver como um especialista analisa o caso e esclarecer dúvidas sobre o que acontece na prática.

Aprendizagem com base em problemas

A *aprendizagem com base em problemas* é (com a aprendizagem ativa, em grupo e a tecnologia) um dos desenvolvimentos mais importantes da educação superior contemporânea. As ideias contidas na aprendizagem com base em problemas têm uma longa história, que vai desde a aplicação de casos na Harvard Medical School, no século XIX, até a filosofia de John Dewey, a descoberta de Jerry Bruner e o desenvolvimento de estímulos na década de 1960. Em 1969, a McMaster University substituiu as palestras tradicionais nos cursos iniciais de ciências por cursos que trabalhavam inicialmente com problemas apresentados por pacientes atendidos pela instituição. Um professor de engenharia química da McMaster,

Don Peters, desenvolveu uma abordagem com base em estudo de problemas para seu curso e outro professor de engenharia, Charles Wales, da West Virginia University, elaborou um método chamado "design orientado". Em poucos anos, os cursos e currículos das várias disciplinas universitárias de todo o mundo estavam usando métodos semelhantes com base em problemas. A maior diferença entre a aprendizagem com base em problemas e a com base em estudo de casos é sua apresentação. Na maioria das vezes, as situações da aprendizagem com base em estudo de casos oferecem todos os detalhes do caso para os alunos, às vezes até o resultado, e os alunos ficam mais envolvidos na crítica do que foi feito e na sugestão de alternativas. Na maioria dos casos com base em estudo de problemas, os alunos recebem apenas o "núcleo" da situação, o problema e algum material introdutório, e precisam descobrir como resolver o problema em vez de criticar como alguém o resolveu.

A educação com base em problemas tem por fundamento a suposição de que os seres humanos evoluíram como pessoas motivadas a resolver problemas e que os solucionadores de problema buscam e aprendem o conhecimento necessário para obter sucesso na tarefa. Mesmo nas culturas em que os alunos não esperam participar das aulas de forma ativa, a aprendizagem com base em estudo de problemas (*problem-based learning* – PBL) pode ser implementada com sucesso. Marjorie McKinnon (1999) descreveu a introdução desse tipo de aprendizagem na University of Hong Kong, no artigo "PBL in Hong Kong". Se um problema realista e relevante for apresentado antes do estudo, os alunos identificarão as informações necessárias e poderão ficar motivados com a resolução. No entanto, assim como na introdução de qualquer outro método, você precisa explicar os propósitos para os alunos.

Os passos envolvidos em uma forma recomendada de PBL, o "design orientado", descrito no quadro "Etapas da aprendizagem com base em problemas", representam os que têm maior probabilidade de envolvimento nas muitas variações dessa aprendizagem. Observe a ênfase na avaliação das limitações, os custos, os benefícios e a avaliação da solução final. Ajudar os alunos a desenvolver habilidades de autoavaliação é um objetivo educacional importante.

A aprendizagem com base em problemas não significa que o docente pode sentar e relaxar depois de apresentá-lo. É preciso verificar o progresso de cada grupo regularmente. Se o docente determinou quando os grupos devem se apresentar, pode ser necessário ajudar algum deles a esclarecer um mal-entendido ou sair de um beco sem saída. É frustrante iniciar um problema e não ter a chance de terminar.

No modelo com base em estudo de problemas de McMaster, os alunos se reúnem em pequenos grupos com um tutor que atua como facilitador ou mediador.

> **Etapas da aprendizagem com base em problemas
> (design orientado)**
>
> 1. Apresente o problema e estabeleça um objetivo que deve ser alcançado na sua resolução.
> 2. Reúna informações relevantes à definição do problema e ao entendimento dos elementos associados a ele.
> 3. Crie possíveis soluções.
> 4. Faça uma lista das possíveis restrições quanto ao que pode ser alcançado, além de fatores que podem facilitar o aceite da solução.
> 5. Escolha uma solução inicial ou possível utilizado os critérios que uma solução aceitável deve satisfazer. Os critérios podem incluir custos monetários e tangíveis e benefícios, a probabilidade de aceitação da solução por outras pessoas e a disciplina ou outro critério-padrão normalmente aplicado a tais problemas.
> 6. Analise os fatores importantes que devem ser levados em conta no desenvolvimento de uma solução detalhada. Os possíveis fatores a serem explorados são: o que tem de ser feito, quem faz, quando deve ser feito e onde a solução pode ser utilizada.
> 7. Crie uma solução detalhada.
> 8. Avalie a solução final comparando-a com os critérios relevantes utilizados anteriormente para assegurar que ela atende àqueles requisitos e a outros que possam parecer necessários.
> 9. Recomende um curso de ação e, se adequado, sugira maneiras de monitorar e avaliar a solução quando ela for adotada.
>
> (Wales & Nardi, 1982. Utilizado com permissão dos autores.)

Embora o facilitador normalmente seja um docente, os assistentes e alunos também podem ser treinados para essa função. De maneira típica, depois que os alunos apresentam as recomendações, o debate em sala de aula resume o aprendizado ocorrido e o integra com as habilidades e conhecimentos prévios dos alunos.

Jogos, simulações e dramatizações

Um jogo educativo envolve os alunos em algum tipo de competição ou conquista relacionada a um objetivo. Além de promover o aprendizado, esse jogo também diverte. Muitos jogos são simulações. Por exemplo, eles tentam modelar situações problemáticas da vida real. Assim, há muitos jogos de administração, relações internacionais etc. Seja qual for o tema, o organizador precisa especificar os objetivos de ensino a serem apresentados pelo jogo e, depois, planejá-lo para destacar as características que contribuem com tais objetivos.

Os primeiros jogos educativos normalmente envolviam grandes simulações, nas quais os participantes faziam os papéis de pessoas ou grupos em alguma situação social, política ou interpessoal. Hoje, existem muito mais simulações disponíveis nos computadores. Há pesquisas e simulações em laboratório disponíveis para cursos na área biológica, e simulações sociais interativas podem ser aplicadas para ensinar línguas estrangeiras e ciência comportamental. As simulações em computadores são mais eficientes no ensino de métodos de pesquisa do que os tradicionais "laboratórios experimentais". Os mundos simulados, como em "Second Life", atingiram níveis de sofisticação nunca vistos antes. Enquanto esse nível de simulação parece muito desejável, ele também é muito complexo e exige habilidades que a maioria dos professores não tem. No entanto, há um grande progresso em andamento com relação aos softwares, que poderiam permitir que até novatos projetassem ambientes de simulação para a aprendizagem com base em problemas.

Assim como em outros métodos de ensino, a eficácia das simulações depende, em certo grau, do nível de suporte ou da estrutura instrucional. As pesquisas sobre os métodos de ensino tradicionais e não tradicionais mostram que os alunos com pouco conhecimento anterior tendem a se beneficiar mais da estrutura do que aqueles com maior conhecimento ou inteligência (Cronbach & Snow, 1977). A pesquisa de Veenstra & Elshout (1995) sobre simulações em computador referentes a calor, eletricidade e estatística mostrou relações mais complexas. A falta de estruturação fez pouca diferença para os alunos com maior facilidade de aprendizagem. Entretanto, constatou-se mais aprendizagem com estrutura melhorada para alunos com maior dificuldade de aprendizagem e com poucas estratégias metacognitivas (análise, planejamento, avaliação e métodos de trabalho ruins).

A principal vantagem dos jogos e das simulações é que os alunos são participantes ativos e não meros observadores passivos. Os alunos devem tomar decisões, resolver problemas e reagir aos resultados de suas decisões. Lepper & Malone (1985) estudaram os elementos motivacionais dos jogos de computador e constataram que as características principais são: desafio, competência pessoal, curiosidade, controle pessoal e fantasia.

Hoje, existem vários jogos bem elaborados que foram usados em várias situações para resolver os pontos conflitantes. Alguns usam o computador para implementar interações complexas de várias decisões. Um exemplo clássico é Simsoc (Gamson, 1966), um jogo de sociologia em que os alunos são cidadãos de uma sociedade na qual desempenham papéis econômicos e sociais; por exemplo, alguns são membros de partidos políticos e outros têm poderes políticos. Os jogos desse tipo são úteis porque permitem que os alunos considerem os vários pontos de vista relevantes aos assuntos abordados no jogo. Como método de estudo de caso, o jogo educativo pode ser simples demais ou muito complexo para atingir o tipo de generalização de conceitos ou princípios que os professores exigem. A grande barreira quanto ao uso dos jogos é a logística. Geralmente, é difícil encontrar um jogo que seja adequado às limitações de tempo e instalações das salas de aulas típicas. A criação do próprio jogo pode ser divertida, mas também consome tempo. Contudo, os jogos são ferramentas extremamente úteis para um ensino eficaz.

Experiência de campo

Todas as estratégias educacionais previamente mencionadas envolvem algum grau de artificialidade porque não acontecem no mundo real. Para obter o benefício máximo da aprendizagem experiencial, o professor quer que os alunos vivenciem aquele mundo em primeira mão. Na maioria dos casos, isso é feito com algum tipo de experiência de campo, como estudos de investigação ou estágios. No entanto, essas experiências normalmente ficam reservadas para alunos mais avançados e têm como objetivo primário o resultado acadêmico. A ideia de aprendizagem experiencial foi apresentada nas várias formas de "aprendizagem de serviço" de uma situação instrucional na qual os alunos utilizam as habilidades que estão aprendendo em projetos de serviços reais em projetos de comunidades reais (Canada & Speck, 2001; Eyler, Giles & Astin, 1999). O ponto principal para diferenciar a aprendizagem do serviço comunitário é a ênfase no componente de aprendizagem (Furco, 1996). A atividade tem objetivos de aprendizagem e de serviço, e os interesses dos alunos e das comunidades são representados de maneira uniforme.

▣ CONCLUSÃO

Se alguém utiliza casos, PBL, jogos, simulações ou aprendizagem de serviço, a aprendizagem experiencial se torna uma parte valiosa do arsenal de estratégias de ensino. Na verdade, mesmo que o professor não use o aprendizado experiencial em sua forma tradicional, o princípio geral de que os alunos gostam de resolver problemas que oferecem desafios (mas que têm soluções) é importante. E motivação não é a única razão para aplicar os estudos de problemas. Se os alunos devem aprender a pensar de forma mais eficaz, é preciso exercitar o raciocínio. Além disso, a teoria cognitiva oferece ótimo suporte para a ideia de que o conhecimento aprendido e utilizado em um contexto realista tem maiores chances de ser lembrado e usado adequadamente quando necessário.

▣ LEITURA COMPLEMENTAR

O design orientado está completamente descrito no livro de C. E. Wales & R. A. Stager, *Guided design* (Morgantown: West Virginia University, 1977).

Kenneth France escreveu um ótimo artigo sobre o uso de PBL na aprendizagem de serviço: "Problem-based service learning: rewards and challenges with undergraduates", in Catherine Wahlburg e Sandra Chadwick-Blossey (Eds.), *To improve the academy*, v. 22, p. 239-250, 2004.

Donald Woods publicou três livros úteis sobre a aprendizagem com base em problemas: *Problem-based learning*: how to gain the most from PBL (direcionado para alunos), *Helping your students gain the most from PBL* (direcionado para professores) e *Resources to gain the most from PBL*. Os três foram publicados por Donald R. Woods, Departamento de Engenharia Química, McMaster University, Hamilton, ON L85 4LT, Canadá.

Para obter ajuda mais abrangente sobre o uso de PBL, ver Dave S. Knowlton e David C. Sharp: "Problem-based learning in the information age", *New Directions for Teaching and Learning*, n. 95, set. 2003. Ver também Maggi Savin-Baden, *Facilitating problem-based learning* (Maidenhead, UK: Open University Press, 2003).

As faculdades de Direito e Administração de Harvard foram as pioneiras no uso do método de caso. As seguintes referências oferecem ótimas descrições sobre os métodos desenvolvidos: C. R. Christensen & A. J. Hansen, *Teaching and the case method* (Boston: Harvard Business School, 1987).

Uma descrição sofisticada do uso do método de caso na educação médica, além de dois experimentos sobre a ativação e reestruturação de conhecimento prévio nas discussões de caso, pode ser encontrada no trabalho de H. G. Schmidt, *Activatie van Voorkennis, Intrinsieke Motivatie en de Verwerking van Tekst* (Apeldoorn, The Netherlands: Van Walraven bv, 1982). (Apesar do título holandês, o texto está em inglês.)

O uso da aprendizagem ativa na geografia foi descrito por M. Healy & J. Roberts, *Engaging students in active learning*: case studies in geography (Chettenham, UK: University of Worcestershire, 2003).

O artigo de Line Fisch, "Triggering discussions on ethics and values: cases and innovative case variations", *Innovative Higher Education*, v. 22, p. 117-134, 1997, apresenta várias dicas práticas.

Hank Schmidt e Joseph Moust descreveram quatro tipos de problemas utilizados no PBL – problemas de explicação, de encontrar fatos, de estratégia e de dilemas morais – em "Towards a taxonomy of problems used in problem-based learning curricula", *Journal of Excellence in College Teaching*, v. 11, n. 2, p. 57-72, 2000.

Informações sobre a implementação da aprendizagem de serviço foi oferecida no trabalho de Mark Canada & Bruce Speck, Developing and implementing service learning programs. *New Directions for Higher Education*, n. 114 (São Francisco: Jossey-Bass Publishers, 2001).

Para uma leitura sobre a aprendizagem experiencial em geral, uma boa fonte é o livro de Jennifer Moon: *A handbook of reflective and experiential learning*: theory and practice (Nova York: Routledge Falmer, 2004).

Capítulo 16

Como melhorar o aprendizado por meio de trabalhos de complexidade variada[1]

Um pouco de teoria: trabalhos mais e menos complexos

Como normalmente se aprende a escrever na escola (onde esse aprendizado quase sempre é avaliado) e pelo fato de a escrita ser usada em ocasiões mais formais do que a fala ("Você está preparado para colocar isso no papel?"), a maioria das pessoas sente que os trabalhos escritos são mais complexos. Mas não são *intrinsecamente* complexos. Certamente a escrita é melhor que a fala quanto ao uso *menos complexo* da língua – para explorar e experimentar – porque ela pode facilmente ser mantida em segredo ou revisada completamente antes de ser compartilhada. É claro que precisamos dos trabalhos escritos mais complexos em nossos cursos universitários, mas essa escrita vai acarretar mais estudo por parte dos alunos e será melhor para nós se optarmos por explorar os recursos da escrita menos complexa.

Por que trabalhos escritos mais complexos? Se pedirmos aos alunos que expressem de maneira clara e precisa o que estão estudando, ajudamos a garantir a real aprendizagem do assunto. E, sem esses trabalhos cuidadosamente escritos e sem as provas dissertativas, não podemos atribuir notas finais que sejam realmente confiáveis – notas que reflitam de fato o aprendizado do aluno.

Quando fazem apenas provas de respostas curtas ou exames corrigidos por máquinas, os alunos *mostram* que aprenderam o que foi ensinado, o que não significa que apreenderam de fato o conteúdo. A escrita é a principal habilidade da

---

[1] Este capítulo foi escrito por Peter Elbow e Mary Deane Sorcinelli, University of Massachusetts Amherst.

educação superior e os alunos não se tornarão bons se escreverem apenas para os professores de português ou de redação.

E quanto à escrita menos complexa? O objetivo aqui não é produzir excelentes trabalhos escritos, mas ampliar a possibilidade de os alunos entenderem e aprenderem aquilo que é ensinado. A escrita menos complexa geralmente é mais informal e tende a não receber notas ou recebê-las informalmente. O objetivo poderia ser descrito assim: podemos jogar fora os trabalhos escritos menos complexos e ainda manter as alterações neurais produzidas por ele – as novas perspectivas e os entendimentos.

Escrita menos complexa

Tipos

A abordagem mais óbvia é pedir um trabalho escrito confortável, casual e exploratório sobre uma questão ou tema e incitar os alunos a não se esforçar demais para tentar acertar o pensamento ou uma boa escrita. Deixe claro que a escrita é para exploração e processamento da matéria do curso – e que não valerá nota. A escrita menos complexa também aumenta a fluência e a confiança, bem como ajuda no desenvolvimento da criatividade e a assumir riscos. Esses benefícios serão maximizados se o professor ocasionalmente pedir trabalhos escritos menos complexos no modo *escrita livre* – pedir aos alunos que escrevam sem parar e incluam tudo que vier à mente, mesmo que não faça muito sentido.

Ocasiões

Em sala de aula. Muitos professores pedem trabalhos escritos menos complexos, com duração de 5 a 10 minutos, no início das aulas – para ajudar os alunos a recordar a leitura que fizeram em casa e explorar o pensamento sobre o assunto. Ou no meio da aula, para refletir sobre determinada questão – principalmente se o debate chega ao fim. Ou no final da aula, para resumir e refletir sobre o que foi discutido. Os alunos terão mais a dizer nas discussões e menos medo de falar se o professor der essa atividade de escrita livre por alguns minutos. Depois de fazer uma pergunta, dois minutos de escrita livre fazem toda a diferença.

Fora da sala de aula. Muitos professores pedem aos alunos que mantenham um diário com reflexões informais sobre as leituras e aulas. O objetivo é levar os alunos a processar o que estão estudando e a estabelecer uma conexão com o restante de suas experiências, pensamentos e sentimentos. Como muitas vezes os alunos veem a escrita em diário como um exercício artificial e resistem como se fossem um "trabalho pesado" inútil, que ninguém lê, muitos professores descobriram que ajuda mais se pedirem um *boletim* semanal que os alunos escrevem para um colega ou amigo – no qual refletem sobre o conteúdo estudado (ver Young, 1997). Muitos professores pedem aos alunos que postem os boletins ou as entradas de diário no site da turma – ou simplesmente pedem que enviem e-mails para todos utilizando o endereço de e-mail do grupo.

Benefícios da escrita menos complexa

Alguns docentes ficam nervosos ao convidar os alunos a escrever informal e livremente. Portanto, sentimos que é importante enunciar os vários benefícios:

- A escrita menos complexa ajuda os alunos a se envolver ativamente com as ideias ou assunto do curso. Há mais mentes em ação durante a escrita menos complexa do que durante uma palestra ou debate.
- A escrita menos complexa ajuda os alunos a encontrar a própria linguagem para os assuntos relacionados ao curso; eles tropeçam nas próprias analogias e metáforas dos conceitos acadêmicos. Os teóricos gostam de dizer que aprender uma disciplina significa aprender seu "discurso", mas os alunos não dominam uma área até que consigam escrever e falar sobre os conceitos com a *própria linguagem pessoal e informal*. A repetição bem-sucedida da linguagem do livro didático pode mascarar a falta de entendimento.
- Os trabalhos escritos menos complexos e frequentes melhoram os mais complexos. Os alunos já estarão aquecidos e fluentes antes de escrever algo para o qual devem fornecer uma resposta mais formal. E quando eles entregarem um trabalho mais complexo e talvez impenetrável não precisaremos nos preocupar. Podemos simplesmente dizer: "Deixe disso. Você pode revisar esse trabalho com aquela linguagem mais clara e vivaz que já o vi utilizando".
- Os trabalhos escritos menos complexos nos ajudam a entender como funciona a mente dos alunos: como eles entendem a matéria do curso, como se sentem e reagem ao nosso ensino.
- Há uma aplicação especial dos trabalhos escritos menos complexos para os cursos de ciências e matemática – e para a resolução de problemas em geral: peça aos alunos que escrevam uma história sobre o caminho que o pensamento seguiu quando tentavam resolver um problema. Esses caminhos são curiosa-

mente idiossincráticos, porém instrutivos e úteis para levar os alunos a compartilhar essas histórias metacognitivas.
- Os trabalhos menos complexos e regulares permitem que os alunos mantenham as leituras semanais em dia. Isso quer dizer que eles contribuem mais e tiram maior proveito dos debates e palestras. Os questionários também fazem isso, mas eles instigam um clima hostil e não trazem os outros benefícios descritos aqui – incluindo o prazer.
- E não se esqueça: a escrita menos complexa demanda pouco tempo e conhecimento de nossa parte. Podemos exigi-la, mas não atribuir uma nota. Podemos ler, mas sem comentar. Em muitos casos, nem precisamos ler. No entanto, podemos incentivar que os alunos leiam o texto informal dos colegas – e (se quisermos) discuti-los.

Como lidar com a escrita menos complexa

Existem ainda muitos alunos que não estão acostumados com a escrita menos complexa ou que não esperam isso em um "curso disciplinar intransigente". Eles presumem que toda a escrita deva, por definição, ser lida e avaliada pelo professor. Então, é importante explicar abertamente o porquê de estar exigindo a atividade e não estar atribuindo uma nota a ela. O professor pode mostrar que grande parte do que é escrito no mundo não recebe resposta ou nota alguma. Se ajudar, o docente pode dizer: "Isso vale nota. Você tirará 10 se fizer e 0 se não fizer".

A maioria dos professores monta uma combinação de diferentes relações de público para as escritas menos complexas: algumas são privadas e outras compartilhadas; parte da escrita compartilhada vai para o professor, e outra parte, para os colegas. Às vezes, os alunos são convidados a *discutir* as informações e os pensamentos que obtiveram das escritas menos complexas dos colegas – mas não a dar *feedback* sobre sua qualidade. Se houver tempo para dar uma resposta, sem a atribuição de notas, para alguns dos trabalhos menos complexos, isso pode até ser útil, mas precisamos poupar a maior parte do nosso tempo destinado a respostas para os trabalhos mais complexos (ver adiante neste capítulo a seção sobre "trabalhos de complexidade média").

Alguns professores leem os diários, outros os tratam como algo privado e apenas verificam se os alunos realmente escreveram. Alguns professores pedem aos alunos que troquem diários todas as semanas com algum colega – talvez para obter uma resposta avaliativa. Os boletins são comumente compartilhados e muito da aprendizagem vem desse compartilhamento.

Quando começamos em uma turma nova e os alunos não confiam em nós, eles podem apresentar resistência a escrever qualquer coisa que o professor não vai ler e por isso pode ser útil recolher esses trabalhos durante algumas aulas. Enfatizamos que não atribuímos nota ou fazemos comentários – apenas verificamos rapidamente para ter certeza que exploraram o tema. Eles aprendem que a escrita privada sem valer nota não é "trabalho duro" desperdiçado, mas que, na verdade, leva a novas perspectivas e a melhor proveito da escrita.

Muitos alunos nunca passaram pela experiência de escrever com *atenção total* voltada para os próprios pensamentos e as próprias compreensões. A escrita que fizeram sempre foi para um professor e por uma nota, e, consequentemente, muita atenção foi dedicada aos erros de grafia, gramática e redação. Depois de algumas sessões, podemos parar de recolher as atividades e deixar que sejam totalmente privadas – ou apenas compartilhadas com amigos.

Quando pedimos aos alunos que elaborem um trabalho escrito menos complexo em sala de aula, é importante que o *professor* também escreva. Isso permite que os alunos enxerguem a atividade como um processo que os profissionais e acadêmicos adultos usam para desenvolver o pensamento.

Alguns professores temem que a escrita menos complexa possa promover o descuido na hora de escrever, o que se tornará um problema se os professores deixarem de enfatizar a distinção nítida entre trabalhos menos e mais complexos – e exigirem padrões elevados para esse último.

Escrita mais complexa

Não podemos atribuir notas justas a menos que tenhamos uma ideia válida sobre quanto os alunos aprenderam e entenderam. Para tanto, precisamos dos trabalhos escritos mais complexos. A complexidade é grande porque a escrita precisa ser boa e diretamente relacionada à nota do curso. A maioria dos leitores deste livro não tem formação como professor de redação e, compreensivelmente, sentem alguma apreensão com relação aos trabalhos mais complexos – principalmente com tópicos mais elaborados, escrevendo comentários e decidindo as notas. É difícil tanto para os professores quanto para os alunos.

Se seu câmpus universitário tiver um centro de redação, ele poderá ser muito útil para os trabalhos escritos mais complexos. Os tutores desse centro podem ajudar alunos *de todos os níveis* no processo de escrita: entender o trabalho, promover *brainstorming* e fornecer *feedback* nos esboços inicial e final. Um centro de redação não é especificamente um "serviço de edição de cópias", mas os tutores podem *ajudar* os alunos a aprender a organizar melhor as ideias.

• DICAS DE ENSINO •

Temas e trabalhos

Quando se definem os trabalhos, vale a pena tentar escolher temas que despertam o interesse do escritor – e também do leitor. Assim, tente evitar trabalhos que exijam apenas a regurgitação da matéria dos livros e das palestras.

Os alunos devem aprender a escrever da forma acadêmica utilizada pelos profissionais da área? Em um curso de pós-graduação, isso certamente será um dos objetivos; talvez até para especializações. Mas grande parte dos alunos em cursos de graduação como física, sociologia ou literatura, por exemplo, nunca precisará escrever como físicos, sociólogos e literários profissionais ou acadêmicos. Talvez você considere que eles precisam ter *experiência* com essas formas e esses gêneros, mesmo que não os utilizem no futuro. A decisão é sua. Quanto a nós, evitamos utilizar gêneros e estilos acadêmicos quando não se trata de especializações.

Em vez disso, nosso objetivo é o que às vezes chamamos "alfabetização ensaísta": a habilidade de organizar uma dissertação em torno de determinado ponto, de apoiar esse ponto com raciocínio claro e ilustrá-lo com exemplos. Na verdade, o gênero totalmente acadêmico com todos os rituais de estilo acadêmico pode, às vezes, *ficar no caminho* da exposição e argumentação clara. Em geral, os alunos aprendem mais com a explicação dos conceitos do curso ou quando escrevem para os leitores *de outras áreas*. Observe quanta publicação há sobre a escrita científica de alta qualidade para leitores em geral.

Estamos mais familiarizados com dois gêneros acadêmicos comuns: argumentação de uma posição e análise de dados ou textos complexos. Mas existem outros gêneros que podem ser muito úteis – principalmente porque alguns alunos, em geral, adotam uma escrita padronizada e sem estilo próprio, o que acontece quando os gêneros já conhecidos não interessam mais. Eis alguns exemplos de gêneros alternativos: trabalhos escritos em forma de diálogo entre duas pessoas que são objetos de estudo – ou outras partes interessadas; trabalhos pessoais que se iniciam no desacordo que surge durante a discussão e análise do assunto em sala de aula; trabalhos que descrevem um evento, uma pessoa ou época do modo como se encontra na mente de um participante ou espectador (às vezes, os alunos entendem melhor o funcionamento de uma enzima ou molécula quando escrevem com as próprias palavras). Os trabalhos colaborativos podem levar ao acúmulo de conhecimento. As cartas para o editor são formas de trabalhos mais complexos que são *curtos*, mas que ainda exigem uma reflexão cuidadosa; os trabalhos na forma de montagem são mais fáceis de escrever, mas ainda pedem boa escrita e raciocínio (ver Elbow, 2000a, 2000b).

Critérios de avaliação

"Professor, o que você realmente quer com este trabalho?". Os alunos conseguem nos aborrecer com essa pergunta, mas é válida e merece resposta – de preferência, no folheto de apresentação da atividade (os professores acabam se arrependendo de não fazer um folheto com as atividades). Será impossível elaborar um comentário consistente ou atribuir uma nota se os critérios não estiverem bem definidos. Alguns fatores são fundamentais nesse processo: entendimento correto dos conceitos do curso, aplicação dos conceitos em exemplos novos, percepções originais e criativas, organização, bons exemplos, clareza das frases e boa escolha de palavras, grafia e gramática. Determinados trabalhos exigem outros critérios (documentação, formato correto dos relatórios de laboratório, voz). Não existem respostas corretas – os bons profissionais têm prioridades diferentes –, mas não consideramos justo esconder as próprias respostas.

Trabalhos e rascunhos múltiplos

Há duas maneiras poderosas de melhorar a escrita e a aprendizagem do aluno: vários trabalhos e muitos rascunhos.

Podemos escolher fazer vários trabalhos curtos, em vez de apenas um grande (que normalmente é "terminal" em mais de um sentido). Os alunos tendem a adiar a escrita dos trabalhos semestrais e raramente aprendem com os comentários que fazemos porque o curso acaba antes de buscarem o trabalho (*se* é que buscam). Já nos trabalhos mais curtos, podemos dar respostas mais breves e rápidas.

É extremamente útil exigir que os alunos escrevam rascunhos de trabalhos mais complexos e façam uma revisão depois de obterem o *feedback*. Mas isso exige que o professor gaste o dobro do tempo preparando a resposta? Não. Nosso tempo é limitado, então, precisamos pensar estrategicamente: como podemos utilizar nosso tempo escasso para oferecer respostas da melhor maneira possível? (Pense no princípio que direciona nossos colegas médicos bem pagos: "Pelo menos não prejudique".) Se devotarmos grande parte do nosso tempo disponível escrevendo *feedback* para os *rascunhos*, teremos maiores chances de levar os alunos a melhorar a escrita *e* o entendimento sobre os conceitos do curso. Quando respondemos aos rascunhos, estamos trabalhando em direção à melhoria. Se respondermos apenas no rascunho final (como em autópsias), os alunos sentirão dificuldade de usar nosso *feedback* para melhorar os trabalhos futuros (principalmente se não houver outros trabalhos no curso ou se o trabalho seguinte for bem diferente). Mas, se dispendemos tempo escrevendo comentários no rascunho, então, precisaremos *poupar* tempo nas versões finais: podemos fazer isso lendo apenas uma vez e atribuindo uma nota de acordo com uma grade. Aqui está uma grade genérica simples:

	Insatisfatória	OK	Excelente
Conteúdo, pensamento, domínio das ideias	☐	☐	☐
Organização, estrutura, orientação para os leitores	☐	☐	☐
Linguagem: frases, palavras, voz	☐	☐	☐
Mecânica (ortografia etc.) e citações corretas	☐	☐	☐
Geral	☐	☐	☐

Com uma grade desse tipo, muitos alunos podem se limitar a ler uma vez cada trabalho e simplesmente assinalar as caixas. A utilização de vários critérios fornece *feedback* sobre os pontos fortes e fracos – *feedback* que notadamente deixa de salientar as classificações convencionais e unidimensionais. Como existem apenas três níveis para cada critério, não é preciso parar e "computar uma nota" para cada um dos critérios. É preciso ler o trabalho com os critérios em mente para ver se ele é *notavelmente forte* ou *fraco* nesse sentido. Se não for nenhuma das duas opções, então, o veredicto para esse critério será "OK" (ver adiante neste capítulo a discussão sobre os três níveis de classificação e as notas finais do curso de doze níveis).

Os critérios da grade podem ser escolhidos para se adequar aos diferentes gêneros, às suas prioridades ou à determinada habilidade de escrita que se quer enfatizar (por exemplo: pesquisa, considerando os dois lados do tema, habilidade de revisão, ciência do público). Ajuda se tentar apresentar seus critérios em linguagem simples e cotidiana (consulte o Capítulo 7 para saber mais sobre as grades).

Um dos critérios mais úteis para o rascunho final é a *revisão significante*. Quando pedimos aos alunos que façam a revisão, eles geralmente se contentam com pequenas correções ortográficas e gramaticais. Nesse caso, é importante enfatizar: "A principal tarefa aqui é a revisão, não a edição; adie a edição até a última fase de 'limpeza'". Quando o professor pede a revisão, pode assustar os alunos dizendo: "Não se preocupem com ortografia e gramática nessa fase: neste momento, vocês devem fazer revisões significantes para criar a melhor dissertação possível" (e as características superficiais geralmente melhoram quando trabalham com coisas importantes). Muitos alunos precisam de ajuda para entender a diferença entre revisão e edição. Revisão é *matéria* de fundo: melhore as ideias, o raciocínio e a organização do trabalho, além de esclarecer as frases mal formuladas. Edição é *matéria* superficial: corrija os erros de ortografia e gramática e faça pequenas melhorias no texto. Não faz sentido editar a superfície até que a sustentação tenha alcançado sua forma final. Se suas condições de ensino permitirem, pode ajudar muito os alunos se elaborar uma separação entre revisão e edição: determine uma data para a revisão e uma data um pouco posterior para a edição final ou versão final já editada (agarre-se na revisão e aguarde a versão final já editada para dar sua resposta).

A pior das hipóteses

Os professores com turmas muito grandes ou trabalho excessivo (e sem qualificação para ensinar a redigir) se sentem, e com razão, como se não tivessem tempo para o "luxo" de avaliar vários trabalhos e vários rascunhos. Contudo, a situação não é tão impossível se analisarmos alguns fatos incontestáveis: quando damos um trabalho escrito e fazemos os alunos escreverem, podemos acreditar que estamos ajudando-os a aprender mais e escrever melhor, mas, quando comentamos sobre o trabalho e atribuímos uma nota, não podemos colocar tanta fé em bons resultados. A pesquisa aponta alguns fatos perturbadores. Os comentários dos docentes geralmente não são claros. Afinal, escrevemos a maioria dos comentários em grandes quantidades 1– trabalhando lentamente naquela pilha enorme de papel. Muitas vezes já é tarde da noite e ainda estamos com pressa e, talvez, até desencorajados ou mal-humorados. Quase inevitavelmente, escrevemos rapidamente e deixamos de ler mais e rever o que nós escrevemos.

Mesmo quando nossos comentários são claros, eles nem sempre são tão confiáveis. Quando escrevemos comentários típicos (como "Você deve omitir este parágrafo ou colocá-lo mais adiante" ou "Esta hipótese já foi desacreditada"), colegas respeitáveis podem acabar discordando. Normalmente se desconfia das notas dos trabalhos (como quando os alunos tentam provar, entregando o mesmo trabalho para professores diferentes). Não é de admirar que muitos alunos brilhantes são cínicos quanto à resposta dada pelo professor. E, mesmo quando conseguimos escrever comentários claros, válidos e úteis, os alunos mal interpretam tais resultados porque leem através de lentes distorcidas de desânimo, resistência e cinismo – ou negação extrema. E ainda agradecemos a todos esses alunos que nem sequer leram nossos comentários – olhando apenas para "o que importa" (ver Hodges, 1994, para saber a respeito de pesquisas relacionadas à frequência com que nossos comentários falham ao serem lidos pelos alunos).

Então, embora os professores que se encontrem na pior das situações tenham pouco "tempo para cada aluno", a *atribuição* estratégica de trabalhos escritos produz melhores retornos do seu tempo escasso. Eles aumentam ainda mais a capacidade de aprendizagem ao atribuir *dois* ou mais trabalhos curtos e poupar tempo de resposta por meio do uso de grades, em vez de escrever comentários. Lembre-se de que as grades fornecem *feedback* sobre diferentes pontos fortes e fracos da escrita, enquanto a atribuição de notas convencional não fornece nada além de gritos de vitória ou de desânimo.

Para aumentar o aprendizado com a revisão e rascunho dos alunos, os professores em situações ruins podem recorrer a uma estratégia interessante para esse tipo de situação e que é bem eficaz. Diga aos alunos, abertamente, que não há tempo para dar *feedback* nos rascunhos, mas que pode ajudá-los a escrever os trabalhos por meio de um processo mais produtivo. Estipule uma data de entrega para determinado *rascunho* de cada trabalho mais complexo – pode ser uma semana antes da entrega da versão final. Recolha os rascunhos e reduza drasticamente a nota de quem não o entregou. Dê apenas uma olhada para ver se realmente se trata de um rascunho sobre o tema proposto. Uma semana depois, recolha a versão final e responda com a grade de notas. É justo admitir que isso nos *força* a revisar. Mas a maioria dos alunos encontra ideias melhores para o trabalho na semana depois que entregam o rascunho. Muitos alunos acabam revisando se o professor dedicar algum tempo da aula para que leiam o que escreveram em voz alta, trabalhando em duplas ou trios (ver a seguir mais informações sobre compartilhamento ou *feedback* pelos pares).

Respondendo aos trabalhos mais complexos

Aqui estão algumas sugestões específicas.

Resposta em forma de diálogo. O comentário ficará mais fácil e mais produtivo se pedirmos aos alunos que escrevam uma *carta de apresentação* ou *registro de escritor* curto e informal para ser entregue com o rascunho ou versão final. Perguntas deste tipo devem ser feitas:

> Qual foi o ponto principal e quais foram os principais subpontos? Como foi a escrita? Quais partes foram fortes e fracas? E, mais importante de tudo: qual pergunta tem para mim, como leitor? E quando se tratar de revisão: qual alteração fez – e por quê?

Com essa carta de apresentação, nosso comentário não é o *início* de uma conversa sobre a escrita, e sim a *continuação* de uma conversa iniciada pelo aluno. As cartas de apresentação nos ajudam a decidir o foco de nosso comentário. Muitas vezes podemos concordar com várias coisas ditas pelo aluno – e, às vezes, até ser mais encorajador sobre o trabalho do que o próprio aluno (os alunos escreverão cartas de apresentação melhores se, nas primeiras datas de entrega, reservarmos 10 minutos, em sala de aula, para essa tarefa e ouvirmos alguns exemplos – para que possamos saber um pouco sobre o que estão fazendo).

Em algumas ocasiões, quando *devolvemos* os trabalhos para os alunos, podemos continuar o diálogo disponibilizando 5 minutos para os alunos escreverem uma nota dizendo o que ouviram sobre o comentário e como reagiram a isso. Essas notas podem sinalizar que nossos comentários não foram claros e que os alunos nos entenderam mal.

Leia todo o trabalho *antes* de fazer qualquer comentário. Os alunos raramente se beneficiam de críticas de mais de dois ou três problemas. É impossível decidir *quais* problemas devem ser focados antes de ler todo o trabalho. Quando escrevemos os comentários nas margens, enquanto lemos, geralmente arrumamos encrenca: desperdiçamos nosso tempo com aspectos não tão importantes, fazemos comentários breves que os alunos não entendem, dizemos coisas que estão erradas (você não entende x, embora mais tarde fique claro que ele entende x) ou nos irritamos inutilmente. Se optarmos por escrever notas diretas durante a primeira leitura (para os trabalhos que são extremamente fortes ou fracos), elas poderão servir como lembretes depois que terminamos de ler tudo e estamos tentando decidir quais assuntos devem ser focados. Mesmo quando queremos dar "corda para a imaginação" – ou seja, contar a história das nossas reações no decorrer da leitura –, podemos fazer isso mais claramente depois de finalizada a leitura.

Escreva comentários em uma folha separada e não nas margens. Isso nos ajuda a comentar, *como leitores*, sobre o que funciona, o que não funciona e como a escrita nos afeta – em vez de cairmos na armadilha de tentar atuar como *editor e consertar o texto*. É claro que, às vezes, podemos dizer algo mais resumidamente quando colocamos o comentário na margem, entretanto pouparemos tempo se escrevermos os comentários no computador – o que significa usar uma folha separada.

Use linguagem cotidiana. Os comentários sobre a escrita geralmente são mais eficazes quando usamos linguagem cotidiana, em vez de termos técnicos de português, retórica ou gramática. É bem melhor dizer "Sua escrita parece distante e pomposa nesta página" do que "Há muitos verbos na passiva aqui". Como conversaria sobre uma fraqueza na escrita com algum colega da área?

Sobre as críticas e incentivos. Existe um princípio de aprendizagem essencial que muitas vezes é ignorado: os alunos conseguem melhorar mais em uma área fraca se pedirmos para fazerem *mais de alguma coisa* que já fizeram bem do que se pedirmos para fazerem algo que não fizeram aqui ou que nunca fizeram antes. Por exemplo:

> Perdi-me com frequência. Acho que seu trabalho tem grandes deficiências de organização. Mas indiquei vários pontos em que você mostrou que *sabe* organizar. Fiz linhas retas em vários parágrafos que ficam bem juntos e também algumas linhas *entre* vários parágrafos que você soube unir bem e usou a transição correta. Faça assim mais vezes! Você mostrou que sabe fazer.

Outro tipo de resposta útil geralmente é esquecida porque parece simples demais: *descreva o trabalho* como o vê. Por exemplo: "Imagino que seu ponto principal seja este: ... E os pontos secundários são estes: ... Imagino que esta seja a sua estrutura: ...". Esse tipo de procedimento permite que os alunos aprendam *a ver* a própria escrita com distanciamento (uma tarefa difícil), além de apontar os acertos e as falhas.

Trabalhos de complexidade média: para refletir

Esses trabalhos não são dissertações acadêmicas formais e não precisam estar organizados em torno de um único ponto, mas são mais do que os simples trabalhos de escrita livre. Trata-se de peças curtas e exploratórias que permitem que os alunos pensem sobre um tema. A tarefa aqui é *trabalhar com o pensamento – e também* limpar bem o que for entregue para não tornar a leitura desagradável. Podemos descrevê-los como cartas mais detalhadas para um amigo interessado. Um bom trabalho, como uma boa carta, deve seguir uma linha de pensamento, depois descobrir um problema e terminar por repensar o assunto de um ângulo diferente.

Se as suas condições de ensino permitirem, considere pedir um trabalho desses a cada uma ou duas semanas (de uma a três páginas). É possível responder a eles com uma verificação, positiva ou negativa – com ou sem palavras escritas (não sobre a escrita em si, mas relacionadas às ideias). Esse tipo de trabalho não deve ser exigido nas semanas de entrega do rascunho ou revisão de trabalhos mais complexos. O textos reflexivos desta natureza também funcionam como rascunhos exploratórios de dissertações mais complexas.

Estes textos reflexivos de média complexidade ajudam os alunos a tirar maior proveito das leituras, discussões em sala de aula e palestras. Os temas podem ser completamente abertos, por exemplo, "Escreva sobre algo que lhe interessou na leitura desta semana". Mas os tópicos podem focar conceitos específicos e escorregadios ou então ajudar os alunos a praticar determinadas habilidades intelectuais. Exemplos: "Compare estes dois conceitos do material de leitura", "Use o conceito do material de leitura ou da palestra em sala de aula (como a segunda lei da termodinâmica, racismo internalizado) para descrever e analisar algo que encontrou em sua vida", "Escreva uma história verdadeira ou fictícia que utilize a técnica de *flashback* ou narrador inconstante" e "Escreva sobre este evento histórico como se estivesse na mente de um dos participantes". Os alunos apostam nas chances retóricas e intelectuais porque sabem que a nota será boa se houver dedicação à tarefa. A aprendizagem será extremamente melhor se você separar de 5 a 8 minutos nos dias de entrega de trabalhos para os alunos lerem as peças em voz alta, trabalhando em duplas ou pequenos grupos.

Resposta pelos pares ou colegas

Se o docente está dando aulas em um curso de redação, é fundamental utilizar com os alunos a resposta de trabalhos ou questões pelos pares e dedicar um tempo considerável para ensinar cada um dos alunos a dar e receber bem essa resposta. Entretanto, a maioria dos leitores deste livro não trabalha em cursos de redação, então, meu conselho é enfatizar o *compartilhamento* em duplas mais do que a resposta pelos pares. Ao lerem os rascunhos e as versões finais em voz alta para os colegas, os alunos sentem como cada frase se encaixa na boca e soa no ouvido, e geralmente conseguem dizer qual frase está boa e qual parece problemática. E não apenas as frases: ler um trabalho em voz alta dá aos alunos uma sensação quase visceral da organização e linha de pensamento – e quando o trem sai dos trilhos. E o melhor de tudo é que o simples compartilhamento – ler em voz alta – toma muito pouco tempo de aula. Compartilhar não tem a ver apenas com a escrita: quando três alunos ouvem os rascunhos dos demais (e muitos trabalhos menos complexos também), estão ouvindo entendimentos diferentes do *mesmo conteúdo*.

Os professores e alunos que não utilizam o compartilhamento dessa forma ficam surpresos com a eficiência desta técnica – não apenas para ajudar na escrita e aprendizagem do conteúdo, mas também para construir uma comunidade. No entanto, muitos alunos precisam de incentivos e até mesmo persuasão para que possam ler lentamente e em voz alta de modo que os colegas entendam. E tanto o leitor quanto o escritor podem se sentir incomodados com a falta de reações ao final da leitura. Há um ritual simples que lida com esse problema: os ouvintes podem simplesmente dizer "obrigado" e partir para o próximo leitor.

O compartilhamento do trabalho escrito pode ser uma boa ocasião para discutir o conteúdo ("Não vejo isso do jeito que eles veem. No meu ponto de vista..."). E, se desejar incentivar o mínimo de resposta pelos pares, apresentamos duas respostas rápidas e simples: (1) "mostrar" – "Essas são as passagens e ideias que parecem fortes ou interessantes e ficam na mente" – e (2) "dizer algo de volta" ou resumir – "Acredito que seu ponto principal tenha sido..., mas também parece que você falou sobre..." (para aqueles que desejam maior compromisso com a resposta em pares, ver Elbow & Belanoff (2003)).

Sobre a correção: ortografia e gramática

Não é possível (ou adequado) tentar ensinar ortografia e gramática em um curso universitário, o que não nos impede de fazer exigências desse tipo (normalmente exigimos digitação ou processamento de texto). A principal coisa que os alunos precisam aprender sobre ortografia e gramática é muitas vezes excessiva: a correção *não* é importante para o esboço da escrita exploratória, mas é *essencial* para os projetos finais.

Quanto aos trabalhos mais complexos, é importante exigir não somente a escrita clara e bem organizada, mas também a edição do texto. Eis uma formulação útil: "O rascunho final deve estar praticamente sem erros". Muitos alunos não conseguem lidar com isso sem a ajuda dos amigos (ou de profissionais), então, não é realista exigir que atinjam esse padrão por conta própria. Entretanto, podemos exigir que aprendam a buscar os recursos necessários para uma boa edição. *Esta* é a habilidade de que eles precisam quando escrevem na maioria das ocasiões (a maioria de *nós* pede ajuda na edição de nossa própria escrita e obtemos ajuda profissional quando publicamos).

Não faz sentido penalizar os alunos por erros superficiais nos trabalhos feitos em sala de aula, já que eles não têm tempo de revisar com a cabeça fresca nem acesso a nenhum tipo de auxílio. Quanto às peças exploratórias que desenvolvem a reflexão e o raciocínio, escritas fora da sala de aula, podemos exigir o que for adequado em uma carta informal para o professor: faça uma limpeza de modo que a leitura não fique difícil ou chata por causa da quantidade de erros e bagunça.

Tecnologia e redação

Nas últimas décadas, a tecnologia proporcionou aos escritores uma incrível variedade de ferramentas: processamento de texto, e-mail, hipertexto, blogs, fóruns de discussão e vários outros recursos notáveis. Desde cedo, os entusiastas de tecnologia tentaram reunir pesquisas para mostrar que os alunos escrevem melhor os trabalhos quando utilizam o computador – mas o trabalho acaba saindo curto (ver Moran, 2003). As ferramentas são um excelente benefício, mas, isoladas, não melhoram a redação. Elas são potencialidades – com prós e contras (ver Capítulo 17 deste livro para obter informações mais amplas sobre tecnologia e ensino. Aqui, vamos apenas mencionar brevemente alguns pontos que sustentam a redação).

O processo da escrita

Desde o início do uso de computadores, e-mails, mensagens de texto, blogs e redes sociais, os alunos passaram a ter muito menos medo das páginas brancas – menos hesitação para pôr os sentimentos e pensamentos em linguagem visível a qualquer momento. Até então, para muitas pessoas, parecia um problema sentar para escrever algo – física e psicologicamente. Antes do e-mail, a maior parte do que os jovens escreviam era destinada a professores no contexto escolar, em que o escritor recebia pelo menos um pouco de *feedback* avaliativo. Entretanto, hoje, grande parte desses alunos escreve muito mais fora da escola do que dentro. Os escritores não sentem que as palavras escritas são "pretas e brancas". As palavras são simplesmente *pixels* em uma tela – que podem ser facilmente alteradas.

Os alunos sempre puderam conversar com os colegas sobre o tema, mas, atualmente, eles podem explorar o assunto utilizando a linguagem escrita na forma de e-mail, fórum de discussão e bate-papo. Na hora de produzir um texto, o tropeço para muitos alunos surge da transição do pensamento ou da fala para a escrita. Porém, hoje, muitos já superaram esse incômodo antes mesmo de "começarem de verdade". Para completar, com o avanço da tecnologia, muitos alunos tornaram-se hábeis digitadores, o que costumava ser raro.

No entanto, essas ferramentas nem sempre resultam em uma boa redação. Essa habilidade pode levar alguns alunos a utilizar a prosa casual, que não tem uma reflexão cuidadosa, no rascunho *final* e não apenas para a redação exploratória. Além disso, esquecemos a bagunça que costumávamos ver nos trabalhos quando eram digitados ou escritos à mão; hoje, eles são impecáveis. Mas a aparência superficial agradável pode levar os alunos a acreditar que ele está mais completo que o necessário. E podem chegar a pensar que a verificação ortográfica remove todos os erros.

Revisão

Antes a revisão significava redigitação ou reescrita, mas os computadores facilitaram essa tarefa. Os alunos podem navegar pelo texto facilmente e ver notas, trechos, vários rascunhos e observações feitas por outras pessoas. Selecionar e colar é muito fácil. Embora os dados não consigam provar que os trabalhos feitos em computador sejam melhores – parece que são mais longos –, um dos grandes problemas encontrados é a tentação de fazer toda a revisão na tela, pois assim é mais difícil de enxergar estruturas maiores, bem como o movimento do pensamento do autor.

A dimensão colaborativa e dialógica da escrita

Hoje, os alunos compartilham seus rascunhos e obtêm respostas on-line facilmente – dos colegas e até dos professores. A pessoa que está respondendo pode fazer correções digitalmente ao lado do próprio texto – ou até no texto. A escrita colaborativa é bem menos complicada: podem-se trocar rascunhos e respostas entre os coautores – e mais de uma pessoa pode ter acesso ao mesmo trabalho, na mesma hora. Atualmente, há uma razoável oferta de ferramentas de informática para a elaboração de wikis, que são textos coletivamente construídos. Por outro lado, o uso frequente de sites públicos por parte dos alunos, como Facebook e MySpace, também permitiu que os alunos ficassem menos nervosos com o público em geral – com relação a deixar que estranhos vejam seus trabalhos e respondam a eles, mesmo quando esses leitores podem discordar totalmente.

O papel do professor

Quando começamos a lecionar com auxílio da tecnologia, focamos uma ou duas ferramentas que sustentam nossos objetivos relacionados à redação do aluno. Mesmo que suas aulas sejam em escolas sem salas de informática ou softwares para produção de textos, seus alunos podem simplesmente usar os recursos dos processadores de texto como "comentário" ou "ver alterações" para responderem às dúvidas apresentadas ou revisarem um rascunho. Os alunos conseguem trocar os rascunhos facilmente – ou enviá-los – pelo e-mail. Também é possível montar sua própria página de discussão na internet com grande facilidade, permitindo aos alunos o envio e recebimento de mensagens. Comece onde se sentir confortável e acrescente tecnologias onde façam sentido para suas metas de ensino.

Atualmente, muitos câmpus têm os softwares de gerenciamento de curso baseados na internet, como o WebCT/Blackboard. Eles permitem que os professores enviem o currículo, trabalhos e leituras on-line, além de criarem um local de comunicação para os vários tipos de discussão de sala de aula – fóruns, blogs, publicações e chats. Também se pode pedir aos alunos que postem comentários, talvez uma ou duas vezes por semana, sobre leituras, palestras ou debates. Esses sites são ideais para postagem dos trabalhos menos complexos (e os de complexidade média) mencionados anteriormente. Os alunos podem ler os vários tipos de texto postados e responder em tempo real, e os debates podem continuar fora da sala de aula. Tudo isso tende a melhorar tanto o aprendizado como a escrita.

Para os professores, é fácil e comum pedir aos alunos que enviem os trabalhos mais complexos digitalmente. Com os sites do curso, o professor pode organizar os envios de acordo com o tópico, definir as datas de entrega e comentar ou atribuir nota diretamente nesse recurso enquanto lê as respostas. O perigo aqui é que alguns professores mergulham nos comentários como se fossem editores – mostrando os pontos fracos e, às vezes, consertando erros. Devemos resistir às tentações tecnológicas e lembrar que não temos tempo para a função de editor. Precisamos aprender a antiga habilidade de redigir a partir de uma perspectiva mais global, de modo que possamos focar apenas um dos pontos fracos (que seja mais proveitoso para o trabalho) e os pontos fortes que precisam ser generalizados de maneira mais ampla.

Lembre-se também de que, algumas vezes, você pode sentir vontade de desligar o computador e lecionar *sem* nenhum tipo de tecnologia. Pode haver um prazer tátil ao escrever à mão em um caderno ou diário. Os professores podem promover as redes sociais à moda da "velha escola", antes das tecnologias de ensino, levando os alunos a ler o que escreveram para os demais, cara a cara. E a discussão em sala de aula pode estar mais direcionada e engajada sem e-mails, mensagens de texto, postagens e navegação na internet. A tecnologia é uma ferramenta poderosa, mas somente quando o ajuda a se tornar um professor melhor, e os seus alunos, escritores melhores.

Sobre a atribuição de notas

O Capítulo 10 aborda aspectos relacionados à atribuição de notas. Vamos mencionar, de forma rápida, algumas práticas muito úteis porque é difícil atribuir uma nota justa para certa redação: uma nota convencional, como o B, é uma tentativa de representar, em apenas *uma dimensão*, a qualidade de um trabalho *multidimensional* (por sua vez, uma prova de ortografia demanda um desempenho unidimensional justo). Muitas pesquisas mostraram que os professores atribuem notas diferentes ao mesmo trabalho. Em seu livro, Kirschenbaum, Simon & Napler (1971) resumiram essas pesquisas. Veja também o trabalho de Tchudi (1997) e o clássico estudo de Diederich (1974). Uma das fontes óbvias de discrepâncias é que diferentes professores discordam (compreensivelmente) sobre quais dimensões devem ter valor maior (por exemplo, precisão do conteúdo do curso, validade do pensamento, originalidade, estrutura, clareza das palavras e frases).

■ DICAS DE ENSINO ■

As grades de classificação (com vários critérios) mitigam esse problema porque enunciam julgamentos individuais para dimensões individuais. As grades não se livram da subjetividade inerente das notas (Quão *ruim* é o "conteúdo insatisfatório"? Quão *boa* é a "clareza excelente"?), mas, pelo menos, reduzem-na. Quanto às notas de conclusão de curso, a maioria de nós é obrigada a se contentar com uma nota unidimensional, mas ainda podemos utilizar a grade para comunicar o significado dessa nota para os alunos. Aqui, nossos critérios englobam uma grande variedade de dimensões e conseguimos dizer se incluímos dimensões como esforço, melhoria ou participação.

Nossa grade de amostra (no início do capítulo) indica apenas três níveis de qualidade (insatisfatório, OK, excelente), o que pode parecer cruel, pois as pessoas parecem necessitar de distinções melhores. Entretanto, quanto maior for o nível de detalhamento da qualidade que utilizamos, maior será o trabalho que teremos, e maiores serão as chances de fazer coisas erradas (ou seja, diferentes do julgamento de outros leitores respeitados) e de fazer que os alunos discordem de nosso ensino ou resistam a ele. Naturalmente, temos de dar notas com aproximadamente doze níveis de qualidade (contando os pontos positivos e negativos). Porém existem muitas maneiras relativamente simples de acrescentar ou ponderar as notas cruéis de três níveis para produzir uma nota final de doze.

Portfólio

Se atribuirmos nota com base em um portfólio (usando uma grade ou nota única), ou carteira de trabalhos realizados no período letivo, estaremos projetando uma imagem mais confiante da habilidade ou da aprendizagem do aluno (nesse caso, a "validade" é enfatizada). E os portfólios têm outras vantagens. As notas parecem mais justas porque os alunos podem escolher uma *seleção* de seus melhores textos e não são tão penalizados por terem iniciado o semestre com trabalhos de qualidade inferior. Os portfólios aumentam o aprendizado do aluno porque funcionam como ocasião para reflexão e autocrítica, sobre o conjunto de trabalhos realizados. A parte final de um portfólio é, tipicamente, uma análise reflexiva na qual os alunos analisam tudo que foi incluído e tentam articular o que aprenderam. Para o bem dessa reflexão, é útil para os alunos incluírem alguns trabalhos menos complexos e pelo menos um exemplo de "falha instrutiva".

Contrato de atribuição de notas

Os contratos foram mencionados no Capítulo 10, mas indicamos aqui um tipo de contrato misto ou híbrido pouco conhecido e que pode ser muito produtivo em determinados cursos. Os alunos recebem uma lista com *todas* as atividades do curso que o professor considera uma fonte importante de aprendizagem. Se *realizarem* todas as atividades com boa-fé e esforço digno, será atribuída uma nota mínima igual a B. Essa lista envolve itens como participação, cumprimento de prazos, rascunhos devidamente revistos, *feedback* para outros alunos, edição satisfatória e quaisquer outras atividades importantes para o aprendizado – como laboratórios e projetos especiais. O professor dá *feedback* normal em todas essas atividades quando elas estiverem adequadas – *feedback* sobre a qualidade –, mas, para a nota B, esses julgamentos sobre qualidade são irrelevantes. Esse sistema propicia aos alunos uma base maior de segurança e permite que maior número de alunos trabalhe mais, pois sabem que a execução dedicada e completa das atividades garante uma nota mínima igual a B, independentemente de eventuais equívocos ou problemas de qualidade. No entanto, para notas maiores que B, os julgamentos relacionados à qualidade entram em jogo e são decisivos para o aumento da nota.

Como evitar – e lidar com – o plágio

É impossível detectar todos os plágios – se tentarmos, passaremos a ser policiais suspeitos e não professores. É difícil rastrear as fontes no mundo da internet. "Com o uso das ferramentas de busca na internet, trabalhos baseados em DVDs, publicações on-line, novas fontes on-line, bancos de dados de artigos e outros cursos eletrônicos, os alunos conseguem obter informações sobre quase todos os assuntos, podendo então copiar e colar os dados diretamente em seus trabalhos. Às vezes levam crédito por documentos que encontram ou compram on-line, ou que recebem em anexo dos amigos que moram perto ou longe" (Sterngold, 2004, p.16). Mas muitas escolas e vários professores usam essas mesmas ferramentas de busca na internet para *detectar* o plágio – como google.com, por exemplo.

A questão de plágio fica cada vez mais complicada à medida que muitos alunos de outros países e culturas "entram nas salas de aula universitárias nos Estados Unidos acreditando que a verdade, a sabedoria e os artefatos culturais, como arte e literatura, são propriedades culturais comunitárias, resultado de anos de sabedoria acumulada transmitida pelos dirigentes venerados e pelas tradições orais, muitas delas religiosas" (Swearingen, 1999; ver também McLeod, 1992). Dessa maneira, é mais fácil *evitar* o plágio do que lidar com ele após a consumação do fato. Veja a seção "O que fazer com as colas" no Capítulo 8 para obter uma visão completa sobre essa questão. Aqui, vamos lidar apenas com o plágio na redação.

Apesar de nossos melhores esforços para evitar o plágio, ele pode acontecer. No entanto, quando recebemos um trabalho que parece plagiado, devemos guardar

■ DICAS DE ENSINO ■

nossos julgamentos na falta de evidências confiáveis. Principalmente porque não é justo dizer "Este trabalho é melhor do que você é capaz de fazer", quando, na verdade, muitos alunos são capazes de fazer trabalhos incrivelmente melhores do que normalmente nos entregam.

Alguns professores que desconfiam de plágio se reúnem imediatamente com os alunos e apresentam a consideração da situação. Eles tentam trazer amostras da redação anterior do aluno. Se os alunos citaram as fontes, os professores pedem para trazer o material de consulta para a reunião. No entanto, se os alunos se declararem culpados, eles podem concluir que não se tratou de um plágio intencional. Esses casos podem ser resolvidos de maneira informal – por exemplo,

---

Maneiras de evitar o plágio

- No seu currículo escolar, deixe bem claro o que constitui plágio. Diga aos alunos quais são os documentos necessários para os trabalhos, incluindo o uso da internet. Informe-lhes o que é colaboração aceitável e o que é inaceitável.
- Incentive os alunos a conversar (ou mandar e-mail) se tiverem dúvidas sobre as citações. Tente convencê-los de que admitir que não sabem algo é muito melhor do que cometer erros que podem constituir plágio.
- Peça aos alunos que verifiquem o programa e o cronograma de estudos com antecedência para que possam verificar se existem semanas nas quais vários trabalhos devem ser entregues de uma vez. Permita que os alunos entreguem um trabalho com antecedência para equilibrar a carga de trabalho – ou, possivelmente, negociar um atraso na entrega.
- Recolha muitos trabalhos menos complexos para que os alunos saibam que o professor conhece seus estilos.
- Nos trabalhos mais complexos, em que os alunos podem ficar tentados a colar, determine tópicos específicos e peculiares para que não consigam tirar tudo de livros, internet e outros cursos. Por exemplo: "Aplique esta teoria no conjunto de dados"; "Descreva suas reações a *x* e depois..."; "Faça um resumo compreensivo e depois um resumo crítico do que *x* escreveu na página 134. Para finalizar, escreva uma dissertação com suas palavras"; "Escreva um conto que explique e ilustre os princípios estudados esta semana".
- Exija rascunhos, revisões e cartas de apresentação que expliquem as revisões. Exija que os alunos entreguem todas as versões e anotações anteriores com todos os projetos finais.

- Escreva tópicos novos todos os anos para que os alunos não caiam na tentação de reciclar trabalhos dos anos anteriores.
- Em grandes cursos com líderes diferentes, solicite a cada líder que elabore trabalhos diferentes para as peças textuais exploratórias e dissertativas – para que os alunos não fiquem tentados a copiar o trabalho entre as duas atividades. Circule cópias de temas novos (e antigos) para todos os professores.
- Os alunos ficarão menos tentados a plagiar coisas da internet se você deixar transparecer que é muito exigente e familiarizado com o mundo lá fora. Um dos nossos colegas impede que esse tipo de problema se repita com a seguinte anotação em seu programa de estudo: "No ano passado, suspendi os trabalhos escritos nas provas por uma hora, enquanto estudávamos o plágio na Internet e como detectá-lo".

permitindo que os alunos reescrevam o trabalho, em vez de diminuir a nota da atividade ou a nota final.

Muitas instituições de ensino superior, entretanto, têm políticas sobre desonestidade acadêmica que impedem a aplicação de qualquer penalidade sem relatar o caso para a comissão oficial e permitir que o aluno entre com recurso. A princípio, isso pode parecer burocrático, mas há duas boas justificativas para tal. Muitos alunos foram falsamente acusados e penalizados, e muitos foram vistos fazendo acordos informais com os professores em inúmeras ocasiões – convencendo cada um dos professores de que nunca se envolveram nesse tipo de coisa antes. É importante verificar os procedimentos na sua instituição.

◘ CONCLUSÃO

Os professores poderão melhorar o aprendizado dos alunos se empregarem uma combinação de trabalhos mais e menos complexos. (A maioria das pessoas sente que a redação é um uso mais complexo da linguagem – ao contrário da fala, vista como um uso menos complexo. Mas a escrita, como pode ser facilmente mantida em sigilo, é ideal também para usos menos complexos.) Precisamos de escritas mais elaboradas para testar se os alunos aprenderam o que estamos ensinando. Se utilizarmos apenas provas de respostas curtas, não conseguiremos ter ideia se os alunos estão realmente compreendendo os conceitos do curso e sua aplicação.

A escrita menos complexa é para exploração e aprendizagem: não há preocupação quanto à qualidade e precisão. Ela permite que os alunos explorem e descubram novas ideias, conectem-se pessoalmente por meio de sua própria linguagem e tornem-se aprendizes mais ativos, fluentes e confortáveis com a escrita antes de precisarem escrever as dissertações mais complexas que determinam a nota do curso. (Os trabalhos menos complexos exigem pouco tempo e habilidade do professor.)

Os alunos aprenderão e melhorarão ainda mais se receberem dois ou três trabalhos para fazer, e não apenas um, e se precisarem entregar um rascunho de cada trabalho para obter *feedback* antes da fazer a revisão.

Os professores conseguem lidar com as demandas crescentes sugeridas no item anterior (a) mantendo os trabalhos curtos, (b) dando tempo de resposta para os rascunhos – quando as respostas conseguem ajudar no desempenho do aluno – e (c) passando pouco tempo respondendo às versões finais utilizando uma grade com vários critérios e apenas verificando as caixas – em vez de escreverem um comentário. Os vários critérios tornam a nota final mais válida e confiável (oferecemos anteriormente muitas sugestões específicas para o processo de resposta e atribuição de notas).

É muito mais viável *evitar* o plágio do que detectá-lo. Os métodos de prevenção de plágio incluem tornar os trabalhos dissertativos específicos e peculiares de modo que os alunos não consigam encontrar nada escrito por outra pessoa que se encaixe na atividade, insistir nos rascunhos e depois na revisão com base no *feedback* obtido (junto com uma nota sobre como a revisão foi feita) e ver muitos alunos praticando a redação informal e menos complexa em sala de aula para que possamos conhecer seu estilo (e para que eles saibam que nós o conhecemos).

▣ LEITURA COMPLEMENTAR

DIEDERICH, P. *Measuring growth in English.* Urbana: NCTE, 1974.

ELBOW, P. Using the collage for collaborative writing. In: *Everyone can write*: essays toward a hopeful theory of writing and teaching writing. Nova York: Oxford University Press, 2000, p. 372-378.

_____.Your cheatin' art: a collage. In: *Everyone can write*: essays toward a hopeful theory of writing and teaching writing, p. 300-313.

ELBOW, P. & BELANOFF, P. *Sharing and responding.* Nova York: McGraw-Hill, 2003.

HODGES, E. Some realities of revision: what students don't or won't understand. *English in Texas*, v. 25, n. 4, p. 13-16, verão 1994.

KIRSCHENBAUM, H., SIMON, S. & NAPIER, R. *Wad-Ja-Get? The grading game in American Education*. Nova York: Hart Publishing, 1971.

McLEOD, S. H. Responding to plagiarism: the role of the WPA, *WPA: Writing Program Administration*, v. 15, n. 3, p. 7-16, 1992.

SORCINELLI, M. D. & ELBOW, P. Writing to learn: strategies for assigning and responding to writing across the disciplines. *New Directions in Teaching and Learning*, n. 69, fev. 1997.

STERNGOLD, A. Confronting plagiarism: how conventional teaching invites cyber-cheating. *Change*, v. 36, n. 3, p. 16-21, maio-jun. 2004.

SWEARINGEN, C. J. Originality, authenticity, imitation, and plagiarism: Augustine's Chinese Cousins. In: BURANEN, L. & Roy, A. M. (Eds.). *Perspectives on plagiarism and intellectual property in a postmodern world*. Albany: State University of New York Press, 1999, p. 5-18.

TCHUDI, S. *Alternatives to grading student writing*. Urbana: NCTE, 1997.

YOUNG, A. Mentoring, modeling, monitoring, motivating: response to students' ungraded writing as academic conversation. In: SORCINELLI, M. D. & Elbow, P. (Eds.). Writing to learn: strategies for assigning and responding to writing across the disciplines.

Capítulo 17

Tecnologia e ensino[1]

À medida que a informática e as ferramentas de aprendizagem, ensino e administração ganham mais poder e acessibilidade, a integração entre a tecnologia e o processo educacional se torna o impulso principal para a maioria das faculdades e universidades. Alguns professores estão adotando a tecnologia com entusiasmo, enquanto outros se mostram céticos ou não a utilizam. Com base em nosso trabalho como professores, acreditamos que existam três perguntas essenciais sobre a integração da tecnologia: "Como a tecnologia melhora o aprendizado e o ensino?", "Que aspectos devem ser considerados no ensino com tecnologia?" e "Qual é o impacto da tecnologia no ensino e aprendizado?". Neste capítulo, vamos abordar cada uma dessas questões.

Como a tecnologia melhora o aprendizado e o ensino?

Quando os professores determinam suas opções de ferramentas tecnológicas nos objetivos individuais do curso, filosofia de ensino pessoal e valores disciplinares, essas ferramentas são capazes de melhorar o ensino e a aprendizagem. Como ferramenta, a tecnologia educacional pode satisfazer várias funções úteis nas salas de aula universitárias, incluindo as seguintes:

Propiciar novas oportunidades para a melhoria do aprendizado do aluno que seriam impossíveis ou muito difíceis de qualquer outra maneira. Sistemas de gerenciamento de curso ou de aprendizagem permitem a postagem

---

[1] Este capítulo foi escrito por Erping Zhu e Matthew Kaplan, University of Michigan.

• DICAS DE ENSINO •

de perguntas sobre o aprendizado ou leitura, guias, notas e outros recursos que podem consumir um tempo inexistente quando realizados na forma tradicional presencial. Além do custo de criação e compartilhamento, principalmente em turmas maiores. A flexibilidade inerente, a abertura e onipresença da internet, bem como os aplicativos on-line, os transformaram em ferramentas úteis para a execução de atividades que promovem o pensamento crítico, resolução de problemas, comunicação escrita e habilidades essenciais de colaboração entre alunos (ver Uchida, Cetron & McKenzie, 1996). O aprendizado on-line ou a educação a distância permitem que os professores e alunos de várias localidades geográficas trabalhem juntos em tempo real, o que seria praticamente impossível sem a tecnologia.

Atender aos objetivos de aprendizagem específicos de maneira mais eficaz. Por exemplo, para promover o pensamento crítico, os professores de muitas disciplinas podem criar estudos de caso multimídia que contenham videoclipes, imagens e informações de texto, com perguntas que permitam que os alunos identifiquem problemas, discutam possíveis soluções e elaborem recomendações. Quando se integram jogos, simulações e mundos virtuais no ensino, é possível ajudar os alunos a praticar e atingir níveis de precisão e facilidade necessários para o desempenho antes que possam engajar em testes e atividades do mundo real. De maneira semelhante, o uso de listas de e-mails, chats, blogs e outras ferramentas de comunidades pode ampliar as discussões de qualquer disciplina além da sala de aula de modo que os alunos fiquem engajados na comparação e no contraste de opiniões e análises críticas das leituras, produzindo um registro escrito das conversas que pode ser enviado e revisado.

Aproveitar as valiosas informações disponíveis on-line. A partir desses bancos de dados disponíveis para pesquisa, os documentos governamentais [Ministério da Educação], relatórios de informações técnicas e de interesse educacional, entre uma grande variedade de informações, estão acessíveis com um clique. Os professores podem tirar vantagem desses recursos para incorporar as aplicações do mundo real em seus cursos, estratégia que promove a aprendizagem e a retenção a longo prazo (Halpern & Hakel, 2003). Por exemplo, o acesso ao recurso on-line Papyri oferece aos alunos oportunidades raras de estudar os textos antigos escritos em grego e latim (http://www.lib.umich.edu/pap/). A tecnologia de *mashup* de dados e mapeamento abre possibilidades de compreensão mais profunda dos eventos em contextos específicos e localizações geográficas. Os professores podem usar essas ferramentas para envolver os alunos na pesquisa, obrigando-os a manipular os dados arquivados e a pensar de forma crítica sobre os padrões e relacionamentos (The EDUCAUSE Learning Initiative, 2006).

Preparar os alunos para o sucesso no século XXI. Muitos alunos que ingressam no ensino superior utilizam a tecnologia, participam de várias redes sociais e interagem com pessoas de todo o mundo, mas isso não significa que tenham desenvolvido as habilidades de colaboração eficaz com pessoas de diferentes culturas e histórias. Embora os alunos também tenham uma vasta experiência com navegação na internet e pesquisa em bancos de dados múltiplos, nem sempre são capazes de filtrar o excesso de informações ou avaliar criticamente as informações. Tais habilidades estão assumindo importância cada vez maior no local de trabalho e fora dele, e os alunos se beneficiam da exposição à variedade tecnológica e da consideração cuidadosa das fontes de informação e sua validade. Por exemplo, os professores podem criar atividades de aprendizagem nas quais os alunos possam utilizar a tecnologia para pensar de forma criativa, correr riscos e descobrir novas soluções para problemas do mundo real. Eles também podem engajar os alunos em atividades on-line significativas, tais como discussões de assuntos de privacidade e direitos autorais, comportamento adequado em ambientes on-line público e privado e preparação para a cidadania digital.

É claro que não há garantias de que a tecnologia instrucional realiza esses objetivos com eficácia. Assim como acontece com qualquer ferramenta, a tecnologia pode ser usada de forma indevida ou inadequada. A incorporação bem-sucedida das ferramentas tecnológicas depende do quanto elas estão relacionadas aos objetivos do curso, combinadas com diferentes pedagogias eficazes e projetadas para melhorar a aprendizagem dos alunos.

Ensinando com a tecnologia

A frase "ensinando com a tecnologia" pode evocar uma variedade de imagens diferentes, dependendo de nossas próprias experiências, como professores, alunos ou até participantes de conferências. Para alguns, pode significar usar o PowerPoint® ou sistemas de resposta em sala de aula para as palestras, outros podem pensar em áudios de palestras, e outros podem entender que se trata de aplicações disciplinares específicas, como projetar exercícios e simulações interativas on-line para ensinar os conceitos e habilidades. Embora seja natural pensar na ferramenta em si como ponto de partida, o uso da tecnologia educacional terá mais chances de ser eficaz e adequado (ou seja, facilitar o aprendizado do aluno e aumentar nossa própria produtividade) se for integrado em um processo de planejamento cuidadoso, que leva em conta os vários fatores envolvidos no ensino e na aprendizagem.

De uma abordagem de sistemas, o ensino com tecnologia envolve quatro componentes principais: alunos, professores, conteúdo do curso e ferramentas tecnológicas (ver Figura 17.1). Precisamos satisfazer cada um dos componentes para tornar a integração tecnológica o mais bem-sucedida possível. O *conteúdo*

• DICAS DE ENSINO •

```
┌─────────────────────────┐                    ┌─────────────────────┐
│ • Nível de habilidade   │                    │ • Níveis cognitivos │
│   tecnológica           │                    │ • Disciplina        │
│ • Acesso à tecnologia   │                    │                     │
│ • Estilos de aprendizagem│                   │                     │
└─────────────────────────┘                    └─────────────────────┘
              ↓                                           ↓
            ┌───────┐                                ┌──────────────────┐
            │Alunos │                                │                  │
┌──────────┐│Ensinando│┌──────────────────┐
│Professor ││  com a  ││Conteúdo do curso │
└──────────┘│tecnologia│└──────────────────┘
            └─────────┘
       ┌─────────────────────────┐
       │Ferramentas tecnológicas │
       └─────────────────────────┘
              ↑                                           ↑
┌─────────────────────────┐                    ┌─────────────────────┐
│ • Nível de habilidade   │                    │ • Tipos de tecnologia│
│   tecnológica           │                    │ • Aplicações da     │
│ • Disponibilidade de tempo│                  │   tecnologia        │
│ • Papel como professor  │                    │                     │
└─────────────────────────┘                    └─────────────────────┘
```

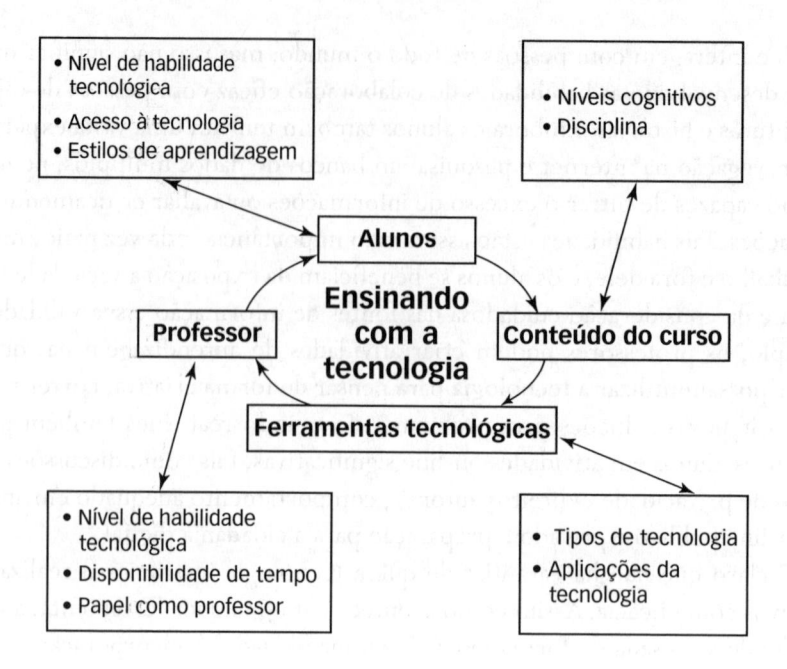

FIGURA 17.1 Ensinando com a tecnologia.

pode ser examinado em termos de resultados de aprendizagem e da disciplina sendo lecionada e como a tecnologia pode promover tipos específicos de aprendizagem. Como *professores*, podemos pensar em nossas próprias experiências com a tecnologia, na quantidade de tempo que temos para planejar e ensinar e em nossa visão sobre nosso papel no processo de ensino e aprendizagem. Também precisamos pensar cuidadosamente em nossos *alunos*, na exposição e no acesso à tecnologia, bem como nos estilos preferidos de aprendizagem. E, finalmente, podemos nos voltar para a *tecnologia* e analisá-la de acordo com suas funções e sua relevância para o ensino. Essa abordagem para o ensino e a aprendizagem com tecnologia presume que os quatro componentes estejam inter-relacionados e que alterações efetivas em um deles exigem reconsideração sobre os demais.

Conteúdo

Para utilizar a tecnologia de forma eficaz no ensino, devemos analisar nossos objetivos de curso, assim como fazemos quando planejamos um curso novo. O que você espera que os alunos aprendam com o curso? Que habilidades e conhecimentos você quer que eles adquiram até final do semestre? Quais estratégias de ensino (palestra, discussão, trabalho em grupo, estudos de caso etc.) ajudam os alunos a atingir tais objetivos? (Ver Capítulo 2.) Depois que obtiver as respostas para essas perguntas, você poderá escolher as tecnologias adequadas que apoiam seus objetivos e projetam suas atividades de aprendizagem para ajudar os alunos a atingir os objetivos propostos e até empregar a tecnologia para avaliar o aprendizado.

Para fazermos a conexão entre objetivos e ferramentas tecnológicas, podemos nos basear na taxonomia dos objetivos educacionais desenvolvida por Benjamin Bloom (1956). Os objetivos nos níveis inferiores da taxonomia de Bloom envolvem a aquisição de conhecimento factual ou desenvolvimento de compreensão básica. O aprendizado de nível mais elevado envolve habilidades como análise, síntese e avaliação. A Figura 17.2 ilustra resumidamente a base para a seleção de tecnologia de acordo com a taxonomia dos objetivos. Por exemplo, se quiser que os alunos registrem e lembrem o material estudado com eficácia, poderá usar programas de computador, como Microsoft PowerPoint®, para garantir esboços claros e legíveis e postá-los on-line para que os alunos tenham fácil acesso para fazer a revisão e correção de suas próprias anotações. Contudo, se deseja promover o pensamento crítico por meio da aprendizagem ativa durante as palestras em sala de aula, os programas de computador sozinhos não são sua melhor opção. O software de apresentação pode levar ao modo de instrução centrado no professor, no qual os alunos são espectadores relativamente passivos (Creed, 1997).

Para não colocar os alunos em um modo de aprendizagem passiva, você terá de incorporar atividades capazes de envolvê-los em execução de tarefas, proporcionando a possibilidade de pensamento ativo e reflexão crítica sobre suas próprias ações. Nesse caso, você complementa os slides de PowerPoint® com o sistema de respostas em sala de aula (*clickers*) para envolver ativamente os alunos na palestra e reforçar o entendimento. Você também pode estender o debate dos conceitos ou problemas difíceis para um ambiente virtual, como um fórum de discussão ou blog.

A disciplina que você leciona, além dos objetivos que determinou para a aprendizagem do aluno, afeta as suas decisões sobre quais tecnologias são mais adequadas para determinado curso. Em algumas disciplinas, a tecnologia é uma parte padrão do trabalho de campo profissional e as decisões relacionadas à sua integração precisam considerar essa característica.

Professor

Depois que tiver uma visão clara dos objetivos do curso e dos objetivos de aprendizagem e como a tecnologia pode apoiar a conquista de tais objetivos por parte dos alunos, você vai precisar fazer algumas perguntas sobre as próprias habilidades

• DICAS DE ENSINO •

Nível de pensamento →

Uso da tecnologia →	Compreensão	Aplicação	Análise	Síntese
	Apresentação e distribuição	**Ensinar, praticar e integrar**	**Comunicação e interação**	**Comunicação, criação e manipulação**
	■ Fazer anotações nos slides ■ Assistir às palestras gravadas ■ Acessar leituras eletronicamente	■ Usar *clickers* para problemas bem-definidos ■ Completar exercícios de gramática on-line ■ Completar e enviar problemas on-line	■ Editar e fornecer *feedback* para colegas on-line ■ Participar de fóruns de discussão ■ Postar respostas para leituras de artigos on-line	■ Criar sites relacionados ao curso ■ Criar e postar arquivos sobre um tópico ■ Pesquisar e escrever textos para Wikipédia
	Receber	Responder	Trocar	Criar

Natureza do envolvimento do aluno →

FIGURA 17.2 Tecnologia e objetivos de aprendizagem.

e confiança: "Qual é sua experiência e habilidade quanto ao uso da tecnologia?", "Quanto tempo você tem disponível para o planejamento do curso e seleção das estratégias de ensino adequadas para sua escolha tecnológica?" e "Qual é seu papel como professor?".

Se você tem pouca ou nenhuma experiência com o uso da tecnologia, recomendamos que comece devagar com as ferramentas mais fáceis de serem utilizadas, até ganhar confiança e apoiar a aprendizagem dos alunos. Você pode aprender com os colegas do seu departamento ou participar de um *workshop* sobre tecnologia para começar a utilizar os softwares mais comuns da sua instituição.

O tempo que você tem disponível para o planejamento do curso e desenvolvimento de habilidades também deve influenciar o nível de integração da tecnologia com os seus cursos (ver Quadro 17.1). Quanto mais complexo e diferente uma ferramenta for, maior será o tempo necessário para o planejamento do curso e desenvolvimento de material, atividades e suas próprias habilidades. O tempo de arranque para tais atividades pode ser maior que o esperado ou desejado. Você precisa estar ciente disso e estar pronto para tal comprometimento quando tomar a decisão de integrar a tecnologia com os seus cursos. Usar a tecnologia para lecionar sem o preparo ou tempo adequado pode ter impactos negativos sobre o seu ensino e a aprendizagem do aluno.

Integrar a tecnologia no ensino sem considerar as estratégias de ensino adequadas pode ser menos eficaz e gratificante para você e para os alunos, podendo até produzir *feedbacks* insatisfatórios por parte dos alunos. Atualmente, muitos câmpus têm centros de ensino e escritórios de tecnologia instrucional compostos por consultores que podem trabalhar com você e ajudá-lo a explorar as estratégias de ensino que melhor se adaptam às ferramentas tecnológicas selecionadas. Além disso, você pode pedir ideias e *feedback* para graduandos e pós-graduandos com experiência em tecnologia, que geralmente sabem quais ferramentas os ajudaram no aprendizado.

Um aspecto final a ser considerado nesta categoria é como o professor vê seu papel no processo de ensino e como a integração tecnológica pode apoiar essa visão ou conflitar com ela. Se você se considera um especialista ou uma autoridade em determinada área cuja tarefa principal ao lecionar é transmitir informações, poderá ficar desconcertado ao constatar que a incorporação da tecnologia o direciona para a orientação e facilitação. Em alguns casos, vai verificar que os alunos conhecem mais e são mais hábeis com a tecnologia do que você. É melhor pensar com cuidado sobre sua própria visão do ensino e aprendizagem, como o uso que faz da tecnologia pode desafiar sua filosofia de ensino e alterar a dinâmica da sua turma e se você está ou não disposto a fazer tal alteração.

• DICAS DE ENSINO •

Fácil (pouco tempo) (Ferramentas fáceis de aprender e disponíveis.)	Moderado (um pouco de tempo) (Curva de aprendizagem mais complexa.)	Complexo (mais tempo) (Softwares e treinamentos especializados podem ser necessários.)
Exemplos: ▣ E-mail e servidor de listas ▣ Software de apresentação com base em texto ▣ Sistemas de gerenciamento de curso ▣ Chat, blog e mural de recados	Exemplos: ▣ Apresentação multimídia ▣ Áudio ou videoclipes ▣ Sites ▣ Web conferência ▣ Podcast ▣ Wiki ▣ Redes sociais ▣ Ferramentas de colaboração	Exemplos: ▣ Animações complexas ▣ Simulação/jogo ▣ Banco de dados interativo ▣ Mundo virtual ou ambiente de aprendizagem

QUADRO 17.1 Ferramentas tecnológicas comuns e suas aplicações.

Alunos

À medida que adota as ferramentas tecnológicas no seu curso, você vai precisar considerar as experiências prévias dos alunos com a tecnologia, o acesso à tecnologia e a variedade de estilos de aprendizagem que trazem para o curso.

Muitos professores relatam que a habilidade dos alunos com a tecnologia parece aumentar a cada ano. Os dados de estudos nacionais confirmam que, em geral, os norte-americanos estão ampliando seu acesso à tecnologia. Nos Estados Unidos, e em muitos outros países, a quase totalidade das residências já estão conectada à internet, com ampla utilização de banda larga. O acesso a computadores em escolas públicas norte-americanas é praticamente total desde 2002 (http://nces.ed.gov/surveys/frss/publications/2004011/2.asp#one). A geração que cresceu com o computador já está nas universidades e baseia-se na internet para todos os aspectos da vida universitária. Para essa geração, a informática se tornou parte integrante do ambiente de aprendizagem, assim como o retroprojetor e a lousa faziam parte da geração anterior.

Apesar dessas estatísticas animadoras, ainda existem segmentos da população menos familiarizados com a tecnologia. Embora a exclusão digital tenha diminuído nos últimos anos à medida que a conectividade à internet e o número de computadores em casa aumentaram, ainda existem disparidades sobre quem tem acesso à banda larga e internet e sobre o uso de tecnologias específicas. Por exemplo, os relatórios recentes indicam que as minorias raciais, aqueles que moram em área rural e as famílias de baixa renda estão menos conectados e usam a internet com menor frequência do que os outros grupos (Trend Data, 2009; Kennedy et al., 2008; Fox & Vitak, 2008; Prieger & Hu, 2008).

Assim, é importante não presumir que todos os alunos tiveram a mesma exposição e acesso à tecnologia que você planeja utilizar em sala de aula. Como alternativa, você pode conduzir uma rápida pesquisa no início do semestre para descobrir em que ponto seus alunos estão. Mesmo os alunos que vêm de famílias em que a tecnologia se fazia presente podem não ter passado tanto tempo com ela nem estar familiarizados com os aplicativos que você espera usar. Por exemplo, muitos alunos nos câmpus universitários sabem como usar iTunes e têm MP3 players ou iPods, mas não sabem necessariamente como criar um podcast. Quando você pede para os alunos fazerem um projeto de podcast, uma breve orientação sobre a tecnologia, além de algumas tarefas que os ajudam a aprender tal tecnologia, permitirá que eles sejam bem-sucedidos na finalização do projeto e no alcance dos objetivos específicos do curso. Ao envolver os alunos em projetos tecnológicos, também é importante falar sobre os recursos disponíveis e onde podem pedir ajuda quanto às dúvidas sobre tecnologia. E, finalmente, você pode procurar o escritório do seu câmpus que auxilia os alunos com deficiências para aprender mais sobre os serviços que oferecem, tornando-se proativo (no seu programa de estudos e na introdução da tecnologia) no debate sobre a acomodação de alunos especiais.

Além dos assuntos de exposição e do acesso à tecnologia, você deve levar em conta que os alunos vêm para sua aula com vários estilos de aprendizagem e preferências. Por exemplo, os alunos de hoje estão muito mais acostumados com as apresentações multimídia de informações, multiprocessamento e multitarefa (Brown, 2000). Para muitos deles, a apresentação de informações nos modos verbal e visual melhora a retenção e transferência (Mayer, 2001). Para obter mais informações sobre as diferenças entre alunos, consulte o Capítulo 12.

Além de abordar as diferenças entre os alunos, você precisa considerar como a tecnologia altera os papéis que os alunos precisam assumir na sua aula. Quando você usa a tecnologia no ensino, os alunos podem precisar assumir novas responsabilidades, como monitoramentos de seus próprios objetivos de aprendizagem, determinação de suas prioridades e controle do ritmo de aprendizagem. Alguns deles podem não estar preparados ou dispostos a assumir tais responsabilidades. Os alunos podem ficar receosos com as novas expectativas e desafios porque estão acostumados a aprender de forma passiva e receptiva, e não ativa. Se você fizer uma abordagem mais centrada no aluno, alguns deles poderão ver isso como uma abdicação da responsabilidade, em vez de um desenvolvimento positivo. Conforme avança em direção a maior envolvimento e autonomia por parte do aluno, você precisa explicar por que está adotando essa abordagem e formar uma estrutura na qual os alunos não se sintam perdidos. As seguintes sugestões devem ajudar:

- Deixe claro quais são suas expectativas quanto ao uso da tecnologia nos projetos e trabalhos.
- Crie várias etapas para projetos em grupo ou individuais de modo que você possa verificar o progresso dos alunos.
- Ofereça oportunidades de *feedback* sobre a aula para que você possa fazer pequenos ajustes quando os problemas surgirem.
- Discuta as opções de apoio caso os alunos encontrem dificuldades.

Ferramentas tecnológicas

Agora que já consideramos o contexto do ensino e aprendizagem, podemos analisar a tecnologia em si. Um dos desafios que todos nós enfrentamos é a necessidade de entender os possíveis usos e funções de um leque cada vez maior de tecnologia. É preciso levar em conta quais aplicativos são adequados para seus alunos, conteúdo do curso e estilo de ensino. Nem todas as ferramentas são iguais. Algumas são melhores para promover a aprendizagem em áreas específicas, enquanto outras são úteis para várias disciplinas. Algumas ferramentas tecnológicas foram projetadas para objetivos educacionais específicos, enquanto outras têm aplicações mais gerais.

Para explorar o uso adequado das tecnologias, podemos categorizar as várias ferramentas tecnológicas em grupos de acordo com suas funções. Por exemplo, muitas ferramentas podem ser usadas para ajudar os alunos a se comunicar e interagir entre si ou com o professor. Os programas de computador, como Power-Point® e Keynote, auxiliam os usuários na organização e exibição de informações em formato de texto ou gráfico. Os sistemas de gerenciamento de curso facilitam a distribuição dos materiais de curso para os alunos, como o programa de estudo e trabalhos, realização de questionários e até gerenciamento das notas dos alunos. Há também uma variedade de ferramentas tecnológicas e programas específicos para cada disciplina, como Matlab® (ambiente de computação numérica e linguagem de programação) e Finale (programa para composição de música e notação). Nossa discussão se concentrará nas ferramentas tecnológicas gerais e não naquelas desenvolvidas para conteúdos e necessidades específicas. No Quadro 17.2, dividimos as ferramentas tecnológicas gerais em quatro grupos principais: comunicação, apresentação, pesquisa de informação e gestão de recursos e sistemas de gerenciamento de cursos.

A tecnologia de *comunicação* pode facilitar a comunicação entre o professor e os alunos ou entre os próprios alunos, tanto dentro quanto fora da sala de aula. As ferramentas que permitem a comunicação podem ser divididas em dois tipos: as que permitem trocas entre o professor e determinado aluno ou grupo de alunos, tanto em aula quanto on-line, e as que permitem uma conversação mais multivocal entre os alunos e o professor, geralmente on-line.

Comunicação bidirecional professor-aluno por meio de correio eletrônico ou SMS (mensagem de texto) é provavelmente o meio mais conhecido pelos professores. O e-mail, em particular, pode ser usado para uma variedade de tarefas, desde comunicação individual com os alunos sobre logística (como o horário de atendimento do escritório) até entrega de questionários ou envio de trabalhos. Os e-mails e as listas de discussão também podem ser usados para comunicação entre toda a turma ou subgrupos de alunos com relação a anúncios, esclarecimentos etc. A desvantagem do e-mail é a sua onipresença, que faz que alguns alunos tenham expectativas irreais de respostas rápidas por parte dos professores, e outros que o abandonam em favor das redes sociais, como Facebook e MySpace, e mensagens de texto como principal meio para manter o contato. O Quadro 17.3 dá algumas dicas de como usar o e-mail de forma eficaz no ensino.

Tipos	Exemplos	Aplicações instrucionais
▪ Bidirecional	E-mail, mensagem de texto, sistema de resposta do público e pesquisa, IRC (Internet Relay Chat), mural de recado, servidor de lista.	Distribuição/transmissão de informações, fornecimento de *feedback* instantâneo.
▪ Multidirecional	Conferência de áudio/vídeo, webconferência, blog, wiki.	Interação com outros e colaboração nas tarefas.

QUADRO 17.2 Tecnologia de comunicação: tipo, exemplo e aplicação instrucional.

- Defina as regras para os e-mails da turma, por exemplo:
  - Determine padrões para o assunto e subtítulo (por exemplo, ECON 101 – Trabalho e ECON 101 – Solicitação de Agendamento de Horário).
  - Esclareça o tempo de espera da resposta do professor (por exemplo, o aluno que envia um e-mail às 3 da manhã não pode esperar uma resposta imediata).
  - Peça aos alunos que usem formatos de anexo consistentes (como salvar documentos em formato de texto ou Word).
- Não presuma que os alunos vão guardar todas as mensagens que você enviar; guarde uma cópia das correspondências importantes.

QUADRO 17.3   Dicas para utilizar e-mails.

Os professores também podem tirar proveito da tecnologia para se comunicarem com os alunos em aula por meio de sistemas de resposta dos alunos (comumente chamados *clickers*). Esses dispositivos permitem que muitos alunos enviem suas respostas individuais para o computador do professor. Assim, o professor consegue avaliar rapidamente o conhecimento prévio sobre determinado assunto ou verificar a compreensão dos novos conceitos durante uma palestra. Os *clickers* também são extremamente eficazes quando usados para avaliar a compreensão conceitual dos alunos e quando combinados com estratégias de aprendizagem ativa, como a aprendizagem em pares (Mazur, 1997; Smith et al., 2009). Eles são menos eficazes quando usados unicamente para gerenciamento de sala de aula. Em pesquisas na University of Michigan, os alunos responderam negativamente aos *clickers* quando o professor fez uso desse recurso para verificar a frequência dos alunos nas palestras (Zhu, 2007). Ver Quadro 17.4 com dicas sobre como utilizar *clickers* de maneira eficaz. O livro *Teaching with classroom response systems* oferece mais ideias para a criação de ambientes de aprendizagem ativa com *clickers* (Bruff, 2009).

Enquanto os *clickers* necessitam de dispositivos especializados para que os alunos possam transmitir suas respostas e os professores possam recebê-las, os serviços oferecidos pelo "Poll Everywhere" (http://www.polleverywhere.com/) possibilitam o uso de celulares para responder às perguntas dos professores. Os pesquisadores e professores estão experimentando várias maneiras de usar a tecnologia de comunicação pessoal, como celulares, como ferramentas de ensino e aprendizagem interativa e para trazer a cultura do aluno para a sala de aula (Kolb, 2008).

- Analise seu estilo de ensino e estabeleça objetivos claros para o uso de *clickers* em sala de aula.
- Explique para os alunos por que os *clickers* estão sendo usados no curso.
- Articule claramente suas expectativas com relação aos alunos e determine regras e responsabilidades para eles (por exemplo, os alunos deverão levar os *clickers* a todas as palestras).
- Desenvolva um conjunto de perguntas reflexivas e eficazes para serem usadas com os *clickers* em todas as palestras. As perguntas que exigem pensamento conceitual em cursos técnicos ou pensamento crítico em qualquer curso são muito eficazes.
- Use *clickers* com as estratégias de ensino, como "Instrução pelos pares" e "Think-Pair-Share", para melhorar o entendimento conceitual dos alunos com relação ao conteúdo, além das habilidades de pensamento crítico, resolução de problemas e tomada de decisões.
- Quando usar os *clickers* pela primeira vez, considere as primeiras aulas como experimentais para que tanto os docentes quanto os alunos tenham a chance de praticar. Não é muito sensato dar provas no primeiro dia de aula com o uso de *clickers*.
- Certifique-se de não alocar muitos assuntos em um único teste dado para os alunos durante a palestra, visto que isso pode criar ansiedade e aumentar a tentação de colar do colega.
- Se a tecnologia *clicker* for usada para detectar a frequência às aulas, certifique-se de também utilizar o sistema para outros fins, como avaliar o entendimento do aluno, gerar ideias para discutir em sala de aula ou engajar os alunos no pensamento crítico sobre o conteúdo do curso.
- Quando utilizar *clickers* em uma palestra, certifique-se de utilizá-lo regular e consistentemente.
- Quando utilizar *clickers* para diagnosticar a compreensão dos alunos, certifique-se de comentar ou explicar as respostas deles, dar outra pergunta sobre o mesmo tema, se necessário, ou ajustar o ritmo e a sequência da palestra, caso necessário também para esclarecer eventuais confusões e equívocos.

QUADRO 17.4   Dicas para utilizar *clickers*.

Além disso, alunos e professores muitas vezes utilizam mensagens de texto no celular para comunicar, aprender e até melhorar a presença social nos cursos on-line. Embora as mensagens de texto possam ser ferramentas muito convenientes para enviar atualizações e lembretes para os alunos, seu uso como

• DICAS DE ENSINO •

dispositivo interativo nas palestras é relativamente novo, e as implicações para o ensino e o impacto no aprendizado do aluno, principalmente na leitura e escrita, não estão claras.

Ferramentas de comunicação multidirecional por meio de fóruns de discussão,[2] blogs e wikis permitem que os alunos compartilhem informações, discutam determinados assuntos e colaborem com as tarefas de aprendizagem. As ferramentas de discussão on-line assíncrona permitem que os alunos iniciem um debate antes de a aula começar e continuem depois que ela terminar (Quadro 17.5). Por exemplo, um professor de música da University of Michigan pediu aos alunos que ouvissem trechos de música e discutissem as reações em um fórum, no sistema de gerenciamento do curso. Assim, ele poderia iniciar o debate tratando dos tópicos que interessavam ou chocavam os alunos. "A discussão on-line rapidamente tornou-se um componente central do curso e sua organização. O fórum de discussão complementava a experiência de sala de aula e encorajava um diálogo mais rico, aberto, respeitoso e atencioso". Essas ferramentas também permitem que os alunos contatem especialistas fora do seu câmpus e colaborem com as tarefas de aprendizagem em duplas com estudantes de outros países.

Os blogs tornaram-se outra ferramenta popular para o compartilhamento de informações, comentários e recursos baseados em mídias. Às vezes, são utilizados de maneira semelhante ao espaço aberto para discussão, onde os alunos podem discutir e comentar as perguntas, compartilhar perspectivas e informações sobre a matéria, os projetos ou eventos relevantes do câmpus. Os alunos também podem enviar fotos, videoclipes e mídias digitais para o blog, o que às vezes não é possível em um fórum de discussão. O Educated Nation é um blog assim (http://www.educatednation.com/). Os blogs também têm o potencial de estimular os alunos a escrever e engajá-los no compartilhamento e comentário sobre a redação dos demais.

Assim como os blogs, wikis são uma ótima ferramenta para a aprendizagem colaborativa, incluindo projetos em grupo, redação, edição e apresentações (Quadro 17.6). A mais conhecida é a Wikipédia, uma enciclopédia on-line e gratuita que qualquer pessoa pode editar. Embora o ceticismo com relação à qualidade das colaborações da Wikipédia seja grande (além da consternação sobre a disposição dos alunos em iniciar e terminar a pesquisa com essa determinada fonte), alguns professores estão utilizando o site para a realização de trabalhos criativos. Por exemplo, um professor da University of Michigan organizou grupos

---

[2] Fórum de discussão é um diálogo ou conversa on-line em que a mensagem original e todas as respostas são ligadas entre si. É semelhante a um segmento de conversação. O fórum ou conferência on-line geralmente contém muitos segmentos que abrangem diferentes assuntos.

Preparação
- Defina os objetivos e as metas da discussão on-line.
- Projete uma estrutura de organização clara para a discussão on-line.
- Crie um esboço dos diferentes tipos de atividades para discussão.
- Torne a discussão on-line uma parte integral do curso. (Não separe o que estiver acontecendo na conferência virtual do que estiver acontecendo nas reuniões presenciais.)
- Estabeleça o horário de início e término de cada assunto a ser discutido.
- Forneça instruções detalhadas para os alunos, incluindo seus papéis e suas responsabilidades.
- Estabeleça regras para comportamentos adequados e inadequados antes de iniciar um debate.
- Atribua pontos ou porcentagem de nota para a participação dos alunos na discussão.
- Estabeleça expectativas e padrões claros para avaliar o desempenho do aluno na discussão on-line.
- Direcione os alunos para aulas de treinamento em informática, tutoriais on-line e outros tipos de auxílio quando necessário.

Facilitação
- Crie um ambiente confortável para a discussão on-line, por exemplo:
  - Seja um participante ativo.
  - Traga as suas próprias experiências para o debate.
  - Use piadas pessoais quando isso for apropriado.
  - Não domine uma discussão ou deixe poucos alunos a dominarem.
  - Desafie os alunos sem calá-los.
- Faça perguntas de vários níveis (por exemplo, conhecimento, compreensão, aplicação, análise, síntese e avaliação).
- Refaça a frase se ela não estiver clara.
- Incentive a participação ativa dos alunos.
- Na discussão on-line, utilize dramatizações, simulações e outros recursos que possam torná-lo interessante.
- Encerre a discussão on-line (por exemplo, resumindo os pontos aprendidos).

QUADRO 17.5   Dicas para utilizar a discussão on-line assíncrono.

de alunos para avaliar as colaborações de química da Wikipédia. Nesse trabalho, eles deveriam selecionar assuntos de química para pesquisa e atualização (ou criação) voltadas para um público geral.

- ◘ Determine objetivos claros para blogs e wikis da turma (ou seja, aplique e sintetize as novas ideias).
- ◘ Relacione blogs ou wikis com as outras atividades de aprendizagem do curso.
- ◘ Estabeleça expectativas claras e padrões específicos para avaliar a aprendizagem dos alunos.
- ◘ Defina claramente os papéis do professor e dos alunos e as responsabilidades da turma com relação a blogs e wikis.
- ◘ Crie, de forma coletiva, regras básicas de comportamento para blogs e wikis da turma.
- ◘ Direcione os alunos para aulas de treinamento em informática, tutoriais on-line e outros tipos de auxílio, quando isso for necessário.

QUADRO 17.6   Dicas para usar blogs e wikis.

Muitos professores estão percebendo que as wikis são uma ferramenta de ensino útil porque permitem a colaboração e a criação coletiva de conhecimento. A wiki nada mais é do que um texto de autoria compartilhada, entre dois ou mais autores. A ferramenta wiki atende bem, por exemplo, trabalhos em grupos de alunos. Outro professor da University of Michigan envolveu os alunos na cocriação de um livro didático on-line em uma wiki. Outros professores criaram wikis como recursos para a coordenação do ensino em turmas grandes. A wiki oferece acesso para muitos assistentes de professores utilizarem como recursos, tais como planos de aulas para as discussões semanais, instruções para atividades interativas e respostas para as perguntas frequentes. Além disso, há um espaço no qual os assistentes podem compartilhar perguntas e preocupações que surgiram em suas áreas ou comentar sobre a eficácia de determinadas atividades ou leituras.

As wikis podem até funcionar como ambiente de gerenciamento de curso bem flexível. Um professor da University of Michigan deu aulas em todo o curso de tecnologia da informação voltada para negócios usando uma wiki para abrigar todos os elementos do curso: programa de estudo, trabalhos, slides de palestras, anotações de aulas, apresentações de projeto, blogs, *feedbacks* e outras interações. Esse curso com base na wiki alterou a dinâmica da sala de aula e permitiu que professor e aluno aprendessem mutuamente durante todo o semestre. O tempo em aula era voltado para interação e trabalho em projetos, e não para transmissão de informações, as quais foram levadas para as wikis na forma de anotações, vídeos etc. Por exemplo, um aluno era responsável por postar as anotações depois das aulas e outros poderiam corrigir e acrescentar mais informações. No processo, os alunos puderam controlar seu próprio aprendizado conforme reuniam, analisavam e avaliavam as informações. Depois, escreveram e publicaram suas descobertas na internet, enquanto o professor os auxiliava do lado de fora desse processo. As wikis têm um enorme potencial de envolver os alunos no processo de aprendizagem e na criação de conhecimento dentro e fora da sala de aula.

Quanto aos cursos a distância, as ferramentas de comunicação são essenciais para participar das palestras dos professores nas aulas, promover reuniões no ambiente virtual entre professores e alunos, viabilizando a interação, a realização de trabalhos e a formação de comunidades de aprendizagem on-line entre pessoas que se encontram geograficamente distantes. Os alunos podem realizar reuniões em grupo, discutir os projetos e trabalhos do curso ou fornecer *feedback* sobre o trabalho dos colegas com as ferramentas assíncronas (como fóruns de discussão, blogs e wikis) ou síncronas (chat). Da mesma forma, os professores podem usar as ferramentas síncronas e assíncronas para o expediente de trabalho on-line e para os debates on-line, tanto para cursos a distância quanto para os presenciais. Por exemplo, pelo chat assíncrono ou por outras ferramentas de pergunta, os professores da University of Michigan incentivaram os alunos a enviar suas dúvidas eletronicamente durante as palestras maiores. As perguntas feitas foram lidas e discutidas imediatamente durante a aula ou nas seções de acompanhamento. Essa comunicação ajuda os alunos a superar a intimidação de levantar a mão em meio a um grande grupo e garante a participação mais ampla.

O Quadro 17.7 apresenta os vários tipos de tecnologia de apresentação, de organização e de utilização.

A tecnologia de *apresentação* permite que os professores organizem e exibam informações em formatos de texto, gráfico, animações e multimídias. É fácil preparar anotações/esboços de palestras em formato de texto e gráfico com programas de software, tais como Microsoft Word e PowerPoint®. À medida que desenvolvem a fluência com essas ferramentas, os professores devem tomar cuidado para não sobrecarregar os alunos com slides nas palestras, o que pode rapidamente extrapolar a capacidade que eles têm de fazer anotações e de concentração. Enquanto os professores têm opiniões diferentes sobre a disponibilização dos slides das palestras antes das aulas, as pesquisas sobre as anotações feitas sugerem que os alunos aprendem mais quando têm um "esqueleto" onde podem estruturar as anotações (DeZure, Kaplan & Deerman, 2001). Ver o Quadro 17.8 para obter informações adicionais sobre o uso do PowerPoint®.

A curva de aprendizagem para fazer uma apresentação em PowerPoint® com gráficos e imagens não é tão íngreme e o tempo necessário para aprender tais habilidades deve ser administrável. No entanto, a integração da mídia digital em

• DICAS DE ENSINO •

Tipos	Exemplos	Aplicações instrucionais
▣ Texto ▣ Texto/gráfico ▣ Texto/gráfico/ som/animação	Software de apresentação (como PowerPoint® e Keynote) Editor de páginas da web Software de vídeo a animação (como Flash e iMovie) Ferramentas de captura de aula	Para organizar e apresentar a informação Para criar módulos de aprendizagem

QUADRO 17.7   Tecnologia de apresentação e organização: tipos, exemplos e aplicações instrucionais.

- ▣ Use fontes de tamanho 24 (mínimo) para o texto.
- ▣ Certifique-se de que seus slides estejam legíveis (por exemplo, observe as suas opções de cores para o texto e plano de fundo).
- ▣ Evite usar apenas LETRAS MAIÚSCULAS. O uso normal de letras maiúsculas e minúsculas é mais fácil de ser lido.
- ▣ Use estilo itálico ou colorido, em vez de sublinhar para enfatizar um assunto. O sublinhado dificulta a leitura de alguns caracteres.
- ▣ Use o limite de sete palavras por linha e oito linhas por *slide*.
- ▣ Utilize slides como guia para a apresentação.
- ▣ Fique de frente para o público ao apresentar um *slide*.
- ▣ Distribua uma cópia dos slides para os alunos com antecedência, se possível.
- ▣ Deixe as luzes da sala acesas e evite mostrar slides em ambiente escuro por mais de 15 minutos.
- ▣ Evite colocar os alunos no modo passivo de recebimento de informações, combinando a apresentação do slide com o uso da lousa ou outras atividades.
- ▣ Tenha um plano "B", caso haja falta de energia ou ocorra alguma falha no equipamento.

QUADRO 17.8   Dicas para usar o PowerPoint®.

suas apresentações pode exigir habilidades específicas, principalmente se for necessário converter o formato da mídia. Na maioria dos câmpus, os laboratórios ou centros de tecnologia educacional ajudam os docentes com vários projetos de conversão de mídias, como digitalização de clipes e criação de apresentações multimídia. Às vezes, os professores conseguem encontrar clipes em sites da internet, como o YouTube (http://www.youtube.com). Assim como uma imagem, o vídeo pode ser útil e eficaz para ilustrar pontos, conceitos abstratos e relações hierárquicas, além de motivar os alunos, mantendo o interesse ou iniciando os debates em sala de aula (ver Quadro 17.9). Um professor de psicologia da University of Michigan utiliza videoclipes de duas maneiras: em palestras de grande porte, ele mostra clipes curtos e divertidos (não necessariamente sobre o assunto) incorporados na apresentação em PowerPoint® para dar uma descontraída na palestra e ajudar os alunos a "zerar" a concentração; em palestras menores, utiliza o iMovie para criar vídeos de pacientes que sofrem dos distúrbios mencionados em aula.

Ao decidirem que os alunos devem criar vídeos, os professores os envolvem na aprendizagem da matéria do curso. Vários estudos mostraram que a apresentação de conceitos novos e difíceis, tanto no modo auditivo como visual, resulta em mais aprendizado do que informação apresentada (Halpern & Hakel, 2003; Mayer, 1997; Mousavi, Low & Sweller, 1995).

O vídeo também é muito útil como meio de arquivar as palestras, demonstrações etc. A tecnologia de registro de aulas e palestras simplificou o processo de gravação e postagem tanto nos cursos tradicionais como nos on-line. Programas como Camtasia e iShowU permitem aos docentes sincronizar as palestras com a apresentação de slides ou outra apresentação multimídia. Assim, os alunos

---

- Tenha um objetivo claro ao usar um videoclipe (por exemplo, pergunte-se por que está usando o clipe e o que você quer que os alunos aprendam com ele).
- Contextualize adequadamente o seu clipe (por exemplo, explique que o clipe vem de uma sequência ou parte de uma história ou diálogo).
- Assista ao clipe inteiro antes de mostrá-lo em aula e avalie a atividade elaborada para acompanhá-lo.
- Limite a duração dos videoclipes. Independentemente de quão interessante eles forem ou de quanto os alunos estejam motivados, os clipes com mais de 10 minutos de duração não conseguem manter a atenção da assistência.

QUADRO 17.9   Dicas para usar videoclipes em apresentações.

conseguem assistir à palestra inteira sempre que precisarem com tempo para revisar os segmentos que não ficaram claros. A facilidade de registro de palestras em sala de aula e seu potencial para deixar a matéria do curso amplamente acessível chamaram a atenção de muitos professores e alunos de universidades de todo o país. Instituições como Duke (http://itunes.duke.edu/), Stanford (http://itunes.stanford.edu/), UC Berkeley (http://itunes.berkeley.edu/), University of Wisconsin-Madison (http://www.uwebi.org/news/uw-on-line-learning.pdf) e University of Michigan estão testando o fornecimento de podcasts das palestras como forma de complementar o material de aprendizagem dos alunos, incluindo os que estão matriculados em cursos a distância. Os alunos podem acessar os arquivos das palestras para revisar o material, rever as demonstrações de conceitos difíceis ou assistir a apresentações dadas pelos outros palestrantes. Além disso, a gravação e postagem das palestras antecipadamente abrem a possibilidade de liberar um pouco do tempo em aula para trabalhos práticos (definição de problemas, discussões e trabalho em equipe). Muitos docentes da University of Michigan já estão registrando as aulas através de tecnologias como os podcasts e disponibilizando aos alunos como recursos extras de aprendizagem.[3]

Embora a captação de aulas ofereça muitos benefícios potenciais (Coghlan et al., 2007), ela também apresenta vários desafios para professores, incluindo o domínio da tecnologia (para alunos e professores) e a gravação de conteúdos que possuem direitos de autoria ou de propriedade intelectual. O Quadro 17.10 apresenta sugestões sobre como tirar o melhor proveito dessa ferramenta tecnológica.

A tecnologia *de busca de informações e administração de recursos* (Quadro 17.11) ajuda os usuários a encontrar e gerenciar essas informações. A internet oferece uma grande variedade de informações e os dados podem ser usados no ensino e na aprendizagem. Os professores universitários de todas as áreas identificam as habilidades associadas a pesquisa, gerenciamento e avaliação das informações na internet como os objetivos mais importantes de aprendizagem e habilidades de sobrevivência para o século XXI. Você pode começar a ajudar os alunos a adquirir habilidades em pesquisas na internet e avaliação de sites por meio da revisão dos mecanismos de busca básicos (ver Quadro 17.12) e oferecer informações ou diretrizes para avaliar os sites. A maioria das bibliotecas das universidades disponibiliza esse tipo de recurso para os alunos. Por exemplo, a Biblioteca de Graduação da University of Michigan oferece "Criteria for Web Site Evaluation" no site http://guides.lib.umich.edu/content.php?pid=30524, e a Universidade da Califórnia em Berkeley traz informações úteis sobre os mecanismos

---

[3] Exemplos da University of Michigan usando a tecnologia de captura de aulas podem ser encontrados em http://www.crlt.umich.edu.

- Antes de começar, certifique-se de que:
  - Você tem objetivos claros para os podcasts de palestras e tempo para prepará-los consistentemente durante o semestre.
  - Seus alunos são receptivos e estão preparados para os podcasts. Não presuma que todos os alunos tenham o mesmo nível de acesso e a mesma habilidade com o uso de podcasts.
  - Você conhece as políticas de direitos autorais sobre podcasts (por exemplo, liberação dos direitos de materiais e formulários de liberação para os alunos, caso as perguntas sejam respondidas e gravadas).
  - Você tem apoio tecnológico e hospedagem de podcast contínua e adequada se não lecionar em uma sala com sistema de captura automática.
- Quando optar pelos podcasts, reserve um tempo para testar a qualidade da gravação. Escolha uma qualidade razoável, visto que a má qualidade do áudio pode não estimular os alunos quanto à utilização das palestras gravadas.
- Disponibilize os podcasts assim que possível após uma palestra, já que muitos alunos baixam os arquivos nos dias seguintes e antes das provas.
- Dedique mais um pouco do tempo em sala de aula para debates interativos e demonstrações caso os podcasts possam substituir as palestras.
- Os podcasts não devem substituir os métodos mais tradicionais de fornecer material suplementar para os alunos, tal como inserir a matéria no sistema de gerenciamento de curso, antes de saber com certeza se todos os alunos têm acesso aos dispositivos que baixam e reproduzem podcasts.
- Faça referências aos podcasts durante as palestras ou quando responder às dúvidas dos alunos, se isso for adequado, para que eles tirem mais proveito do recurso disponibilizado.
- Facilite o acesso e uso de podcasts fornecendo instruções detalhadas de download e garantindo que o formato seja compatível com os aparelhos de reprodução mais comuns (MP3 players, iPods e computadores).
- Explique os objetivos instrucionais e requisitos técnicos caso os podcasts sejam usados em projetos e trabalhos dos alunos.
- Esteja ciente das possíveis implicações dos podcasts de suas palestras para os outros cursos do programa ou no currículo.

QUADRO 17.10 Dicas para usar a captura de aulas e palestras.

Tipos	Exemplos	Aplicações instrucionais
▣ Informação pesquisa e gerenciamento	Internet, banco de dados eletrônico Procite, EndNotes, Refworks Excel e outras ferramentas de gerenciamento de dados	Pesquisa, manipulação e análise de dados/ informações Avaliação e pesquisa

QUADRO 17.11 Tecnologia de busca de informação e administração de recursos: tipo, exemplo e aplicação.

de busca na internet e avaliação de sites em http://www.lib.berkeley.edu/ TeachingLib/ Guides/Internet/Evaluate.html.

Ao pedir aos alunos que utilizem os recursos da internet para escrever os trabalhos, o professor deve distinguir entre o conhecimento comum e o plágio, além de ensinar as boas práticas de avaliação e uso dos recursos on-line para reconhecer e evitar o plágio. Os recursos sobre integridade acadêmica para alunos e professores estão disponíveis na maioria das instituições. Por exemplo, a University of Michigan tem um site com amplos recursos sobre a integridade acadêmica em http://www.lib.umich.edu/acadintegrity/. Os serviços de tecnologia da informação da University of Penn reúnem muitos recursos úteis sobre o plágio em http://tlt.its.psu.edu/copyright-plagiarism, incluindo exemplos de paráfrases aceitáveis e inaceitáveis.

Os *sistemas de gerenciamento de curso* foram desenvolvidos há mais de uma década e oferecem um espaço de curso virtual para distribuição de recursos, comunicação com outros alunos, aplicação de testes e questionários e gerenciamento das notas dos alunos, sem exigir níveis elevados de programação ou competências de webdesign. Esses sistemas evoluíram para incluir recursos que vão além da administração e do gerenciamento do curso. As ferramentas de colaboração e reflexão, como wikis, blogs, e-portfólios e streaming de mídia (podcasts), são comuns na geração atual de sistemas de gerenciamento de curso.

Mesmo os sistemas de gerenciamento de curso (Quadro 17.13) que contêm apenas recursos administrativos têm potencial para guiar os professores por um processo de planejamento de curso baseado em pedagogia eficaz e adaptado para as diversas necessidades dos alunos. Conforme os professores utilizam esses sistemas para armazenar e distribuir informações, além de engajar os alunos em debates on-line, pequenas alterações no método de ensino podem se tornar o impulso para alterações mais ambiciosas futuramente. Por exemplo, um professor de língua

■ TECNOLOGIA E ENSINO ■

	Pesquisa em sites	Lista de pesquisa	Metapesquisa
Tipos	Sites de busca (texto completo e mídia) em um único banco de dados	Sites de busca em diretórios organizados por assuntos por pessoas	Pesquisa em vários bancos de dados usando vários mecanismos de busca e retornando os resultados em forma de texto ou apresentação visual
Exemplo	Google http://www.google.com.br	Yahoo http://dir.yahoo.com	Vivisimo http://www.vivisimo.com
	Exalead http://www.exalead.com/search	Librarians' Index http://www.lii.org	Metacrawler http://metacrawler.com
	Altavista http://www.altavista.com	Academic Info http://www.academicinfo.net	Dogpile http://www.dogpile.com
	Blinkx (mecanismo de busca de vídeos) http://www.blinkx.com		Kartoo (metapesquisa visual) htt://www.kartoo.com

QUADRO 17.12 Tipos de mecanismo de busca na internet.

Tipos	Exemplos	Aplicações instrucionais
▣ Open source ▣ Proprietário	Sakai CLE (ambiente de aprendizagem colaborativa), Moodle, CTools[4] Blackboard, Angel Learning, eCollege	Fornecem um ambiente/espaço para os alunos se engajarem em várias atividades de aprendizagem

QUADRO 17.13   Sistemas de gerenciamento de curso: tipos, exemplos e aplicações instrucionais.

estrangeira da University of Michigan começou a usar o sistema para postar o programa de estudo e dar avisos para a turma, mas, em seguida, aprender como utilizar as ferramentas de referência on-line, a redação em pares, críticas e edição de trabalhos. É relativamente mais fácil usar um sistema de gerenciamento de curso para postar o programa, as anotações de palestras, trabalhos e recursos. Porém os recursos mais complexos exigem treinamento (ver Quadro 17.14).

Esses sistemas são extremamente úteis para o ensino a distância, pois oferecem, num único pacote, as tarefas e os recursos que seriam difíceis de manipular em cursos presenciais.

- ▣ Identifique os recursos do sistema de gerenciamento de curso que você vai usar e por que vai usá-los.
- ▣ Comece com alguns recursos se for usuário novato desse sistema.
- ▣ Forneça instruções específicas para os alunos utilizarem a discussão on-line ou outro recurso interativo.
- ▣ Estipule prazos definidos e reforce-os se utilizar trabalhos, questionários e testes.
- ▣ Reserve um tempo adequado para o preparo caso decida criar módulos de aprendizagem on-line.
- ▣ Prepare os alunos para o uso do sistema de gerenciamento de curso e organize um treinamento, caso necessário.

QUADRO 17.14   Dicas para usar os sistemas de gerenciamento de curso.

---

[4] CTools é um ambiente on-line avançado que combina recursos de gerenciamento de curso com recursos de colaboração em projetos e pesquisa.

TECNOLOGIA E ENSINO

Muitos professores também criam os próprios sites para darem aulas. Os professores podem tirar vantagem das muitas ferramentas da internet para envolver os alunos no pensamento criativo, em blogs de reflexão, projetos de wiki colaborativos, no desenvolvimento do conteúdo ou na possibilidade de testar novas maneiras de ensinar e aprender. Por exemplo, o projeto Valley of the Shadow (http://valley.vcdh.virginia.edu), que apareceu na internet no início da década de 1990, introduziu uma nova maneira de aprender e estudar a história. As competências tecnológicas necessárias para iniciar um site de curso simples são semelhantes àquelas utilizadas para criar uma apresentação multimídia. Os editores de HTML atuais, como Dreamweaver, são simples e fáceis de aprender. Para publicar suas páginas na internet, você precisa descobrir como acessar os espaços designados no servidor web de seu departamento ou instituição (ver Quadro 17.15.)

- Reserve bastante tempo para planejar o curso e projetar as páginas da internet.
- Certifique-se de que as páginas do curso são funcionais e os conteúdos podem ser acessados por alunos com deficiências.
- Se você tiver atividades interativas no site do curso, verifique se as questões relacionadas à segurança e privacidade são bem compreendidas pelos alunos.
- Tenha um plano "B" para as palestras (por exemplo, salve as páginas da internet no seu disco local).
- Esteja bem preparado para a palestra usando o próprio site de curso, por exemplo:
  - Verifique os links, principalmente os externos.
  - Verifique se a iluminação da sala está adequada para a visualização em tela e para os alunos fazerem anotações.
  - Verifique a configuração (por exemplo, navegador e software de áudio/vídeo e animação).
  - Lembre-se de que o pessoal do suporte técnico deverá estar na sala no início da aula para ajudar com eventuais problemas.
  - Sempre saiba para quem ligar e pedir ajuda em casos de problemas técnicos.
- Enfatize a necessidade de filtragem, interpretação e avaliação das informações encontradas na internet quando envolver os alunos na utilização desses recursos on-line.
- Lembre os alunos de que apenas uma pequena fração de todo o arquivo de conhecimento está disponível na internet.

QUADRO 17.15   Dicas para criar sites de curso.

• DICAS DE ENSINO •

- Defina as metas específicas para as páginas dos alunos ou outros projetos que envolvam a informática.
- Forneça diretrizes detalhadas para os projetos.
- Estabeleça expectativas e padrões claros para avaliar os projetos dos alunos.
- Transforme as páginas dos alunos ou outro projeto de informática em parte integrante das experiências de aprendizagem do curso.
- Incentive os alunos a compartilhar e revisar os projetos dos colegas. Defina pontos de verificação periódica para o projeto de informática com duração de um semestre. Organize treinamentos de informática para os alunos, se necessário.
- Defina pontos de verificação periódica para o projeto de informática com duração de um semestre.
- Organize treinamentos de informática para os alunos, se necessário.

QUADRO 17.16   Dicas para atribuição de projeto de informática.

Você também pode incluir a criação de sites nos projetos dos alunos. A criação do próprio site e a disponibilização do trabalho para um público maior motiva os alunos a aprender e aumentam as expectativas sobre a qualidade do trabalho e o tempo que estão dispostos a investir na aula. Ao mesmo tempo, esses projetos apresentam desafios tanto para os alunos quanto para os professores. Embora a utilização desses recursos possa ser nova para os alunos, o professor também pode não ter muita experiência para projetá-los e avaliá-los (ver Quadro 17.16).

Por exemplo, um professor de inglês da University of Michigan incentiva os alunos de sua turma de literatura inglesa do século XVIII a escrever e projetar suas páginas da internet em pequenos grupos, explorando os vários aspectos da vida dessa época na Inglaterra. Esse trabalho serve como projeto final de curso. De acordo com os alunos, a experiência melhora as habilidades técnicas e intelectuais. Um aluno fez o seguinte comentário: "Este projeto foi útil não apenas para melhorar minha confiança com a tecnologia, mas também senti que me ajudou a entender melhor alguns dos romances que li, além do contexto histórico no qual foram escritos".[5]

---

[5] O site http://www.umich.edu/%7Eece/about.html#comments contém instruções úteis para configurar projetos semelhantes.

Ensino on-line ou a distância

O ensino a distância pode incluir todas as ferramentas tecnológicas anteriormente listadas. Além disso, os cursos a distância podem ser realizados com sistemas de videoconferência (áudio em um ou dois sentidos e vídeo), além de programas de videoconferência baseados na internet (webconferência). As estratégias de ensino eficazes e as boas práticas funcionam em todas as situações. Os professores, independentemente de lecionarem no câmpus, on-line ou a distância, encontram desafios e problemas semelhantes. Contudo, aqueles que lecionam on-line ou a distância podem encontrar vários desafios extras por causa da falta de contato pessoal com os alunos, da alta dependência da tecnologia para transmitir o ensino e das diferenças na população estudantil. Por exemplo, o ensino on-line ou a distância pode exigir atenção especial do docente quanto ao planejamento do curso e à facilitação e avaliação da aprendizagem do aluno.

Um bom ponto de partida para esse tipo de curso é o desenvolvimento de um plano cuidadoso que inclui não somente os objetivos do curso e de aprendizagem, como também os métodos de ensino e de avaliação dos resultados. A seguir, apresentamos as áreas que podem ser consideradas ao planejar um curso on-line (ver também Capítulo 2).

- Projeto do curso
    - Objetivos de curso bem-definidos e objetivos de aprendizagem mensuráveis.
    - Atividades significativas (trabalhos) que ajudam os alunos a atingir os objetivos.
    - Nível de participação e envolvimento do aluno no processo ensino/aprendizado.
- Transmissão de conteúdos e orientações
    - Métodos de ensino compatíveis com os objetivos do curso (por exemplo, palestras pré-gravadas ou interativas por meio de webconferência, estudos de caso etc.).
    - Ferramentas tecnológicas que apoiam as atividades de ensino e aprendizagem (por exemplo, sistemas de gerenciamento de curso, blogs, wikis, fóruns de discussão e salas de bate-papo síncrono).
- Comunicação e interação
    - Meios eficazes de comunicação e interação entre professor e alunos e entre os próprios alunos.
    - *Feedbacks* frequentes de/para os alunos sobre o ensino e a aprendizagem.
    - Comunidade de aprendizagem para os alunos compartilharem e fazerem trocas (evite deixá-los isolados).

- Avaliação da aprendizagem dos alunos
  - Explique as expectativas e os padrões de avaliação (alinhados com os objetivos).
  - Variedade de métodos de avaliação que atendem aos diferentes estilos de aprendizagem.
  - Métodos de avaliação flexíveis, mas com padrões rigorosos.

De forma ideal, o ambiente de ensino/aprendizagem on-line oferece várias oportunidades para disseminação de informação e também para a interação que é tão importante para ajudar os alunos a desenvolver níveis mais elevados de pensamento (por exemplo, por meio de discussões, reflexões, aprendizagem colaborativa, estudos de caso do mundo real etc.). A incorporação dessas estratégias pode desafiar algumas práticas antigas de ensino. Nesse ambiente de ensino/aprendizagem, o professor passa a desempenhar o papel de guia, mediador ou facilitador, pois caberá a ele guiar os alunos pelo processo de reunião de informações, avaliação e construção do conhecimento (Berge, 2000).

Além disso, embora os níveis – de médio a elevado – de competência tecnológica para usar ferramentas on-line (como fóruns de discussão, blogs, wikis e ferramentas on-line para atribuição de notas e rastreamento do progresso) sejam opcionais no ensino presencial, eles serão necessários no ensino a distância. Assim, a aprendizagem de competências adequadas e táticas para se comunicar com os alunos, interagir com eles, fornecer *feedback* e responder às suas necessidades são essenciais para a eficácia desse tipo de ensino.

A maioria das instituições de ensino superior oferece oficinas e seminários sobre como usar as ferramentas de gestão de curso e outros softwares para administrar e facilitar a comunicação on-line, o debate presencial ou on-line e o ensino a distância. As pesquisas indicam que parte da formação do corpo docente on-line ou do treinamento de ensino a distância pode ser realizada on-line (Ko & Rossen, 2001) a fim de proporcionar aos professores a experiência de serem estudantes a distância.

Enquanto estiver se preparando para o ensino a distância, em ferramentas tecnológicas de aprendizagem e habilidades de comunicação e de facilitação, é importante pensar nos alunos e em quais atividades você pode criar para capacitá-los para estudar e aprender efetivamente nessa modalidade.

Como lidar com a explosão tecnológica

Por fim, é preciso mencionar a tecnologia da Web 2.0, principalmente os sites de redes sociais e softwares móveis, tais como Facebook, Flickr e Google Apps. Essas ferramentas já estão disponíveis no câmpus, no ensino on-line e no ensino superior. Todo o conjunto de tecnologia Web 2.0 e as ferramentas tecnológicas emergentes e mais novas que surgem a todo momento podem nos confundir e nos deixar em dúvida sobre o que usar e o que integrar no ensino. Uma das maneiras eficazes de lidar com esse desafio é aplicar o princípio básico de tecnologia de integração no ensino e aprendizagem que introduzimos no início do capítulo. As decisões tecnológicas são essencialmente de ensino e de aprendizagem. Portanto, ao contemplar o uso de uma ferramenta nova, certamente você precisará entender a tecnologia e suas implicações potenciais para o ensino e aprendizagem. Contudo, você também precisa pensar com cuidado em alguns fatores: metas de curso e objetivos de aprendizagem, habilidades e experiências de seus alunos e como a tecnologia vai melhorar o curso e a aprendizagem dos alunos.

Qual é o impacto da tecnologia no ensino e na aprendizagem?

As hipóteses sobre a tecnologia e seu impacto no ensino e aprendizagem variam entre os usuários de informática. Alguns defensores da tecnologia acreditam que professores e estudantes poderão aproveitar a tecnologia para ensinar e aprender bem se tiverem acesso ao hardware e software corretos em sala de aula. Outros acreditam que isso é irrelevante para a aprendizagem do aluno. Essas duas posições opostas, na verdade, refletem o debate do meio e da mensagem no campo da tecnologia educacional (Clark, 1994a, 1994b; Kozma, 1994). O trabalho de Tom Russell (1999), *No significant difference phenomenon*, indicou que o veículo, ou seja, a tecnologia usada para fornecer informações, não afeta de maneira significativa os resultados da aprendizagem. No entanto, outros pesquisadores, como Kozma (1994), apontam que não usamos e analisamos de forma suficiente os atributos e as funções específicos das tecnologias individuais nem exploramos e comparamos a eficácia da instrução. Portanto, não podemos esperar descobrir que a tecnologia faz diferença sobre o que podemos explorar das capacidades do meio.

Recentemente, Kulik (2003) conduziu uma análise em mais de cem estudos controlados sobre o uso da tecnologia educacional de cursos de faculdade durante os anos 1980 e início de 1990. Essa análise mostrou que o ensino baseado em computador fez contribuições pequenas, mas significativas, e também produziu a realização acadêmica, mas novamente pequena, dos efeitos do sol sem luz. O impacto geral da tecnologia no ensino e na aprendizagem também foi estudado há décadas, mas novamente não houve um consenso. Claramente, a integração da tecnologia no ensino está associada a mudanças na prática, mas a natureza dessa associação é complexa e multifacetada.

■ DICAS DE ENSINO ■

Para pesquisas práticas e úteis sobre o impacto da tecnologia no ensino e aprendizagem, devemos examinar "os resultados de aprendizagem nos domínios cognitivo e afetivo, seus comportamentos e suas estratégias de aprendizagem". Perguntas podem ser direcionadas para pesquisar qual é a melhor estratégia de ensino/aprendizagem e como a tecnologia pode apoiá-la (Ehrmann, 1995; Kozma, 1994). Alguns exemplos de professores buscando esses tipos de perguntas podem ser encontrados no site (http://crossroads.georgetown.edu/vkp/), que incide em parte sobre os métodos de aplicação do ensino e aprendizagem com tecnologia. Esse site contém descrições curtas de projetos universitários que focam determinada tecnologia considerada importante para a aprendizagem do aluno e de suas atitudes ante o estudo.

Exemplos parecidos de docentes investigando a entrada dos alunos podem ser encontrados na University of Michigan. Um professor de engenharia está estudando o impacto de postar gravações de leituras juntamente com a tarefa ou questionário sobre a aprendizagem do aluno, o estudo e a resolução de problemas. Um estudo em grande escala discorre sobre a análise de um sistema de manter a luz acesa em palestras mais longas em sala de aula. Com milhares de respostas a perguntas sobre vários semestres, os resultados do estudo ajudaram a gerar um conjunto de orientações pedagógicas para a utilização de *clickers* no ensino (Zhu, 2007).

As atividades docentes também são pesquisáveis, com suas novas formas de ensinar com a tecnologia, podendo-se investigar o impacto desse novo ensino na aprendizagem do aluno iniciante. Um professor, por exemplo, está fazendo experiências com wikis e acompanhando seu impacto na aprendizagem dos alunos, principalmente nas formas de aprendizagem científica e criativa de pensar, que suportam a nova tecnologia e a promovem bem.

Como você pensa na condução de pesquisas sobre o impacto da tecnologia no ensino e na aprendizagem dos seus alunos, é importante que considere toda a gama de tecnologias que pode promover mudanças para todo o processo de ensino e aprendizagem. As perguntas seguintes são projetadas para ajudá-lo a começar a pensar sobre como se pode avaliar o impacto da tecnologia no ensino e na aprendizagem do aluno em um curso, um currículo ou um programa.

- ▣ Como o uso da tecnologia ajuda os alunos a atingir os objetivos? Eis alguns exemplos:
    - Demonstração de alterações no conhecimento do aluno, da habilidade e das atitudes (por exemplo, resultados de pré e pós-prova e comparação das atitudes dos alunos com os resultados antes e depois de a tecnologia ter sido integrada).

- De que forma a tecnologia ajuda a mudar o envolvimento dos alunos na aprendizagem, dentro e fora da sala de aula?
  - O registro do envolvimento do aluno durante a aula (por exemplo, perguntas e respostas em fóruns) e fora da sala de aula (como discussão em chats ou blogs, qualidade das postagens e dos projetos elaborados pelos alunos).
  - Comentários ou relato de envolvimento dentro e fora da classe
- Como o uso da tecnologia mudou os comportamentos e as práticas de ensino? Eis alguns exemplos de mudança:
  - Quantidade de interação entre professor e alunos, bem como entre os próprios alunos.
  - Meios de direcionar a aquisição de conhecimento por caminhos e estilos de aprendizagem diversos.
  - Estilo da aula (interativa ou não interativa).
  - Natureza das atividades de aprendizagem e trabalhos.
  - Ligação do conteúdo do curso com o contexto do mundo real.
  - Quantidade e frequência de *feedbacks* dos professores e dos alunos.
- Como a tecnologia melhorou a aprendizagem de forma eficaz? Eis alguns exemplos:
  - Use o tempo de aula.
  - O tempo do professor na preparação e no gerenciamento do curso.
  - Tempo dos alunos para ler as tarefas.
  - Acesso ao material do curso.
  - Participação e frequência síncrona dentro e fora da aula.

A educação a distância (EaD) no Brasil

No Brasil, são muitas as universidades que oferecem cursos superiores a distância, baseados em múltiplas tecnologias de informação e comunicação. Pela lei brasileira, todavia, provas e avaliações não podem ser realizadas a distância e sim apenas presencialmente. Cada curso superior a distância deve possuir um polo presencial que oferece apoio administrativo e pedagógico ao aluno. E é nesse polo presencial que as provas e os exames são realizados.

A grande experiência de educação a distância no Brasil é a chamada Universidade Aberta do Brasil (UAB), organizada e coordenada pelo governo federal através do Ministério da Educação (http://www.uab.capes.gov.br/index.php). Essa universidade virtual é composta por uma rede de dezenas de universidades federais localizadas em todo o país, que oferecem certo

> número de cursos a distância no âmbito da UAB. São diversas as tecnologias utilizadas pela UAB, como o gerenciador de cursos Moodle (http://www.moodle.org.br/). No Moodle, são gerenciadas inúmeras ferramentas de apoio educacionais citadas anteriormente, como os fóruns, chats, biblioteca virtual, portfólio, wikis, webconferências e videoaulas. O Moddle permite forte interação entre alunos e professores e entre alunos, proporcionando a possibilidade de uma produção coletiva de conhecimentos.
>
> Luiz G. Brom

CONCLUSÃO

A integração bem-sucedida da tecnologia implica uma análise cuidadosa dos seguintes aspectos: conteúdo do curso, capacidades das diferentes ferramentas tecnológicas, acesso dos alunos, conforto com tecnologia e visão do professor quanto ao seu papel no processo de ensino e aprendizagem. O uso da tecnologia pode mudar os métodos de ensino e abordagens à aprendizagem, bem como atitudes, motivação e interesse no assunto. Com uma cuidadosa reflexão e planejamento, os docentes podem tirar proveito da evolução da tecnologia educacional para melhorar seus cursos, reavaliar suas ideias sobre o ensino e promover um maior rendimento acadêmico do aluno.

LEITURA COMPLEMENTAR

PowerPoint®

BROWN, B. PowerPoint-Induced Sleep. *Syllabus*, v. 14, n. 6, p. 17, 2001.

CREED, T. *PowerPoint, No! Cyberspace, Yes*, 1999. Disponível em: <http://www.ntlf.com/html/pi/9705/creed_1.htm>.

ROCKLIN, T. *PowerPoint Is Not Evil*, 1999. Disponível em: <http://www.ntlf.com/html/sf/notevil.htm>.

TUFTE, E. R. *The cognitive style of PowerPoint*. Cheshire, CT: Graphics Press, 2003.

DUFRENE, D. D. & LEHMAN, C. M. Concept, content, construction, and contingencies: getting the horse before the PowerPoint Cart. *Business Communication Quarterly*, v. 67, n. 1, p. 84-88, 2004.

GABRIEL, Y. Against the tyranny of PowerPoint: technology-in-use and technology abuse. *Organization Studies*, v. 29, n. 2, p. 255-276, 2008.

E-mail e discussão on-line

BENDER, T. *Discussion-based on-line teaching to enhance student learning*: theory, practice, and assessment. Sterling, VA: Stylus, 2003.

BONK, C. J. & KING, K. S. (Eds.). *Electronic collaborators*: learner-centered technologies for literacy, apprenticeship, and discourse. Mahwah, NJ: Erlbaum, 1998.

HANNA, D., GLOWACKI-DUDKA, M. & CONCEICAO-RUNLEE, S. *147 practical tips for teaching on-line groups*: essentials of web-based education. Madison, WI: Atwood Publishing, 2000.

KLEINMAN, S. Strategies for encouraging active learning, interaction, and academic integrity in on-line courses. *Communication Teacher*, v. 19, n. 1, p. 13-18, 2005.

MACKNIGHT, C. Teaching critical thinking through on-line discussions. Disponível em: <http://net.educause.edu/ir/library/pdf/EQM0048.pdf>.

ROVAI, A. P. Strategies for grading on-line discussions: effects on discussions and classroom community in internet-based university courses. *Journal of Computing in Higher Education*, v. 15, n. 1, p. 89-107, 2003.

SALMON, G. *E-Tivities*: the key to active on-line learning. Londres: Kogan Page, 2002.

Ensino com a web

HORTON, S. *Web teaching guide*: a practical approach to creating course web sites. New Haven, CT: Yale University Press, 2000.

KHAN, B. H. (Ed.). *Web-based instruction*. Englewood Cliffs, NJ: Educational Technology Publications, 1997.

MORRISON, G. R., ROSS, S. M. & KEMP, J. E. *Designing effective instruction*. Nova York: Wiley, 2001.

EDUCAUSE Learning Initiative. 7 Things You Should Know About, 2005-2009. Disponível em: <http://www.educause.edu/ELI/ELI Resources/7ThingsYouShouldKnow About/ 7495?bhcp=l>.

PARTE 5

Habilidades para serem usadas em outras situações de ensino

Capítulo 18

Aulas para turmas grandes: ainda assim é possível trabalhar com a aprendizagem ativa!

Em meados do século XX, a maioria das turmas de primeiro e segundo anos tinha aulas teóricas em salas grandes ou auditórios. Nas décadas seguintes, as pesquisas mostraram que a melhor aprendizagem ocorria quando os alunos tinham oportunidade de discutir a matéria. Assim, muitos dos cursos grandes de hoje complementam as aulas teóricas com 1 ou 2 horas de debates em grupos pequenos. Contudo, com a diminuição do apoio do governo e o aumento no número de matrículas, no mundo todo, as universidades se sentem pressionadas para voltar a trabalhar com turmas grandes sem suporte para tutoriais e debates.

A maior parte deste capítulo trata das habilidades e estratégias úteis para grupos grandes de alunos, independentemente de serem complementadas com debates em grupos menores. Antes de concluir, abordarei os aspectos da função do professor envolvido em supervisionar assistentes que lideram os debates e grupos de laboratório. Os assistentes de professor facilitam o funcionamento tranquilo do curso com turmas grandes. Como eles são a próxima geração de docentes, devem ser incluídos nessa experiência de aprendizagem.

Se o professor tiver de lecionar para uma turma grande, provavelmente precisará dar palestras e testes de múltipla escolha ou outros testes fáceis de atribuir notas. No entanto, as turmas grandes não precisam restringir as ações de aula e avaliação por parte do docente. Palestras em sala de aula, por exemplo, não são imprescindíveis – pelo menos não o tempo todo.

• DICAS DE ENSINO •

Como facilitar a aprendizagem ativa

O método mais comumente utilizado para estimular a aprendizagem ativa é o questionamento, a promoção do debate e da reflexão, conforme discutido nos capítulos 5 e 6. No entanto, muitas outras ferramentas do seu kit de aprendizagem ativa podem ser usadas com turmas grandes. No Capítulo 14, mencionei uma pesquisa que mostrava que os alunos aprendem mais em debates liderados por eles ou em células de aprendizagem do que com as tradicionais palestras em sala de aula. Dessa maneira, é possível obter as vantagens de um curso variado quando os alunos se reúnem em aula (ou fora dela) para fazer o debate. A aprendizagem ativa não precisa ser estritamente uma atividade para ser realizada em sala de aula. O professor pode organizar grupos de estudo e usar e-mail ou fóruns de discussão on-line. O Capítulo 17 descreve como a tecnologia pode facilitar a aprendizagem, tanto dentro quanto fora das aulas.

As técnicas como *Think-Pair-Share*, postagem de perguntas e o método de duas colunas para debates em grupos grandes também foram descritos anteriormente. Podem-se formar pequenos grupos (descritos no Capítulo 5) e solicitar aos alunos que discutam como o material pode ser usado ou aplicado. A simples pausa ocasional para que os alunos comparem as anotações pode ativar a reflexão sobre o conteúdo (Ruhl, Hughes & Schloss, 1987).

Ainda é possível, mesmo com o uso dessas técnicas, que os alunos fiquem constrangidos em turmas grandes, mas a tecnologia pode salvar o professor e a aula. Os avanços recentes da tecnologia sem fio possibilitaram que todos os alunos da turma respondessem ativamente às perguntas e aos problemas por meio do sistema de resposta pessoal, abordado no capítulo sobre tecnologia. No sistema genérico, todos os alunos têm um controle remoto com um teclado. O professor exibe uma pergunta de múltipla escolha em uma tela na frente da sala. Cada aluno seleciona uma das alternativas e digita a resposta no teclado. Em seguida, a resposta é enviada para um computador, onde todas as respostas são compiladas e os resultados exibidos para toda a turma em formato gráfico, mostrando quantas pessoas escolheram cada uma das alternativas. O professor tem *feedback* imediato sobre o entendimento que os alunos tiveram da palestra, e os alunos recebem *feedback* imediato sobre o que entenderam ou não. Alguns sistemas possibilitam ao professor identificar – para fins de atribuição de notas – as alternativas escolhidas pelos alunos. Mesmo que o professor não saiba quais alunos escolheram determinada resposta, ele pode convidá-los a defender determinada opção (se a escolheram) ou optar por outra. Pelo fato de os alunos conseguirem ver quantos colegas escolheram a mesma resposta, eles se sentirão mais ou menos dispostos a falar quando a resposta for contestada. Esse procedimento também pode ser feito em grupos, e cada grupo (em vez de cada aluno individualmente) digita sua resposta. Esse sistema pode ser utilizado para formar uma lista ou simplesmente para dar oportunidade de aprendizagem ativa aos alunos. É claro que é possível ser *low tech* e pedir aos alunos que levantem as mãos para votar, mas a eficácia é incomparável, além de não existir um registro permanente ou resumo visual disponível. Mas, na pressa, ainda consegue tirar respostas dos alunos.

Como incentivar a produção de texto em turmas grandes

Uma das principais desvantagens das turmas grandes é a restrição de muitos trabalhos escritos por parte do aluno. Como a avaliação desses trabalhos consome muito tempo, a maioria dos docentes prefere reduzir ou eliminar esse tipo de atividade em turmas muito grandes. Mas é possível obter algumas das vantagens educacionais da escrita e ao mesmo tempo melhorar a atenção devotada à palestra sem que o professor fique submerso em papéis para corrigi-los.

O trabalho de minuto, descrito anteriormente, é uma ferramenta valiosa.[1] Em determinado momento da palestra, anuncie o trabalho e o assunto ou questão que deve abordar. Por exemplo, pode-se pedir aos alunos que resumam os principais pontos da palestra até aquele momento ou dar-lhes opções de formatos, como escrever um resumo, uma pergunta, uma aplicação ou um exemplo. Quando o minuto acabar, o professor pode recolher os trabalhos ou dividir a turma em duplas ou grupos para que os alunos revisem e discutam os trabalhos dos colegas.

Se o professor assim desejar, é possível avaliar e comentar como faria em qualquer outra atividade. Se a turma for extremamente grande, podem-se ler algumas redações e devolver as outras. Os alunos podem ficar motivados para pensar e escrever sem a ameaça de notas. Essa técnica não só faz os alunos pensarem de forma ativa, como também dá *feedback* sobre o que estão aprendendo.

O problema com a avaliação desses trabalhos em turmas grandes é a enorme quantidade de trabalho que o professor tem. Porém percebo que, depois de ler uma amostra das respostas, consigo dar um *feedback* genérico para turma na forma de comentários gerais, que podem ser colocados no site ou discutidos na aula seguinte. Depois, os alunos podem comparar os esforços com esses comentários gerais. Outra opção é o sistema de revisão pelos colegas de modo calibrado, apresentado primeiro por Robinson (2001) como forma de aumentar a produção de texto em turmas de biologia. Nesse sistema de computador, os alunos revisam os trabalhos dos colegas on-line, em um grande esquema sequencial aleatório. Cada

---

[1] O trabalho de minuto não precisa ter duração exata de 1 minuto; pode durar 2, 3 ou quantos minutos forem necessários para determinado assunto.

aluno fica designado a revisar o trabalho escrito de três colegas e recebe três revisões do próprio trabalho em troca. A revisão que cada aluno faz tem peso de acordo com o sistema de calibração e a contribuição com os trabalhos dos colegas. Uma vantagem desse sistema é que o ato de revisar o trabalho de alguém pode ajudar o revisor a aprender mais sobre a própria redação.

Parecido com o trabalho de minuto, temos a "resposta de meia página" (Weaver & Cotrell, 1985). Nessa técnica, os alunos pegam meia folha de caderno e respondem à pergunta ou instrução, tal como:

"Qual é sua opinião sobre este conceito?"
"Dê um exemplo desse conceito ou princípio."
"Explique este conceito com suas próprias palavras."
"Como essa ideia se relaciona com sua própria experiência?"
"Quais são seus sentimentos ao ouvir essas ideias?"
"Como você pode aplicar essa ideia em sua vida?"

Tanto o trabalho de minuto como a resposta de meia página podem ajudar o professor a iniciar um debate em grupos grandes.

Outras maneiras de manter o envolvimento dos alunos

Existem várias técnicas que podem ajudar a quebrar a rotina exaustiva de palestras do professor durante as aulas: debates, aquário e entrevistas.

Além do debate em grupos grandes e das técnicas de subgrupos abordadas nos capítulos 5 e 14, é possível animar a turma com debates entre os docentes e entre as equipes. Se os debatedores forem os alunos, deve-se fornecer uma estrutura clara, provavelmente usando um folheto que descreva o assunto, a duração dos debates, as oportunidades de réplica e o objetivo dessa atividade como mecanismo de aprendizagem. Quando se tratar de assunto controverso, os grupos deverão defender um ponto de vista oposto ao que apresentaram inicialmente, ou seja, invertendo a argumentação. Pode-se dividir a classe em grupos e pedir que encontrem uma solução que considere as evidências e os valores dos pontos de vista apresentados.

O "aquário" pode ser usado em turmas pequenas e grandes. Escolha os seis alunos (ou qualquer número que seja mais conveniente) que ficarão "no aquário". Em seguida, conduza um debate (baseado no trabalho feito até o momento) com os alunos do aquário. Os demais deverão apenas observar, registrar o procedimento e conteúdo do debate. Antes do final da aula, os observadores devem elaborar resumos sobre o debate e apresentar questões ao grupo do "aquário". Os observadores podem ainda fazer a seguinte pergunta: "O que você teria dito que não foi dito?".

Outra pausa nas palestras do professor em sala de aula pode ser feita para uma atividade de entrevista – talvez com um colega com conhecimentos especiais, alguém de fora da universidade ou um dos alunos com experiências interessantes para relatar. A variante deve ser um diálogo sobre um assunto em que há pontos de vista diferentes.

As apresentações dos próprios alunos podem melhorar a aprendizagem, a motivação e o interesse daqueles envolvidos na atividade, além de serem valiosas também para os demais alunos. Mas não presuma que essa será uma chance de reduzir o próprio tempo de preparo. Se o aluno simplesmente ler um texto no papel, o público ficará entediado. Então, trabalhe com o aluno sobre as formas de despertar o interesse e a atenção da classe. Para alguns alunos tímidos, pode-se conduzir a apresentação na forma de entrevista.

Se o intuito é ter várias apresentações, pense na possibilidade de uma área para pôsteres – método comum nas convenções acadêmicas. Os grupos de alunos devem elaborar um pôster sobre certo tópico controverso que necessite de muita pesquisa. Todos os pôsteres são exibidos em uma sala grande e os alunos podem circular em turnos, enquanto outros permanecem para representar o trabalho. Um incentivo adicional é ter convidados atuando como juízes para avaliar os pôsteres e prêmios. Uma das professoras da minha universidade dá aula em turmas de até mil alunos e usa essa técnica para ensinar os processos envolvidos na avaliação do potencial comercial de um negócio em uma pequena cidade fictícia. Os pôsteres fazem parte da campanha de venda da empresa com base em trabalho investigativo extenso quanto ao fato das condições serem ou não viáveis para a cidade. Ela convida funcionários do governo local e líderes empresariais para atuarem como juízes. É uma grande produção e os alunos aprendem muito sobre o lado prático do conteúdo do curso.

Se você usar esses métodos, alguns alunos se sentirão frustrados, uma vez que desejam apenas ouvir as "respostas certas" para que possam decorá-las para as provas. Dois procedimentos podem minimizar essa frustração:

1. Explique como a participação ativa contribui para melhor compreensão e memória.
2. Certifique-se de que os alunos percebam que suas provas exigem raciocínio e não apenas memória de rotina.

Anonimato do aluno

Um grande problema de lecionar em turmas grandes é que, além de os alunos se sentirem anônimos, eles efetivamente *são* anônimos. Conforme mostrado pelas pesquisas sobre psicologia social, as pessoas anônimas se sentem menos responsáveis pessoalmente – uma consequência que pode prejudicar o moral e a ordem, além de não facilitar a aprendizagem. Além disso, a sensação de distância do professor e a perda de vínculos interpessoais com ele e com outros alunos diminuem a motivação para a aprendizagem.

Quanto maior for o grupo, menor será a probabilidade de o aluno se sentir livre para se candidatar a uma contribuição voluntariamente. No entanto, os alunos que preferem o anonimato podem ser os que mais precisam saber que os outros respeitam suas ideias.

O que podemos fazer? À medida que as turmas aumentam, fica cada vez menos possível conhecer cada aluno, o que, invariavelmente, nos dá sensação de que nada se pode fazer. Acho que isso é um erro. Na minha experiência, os alunos apreciam todos os esforços do professor, mesmo que não tirem vantagens deles. O quadro "Como reduzir a sensação de anonimato dos alunos" mostra todas as minhas tentativas.

Se você não conseguir reduzir o anonimato dos alunos durante a aula, talvez possa encorajá-los a formar grupos de estudo fora da sala de aula. Pelo menos assim eles estarão integrados em um grupo de pessoas que se conhecem. Alguns professores de turmas grandes tentam ajudar os alunos com essa formação de grupo, empregando a tecnologia para criar um tipo de calendário de estudos. Os alunos que querem estudar em determinado horário podem consultar o calendário e se inscrever, disponibilizando-se para estudar naquele horário com os colegas. Com base nessas informações, os outros alunos poderão também participar desses grupos de estudo quando considerarem que é conveniente.

Organização é essencial

Os maiores desafios de lecionar em turmas grandes estão relacionados à organização. Em turmas grandes, é impossível fazer coisas espontaneamente de improviso. Elas precisam ser planejadas ou poderão causar contratempos. A seguir, apresento algumas das áreas nas quais a organização pode formar (ou prejudicar) uma turma.

Como aplicar provas em turmas grandes

Em turmas com duzentos alunos ou mais, os professores desavisados provavelmente se deparam com problemas que nunca sonharam ter em uma turma com vinte ou trinta alunos. A maioria desses problemas é administrativa. Por exemplo, quase inevitavelmente o planejamento do curso fica mais rígido em turmas grandes porque quase tudo que envolve a participação dos alunos demanda mais tempo de preparo.

Como reduzir a sensação de anonimato dos alunos

1. Avise que vai se reunir com todos os alunos que estiverem livres depois da aula para tomar um café.
2. Distribua convites para vários alunos se reunirem para tomar café depois da aula e se conhecerem melhor.
3. Distribua formulários de observações dos alunos sobre sua aula para vários deles antes da aula começar. Peça que o encontrem para discutir as observações depois que a aula acabar.
4. Circule entre os alunos que chegam cedo para se familiarizar com eles antes do início da aula.
5. Faça um mapeamento de assentos para que possa chamá-los pelo nome quando participarem. Se a sala for montada com carteiras universitárias em vez de mesas, dê uma etiqueta para cada aluno colocá-la em frente às carteiras no início das aulas. "Mato dois coelhos com uma cajadada só" ao fazer essas etiquetas: no verso, na parte que ficar virada para o aluno, imprimo dicas sobre aprendizagem ativa; na frente o nome do aluno.
6. Durante a palestra da aula, caminhe pelos corredores e peça aos alunos que façam comentários.
7. Se não for possível usar as seções de debate regularmente planejadas, planeje uma tarde ou noite para um debate mais informal sobre uma questão interessante ou revisão antes de prova.
8. Peça aos alunos que preencham a estrutura autobiográfica com nome, cidade de nascimento, ano na faculdade e o que esperam do curso (Benjamin, 1991).
9. Crie um conjunto de cartões com os nomes dos alunos impressos de um lado e as fotos deles de outro. Estude-os nos mais diversos momentos, quando estiver parado em uma fila ou enquanto aguarda no telefone. Muitas instituições começaram a fornecer uma lista com as fotos da turma para o professor. Isso economiza muito tempo, mas há uma ressalva: você ficará surpreso ao ver como o aluno ao vivo não se parece em nada com a foto!
10. Quando os alunos trabalham em grupos regularmente, você pode aprender os nomes de todos daquele grupo como um conjunto. Depois, ao se lembrar do nome de qualquer um dos alunos, você estará desencadeando os nomes dos demais. Crio cartas do grupo com s fotos dos alunos de um lado e os nomes de outro.

Talvez você esteja acostumado a elaborar as provas apenas um dia antes de aplicá-las. Com uma turma grande, isso é praticamente impossível. As provas de respostas curtas e dissertativas, que demandam um tempo considerável para elaboração, levam muito tempo para correção em turmas de duzentos ou mais alunos.

Então, é possível passar umas boas horas tentando desenvolver questões objetivas que instiguem o pensamento como parte da prova. E, depois de elaborar as questões, seus problemas não acabaram, pois seu assistente ou o pessoal da secretaria da faculdade pode precisar de um bom tempo para fazer centenas de cópias. Assim, as provas de última hora são praticamente impossíveis, e, em virtude da necessidade de planejamento antes das provas, os outros aspectos do curso também se tornam mais rígidos.

Conforme indiquei no Capítulo 7, os testes dissertativos são superiores aos exames objetivos tradicionais com relação ao efeito que provocam no estudo e na aprendizagem do aluno. Dessa maneira, é provável que você se arrependa de perder a oportunidade de aplicar provas dissertativas em turmas grandes. Mas essa perda não é inevitável. De alguma forma, ela pode ser compensada por um cuidado maior na elaboração das questões da prova objetiva. Mas também é possível usar questões dissertativas sem aumentar sua carga ao extremo. Em uma turma de quinhentos alunos, eu sempre incluía uma questão dissertativa no final da prova, deixando claro que só iria ler a resposta se ela fosse afetar a nota final do aluno. Como a maioria dos alunos estava claramente definida em A, B, C, ou D, com base nos outros trabalhos e na parte objetiva da prova, a quantidade de respostas que precisava ler não era grande. Minha impressão subjetiva era de que o conhecimento da inclusão de uma questão dissertativa afetava o preparo dos alunos para a prova.

Atribuição de trabalhos de leitura externa

O problema das provas é apenas um dos vários fatores que estruturam a condução de turmas grandes. Outra é a atribuição de leituras além do livro didático. Em grupos pequenos, você pode determinar que seja feito um trabalho na biblioteca com muito pouca dificuldade, certificando-se de que os materiais necessários estejam disponíveis e, se necessário, reservados para a turma. Em turmas de centenas de alunos, o trabalho na biblioteca sem planejamento prévio pode ser desastroso. A única cópia de determinado livro que a biblioteca possui certamente é insuficiente. Assim, o trabalho na biblioteca deve ser concebido com muita antecedência (geralmente meses) para que se possam providenciar exemplares suficientes do livro e para que o bibliotecário possa se preparar para receber os alunos.

Mais uma vez, todavia, a tecnologia pode auxiliá-lo. Algumas instituições conseguiram estabelecer sistemas de "reserva eletrônica" como forma de substituir as reservas manuais nas bibliotecas. Nesses sistemas, o professor pode disponibilizar uma cópia eletrônica do material de leitura no computador da biblioteca. Os alunos matriculados no curso em que o material é exigido podem acessá-lo eletronicamente na biblioteca ou de qualquer computador. Como somente os alunos daquela turma têm acesso ao material, consegue-se preservar algum nível de segurança e o direito autoral fica protegido. Meus alunos ficaram bastante entusiasmados com esse novo sistema porque possibilita que eles evitem infinitos deslocamentos até a biblioteca na esperança de conseguir obter o exemplar físico. Eles também podem armazenar uma cópia na qual fazem anotações e a salvam, sem impressões extras. Alguns softwares de gerenciamento de curso conseguem fornecer a mesma funcionalidade, de permitir que você poste textos no site do curso e os proteja com senhas. Como benefício, você pode monitorar a frequência na qual os materiais são acessados e medir a dedicação da turma.

A comunicação com turmas grandes

É claro que o aspecto mais importante de uma turma grande é conseguir manter uma comunicação atualizada com muitas pessoas. Garantir que cada aluno receba a última atualização sobre alterações dos trabalhos, aulas, prazos e provas pode ser um desafio. Não consigo parar de enfatizar o valor de se ter um site para turmas grandes. Funcionando como central de comunicação e informação para a turma, o site fica disponível 24 horas por dia, sete dias por semana, para que você não precise ficar de plantão. Além disso, a maioria dos sistemas de gerenciamento de curso tem funções de e-mail que possibilitam o envio de uma única notificação para toda a turma em um único e-mail, sem que seja bloqueado por anti-spams. Os sites de curso sempre terão a última palavra sobre a organização e as últimas versões de qualquer folheto, então, você não precisa ficar anunciando as alterações feitas durante a última aula. Conforme os alunos começam a fazer perguntas através de e-mails ou no fórum de discussão da turma, você consegue reunir todas as perguntas semelhantes e postar respostas no site, onde os alunos são encorajados a procurar respostas antes de fazerem perguntas diretamente para você. Minha universidade fez um regulamento agora no qual e-mail e site são considerados formatos de comunicação oficial.

 A tecnologia também ajuda a administrar o expediente de trabalho. Por exemplo, você pode ter um compromisso feito por meio de agendamento eletrônico com os alunos que querem lhe fazer uma visita durante seu horário de trabalho, fora do horário de aulas, na universidade. Um aluno verifica o calendário, encontra uma abertura e agenda determinado horário. Ou em vez disso, você pode realizar reuniões virtuais ao ficar disponível on-line em horários previamente agendados. Qualquer aluno que deseja "bater papo" pode fazer o *login* e postar a pergunta, mesmo que esteja longe da universidade. Você tem a vantagem de poder continuar trabalhando de onde seu computador estiver porque ele avisará que alguém está on-line e quer falar.

Como coordenar cursos multisseções

Em qualquer curso com multisseções ministrado por vários professores ou assistentes, o problema de coordenação surge inevitavelmente. A primeira abordagem de coordenação é a uniformidade quanto a conteúdo do curso, sequência de tópicos, provas, notas e exemplos dados. Esse procedimento tem a vantagem de que os alunos que optarem por cursos mais avançados posteriormente podem ter determinada uniformidade de conhecimento. Também é eficaz para que apenas um exame final deve ser elaborado, somente um esboço de curso deve ser revisado e os alunos podem transferir de seção para seção sem dificuldades de acompanhamento. Também contorna problemas que surgem quando os alunos reclamam de tratamento desigual.

A desvantagem dessa abordagem é que tal uniformidade geralmente resulta em ensino desinteressante e maçante. Se os professores ou assistentes não estiverem entusiasmados com o programa do curso, eles poderão passar essa atitude para os alunos. Se o curso puder ser planejado em conjunto, poderá acarretar maior aceitação, mas também consumo de tempo muito maior para o preparo.

Uma segunda abordagem para esse problema é montar seções completamente autônomas, com todos os professores ou assistentes organizando e conduzindo suas seções conforme desejam. A eficácia de dar toda essa autonomia para os assistentes depende do quanto você treina e supervisiona o trabalho deles.

Como treinar e supervisionar os assistentes de professor

Sua responsabilidade começa bem antes da primeira aula, já que os assistentes precisam saber o que você espera em termos de frequência nas aulas, participação no planejamento semanal e no treinamento, avaliação e atribuição de notas, horário de expediente etc. Na minha instituição, temos uma lista com as possíveis responsabilidades dos assistentes. No início do semestre, o assistente e o professor que o supervisiona sentam juntos e trabalham com as expectativas e os trabalhos escritos. Ambos assinam e ficam com uma cópia da lista para que não haja confusões posteriormente sobre o que era esperado e quando.

Ainda mais importante do que os requisitos formais são os aspectos do preparo dos assistentes para a primeira aula, estabelecimento de relações de trabalho com os alunos e desenvolvimento das habilidades necessárias para liderar discussões, responder às perguntas e cumprir as responsabilidades de ensino. A seguir, apresentamos algumas sugestões para auxiliar os assistentes:

1. Faça reuniões semanais para discutir os problemas e planos de ensino.
2. Peça *feedback* dos alunos no início do semestre.
3. Observe as aulas e discuta suas observações com os assistentes.

Para obter *feedback* dos alunos, você pode aplicar questões simples e abertas, como:

"O que você gostou da aula até agora?"
"Quais sugestões de melhoria você tem?"

Visitar as classes ou gravar as aulas pode fornecer informações úteis sobre as características não verbais do professor e as reações dos alunos. Mas a observação ou filmagem leva tempo. Se você tiver tempo, visite as classes, mas, se tiver pouco tempo, existem poucas evidências afirmando que a observação ou filmagem melhoram significativamente o ensino em comparação com a consulta sobre as classificações dos alunos feitas no início do semestre (e talvez repetidas posteriormente). Então, se não tiver muito tempo, invista na consulta.

◾ CONCLUSÃO

O tamanho da turma é importante.

Quando se ensina adequadamente, as turmas pequenas podem se sair melhor do que as turmas grandes com relação ao cumprimento dos objetivos de longo prazo, como retenção e uso do conhecimento, reflexão crítica e mudança de atitude.

No entanto, quando se lida com turmas grandes, é possível chegar mais perto dos resultados de turmas pequenas se:

1. oferecer debates ministrados pelos assistentes treinados;
2. usar métodos de ensino que facilitam a aprendizagem ativa e significativa.

O fato de que em uma turma grande o professor vai passar algum tempo palestrando não significa que os alunos podem mergulhar nisso passivamente. O importante na aprendizagem ativa é o *pensamento ativo*. As técnicas discutidas neste capítulo e nos anteriores podem resultar em aprendizagem e pensamento ativo até em grandes auditórios.

◘ LEITURA COMPLEMENTAR

Como a maioria das grandes universidades de hoje apresentam programas de treinamento para os assistentes, houve um congresso sobre o treinamento e os trabalhos foram publicados, como de costume. O primeiro volume ainda é um dos melhores:

NYQUIST, J. D. et al. (Eds.). *Preparing the professoriate of tomorrow to teach*: selected readings in TA training. Dubuque, IA: Kendall/Hunt, 1991.

Para lecionar em turmas grandes:

MACGREGOR, J. (Eds.). Strategies for energizing large classes: from small groups to learning communities. *New Directions for Learning and Teaching*, n. 81, maio 2000.

STANLY, C. & PORTER, M. E. (Eds.). *Engaging large classes*: strategies and techniques for college faculty. Bolton, MA: Onker Publishing, 2002.

STERNBERG, R. J. (Ed.). *Teaching introductory psychology*: survival tips from the experts. Washington, DC: American Psychological Association, 1997.

Capítulo 19

Laboratório didático: garantindo a experiência de aprendizagem ativa[1]

O laboratório didático permite que os alunos vivenciem os fenômenos diretamente e entendam como o novo conhecimento é construído. Embora o laboratório didático seja derivado do modelo de aprendizagem reverenciado no ensino prático, ele não fica limitado aos laboratórios práticos das ciências físicas e naturais. Das experiências práticas de psicologia e educação aos estúdios de artes plásticas e cênicas, os professores criam ambientes de aprendizagem nos quais os alunos podem fazer perguntas e procurar respostas tendo como base o modo como os profissionais desenvolvem seus trabalhos. Historicamente, as disciplinas baseadas em desempenho exercem uma função intrinsecamente melhor ao engajarem os alunos iniciantes em trabalhos autênticos (desenho, escrita, atuação) do que a ciência ao levar os alunos a realizar investigações e pesquisas científicas.

O ensino prático presume que a experiência em primeira mão é superior aos outros métodos teóricos de desenvolvimentos das mesmas habilidades. Também presume que a próxima geração de profissionais será motivada pela oportunidade de participar da prática. A retórica prevalecente do "aprender fazendo" caracteriza a ligação apaixonada que os docentes têm por essa forma de ensino.

O projeto de ensino prático revela uma dicotomia histórica. Os atributos da verdadeira pesquisa, conhecidos como "mão na massa", mente trabalhando, projeto experimental individualizado ou em equipe com tarefas colaborativas, deveriam, teoricamente, contribuir de forma positiva para a aprendizagem sobre o processo de construção do conhecimento. Contudo, a instrução didática geral-

---

[1] Este capítulo foi escrito por Brian P. Coppola, da University of Michigan.

mente inclui validação de resultados que são repetidos ano após ano, em todo o mundo, por alunos que utilizam procedimentos de rotina ou de receitas prontas, apoiados pelo argumento de que o desenvolvimento de habilidade somente pode ser medido com padrões robustos e bem testados.

As informações autênticas, baseadas em pesquisa, são frutos de esforço, surgem em longos períodos e podem parecer que foram adquiridas ineficientemente em comparação aos pontos abstratos apresentados pela instrução teórica. Assim, não se pode esperar que a instrução didática tenha vantagem sobre os métodos de ensino cujos pontos fortes são a rápida transmissão de muitas informações por meio da observação dos fenômenos factuais. Em vez disso, há a expectativa de que a diferença seja revelada na retenção de conhecimento, na habilidade de aplicação do aprendizado ou na habilidade de realizar projeto experimental, bem como observação ou manipulação de materiais e equipamentos.

A instrução didática também levanta a oportunidade de incorporar questões naturalmente alinhadas com a prática, como segurança do laboratório, que varia desde a manipulação de substâncias químicas concentradas até questões relacionadas ao ser humano. Cada vez mais a discussão formal sobre as éticas das pesquisas relacionadas às práticas, como manuseio de dados, autoria da gestão do laboratório e revisão pelos colegas, está sendo incentivada tanto para os alunos iniciantes como para os mais avançados (Arkright-Keeler & Stapleton, 2007; Coppola, 2000; Kovac, 1999; Sweeting, 1999).

Estilos de instrução didática

Na tentativa de definir os diferentes objetivos educacionais e suas metodologias correspondentes, Domin (1999) criou uma taxonomia de estilos de didática que, embora tenha origem fundamentada na química, pode ser aplicada em muitas disciplinas. As analogias explícitas dessas áreas não são abordadas aqui, pois estão além do escopo deste capítulo. No entanto, é importante notar que esses métodos não são escolhas simples e neutras. As primeiras experiências práticas dos alunos, que são fortemente influenciadas pelo projeto instrucional, geralmente servem como portal de acesso crítico para o nível de experiência ou autoconfiança que influencia as decisões sobre persistirem (ou não) nas ciências, principalmente nos casos de mulheres e minorias não representadas (Seymour & Hewitt, 1997; Eccles, 1994). Os projetos instrucionais que favorecem os ambientes cooperativos com responsabilidade individual, oportunidades de projeto e expressão criativos, bem como chances de reflexão e análise que contribuem para experiências motivadoras e positivas. Em contrapartida, ocorre o favorecimento da persistência e da continuidade no estudo das ciências.

As categorias de Domin são: instrução expositiva, instrução investigativa, instrução de descoberta e aprendizagem baseada em problemas.

Instrução expositiva

Mais popular e mais criticada, a instrução expositiva tem como característica a verificação de resultados preordenados e a ênfase na manipulação de habilidades, e pede que os alunos sigam as instruções prescritas com exatidão (ou procedimento de "receita"). Uma sessão pré-laboratório define o que deve ser observado e como fazê-lo. As sessões pós-laboratório revisam e recapitulam as informações. No geral, os objetivos desse tipo de instrução é levar os alunos a desenvolver habilidades manipuladoras ou cinestésicas. Em uma atividade típica aplicada tanto na faculdade como no ensino médio, todos os alunos recebem, por exemplo, numa atividade de análise de materiais, um bloco de alumínio e precisam seguir certo procedimento para determinar sua densidade, valor que é fornecido. Os alunos seguem precisamente as instruções, geralmente preenchendo um formulário com valores numéricos de acordo com o roteiro prescrito. Presume-se que o aluno que seguiu de maneira correta todo o procedimento e chegou à resposta certa também aprendeu algo sobre mensuração e como ela é realizada.

A instrução expositiva pode ser feita em uma grande escala com engajamento mínimo por parte do professor, é amplamente imune às variações relacionadas a quem faz o quê e minimiza custos, espaço e equipamento. Infelizmente, também é verdade que não ocorre quase nenhum aprendizado significativo (Hofstein & Lunetta, 1982).

Instrução investigativa

Na instrução investigativa, sem resultado predeterminado, pede-se aos alunos que formulem os próprios problemas com base nas informações disponíveis. Ao agirem assim, eles imitam o processo de construção do conhecimento a partir da pesquisa. Seguindo o mesmo exemplo de análise de materiais, a atividade de avaliação da densidade do material pode começar com uma pergunta feita para os alunos que receberam amostras de tamanhos diferentes do mesmo metal: "Qual é a relação entre a massa e o volume deste material?". São fornecidos procedimentos diferentes para a mensuração do volume e, em seguida, comparam-se os resultados dos diferentes métodos de análise. Os alunos têm mais chances ao projetarem e maior responsabilidade ao encontrarem sentido nos resultados, compreendendo a importância da reprodução das medições em laboratório.

As perguntas de acompanhamento são feitas pelo professor ("A densidade é uma propriedade intrínseca ou extrínseca?") ou pelos alunos ("A densidade de todos os metais é a mesma?").

Instrução de descoberta

Na instrução de descoberta, também chamada "investigação direcionada", o professor constrói um quadro instrucional com o resultado já conhecido por ele e direciona os alunos para tal resultado. A instrução de descoberta visa tornar o conhecimento mais pessoal para os alunos e, consequentemente, como uma produção pessoal. A experiência da análise de materiais relatada anteriormente, sobre a densidade de metais, adaptada para o modo descoberta pode começar com um debate pré-laboratório, no qual o exercício é introduzido por uma pergunta: "Quais medidas podem ser tomadas para determinar as propriedades físicas dos materiais?". Nesse processo, os alunos são incentivados a fazer previsões, formular hipóteses e projetar experimentos. Durante todo o procedimento, o professor controla o debate, direcionando os alunos para as informações das aulas anteriores, incluindo as diferentes relações entre massa e volume como quantidades potencialmente úteis. O professor também emprega essas oportunidades para avaliar os projetos experimentais sugeridos pelos alunos, motivando-os quanto à sensação de propriedade e quanto à curiosidade sobre o resultado indeterminado. Os alunos trabalham individualmente ou em grupos, com variações suficientes nas atividades para que a turma possa reunir os resultados. Depois, o debate liderado pelo professor leva a turma à aula planejada. A instrução de descoberta pode levar os alunos a investir no próprio aprendizado, resultando em um entendimento mais reflexivo e profundo (Horowitz, 2003).

Aprendizagem com base em problemas

A aprendizagem com base em problemas (*problem-based learning* – PBL) cria um contexto para os alunos elaborarem as próprias perguntas, mas isso acontece com forte influência do professor (Albanese & Mitchell, 1993). A PBL é popular em muitas disciplinas. O docente planeja e seleciona as evidências, e, depois, apresenta o estudo de caso para que os alunos descubram o que o docente tem em mente com relação à base conceitual da aula.

As meta-aulas sobre pesquisas podem ser captadas e devolvidas como estrutura PBL para exercícios abertos e colaborativos (Coppola, 1995).

A atividade da densidade dos materiais, relatada anteriormente, começaria então com uma tinta preta escondendo a cor de um conjunto de pedaços de metal com diferentes formatos. O programa de química analítica de Wenzel (1995, 1998) é notável por causa de sua ênfase na elaboração de investigação de longo prazo, geralmente abordando um problema de interesse comunitário (como a qualidade do ar) como contexto para que os alunos desenvolvam habilidades de comunicação, processual e investigativa autêntica. Os aspectos significativos da PBL incluem:

1. *Levanta-se uma questão de organização que os alunos possam entender.* Eles devem desenvolver experimentos para resolver tal questão. No exemplo da análise de materiais, cada aluno recebe um pedaço de metal diferente. Em vez de pedir a eles que identifiquem o metal, que está muito além da experiência de projeto, o professor pede que determinem quem mais da turma tem o mesmo metal.
2. *O problema não pode ser resolvido por meio de trabalho individual.* É necessário que a turma tome decisões em grupo sobre os experimentos que realizam, sobre como vão compartilhar as informações e quais são os padrões de comparação razoáveis. A classe pode selecionar tanto a densidade como a propriedade a ser medida no metal. Os alunos precisam decidir sobre as unidades de medida, sobre quantas tentativas serão feitas e sobre o que constitui igualdade e a diferença dos metais.
3. *Podem ser usadas estratégias múltiplas e igualmente válidas na resolução do problema* (Mills et al., 2000). Os alunos podem pedir para fazer testes químicos em outras amostras de metais para coletar dados. Eles podem escolher parâmetros como rigidez, maleabilidade, cor (após raspagem) ou outra combinação desses itens após a formação inicial dos grupos.
4. *Os procedimentos experimentais são um meio para um fim.* Exposição e investigação têm papéis na realização de trabalhos de um indivíduo. Os procedimentos para a realização de um processo conhecido devem poder ser seguidos. Ainda assim, o propósito para a coleta de informações (densidade) permanece focado diretamente no objetivo (quem tem o mesmo?) e não na medida em si.
5. *Comunicação e comparação são fundamentais.* Os alunos precisam decidir como compartilhar seus dados e como farão suas conclusões. As amostras poderão ser trocadas e testadas de forma independente se houver pontos distantes de dados ou se alguns alunos tiverem dificuldades para reproduzir seus experimentos.
6. *O trabalho de acompanhamento está implícito nos resultados.* Inevitavelmente, a investigação leva a novas perguntas. Depois de feita a identificação relativa e de os alunos estarem reunidos em grupos de acordo com a convergência das propriedades medidas, as novas perguntas podem ser colocadas ou eliciadas: "Quais são as identidades desses metais?", "Essa informação é suficiente ou é necessário obter mais informações?".

A identificação relativa é uma estratégia amplamente aplicável na elaboração de problemas. Em química, por exemplo, pode-se perguntar qual elemento tem o mesmo sólido, líquido, mistura ou concentração de ácido; em matemática, que conjunto tem números no mesmo tipo de série; na psicologia, quem tem o mesmo tipo de personalidade; em história da arte, quem tem uma pintura da mesma época; e em português, qual parágrafo tem a mesma estrutura.

Algumas heurísticas formais (métodos pelos quais o aluno é levado a descobrir por si) desenvolvidas para alunos em laboratórios apresentaram sucesso, como o método prever-observar-explicar – POE (Champagne, Klofper & Anderson, 1980) e o modelo-observação-reflexão-explicação – More (Tien, Rickey & Stacy, 1999), que foram executados em módulos práticos. Os estudos de caso são tipos de PBL que começam com uma pergunta fundamentada em uma manchete de jornal ("Dois supostos químicos morrem em explosão enquanto tentavam fazer metanfetamina") e transformam o caso em atividade estruturada (Bieron & Dinan, 2000).

A instrução em estúdio reúne artes e ciências

Muitas instituições de ensino superior tentaram trabalhar nos limites dos laboratórios tradicionais, no tempo da duração da aula, mas a St. Edwards University (Austin, Texas) deixou de lado a estrutura de aula tradicional e utiliza dois períodos de quatro horas cada um deles em laboratório para que os alunos possam "atuar como cientistas e aprender como estes aprendem" (Altmiller, 1973). O ambiente de aprendizagem ativa da University of North Carolina, na aula teórica e prática "intimamente interligada" e com base em investigação (DiBiase & Wagner, 2002), e o cAcL2 (conceito avançado por meio de aulas teóricas e práticas de química) da North Carolina State University são outros exemplos. Um grupo de quatro departamentos de química – California Polytechnic Institute (Bailey et al., 2000), Rensselaer Polytechnic Institute (Apple & Cutler, 1999), California State University em Fullerton (Gonzalez et al., 1999) e State University of West Georgia (Khan et al., 2003) – adotou o método de aprendizagem em estúdio, parcialmente inspirado no estúdio do departamento de física do Rensselaer Polytechnic Institute (Wilson, 1994). Em geral, a adoção da instrução em estúdio também envolveu a remodelagem do espaço físico para acomodar as necessidades pedagógicas. A University of Michigan, por seu lado, vivenciou a experiência de trazer esse estilo instrucional não tradicional para um ambiente tradicional, visando à redução das barreiras para aqueles que não desejam (ou não conseguem) fazer o investimento capital (Gottfried et al., 2003).

Em um estúdio, a aprendizagem e prática estão intimamente integradas e acontecem no mesmo espaço, de modo que as transições entre teoria e prática são desobstruídas (Perkins, 2005). Os programas que buscam integrar os componentes práticos e teóricos das aulas estão em constante desenvolvimento (Gruenbacher, Natarajan & Kuhn, 2006; Dunnivant et al., 2000), tratando da importância de combinar teoria e prática ou de combinar o conhecimento com as maneiras como ele é construído. Nas ciências, o estúdio resulta em um ambiente onde os alunos possam ter acesso aos conceitos, à resolução de problemas e aos experimentos no mesmo espaço, e onde a teoria e prática são inseparáveis. As experiências de campo e interativas fornecem rapidamente os resultados, os quais são utilizados para que os alunos possam projetar e desenvolver a próxima pesquisa. Assim como em uma aula de arte, a instrução em estúdio na área das ciências foca os artefatos criados pelos alunos como base para o debate e trabalho futuro. O método de ensino em estúdio é atraente principalmente porque não se limita a um único tipo de melhores práticas. Em vez disso, esse modelo permite a mistura e a combinação de meios comprovados para ensinar conceitos e princípios teóricos.

A quebra da tradição de autoridade centralizada no professor, por meio dos modelos tradicionais de ensino e aprendizagem, coincide com as exigências da sociedade para o aumento da diversidade de pessoas preparadas para desenvolver, produzir e compreender a ciência e a tecnologia. Isso é muito bom porque muitos acreditam que esse aumento de pessoas envolvidas com a ciência pode ser obtido por meio da concepção de salas de aula que promovam o sucesso na aprendizagem, de forma ampla e inclusiva. Seymour & Hewitt (1997) mostraram que "a maneira mais eficaz [...] de construir bons números em longo prazo, é melhorando a qualidade da experiência de aprendizagem para todos os alunos – incluindo os que não estão se especializando em ciências, mas que desejam estudar ciências ou matemática como parte de sua educação geral". Esses autores também constataram que quase todos os alunos – sobretudo aqueles de grupos sociais minoritários – valorizam a aprendizagem colaborativa.

Como transformar pesquisadores iniciantes em cientistas atuantes

Os objetivos para os laboratórios de ensino de nível superior podem ser bem diferentes dos laboratórios destinados ao ensino técnico de nível médio, mais voltados para o desenvolvimento profissional da força de trabalho especializada. Os alunos de nível superior com acesso à melhor instrumentação e a outros recursos podem gerar mais perguntas abertas derivadas de todo o seu programa de graduação. Eles não apenas conseguem preparar uma proposta, mas também podem trabalhar em pares, fazendo a revisão e crítica do trabalho dos colegas. Após a conclusão (ou tentativa de) do trabalho, os resultados podem se tornar públicos pela internet ou por sessões de pôsteres com participação dos outros alunos e docentes (Henderson & Buising, 2000).

Conforme ilustrado anteriormente, os laboratórios de verificação tradicional podem ser adaptados para atividades mais investigativas e abertas. Mais do que isso, nos últimos anos houve um grande movimento para integrar atividades de pesquisa mais autênticas com o programa de graduação, não apenas na forma de projetos de pesquisa, mas também com a estrutura da sala de aula formal, com aulas práticas (National Science Foundation, 2003). Exemplos podem ser encontrados nas ciências, incluindo, por exemplo, química (Center for Authentic Science Practice in Education, 2009), ciências geológicas (O'Reilly, 2002), ciências da informação (Becker, 2005) e ciências biológicas (Eves et al., 2007).

Nas disciplinas, a participação dos graduandos na pesquisa é provavelmente tão antiga quanto a integração com instrução prática nas universidades norte-americanas (Miller, 2008). No início da década de 1990, houve um grande crescimento das estruturas institucionais para recrutar e apoiar alunos em programas de pesquisa de graduação, o que facilita a conexão entre docentes e alunos (principalmente os de primeiro e segundo anos).

Miller (2008) menciona a American Chemical Society Committee que apresentou os seguintes objetivos pedagógicos para pesquisa de graduação: propósitos dos resultados potenciais claramente comunicados, objetivos e métodos bem-definidos (com escopo significativo em vez de uma coleção de pequenos projetos), possibilidade razoável de conclusão no tempo disponível, contato com a literatura profissional, redução de trabalhos repetitivos, utilização de conceitos avançados e técnicas variadas, elaboração de relatório abrangente e disseminação entre os alunos dos padrões de prática normativa (incluindo ética na pesquisa) de cada disciplina. O Council on Undergraduate Research (CUR, 2009), dos Estados Unidos, oferece excelentes diretrizes, conselhos e comunicação sobre o assunto.

O que diz a pesquisa

De acordo com a teoria da instrução prática, também chamado aprendizagem situada (Lave & Wegner, 1991), o contexto no qual a aprendizagem ocorre é importante, pois aprender sobre a ciência de laboratório será mais significante se o aprendizado ocorrer no próprio laboratório. De acordo com essa abordagem, os locais de pesquisa, como têm o contexto mais autêntico e próximo da realidade, oferecem os melhores ambientes para a aprendizagem.

Estudos individuais fazem reivindicações diferentes quanto à eficácia de um tipo de instrução prática sobre outro (Arce & Betancourt, 1997; Higginbotham, Pike & Rice, 1998), mas não há consenso sobre as vantagens de um ou de outro tipo. Os ganhos no ensino e na aprendizagem foram observados quando os alunos processaram informações semelhantes às de especialistas em laboratório com design autêntico (Coppola, Ege & Lawton, 1997). Esses alunos são mais motivados intrinsecamente pelo curso e desenvolvem melhores estratégias de aprendizagem significativa. Os ganhos tanto na aprendizagem quanto na atitude em relação à ciência foram relatados aplicando o formato de estúdio no ensino médio (Faro & Swan, 2006).

Os estudos sobre os efeitos da pesquisa de graduação nos alunos apontam para uma elevação de interesse da parte deles pelo conteúdo científico. Além disso, os alunos que participam de pesquisas adquirem habilidades concretas (como utilizar a literatura principal, interpretar dados e comunicar resultados) (Bauer & Bennett, 2003; Kardash, 2000), além de benefícios para o desenvolvimento cognitivo, pessoal e profissional (Hunter, Laursen & Seymour, 2007). Esses alunos apresentam maior persistência nas ciências (Hathaway, Nagda & Gregerman, 2002; Kremer & Bringle, 1990), e, principalmente, há maior chance de reter na escola os alunos de populações historicamente minoritárias (Nagda et al., 1998).

Por fim, apesar das descobertas positivas que apoiam o uso da investigação para ensinar conceitos, a alteração metodológica em si não é uma panaceia. Sem o planejamento adequado da integração de toda a população estudantil e sem o sério comprometimento por parte dos professores e das instituições, os esforços com base nas reformas podem sair pela culatra, favorecendo os alunos que são imunes às deficiências de seu ambiente instrucional, podendo até aumentar as lacunas de desempenho entre os alunos – deixando em desvantagem exatamente os alunos que desejamos motivar e interessar (Von Seeker & Lissitz, 1999; Von Seeker, 2002).

▣ CONCLUSÃO

A instrução didática é uma atividade complexa que precisa ser analisada atentamente e de forma sistemática. No entanto, talvez pelo fato de a instrução expositiva tradicional em sala de aula ser tão ruim na promoção do engajamento e da aprendizagem profunda, quase todas as estratégias que promovem uma aprendizagem mais ativa, envolvendo os alunos nas tomadas de decisões, são vistas como algo que produz ganhos de aprendizado. Como sempre, os objetivos da intervenção instrucional devem ser claros e estar alinhados com a metodologia didática.

• DICAS DE ENSINO •

▣ LEITURA COMPLEMENTAR

New curriculum for new times: a guide to student-centered, problem-based learning (Thousand Oaks, CA: Corwin Press, 1998), de N. A. Glasgow, é uma introdução adaptável e fácil de ser lida.

Inquiry-based experiments for chemistry (Nova York: Oxford University Press, 2000), de V. L. Lechtanski, fornece traduções úteis e explícitas dos experimentos-padrão dos métodos investigativos.

Physics by inquiry, v. 1-2 (Nova York: Wiley, 1996) – L. C. McDermott and the Physics Education Group at the University of Washington – fornece os melhores exemplos de laboratório didático com base na pesquisa educacional.

Student-Active Science (http://helios.hampshire.edu/~apmNS/sas_book.html) é uma fonte rica e multidisciplinar realizada por especialistas da área.

PARTE 6

Ensino voltado para objetivos da educação superior

Capítulo 20

Como os alunos podem se tornar aprendizes mais estratégicos e autônomos[1]

Por muitos anos, o estudo da aprendizagem do aluno era separado do estudo do ensino. As boas práticas de ensino eram consideradas universais e não dependiam das diferenças individuais entre os alunos ou de ensinar os alunos a estudar, a aprender e a refletir sobre o conteúdo do curso. Mas as épocas atuais são ótimas para os professores e alunos universitários porque as descobertas na psicologia educacional e cognitiva mudaram nossa visão do processo de ensino/aprendizagem e ofereceram informações práticas e conceituais sobre como os alunos aprendem e sobre como os professores podem utilizar essas informações para aprimorar as práticas de ensino. Sabemos agora que esta é a interação das boas práticas educacionais, com o uso calculado de estratégias e habilidades de aprendizagem dos alunos, de processos motivacionais que levam a autonomia do aluno no estudo (Weinstein, Husman & Dierking, 2000).

No entanto, ainda hoje, muitos universitários não sabem o que fazer para aprender o conteúdo das diferentes áreas de conhecimento que estudam. Todos os professores têm algumas concepções implícitas ou explícitas sobre o que significa aprender e pensar. Um aspecto importante do ensino é ajudar os alunos a ter ciência dessas concepções. Conforme os alunos aprendem mais sobre o assunto, eles também precisam aprender algo sobre as habilidades envolvidas nessa aprendizagem. Por exemplo, os alunos precisam saber como argumentar por meio de

---

[1] Este capítulo foi escrito por Claire Ellen Weinstein, da University of Texas, em Austin, Debra K. Meyer, do Elmhurst College, Jenefer Husman, da Arizona State University, Wilbert J. McKeachie, da University of Michigan, e Cynthia A. King, da Professional Research Consultants.

problemas de engenharia, ler textos de matemática e identificar as informações importantes sobre determinada literatura. Por isso, é importante que você utilize práticas instrucionais eficazes para apresentar as informações do conteúdo, além de práticas instrucionais eficazes para promover o desenvolvimento e uso de estratégias de aprendizagem geral (como a pré-visualização de um capítulo de livro didático) e as estratégias de aprendizagem específicas do conteúdo (como aprender e entender as fórmulas matemáticas).

Nas próximas seções, vamos abordar a aprendizagem estratégica e indicaremos várias maneiras de ajudar os alunos a desenvolver as estratégias e habilidades do "aprender a aprender", como aumentar a autoconsciência, ensinar estratégias específicas do domínio, ligar as novas ideias ao conhecimento existente, modelar e ensinar as estratégias de aprendizagem e fornecer *feedback* sobre o uso que os alunos fazem delas. Também vamos destacar o papel do professor no processo de tornar os alunos mais estratégicos e autônomos em ambientes educativos com muita tecnologia.

Quais são as características dos alunos estratégicos?

A maioria dos professores universitários consegue facilmente se lembrar dos alunos estratégicos que já viram em seus cursos. Esses alunos abordam as atividades educacionais com alto nível de confiança, acreditando na possibilidade de sucesso, além de sempre possuírem boas ideias e iniciativas para enriquecer essas atividades. São diligentes e criativos na busca de um objetivo de aprendizagem e não desistem mesmo quando encontram dificuldades. Eles entendem que aprender e estudar são processos ativos que estão sob seu controle. Os alunos estratégicos sabem quando compreender os novos conhecimentos e quando não compreendem, o que é ainda mais importante. Quando eles encontram problemas no estudo ou na aprendizagem, utilizam estratégias de busca de auxílio, seja de um professor ou de um assistente, dos colegas ou das áreas de apoio pedagógico da universidade. Também entendem que estudar e aprender são processos sistemáticos e, novamente, que estão sob o próprio controle (Paris, Lipson & Wixson, 1983; Pintrich & De Groot, 1990; Schunk & Zimmerman, 1998, 2003; Weinstein, 1994; Weinstein & Acee, 2008; Weinstein, Acee & Jung, 2010; Zimmerman, 1989, 1990, 1994, 1998, 2001; Zimmerman & Moylan, 2009).

Embora todos nós estejamos familiarizados com alunos estratégicos, ainda pode ser útil analisar algumas das características deles. O entendimento dessas características é essencial para derivar as estratégias educacionais para permitir que os alunos se tornem mais estratégicos e autônomos ao perseguirem seus objetivos acadêmicos e por toda sua carreira acadêmica.

A importância dos objetivos e da reflexão crítica

Como tornar os alunos aprendizes mais eficazes na aprendizagem? Sabemos que os alunos estratégicos precisam conseguir elaborar e utilizar os objetivos significantes para ajudá-los a aprender, objetivos que façam sentido para eles, para ajudá-los a criar e a manter a motivação para o estudo (Schunk & Zimmerman, 2007). Podemos ajudá-los a ser mais claros com relação a seus objetivos e incentivá-los a definir metas úteis para nossas aulas. Infelizmente, muitos não são claros quanto aos objetivos educacionais em geral ou quanto às metas para cursos específicos. Nem todos os cursos têm o mesmo valor de interesse para todos os alunos, mas geralmente existem alguns aspectos do curso que cada um deles considera interessante. Ofereça oportunidades para que seus alunos identifiquem como o material apresentado no curso pode ser útil para eles, hoje ou futuramente, conforme lutam para alcançar seus objetivos educacionais, pessoais, sociais e profissionais, podendo aumentar a motivação e o esforço cognitivo (Husman et al., 2004). Até um rápido debate em aula sobre os temas programados e como eles podem se relacionar aos interesses atuais e futuros dos alunos pode ajudar. Outra maneira de determinar a relevância percebida por eles é pedir que escrevam um parágrafo sobre determinado tópico e expliquem por que isso é relevante para eles hoje ou será no futuro.

É importante lembrar que não podemos dar os objetivos que façam sentido para os alunos – eles precisam definir os próprios objetivos a partir de suas motivações e interesses. Contudo, o estabelecimento de objetivos acarreta responsabilidades. Os alunos precisam aprender a definir, analisar e utilizar os objetivos, além de responder à conquista ou ao fracasso. Os alunos também devem aprender a implementar estratégias que os ajudem na negociação de respostas emocionais para alcançar, ou não, os objetivos (Boekaerts, Pintrich & Zeidner, 2000; Schutz & Pekrun, 2007). Também é importante auxiliar os alunos no processo de estabelecimento dos objetivos. Até o simples ato de lembrar os alunos que o objetivo dos exercícios ou projetos que você passa para eles é adquirir o domínio do conteúdo ajuda na autoavaliação deles. Os alunos serão mais propensos a avaliar o sucesso em partes de um projeto se tiverem objetivos para cada uma delas, se souberem criar objetivos realistas, específicos e mensuráveis, e se tiverem uma data concreta para início e término (Schunk & Zimmerman, 2007).

Como aumentar a consciência dos alunos

Os alunos cientes de seus objetivos de aprendizagem tendem a refletir sobre o que é necessário para aprender. Pense em pensar ou saiba o saber, isso ficou conhecido como metacognição (Flavell, 1979; Pintrich, 2002; Zimmerman & Moylan,

2009). Os processos metacognitivos incluem autoconhecimento e conhecimento das tarefas acadêmicas e das estratégias a serem utilizadas para realizar tais tarefas. O autoconhecimento ajuda o aluno a alocar os recursos pessoais ou recursos que estejam disponíveis na instituição acadêmica, como sessões de estudo em grupo, programas tutoriais e centros de aprendizagem. Se os alunos não previrem que precisam de ajuda com um curso potencialmente difícil ou se não monitorarem sua própria compreensão de perto, não conseguirão tirar vantagens dos recursos disponíveis. A questão do julgamento dos recursos pessoais de que precisam também é difícil para eles, tais como tempo extra de estudo ou mais oportunidades de revisão e consolidação da matéria antes de uma prova (Entwistle, 1992; Winne, 1996).

Aumentar a autoconsciência dos alunos é essencial para a instrução de estratégia eficaz. Se os alunos atribuírem o sucesso ou fracasso à sorte, a uma prova fácil ou a alguma habilidade inata, então não haverá necessidade de esforço, gerenciamento de tempo e estratégias de aprendizagem. Portanto, os professores universitários devem oferecer oportunidades para os alunos refletirem sobre as características gerais das abordagens e de suas ações específicas voltadas para as tarefas acadêmicas. Isso também ajuda os alunos a se beneficiar dos próprios erros, refletindo sobre eles e não repetindo-os. Como docentes, devemos expandir a autoconsciência dos alunos sobre as estratégias de aprendizagem e ensiná-los quando e como utilizá-las (Svinicki, Hagen & Meyer, 1995; Weinstein, Acee & Jung, 2010).

Talvez você queira entrevistar os alunos para promover a autoconsciência com relação às estratégias, fazendo as seguintes perguntas quando estiverem se preparando para a primeira grande prova ou trabalho: "Quantas horas por semana você estuda para esse curso?", "Você está acompanhando as leituras e os trabalhos do curso?", "Como você toma notas ou estuda enquanto lê o livro?", "Como você toma notas nas aulas?", "Você revisa suas anotações?", "Quando?", "Como?", "Você para com frequência e verifica se está entendendo a matéria?".

Utilizar o conhecimento existente para ajudar a aprender coisas novas

Os professores universitários sabem, há muito tempo, que dar aulas em cursos introdutórios é mais difícil do que lecionar em cursos avançados da mesma área. Embora existam muitas explicações para essa constatação, a maioria delas envolve a falta de conhecimento prévio do aluno. É quase impossível pensar de forma analítica ou resolver problemas em uma área sem conhecimento relevante. Além disso, pensar sobre conhecimento relevante também reforça a aprendizagem nova por meio da criação de relações significantes, ou pontes, com as novas informações. Por exemplo, se os alunos pensarem sobre o que já sabem com relação às causas econômicas da Primeira Guerra Mundial, isso poderá ajudá-los a entender as causas econômicas da Segunda Guerra Mundial. Os alunos estratégicos entendem o papel do conhecimento prévio relevante e conseguem aplicar esse conhecimento para ajudá-los a aprender coisas novas (Alexander & Judy, 1988; Maggioni & Alexander, 2010).

Tendemos a utilizar o conhecimento prévio de duas formas: para criar relações diretas ou analógicas. Quando criamos relações diretas, relacionamos o conhecimento prévio diretamente com o que estamos tentando aprender. Por exemplo, comparar e contrastar as causas das duas guerras mundiais envolve essas relações diretas. Contudo, algumas vezes não temos conhecimento prévio aplicável, mas temos conhecimento na área que, de alguma forma, é semelhante e pode nos ajudar a entender as novas informações, ideias ou habilidades que estamos tentando aprender. Por exemplo, fazemos uso de analogias para nos ajudar a relacionar coisas novas e familiares que compartilham algumas características, mas que são diferentes de outras maneiras. Utilizar o correio para explicar os aspectos do armazenamento em computador, fazer referência a divergências sociais como forma de explicar conflitos em organizações e usar a estrutura de um pássaro para explicar os componentes do design de um avião são maneiras de utilizar as analogias para ajudar os alunos a construir novos conceitos, que, a princípio, parecem diferentes.

Como ensinar as estratégias específicas do curso e do conhecimento

Os docentes ensinam aos alunos não apenas o conteúdo, mas também as formas de pensar, as estratégias de aprendizagem e de reflexão sobre o conteúdo dos cursos (Donald, 1995). Os diferentes meios de instrução podem resultar em alunos com a mesma quantidade de conhecimento, mas não com a organização e entendimento necessários para as diferentes aplicações desse conhecimento. As comparações dos métodos de ensino universitários normalmente encontram poucas diferenças significativas nas provas de conhecimento. No entanto, há algumas diferenças entre os métodos de ensino quanto a retenção, aplicação e transferência (ver capítulos 3 a 10).

Greeno (1991, 1997) sugeriu que formas gerais de pensamento sobre determinada matéria precisam ser ensinadas com o conteúdo porque são pré-requisitos para o entendimento. Os alunos que, de modo geral, não apresentam reflexão para entender ciências podem ficar perdidos em um curso de ciências biológicas, assim como um aluno que está tentando usar a narrativa convencional do idioma para entender um livro didático de biologia. Dessa maneira, os professores precisam considerar as formas de pensar não apenas como resultados da instrução, mas também como pré-requisitos para a instrução. Além disso, devem-se encontrar maneiras de ajudar os alunos a passar pela transição entre as estruturas de conhecimento existentes em suas mentes e as aquelas de conhecimento mais avançadas e precisas (Pintrich, 2002; Maggioni & Alexander, 2010).

Além de desenvolver métodos para dar instruções aos alunos sobre como pensar na área de conteúdo, você também deve fornecer instruções diretas relacionadas às abordagens de aprendizagem estratégica para as atividades específicas à sua área. Você pode causar impacto na aprendizagem estratégica dos seus alunos se os ajudar a entender a natureza e requisitos das atividades acadêmicas de seu curso. À medida que atribui uma variedade de atividades acadêmicas por todo o curso, você precisa definir claramente como cada uma dessas atividades se relaciona com os objetivos do curso para que os alunos possam abordá-las estrategicamente. Devemos abordar as estratégias em dois níveis: o domínio do curso (por exemplo, como pensar e escrever como um psicólogo) e a matéria e pedagogia específicas do curso (por exemplo, como as aulas teóricas e práticas são organizadas, como a resolução colaborativa de problemas é estruturada).

Muitos universitários abordam todos os cursos da mesma forma. Portanto, devemos ensinar explicitamente as estratégias de aprendizagem específicas do domínio de nossos cursos. Por exemplo, as diversas disciplinas têm diferentes estruturas de curso, diferentes formas de argumentação e diferentes maneiras de abordar e resolver problemas. As diferenças de domínio entre nosso curso e os outros cursos do aluno devem ser claramente estabelecidas. Para serem alunos autônomos no aprendizado, eles precisam aprender as estratégias adequadas para o domínio da disciplina e do conhecimento tratado por ela. Os docentes descobriram que a modelagem cognitiva, o pensamento em voz alta e a demonstração do uso de textos de forma autônoma pelo estudante são maneiras de oferecer oportunidades para os alunos aprenderem sobre as estratégias específicas do domínio (por exemplo, Coppola, 1995). A maioria dos alunos não consegue escrever como um cientista, a menos que sejam orientados quanto a isso. As abordagens específicas do domínio para a aprendizagem são críticas principalmente nos cursos introdutórios. Portanto, você deve considerar atividades como:

1. Visualizar o livro didático e a estrutura do texto.
2. Fornecer exemplos anônimos sobre o trabalho dos alunos para ilustrar o que se deve e não se deve fazer.
3. Dar amostras de provas anteriores como exercício prático.
4. Ser claro quanto às terminologias com significado específico do domínio.

Além das estratégias de ensino aplicáveis ao domínio do curso, os alunos devem aprender as estratégias que são eficazes nas opções de metodologia, no conteúdo e na avaliação do professor. Ao modelar o uso do livro didático como estratégia específica para o domínio do curso, o professor pode destacar explicitamente como o texto complementa a aula teórica ou prática. Conforme apresentamos as novas abordagens para os alunos (como aprender a resolver problemas ou técnicas de redação), é importante apresentar também as habilidades necessárias para participar dos nossos métodos de maneira bem-sucedida e melhorar a confiança na utilização de tais habilidades. Portanto, os docentes devem ajudar os alunos a abordar seus cursos estrategicamente, destacando as abordagens e os materiais instrucionais. Por exemplo:

1. Quando der as primeiras palestras em sala de aula, faça anotações para enfatizar o que você considera mais importante.
2. Antes de iniciar determinada abordagem pedagógica, como o método de estudo de caso, reserve um tempo para explicar o método e as habilidades necessárias para utilizá-lo corretamente.
3. Utilize exemplos simples e conhecidos para que os alunos possam se concentrar mais no processo e menos no conteúdo.
4. Faça perguntas e apresente exemplos de problemas no nível de compreensão que será medido nas provas e em outras avaliações, e mostre isso para os alunos.

Devemos lembrar que, como docentes, podemos servir de modelo da aprendizagem autônoma (Pintrich, 1995). Portanto, devemos lutar para modelar os processos de pensamento específicos da disciplina e as estratégias específicas do curso para aprendizagem em sala de aula. Ao modelar a autonomia de aprendizagem, oferecendo *feedback* e diretrizes, o professor consegue afetar de maneira significativa a emancipação do aluno para o estudo (Schunk & Zimmerman, 2007).

Já mencionamos que os alunos estratégicos assumem muita responsabilidade, o que pode ajudá-los a estudar eficientemente e atingir os objetivos. Para esses alunos, o componente central da aprendizagem estratégica é o repertório de estratégias de aprendizagem cognitiva (Weinstein & Mayer, 1986; Weinstein, Husman & Dierking, 2000; Weinstein et al., s.d.). As estratégias de aprendizagem cognitiva são abordagens voltadas para os objetivos e métodos de pensamento que ajudam os alunos a construir uma ponte entre o que já sabem ou já vivenciaram e o que estão tentando aprender. Essas estratégias são empregadas para ajudar a construir significado, de modo que as novas informações se tornem parte da base de conhecimento organizado que pode ser acessada futuramente para fins de aplicação, recordação ou resolução de problemas. A pesquisa mostrou que um dos marcos de conhecimento em uma área é a base de conhecimento organizado e um conjunto de estratégias de aquisição e integração de novos conhecimentos (Chi et al., 1988).

As formas mais simples de estratégias de aprendizagem envolvem repetição ou revisão, como repetir a leitura de algum trecho difícil de um livro, uma equação ou uma regra. Há uma complexidade um pouco maior quando tentamos resumir ou reformular com nossas próprias palavras o material que acabamos de estudar. Outras estratégias focam a organização das informações que estamos tentando aprender, criando algum tipo de esquema para o material. Por exemplo, crie um esboço com os principais eventos e personagens de uma história, faça uma linha do tempo para as ocorrências históricas, classifique os fenômenos científicos e separe o vocabulário estrangeiro de acordo com as partes do discurso. Algumas estratégias de aprendizagem envolvem a elaboração ou análise do que estamos tentando aprender para tornar o assunto mais significativo e memorável. Por exemplo, o uso de analogias para acessar conhecimento prévio relevante, comparação e constatação das explicações oferecidas por duas teorias científicas concorrentes e pensamento sobre as implicações de uma proposta política são exemplos de estratégias de elaboração.

Como professores, podemos causar impacto significativo quando ajudamos os alunos a desenvolver o repertório das estratégias de aprendizagem. Uma das maneiras mais poderosas de ensinar essas estratégias é pela modelagem. Ao usarmos diferentes tipos de estratégia no nosso ensino, conseguimos expor os alunos a ampla variedade de estratégias possíveis nas diferentes áreas de conteúdo. Contudo, o simples uso das estratégias não é suficiente. É imprescindível que os alunos aprendam a fazer isso sozinhos quando estiverem estudando. Por exemplo, depois de parafrasear um debate para a turma, mostre o que você fez e por que fez. Explique resumidamente o que significa parafrasear e por que isso ajuda no aprendizado. Você também pode explicar que tal procedimento nos ajuda a identificar as áreas que podemos não entender. Se tivermos dificuldades em parafrasear algo que estamos estudando, pode significar que ainda não aprendemos o assunto em questão.

E, finalmente, com o passar do tempo, você deve proporcionar aos alunos oportunidades para que eles pratiquem as diferentes estratégias e reflitam sobre elas.

Como Pintrich (1995) observou, a modelagem das maneiras pelas quais se aprende estrategicamente em nossos cursos é necessária, mas não suficiente. Precisamos estruturar as oportunidades para que os alunos pratiquem o uso dessas estratégias. Também precisamos perguntar aos alunos *o que* eles pensam, além de *como* pensam e *se* este foi o processo mais eficaz para eles. A prática orientada com *feedback* é uma excelente maneira de ensinar os alunos a aprender, porque oferece oportunidades de praticar as estratégias e avaliá-las para ver quais são e quais não são úteis.

As práticas de prova também influenciam o uso que os alunos fazem das estratégias de aprendizagem. Questões de memorização – como "De acordo com o autor, a falta de professores depende de três fatores. Quais são eles?" – geram um processamento superficial, ao passo que o processamento mental profundo pode ser induzido por proposições, como "Explique o significado da citação: 'O excesso de professores ruins vai tirar os bons do mercado'". De acordo com Pressley & McCormick (1995), uma das formas de influenciar o nível com o qual os alunos utilizam as estratégias mais profundas e não superficiais é pela exigência de provas. Os alunos sentem-se mais dispostos a aprender e aplicar as estratégias de processamento mental profundo quando fica claro para eles que esses tipos de estratégia os ajudam a satisfazer as demandas de prova e outros procedimentos avaliativos.

Métodos de verificação do entendimento

Os alunos estratégicos devem ser autônomos habilidosos que, periodicamente, verificam a utilidade dos métodos de aprendizagem por meio do monitoramento do próprio progresso voltado para objetivos principais e secundários (Schunk & Zimmerman, 2003). Sem verificar o progresso de forma ativa, muitos alunos podem pensar que estão entendendo quando, na verdade, não estão. Muitas vezes, eles não percebem que há lacunas na compreensão até receberem a nota de uma prova. Isso acontece porque, numa avaliação, eles precisam, às vezes pela primeira vez, verificar o conhecimento novo para identificar lacunas e equívocos. Os alunos estratégicos sabem que o momento de verificar o entendimento é antes da prova ou de qualquer outro procedimento avaliativo. Verificar a compreensão e procurar lacunas ou erros na integração do conhecimento deve ser uma atividade contínua presente em todos os contextos de estudo e aprendizagem.

A verificação do entendimento pode ser tão simples quanto tentar parafrasear ou aplicar o que acabou de aprender. Ou seja, parafrasear é o exercício de tentar explicar o texto contido na disciplina com outras palavras. Na verdade, muitos trabalhos e tarefas são projetados para ajudar os alunos a identificar as lacunas no conhecimento ou áreas de equívocos para que possam ser corrigidas. Passar por esses problemas ajuda os alunos a aprofundar o entendimento sobre um assunto. Muitas das estratégias de aprendizagem que discutimos anteriormente também podem ser usadas para testar o entendimento. Por exemplo, tentar parafrasear com nossas próprias palavras o que estamos lendo em um livro didático é uma excelente maneira de ajudar a construir sentido, mas também nos ajuda a identificar lacunas e erros na nossa compreensão. Se tentarmos aplicar nosso conhecimento e encontrarmos dificuldades ao fazermos isso, ou se tentarmos explicar para alguém e não conseguirmos fazê-lo, também saberemos que estamos com problemas de compreensão. O monitoramento da nossa compreensão é uma parte importante da aprendizagem estratégica que promove a autonomia para a aprendizagem. Somente quando sabemos que temos um problema de entendimento ou uma lacuna em nosso conhecimento é que podemos fazer algo a respeito.

Um método muito eficaz para verificar o entendimento e ajudar a ensinar várias estratégias de aprendizagem é utilizar a aprendizagem cooperativa. Aprendizagem cooperativa é um método que se baseia no ensino pelos colegas. Há muito tempo, sabemos que, em muitas situações de ensino tradicional, o tutor, e não o aluno que recebe a tutoria, é o maior beneficiado. Enquanto estamos processando o conteúdo para a apresentação, o tutor está consolidando e integrando seu próprio conhecimento do conteúdo. Ao mesmo tempo, ele também está aprendendo muito sobre como aprender. O professor precisa diagnosticar o problema de aprendizagem do aluno, ou lacuna de conhecimento, para ajudá-lo na superação. Veja o Capítulo 14 sobre aprendizagem em grupo para ter acesso a uma discussão mais completa sobre os benefícios desses métodos.

Saber como aprender não é suficiente – os alunos também precisam querer aprender

Os alunos estratégicos sabem muito sobre aprendizagem e os tipos de estratégias que os ajudam a atingir seus objetivos. Contudo, saber o que fazer não é suficiente. Saber como fazer também ainda não é suficiente. Os alunos precisam querer aprender se pretendem usar o conhecimento, estratégias e habilidades que abordamos até aqui. É na interação que Scott Paris e colegas chamaram de habilidades e vontade que surgem os resultados de aprendizagem autônoma (Hofer, Yu & Pintrich, 1998; Paris, Lipson & Wixson, 1983; Pintrich & De Groot, 1990; Schunk & Zimmerman, 2007). Muitos alunos sabem muito mais sobre as práticas de estudo eficazes do que as usam. Assim como no caso de uma pessoa que está acima do peso, que é especialista em técnicas de perda de peso, o conhecimento nem sempre é suficiente para a ação. Todos nós temos muitos objetivos e ações potenciais diferentes que competem pela nossa atenção e por recursos a todo o momento. Os objetivos que selecionamos e quanto esforço colocamos para alcançá-los são parcialmente determinados pelas nossas motivações. Os alunos estratégicos sabem como aprender, mas eles também querem ser alunos eficazes. É a interação entre habilidade e vontade que dá direção às ações e os ajuda a persistir nas tarefas, mesmo quando encaram obstáculos.

Uma maneira de melhorar a percepção dos alunos sobre sua competência é oferecer *feedback* voltado para o esforço estratégico e o desenvolvimento da habilidade. O simples ato de dizer ao aluno que ele foi bem não foca seu papel no desempenho. Dizer ao aluno "Isso é ótimo! Vejo quanto se esforçou!" significa muito mais. Falar diretamente sobre os esforços estratégicos dos alunos e as habilidades que estão desenvolvendo ajuda a focar o papel que desempenham no processo de aprendizagem. Lembre-se: um dos componentes principais da aprendizagem estratégica é acreditar que você pode exercer um papel ativo. Se os alunos não acreditarem que podem fazer a diferença, eles não utilizarão as estratégias eficazes abordadas aqui. Muitos alunos ouvem as instruções sobre a estratégia e acreditam que elas são úteis – mas não para eles! Nossa tarefa é ajudá-los a entender que podem assumir mais responsabilidade pelo próprio aprendizado. Lembre-se de que a motivação é resultado de vários fatores que interagem. Conforme discutimos anteriormente neste capítulo, o estabelecimento do potencial de utilidade da nova aprendizagem ajuda a criar interesse e direção para as atividades de aprendizagem. Veja o Capítulo 11 com uma discussão completa sobre os efeitos da motivação no aprendizado.

Juntando tudo – processos de controle executivo na aprendizagem estratégica

Já apontamos que tanto a habilidade como a vontade são componentes importantes da aprendizagem estratégica. Um terceiro componente essencial é o uso de processos de controle executivo ou autorregulação (cf. Weinstein, Husman & Dierking, 2000). Esses processos de controle são empregados para gerenciar os processos de aprendizagem desde o início (determinando o objetivo de aprendizagem) até o resultado final. Os alunos estratégicos utilizam os processos de controle executivo para (1) organizar e gerenciar a abordagem para a conquista de um objetivo de aprendizagem, (2) mantê-los no eixo e avisá-los se não estiverem progredindo o suficiente para a conquista do objetivo e (3) construir um repertório de estratégias eficazes que eles possam utilizar futuramente para completar atividades semelhantes e, consequentemente, aumentar a eficiência e produtividade da aprendizagem (Paris & Paris, 2001; Weinstein & Acee, 2008). Quando os alunos deparam com atividades novas e desconhecidas, eles precisam fazer muito planejamento para identificar os métodos potencialmente eficazes para que possam alcançar os objetivos no desempenho da tarefa. Infelizmente, muitos alunos simplesmente adotam a abordagem da tentativa e erro na aprendizagem ou tentam adaptar outras estratégias conhecidas que já aplicaram em atividades diferentes para a atividade atual. Os alunos não percebem que essa abordagem não é eficiente nem eficaz. O tempo despendido para gerar, acompanhar, monitorar e até modificar certo plano é um bom investimento para atingir os objetivos de aprendizagem, agora e no futuro. À medida que nos especializamos, não precisamos insistir no desenvolvimento de um plano para cada tarefa que recebemos. A geração e avaliação de planos para atingir objetivos de aprendizagem ajudam a construir um repertório eficaz que podemos recordar futuramente quando aprendizagem semelhante surgir.

Várias abordagens instrucionais enfatizam como os professores universitários podem ajudar os alunos a gerar, manter e avaliar os métodos de aprendizagem – ou seja, autorregular o aprendizado com a disciplina estudada (Schunk & Zimmerman, 2007). Quando o automonitoramento for bem-sucedido, o aluno não apenas aprenderá mais, como também desenvolverá estratégias melhores. Além disso, o sucesso do aluno aumenta a autoeficácia no curso e a motivação para aprender. Como professores universitários, devemos tomar cuidado para não enfatizar demais o que é apenas uma fase da aprendizagem (como planejamento sobre a implementação). Assim, outro aspecto importante da aprendizagem é o uso de estratégias volitivas, ou seja, voltadas para o estímulo da vontade do aluno. Por exemplo, Trawick & Corno (1995) destacaram um plano de treinamento volitivo que incluía atividades educacionais específicas, modelagem, dramatização, registro e *feedback* do professor e colegas. Esses autores enfatizaram que os docentes precisam ensinar as habilidades volitivas, além das estratégias motivacionais e cognitivas. E, finalmente, além de aprenderem a aprender o conteúdo do curso e a controlar a motivação e volição, outros pesquisadores enfatizaram que os alunos também devem aprender a "controlar as emoções" – a administração das emoções e dos níveis de excitação enquanto aprendem (Boekaerts, 1995; Boekaerts & Niemivirta, 2000; Schutz & Pekrun, 2007).

Os docentes podem ainda ajudar a facilitar a aprendizagem autônoma encorajando os alunos a compartilhar exemplos de abordagens bem-sucedidas para aprenderem entre si. Os debates direcionados sobre o que funciona e o que não funciona também ajudam os alunos a refinar os próprios métodos e obter ideias de outras possíveis abordagens. Os debates sobre aprendizagem autônoma devem enfatizar a necessidade de alterar as estratégias nos diferentes contextos e para diferentes propósitos. Trabalhar estrategicamente deve ser visto como uma tarefa desafiadora, cognitiva, motivacional e afetiva.

Abordamos muitas maneiras de tornar os alunos aprendizes mais estratégicos e autorregulados nos contextos de aprendizagem em sala de aula. Agora, voltamos a atenção para algumas das estratégias e habilidades especiais que os alunos precisam para os contextos de aprendizagem on-line ou repleta de tecnologia.

O que os professores podem fazer para que os alunos sejam bem-sucedidos nos ambientes educacionais on-line e mistos

A revolução da internet começou séria, e temos muitos motivos para ficarmos contentes. No entanto, não podemos deixar nossa euforia com esse novo meio instrucional e as possibilidades educativas oferecidas ofuscar nossas percepções quanto aos desafios inerentes da instrução on-line do ponto de vista do aluno. O *e-learning* oferece um controle significativo tanto dos recursos instrucionais como das ferramentas técnicas oferecidas nesses ambientes de aprendizagem. Nas mãos de alunos preparados para assumir a responsabilidade pelo emprego dessas ferramentas para melhorar a aprendizagem, elas certamente conseguem ser poderosas. Entretanto, nas mãos de alunos com dificuldades na aprendizagem estratégica e autônoma, tais como problemas com gerenciamento de tempo, cumprimento dos compromissos e manutenção da motivação, a aprendizagem on-line oferece muitos desafios. Embora parte do problema possa ser atribuída a materiais mal elaborados, novidades, medo de computador, está se tornando evidente que muitos alunos simplesmente não sabem como aprender e, talvez ainda mais importante, como administrar a aprendizagem em ambientes instrucionais on-line. Muitos estudos mostraram que as variáveis da aprendizagem estratégica e autônoma são mediadoras entre o sucesso e o fracasso nos contextos das aprendizagens on-line e mista. (Ver Winters, Greene & Costich (2008) que apresentam estudos que analisam a autorregulação e aprendizagem em ambientes informatizados.) Com a rápida e exponencial expansão dos cursos on-line, é imperativo que os professores e projetistas de curso ajudem os alunos a desenvolver as habilidades de autonomia de aprendizagem necessárias para que possam exercitar o controle do aprendizado de forma inteligente. As sugestões apresentadas a seguir são derivadas da pesquisa e literatura aplicada que analisam esses assuntos. (Ver Clark & Mayer (2008) e Mayer (2009) para obter várias diretrizes quanto a design, métodos instrucionais e modelos de implementação que podem ser empregados para melhorar o aprendizado em ambientes on-line.)

1. Ensine os alunos a usar os recursos especiais de instrução dos programas, como glossários, autoavaliações, material multimídia e informações complementares.
2. Ensine os alunos a empregar as ferramentas técnicas especiais disponíveis, como salas de bate-papo, contato com o professor e obtenção de ajuda.
3. Forneça instruções em áreas de autorregulação críticas, incluindo:

a. *Gerenciamento de tempo*: a flexibilidade de tempo e localização é uma característica distinta entre a maioria dos cursos on-line e aqueles realizados em sala de aula. Essa flexibilidade dá aos alunos de cursos on-line muito mais opções e autonomia. No entanto, se tiverem problemas com o gerenciamento de tempo, eles terão muito mais chances de adiar o trabalho mais do que deveriam e ficarão para trás nos estudos.
b. *Gerar e manter motivação*: os alunos de cursos on-line têm maior responsabilidade para a geração e manutenção da motivação com o passar do tempo. A ausência de um professor direto e da pressão dos colegas, e um ambiente de estudo cheio de atividades concorrentes, como passar mais tempo com a família e amigos ou no trabalho, geralmente dificultam o comprometimento com a conclusão dos estudos.
c. *Autoavaliação*: nos cursos on-line, é essencial que os alunos monitorem sua compreensão e progresso no decorrer da matéria.
d. *Administrar a ansiedade*: se os alunos de cursos on-line não tiverem certeza sobre o que devem fazer ou passarem por um problema inesperado, eles poderão se sentir frustrados com esse ambiente. Além disso, os alunos com pouco conhecimento em informática sentem-se ansiosos quanto ao ensino on-line. E, finalmente, a natureza baseada em texto das comunicações on-line exige que os alunos se comuniquem por escrito, o que pode ser angustiante para aqueles que não conseguem se expressar de forma eficaz ao escrever.

4. Ajude os alunos a criar um plano de gerenciamento para concluir o curso on-line. Esse plano deve ser verificado com frequência e revisado sempre que necessário. As etapas críticas do plano incluem:
    a. Definir um ou mais objetivos.
    b. Refletir sobre os recursos pessoais que vão precisar para conquistar cada objetivo.
    c. Promover *brainstorming* e criar um plano de ação para conquistar os objetivos.
    d. Selecionar os métodos que vão utilizar para realizar o plano.
    e. Implementar o plano.
    f. Monitorar (constantemente) o sucesso e a atualidade do plano.
    g. Avaliar formativamente o progresso.
    h. Modificar os métodos e até os objetivos, se necessário.
    i. Avaliar sumariamente os resultados para verificar se os alunos querem usar esse mesmo plano novamente no futuro ou se precisam modificá-lo ou descartá-lo.
5. Ensine técnicas de obtenção de ajuda, como enviar e-mail para o professor, assistente ou outros alunos da turma quando encontrarem problemas.

6. Inclua perguntas de alto nível incorporadas no curso on-line para que possam verificar o entendimento do material conforme navegam por lição.
7. Crie organizadores gráficos on-line.

◼ CONCLUSÃO

Ensinar aprendizagem estratégica é mais do que um investimento no aprendizado futuro do aluno. É também um investimento no presente. Os alunos estratégicos são mais capazes de tirar proveito da sua instrução e das atividades de estudo. O tempo investido retornará para você na forma de melhoria na compreensão e no desempenho do aluno, além de aumentar a motivação. É importante lembrar também que todos os professores têm a expectativa de que os alunos aprendam. No mundo de hoje, em constante mudança, a habilidade de adquirir ou aplicar conhecimento e competências é mais importante que a compilação da base de conhecimento estático. Há uma velha expressão talmúdica que pode ser traduzida mais ou menos assim: "Se der um peixe a um homem, você o alimentará por um dia. Mas, se ensiná-lo a pescar, você o alimentará por toda a vida". Como professores universitários, nosso dever é fornecer o peixe (conhecimento do conteúdo) e ensinar os alunos a comê-lo (aprender a ser um aluno autônomo e estratégico na área de conhecimento).

◼ LEITURA COMPLEMENTAR

HOFER, B. K., YU, S. L. & PINTRICH, P. R. Teaching college students to be self-regulated learners. In: SCHUNK, D. H. & ZIMMERMAN, B. J. (Eds.). *Self-regulated learning*: from teaching to self-reflective practice. Nova York: Guilford, 1998, p. 57-85. Vale a pena ler o livro todo, mas pode ser um pouco técnico para os novatos na área. Contudo, esse capítulo está focado nos universitários e, certamente, vale a pena passar um tempo nele.

PINTRICH, P. R. (Ed.). Understanding self-regulated learning. *New Directions for Teaching and Learning*, n. 63, jun. 1995. Esse livro tem capítulos sobre as teorias por trás desse conceito importante e aplicações práticas de uma variedade de cenários, disciplinas e alunos.

WEINSTEIN, C. E., HUSMAN, J. & DIERKING, D. R. Self-regulation interventions with a focus on learning strategies. In: BOEKAERTS, M., PINTRICH, P. & ZEIDNER, M. (Eds.). *Handbook of self-regulation*. San Diego: Academic Press, 2000. Outra discussão bem completa sobre o conceito de autorregulação.

Capítulo 21

Como ensinar a pensar[1]

A histórica credita a Plutarco a seguinte observação: "A mente é um fogo a ser aceso, não um vaso a preencher". Essa afirmação capta as diferentes atitudes dos educadores sobre os mais diversos objetivos na educação superior. O "vaso a preencher" tem sido a estratégia dominante vivenciada pela maioria dos estudantes universitários. Contudo, nas últimas décadas, a insatisfação generalizada com relação ao desempenho dos estudantes universitários produziu novas pressões, o que levou os educadores a adotar a filosofia de Plutarco. Barr & Tagg (1995) descreveram e promoveram esse paradigma com a diferenciação de *instrução voltada para o conteúdo* versus *instrução voltada para o aluno*.

Os professores voltados para o conteúdo compartilham fatos e conceitos importantes com os alunos e mostram atenção limitada ao processo. Muitos professores voltados para o conteúdo acreditam que a mera exposição dos alunos às ideias da disciplina facilita as alterações no pensamento deles no decorrer do tempo. Os professores voltados para o conteúdo geralmente apontam a inteligência inata dos alunos como responsável pelo sucesso acadêmico. Portanto, não faz muito sentido investir o valioso tempo de aula para se concentrar no processo de reflexão e compreensão, em vez de usar o tempo disponível para explorar conceitos, teorias ou estruturas importantes da disciplina.

Em contrapartida, os professores voltados para os alunos assumem a responsabilidade de promoção das alterações nas habilidades de pensamento de seus alunos. Eles acreditam que os alunos que lutam com as ideias passam por um aprendizado mais significativo e duradouro. O conhecimento objetivo e factual se

---

[1] Este capítulo foi escrito por Jane S. Halonen, da University of West Florida.

deteriora rapidamente, restando para os alunos apenas as ideias que foram codificadas de forma significativa, que ampliaram sua compreensão do mundo e que são praticadas com certa frequência (Eriksen, 1983). Como consequência, os professores voltados para os alunos regularmente se voltam para estratégias de aprendizagem ativa, com o propósito de engajá-los no processo de reflexão crítica. De acordo com os cientistas cognitivos, quando os alunos pensam sobre a matéria de forma mais significativa, as estruturas cerebrais subjacentes se alteram para promover uma aprendizagem mais duradoura (Leamnson, 2000). Por essa razão, a maioria das faculdades e universidades promete, de forma rotineira, a melhoria da habilidade de pensamento dos alunos como um dos objetivos explícitos de sua missão. Melhorar o pensamento às vezes é expresso em termos de objetivos para promover as habilidades de pensamento crítico ou de resolução de problemas (Halpern, 1996).

A maioria dos programas acadêmicos responde às crescentes demandas por responsabilidade por meio da elaboração de um currículo minucioso, no qual a sequência de experiências de aprendizagem e pensamento podem favorecer ao máximo os ganhos dos alunos (Maki, 2004). Os alunos podem receber apoio à medida que se afastam dos desafios de aprendizagem mais simples, tais como a introdução dos conceitos básicos da disciplina, por meio das exigências de desempenho complexo que podem ser necessárias em um curso de introdução. Dessa maneira, os alunos podem avançar do nível iniciante para o nível bacharelado, e os programas conseguem capturar a qualidade da instrução por meio de um plano de avaliação bem elaborado que reflita essa jornada.

Três estruturas que apoiam as habilidades de ensinar a pensar

Qualquer curso pode oferecer um contexto no qual os alunos podem aprender a pensar de maneira mais eficaz e contribuir para a evolução cognitiva, principalmente quando os docentes estabelecem expectativas explícitas sobre como os alunos devem pensar em determinada disciplina. Muitos educadores dependem de estruturas sistemáticas para ajudá-los a projetar as experiências de aprendizagem, que podem ser lançadas no nível correto de complexidade cognitiva. Vamos revisar três estruturas conhecidas, incluindo a taxonomia de Bloom (Bloom et al., 1956; Anderson & Krathwohl, 2001), o esquema de Perry (1970) e a estrutura da taxonomia dos resultados de aprendizagem observados (Biggs & Collis, 1982; Biggs, 1999).

A taxonomia de Bloom, talvez a estrutura de "pensamento" mais duradoura, diferenciou as categorias de habilidades de pensamento e as sequenciou de acordo com sua complexidade. A taxonomia original distinguia as *competências de ordem inferior* (por exemplo, conhecimento, compreensão e aplicação) das *competências de ordem superior* (por exemplo, análise, síntese e avaliação). O trabalho de Bloom foi amplamente utilizado para promover o desenvolvimento das habilidades de pensamento de ordens superior e inferior nas salas de aula universitárias, encorajando os docentes a identificar quais tipos de pensamento seriam satisfatórios para os objetivos de suas turmas (cf. Shulman, Luechauer & Shulman, 1996).

Anderson & Krathwohl (2001) revisaram a taxonomia de Bloom para melhorar sua utilidade e precisão pedagógica. Por exemplo, a equipe de Anderson reconheceu que o "conhecimento" não era necessariamente um processo comparável com os outros termos da taxonomia original. Consequentemente, mudou-se o primeiro nível de habilidade para "recordação". Ao longo da taxonomia revisada, eles incorporaram uma linguagem que funcionasse de forma mais eficaz para ajudar os educadores a desenvolver objetivos mensuráveis e viáveis, consistentes com as crescentes demandas por avaliação. Mudaram "avaliação" para "avaliar" a fim de enfatizar os resultados com verbos, e não com substantivos. Assim como na taxonomia original, a nova versão manteve a concepção hierárquica, mas reorganizou a sequência das competências de ordem superior. Conforme mostrado na Figura 21.1, Anderson e sua equipe posicionaram "criar" (antes conhecido como "síntese") como a habilidade cognitiva mais complexa no lugar de "avaliação" do esquema original.

Enquanto a taxonomia de Bloom focava a atividade do pensamento explícito, o esquema de Perry (1970) fornecia uma estrutura que mostrava como o pensamento dos alunos mudava durante o trajeto de suas experiências universitárias. Como tal, o esquema de Perry é mais *metacognitivo*, incentivando os educadores a analisar as características globais do pensamento. Nesse modelo, os alunos iniciantes demonstravam forte preferência por um mundo simplista, uma característica que Perry denominava de *dualismo*. À medida que os alunos começam a avançar nas complexidades da disciplina, eles inevitavelmente passam a aceitar que existem várias perspectivas que podem ser exercidas com qualquer problema, as quais Perry apelidava de *multiplismo*, embora os alunos multiplistas mostrassem maior conforto com os pontos de vista simplistas. Na próxima etapa, denominada *relativismo*, os alunos experimentavam maior conforto com as explicações múltiplas. E, finalmente, na etapa do *comprometimento*, os alunos experimentavam maior conforto com as explicações múltiplas. Eles forjam posições fundamentadas apesar da ambiguidade inerente em situações e problemas complexos.

Uma taxonomia alternativa, que foi abraçada por muitos educadores europeus e australianos, mostrava paralelos adequados tanto com relação às estruturas de Bloom quanto com as de Perry. Biggs & Collis (1982) desenvolveram a

• DICAS DE ENSINO •

A revisão mantém a natureza hierárquica das habilidades de pensamento, mas oferece uma nova sequência na hierarquia e enfatiza os verbos de ação para promover um design mais eficaz com relação às questões de prova e trabalhos.

Competências de
ordem superior

Criar
Reorganizar os elementos em um novo padrão, estrutura ou propósito
(gerar, planejar, produzir)

Avaliar
Chegar a uma conclusão sobre algo com base nos critérios/ padrões
(verificação, críticas, julgamento)

Analisar
Subdividir o conteúdo em partes significativas e relacioná-las
(diferenciar, organizar, atribuir)

Aplicar
Usar procedimentos para resolver problemas ou completar tarefas *(executar, implementar)*

Compreender
Construir novo significado mesclando o material novo com as ideias já existentes *(interpretar, exemplificar, classificar, resumir, inferir, comparar, explicar)*

Competências de
ordem inferior
(reconhecer, lembrar)

Recordar
Recuperar fatos pertinentes da memória de longo prazo

Fonte: Anderson & Krathwohl (Eds.), 2001.
FIGURA 21.1   Revisão da taxonomia de Bloom realizada por Anderson & Krathwohl.

taxonomia da estrutura dos resultados de aprendizagem observada (*Structure of Observed Learning Outcomes* – Solo) que diferenciava *estratégias de aprendizagem profunda e superficial* como escolhas que os alunos fazem durante a aprendizagem. O modelo também enfatiza as alterações metacognitivas que ocorrem nos alunos à medida que desenvolvem habilidades cognitivas mais complexas. Por exemplo,

Biggs & Collis caracterizaram os alunos menos sofisticados como *pré-estruturados*, no sentido de que coletam fatos isolados, favorecendo as estratégias de aprendizagem superficial. Na próxima etapa, que os autores descreveram como *uniestruturados*, os alunos conseguem captar as ideias, mas não apresentam tendências de fazer conexões independentes entre os conceitos. Na etapa *multiestruturada*, os alunos fazem mais conexões, mas talvez ainda não consigam captar os propósitos maiores envolvidos na aprendizagem. Na etapa *relacional*, os alunos conseguem ver imediatamente como as partes dos componentes de sua aprendizagem se encaixam para produzir um todo significativo. Por fim, na etapa *abstrata ampliada*, os alunos conseguem fazer generalizações além dos detalhes imediatos da aprendizagem para extrair o melhor significado dela. Nessa fase, eles desempenham, de maneira mais rotineira, as estratégias de aprendizagem profunda.

Em conjunto ou separadamente, a taxonomia de Bloom, o esquema de Perry e a taxonomia Solo oferecem aos educadores estruturas de planejamento eficazes, que podem direcionar os alunos a uma aprendizagem mais profunda, com habilidades de pensamento mais sofisticadas. Nesse processo, os alunos podem apresentar variações em seu compromisso de aprender a pensar. Em algumas turmas, os alunos ficam satisfeitos com a aprendizagem superficial e as conquistas do pensamento de ordem inferior. As turmas grandes que promovem o uso das estratégias de avaliação que dependem exclusivamente das habilidades de memorização compõem as tendências de os alunos não mergulharem profundamente em contextos desnecessários. Visar às habilidades de pensamento significa que as estratégias de avaliação focarão o desenvolvimento de habilidades de ordem superior e envolvimento profundo na disciplina.

Conforme os alunos progridem em suas especializações, eles encaram demandas mais complexas de pensamento. Pesquisas, debates estruturados e apresentações originais dão aos alunos oportunidade adequada de lutar quando os professores enquadram as orientações de modo apropriado. Os cursos avançados que desenvolvem e testam apenas os níveis inferiores de pensamento simplesmente enganam os alunos, limitando seu desenvolvimento conceitual e de práticas de pensamento crítico.

Como melhorar a qualidade do pensamento

Quais estratégias são mais úteis para facilitar a aprendizagem dos alunos sobre como pensar de forma mais eficaz?

1. No programa de curso, deixe claro que seu objetivo será ajudá-los a melhorar o pensamento, principalmente aprender a pensar "como um ____ (historiador,

psicólogo, biólogo etc.)". Descreva o que constitui um pensamento bem-sucedido na disciplina, tanto em níveis superiores como inferiores, de forma mais explícita possível.

2. Se adotar uma estrutura pedagógica que molda seu projeto instrucional, explique-a para seus alunos com detalhes suficientes, de modo que eles possam entender com maior facilidade o que você espera ver nos trabalhos que fizerem. Por exemplo, descreva o modelo de Bloom para os alunos durante a orientação do curso para esclarecer seus objetivos com relação ao desenvolvimento cognitivo. Essa estratégia pode reduzir as reclamações de que está tentando "enganá-los" com as perguntas de prova e insistindo em habilidades de ordem superior.

3. Ofereça amplas oportunidades para praticarem o pensamento durante as aulas. O resultado de refletir sobre as ideias traz impactos mais duradouros do que a simples exposição ao pensamento de terceiros. Mostre empolgação com todos os aspectos do pensamento: perguntas boas, perguntas estranhas, respostas parciais e problemas insolúveis.

4. Acolha as perguntas dos alunos que ofereçam oportunidade de pensar em voz alta para demonstrar a disciplina em ação. Não responda a todas as perguntas. Transforme-as em oportunidades para que todos os alunos encontrem um caminho de reflexão para uma resposta satisfatória e vivenciem o processo de satisfação.

5. Reconheça os exemplos de um bom pensamento de aluno. Muitas vezes, os alunos podem não apreciar o que constitui um bom exemplo até que o docente oficialmente o chame assim. Quando um exemplo estiver fora do contexto ou for mal elaborado, peça à turma que colabore para melhorar a resposta.

6. Peça aos alunos que avaliem a qualidade de suas próprias contribuições. Incentivar a autoavaliação pode promover maior autonomia de pensamento por meio de melhoria nas habilidades de autorreflexão e autorregulação (Dunn, McEntarffer & Halonen, 2004).

7. Elabore desafios que apelem para os diversos estilos de aprendizagem (Jarvis, 2005). Alguns alunos necessitam de mais reflexão antes de conseguirem se expressar de maneira confiante, mas a incorporação de desafios de pensamento aumenta tal engajamento.

8. Preocupe-se menos com a quantidade de conteúdo do que com a qualidade do conteúdo trabalhado com os alunos. Selecione, com base no conteúdo, o que você considera relevante, os objetivos de pensamento que tem em mente. A opção pela qualidade no tratamento do conteúdo, em vez da quantidade, implica maior investimento no desenvolvimento de habilidades do aluno, com maior probabilidade de haver impactos duradouros do que os conceitos aprendidos superficialmente com expectativa de vida frágil.

9. Seja paciente quando os alunos expressarem grande conforto com os desafios da aprendizagem superficial. No início de uma educação universitária, é normal, do ponto de vista de desenvolvimento, resistir às formas complexas de pensamento. A arte do ensino universitário eficaz envolve criar estratégias sobre meios de diminuir a resistência e aumentar a empolgação dos alunos para maiores investimentos cognitivos.
10. Independentemente de qual for sua disciplina, pergunte: "O que você acha e por que pensa assim?" (Nessel & Graham, 2007). Essa estratégia funciona em todas as disciplinas para desenvolver as habilidades cognitivas específicas e a apreciação metacognitiva sobre como a universidade está ajudando a mudar.

CONCLUSÃO

Aprender a pensar de forma mais eficaz e crítica não é fácil, mas os alunos provavelmente não farão progresso sistemático em suas habilidades de pensamento sem a prática específica por meio de pedagogia bem projetada. Com as estratégias baseadas nas disciplinas para afiar o pensamento, os alunos precisam desenvolver o hábito de refletir sobre as próprias experiências, os sucessos e as falhas, seus planos e propósitos, suas escolhas e consequências.

Ensinar as habilidades de pensamento também não é caminho fácil, mas provavelmente será mais gratificante do que a didática da palestra em sala de aula que visa apenas depositar superficialmente nos alunos uma grande quantidade de conteúdos. Desenvolver o pensamento crítico no projeto do curso, tornar as expectativas claras, fornecer oportunidades significativas de prática e transmitir *feedback* preciso facilita a conquista desses resultados tão desejados.

LEITURA COMPLEMENTAR

Jeffery Howard oferece orientações úteis para qualquer pessoa que esteja planejando um novo curso experiencial em seu trabalho *Service-learning course design workbook*, impresso em 2001 como volume de acompanhamento do *Michigan Journal of Service Learning*.

Uma discussão ponderada sobre os tipos de aprendizagem e desenvolvimento emergente dessa forma de educação pode ser encontrada no livro de Morris Keeton, *Experiential learning* (São Francisco: Jossey-Bass, 1976).

Podemos encontrar ampla discussão sobre os assuntos pedagógicos importantes em *Experiential learning*, de David Kolb (Englewood Cliffs, NJ: Prentice Hall, 1984).

Capítulo 22

A ética do ensino e o ensino da ética

Imagine que está lecionando em um curso de nível introdutório, daqueles cujos créditos são obrigatórios para todos os alunos de determinado curso de graduação. Vamos supor ainda que, depois da primeira prova, um aluno cujo desempenho ficou muito abaixo dos padrões o procure e ofereça uma quantia significativa de dinheiro para que a nota da prova seja alterada, de forma que ele possa ser aprovado. Qual é a atitude mais ética a ser tomada nessa situação?

Agora, imagine a mesma situação, mas, em vez de oferecer dinheiro, o aluno pede-lhe uma oportunidade de refazer a prova por causa de algumas circunstâncias atenuantes durante a primeira chamada. Agora, qual seria a escolha ética?

Em seguida, imagine a mesma situação, mas, desta vez, é o docente quem percebe que um aluno que tinha estudado muito durante a aula, e que esperava que fosse muito bem, foi muito mal na prova. Como essa situação pode ser comparada com as demais de um ponto de vista ético?

O primeiro quadro parece bem explícito de uma violação grave da ética, caso aceite o dinheiro para alterar a nota. O segundo exemplo não é tão explícito. Até que ponto o aluno deve ter uma oportunidade que não será oferecida aos demais? Dar essa chance ao aluno seria um comportamento antiético? Ou é apenas injusto? Existe alguma diferença? No terceiro exemplo, até que ponto sua avaliação das habilidades do aluno conta para o desempenho real? Onde se coloca o limite ético na questão da ajuda aos alunos?

As perguntas mais difíceis que os professores encaram não têm nada a ver com o conteúdo do curso ou com a maneira como é apresentado. Elas focam as questões éticas do ensino, como nos relacionamos com os alunos, com a nossa instituição, a nossa disciplina e a sociedade em geral. Quais são nossas responsabilidades com cada público e o que fazer quando elas entram em conflito? Infelizmente, não existe uma resposta fácil para essas perguntas. Aponto-as aqui como uma dica para reflexão, porque você *vai* deparar com elas em algum momento de sua carreira como docente.

Este capítulo aborda as questões da ética no ensino. O que queremos dizer com "ética no ensino"? Nos últimos anos, o assunto ganhou cada vez mais espaço à medida que a missão de ensino das universidades se encontra sob escrutínio crescente (Cahn, 1994; Fisch, 1996; Lewis, 1997; Matthews, 1991; Strike, 1988). Parece sensato que aqueles que atuam como docentes e os aspirantes à carreira acadêmica sejam introduzidos ao conceito da ética no ensino.

O que é uma questão ética no ensino? Às vezes, as questões éticas são definidas em termos de certo e errado (Strike, 1988); em termos de normas culturais, como honestidade e cumprimento de promessas (Smith, 1996); ou como "diretrizes, ideias e expectativas gerais que precisam ser levadas em conta, com outras condições e circunstâncias relevantes no projeto e na análise do ensino" (Murray et al., 1996, p. 57).

Em geral, *os padrões éticos nos guiam na execução dessas responsabilidades com os diferentes grupos com os quais interagimos*. As violações éticas podem ocorrer quando somos tentados a agir contrariamente a esses padrões socialmente estabelecidos. Os dilemas éticos ocorrem quando várias responsabilidades entram em conflito ou quando há mais de uma resposta certa (Strike, 1988). Muitas vezes, é surpreendente considerar todos os diferentes fatores que podem causar problemas éticos aos professores. Esses fatores variam desde a tentativa de suborno óbvia descrita anteriormente até o fracasso de tentar apresentar todos os aspectos legítimos de determinada questão.

Em 1991, em uma pesquisa com psicólogos que lecionavam em instituições acadêmicas, Tabachnick, Keith-Spiegel & Pope mostraram as reações envolvidas nas várias questões éticas do ensino superior. Pedia-se aos entrevistados que relatassem a frequência com que se engajavam em várias atividades e o nível de ética ou antiética envolvido nelas. As atividades incluíam questões tão drásticas como assédio sexual e atividades mais mundanas, até como dar aulas sobre conteúdo que o professor ainda não dominava.

O comportamento *observado com maior frequência* foi o de lecionar sem estar preparado, embora não fosse um padrão consistente para a maioria das pessoas. Os autores atribuíram esse comportamento mais às altas cargas de trabalho e aos rápidos avanços da área do que à fuga de responsabilidades dos professores.

Os comportamentos mais raros foram os relacionados ao assédio sexual. É impossível dizer se esse estudo é uma reflexão precisa do comportamento ou se há relutância em relatar tal comportamento. E igualmente raros foram os encontros amorosos de professores com alunos.

A fonte mais interessante de conflitos éticos do estudo de Tabachnick, Keith-Spiegel & Pope foi resultado de papéis conflitantes de mentor/responsável e avaliador. Por exemplo, cerca de dois terços dos professores acreditavam que permitir que um aluno influenciasse a nota era antiético, já que mais de dois terços disseram que havia agido desse modo em algum momento. O mesmo tipo de dilema é observado quando os professores interagem socialmente com os alunos. De um lado, a interação com os docentes é considerada essencial para o crescimento dos alunos, segundo Pascarella & Terenzini (1991); do outro, levanta a possibilidade de conflitos.

Em um estudo mais recente (Braxton & Bayer, 1999), uma amostragem nacional de professores da educação superior deveria classificar a aceitabilidade de várias violações dos padrões de ensino, como "O professor insiste que o aluno assuma determinada perspectiva sobre o conteúdo do curso" ou "O professor não introduz novos métodos ou procedimento de ensino". Os pesquisadores identificaram que o professor pode ter 126 comportamentos diferentes e pediram aos participantes que classificassem o tipo de sanção que cada comportamento deveria sofrer. Em seguida, os autores identificaram dois níveis de sanção nos dados. As sanções mais sérias eram para as normas consideradas invioláveis. Entre elas, existiam sete grupos: negativismo condescendente, planejamento desatento, torpeza moral, atribuição de notas particularista, descaso pessoal, detalhes do curso não comunicados e cinismo não cooperativo.

O segundo grupo foi denominado "normas admonitórias" – comportamentos que, apesar de inadequados, não provocam forte reação dos participantes, como negligência assessorada, salas de aula autoritárias, comunicação inadequada, plano de curso inadequado, evasão inconveniente, programa de estudo insuficiente, sigilo no ensino e colegas prejudiciais. Quando esses grupos foram comparados entre os tipos institucionais e disciplinas, somente dois foram identificados por todos os grupos de docentes como inadequados: torpeza moral e salas de aula autoritárias. As características demográficas dos entrevistados não fizeram diferença quanto ao que acreditavam ser comportamento inadequado. A conclusão dos autores foi a de que havia quatro valores que pareciam embasar os julgamentos dos entrevistados: respeito pelos alunos como indivíduos, consideração igualitária pelos alunos, obrigação de preparar a aula e obrigação de participar da direção e da vida da instituição. Se você considerar esses resultados intrigantes, talvez queira responder à pesquisa original e comparar suas respostas com a da amostra nacional. O questionário, College Teaching Behaviors Inventory, pode ser encontrado no livro de Braxton & Bayer (1999), que relata essas descobertas.

Os valores desse tipo estão se tornando cada vez mais comuns nos debates sobre ensino na educação superior (Markie, 1994; Carr, 2000). A American Association of University Professors – AAUP (1987) forneceu uma declaração da ética profissional que lida com as responsabilidades dos docentes, na qual enfatiza o que considera responsabilidades especiais dos indivíduos com cargo acadêmico. Princípios semelhantes foram desenvolvidos pela Society for Teaching and Learning in Higher Education (STLHE) e distribuídos para os docentes das instituições canadenses (Murray et al., 1996). Talvez esses padrões possam ajudar a destacar o que o docente deve considerar ao fazer escolhas pessoais.

Responsabilidades para os alunos

Tanto as diretrizes da AAUP como as da STLHE reconhecem que uma das primeiras responsabilidades de um docente é com o aluno. As especificações apresentadas a seguir ilustram ampla variedade de impactos que os docentes podem causar na vida dos alunos.

Incentivar a busca pela aprendizagem

O principal objetivo do ensino é incentivar a aprendizagem. Portanto, a primeira responsabilidade ética de um professor é esse objetivo. Tudo o que fazemos para preparar e conduzir uma instrução bem elaborada faz parte dessa responsabilidade. O professor ético conhece o conteúdo a ser aprendido, os alunos que passam pela aprendizagem e os métodos que podem ser empregados para promover essa aprendizagem. As diretrizes da STLHE afirmam esse aspecto explicitamente no primeiro e segundo princípios: competência do conteúdo e da competência pedagógica (Murray et al., 1996). Em um debate sobre a ética do ensino de psicologia, Matthews (1991) interpretou a aplicação dos padrões profissionais da American Psychological Association no ensino e mencionou a questão de responsabilidade e competência como dois fatores contribuintes para estimular a aprendizagem. Em sua interpretação, os docentes devem se manter atualizados e apresentar visões precisas e equilibradas da área, ideia também relacionada ao conceito do comportamento acadêmico abordado adiante neste capítulo.

O professor pode violar esses padrões de várias maneiras. Veja dois exemplos:

- O mais óbvio é falhar em nossos deveres quanto ao preparo das aulas. Não se pode estar sempre na melhor forma, mas, assim como esperamos que os alunos venham para aula preparados, devemos fazer o mesmo esforço. Esta

é uma das violações que ocorrem com maior frequência de acordo com a amostragem (Tabachnick, Keith-Spiegel & Pope, 1991) e foi identificada como norma admonitória fundamental por Braxton & Bayer (1999).
- Uma segunda maneira, menos óbvia, é fracassar em se manter atualizado, tanto com relação ao conteúdo como aos métodos didáticos que promovem a aprendizagem. Embora seja pouco provável que os docentes não estejam atualizados com o conteúdo, é muito provável que eles se mantenham atualizados com as pesquisas sobre as melhores práticas de ensino.

Uma segunda parte dessa responsabilidade é proteger e incentivar a autonomia dos alunos para que, eventualmente, eles não precisem mais de nossas orientações e consigam se desenvolver no seu conhecimento. As diretrizes da STLHE citam esse aspecto como o quarto princípio, entre oito: "contribuir para o desenvolvimento intelectual do aluno" (Murray et al., 1996). Se os alunos devem se desenvolver como indivíduos pensantes, devemos estruturar nossas interações com eles de modo a modelar e apoiar o pensamento independente, mesmo quando isso signifique discordância em relação a nosso ponto de vista.

Demonstrar respeito pelos alunos

Os professores éticos também respeitam a "diversidade de alunos" (Churchill, 1982), ou seja, sua natureza individual e independente e o fato de que eles estão em diferentes etapas da vida quando comparados aos professores. Por exemplo, os professores precisam estar cientes das especificidades dos alunos, sejam culturais, físicas, sociais ou históricas (Matthews, 1991). Isso também significa respeitar os objetivos dos alunos, suas escolhas e seus valores como indivíduos (Strike, 1988), outro aspecto importante listado por Braxton & Bayer (1999).

O ponto mais evidente para esse princípio está nas interações que temos com os alunos dentro e fora da sala de aula. Durante a aula, a maneira como respondemos a dúvidas e perguntas dos alunos deve transmitir a ideia de que toda participação é bem-vinda e respeitada. A maneira como respondemos às perguntas afeta mais do que apenas o aluno que a fez. E, fora da sala de aula, a forma como cumprimentamos os alunos que vêm até a nossa sala ou encontramos nos corredores fala muito sobre o nível de respeito que temos por eles. Quando dizemos aos alunos que estaremos sempre disponíveis, de fato deve acontecer. É imprescindível manter os horários agendados com eles para recebê-los fora do horários das aulas, estar disponível para ouvir as preocupações, refletir e estar preparado para a interação com os graduandos, pós-graduandos e colegas.

• DICAS DE ENSINO •

Um exemplo de uma necessidade por respeito nem tão óbvia foi discutido no artigo escrito por Grauerholz & Copenhaver (1994) sobre o emprego dos métodos de ensino experimentais, principalmente aqueles que envolvem muita revelação pessoal ou íntima por parte dos alunos. A escolha de estratégias educacionais, tais como redação e compartilhamento de problemas em pequenos grupos, pode violar o direito dos alunos e ser prejudicial, além de antiético, a menos que seja feito com muito cuidado e preocupação com o bem-estar do aluno. Para você se proteger contra a possibilidade de danos, apresento algumas sugestões sobre como estruturar essa experiência. Por exemplo, é preciso escolher as estratégias com cautela e tornar o propósito claro para os alunos. Também pode ser adequado possibilitar maneiras alternativas de satisfazer a necessidade de aprendizagem para os que não se sentem confortáveis com esses métodos. O uso de tais métodos de ensino levanta a questão de confiança porque, quando os alunos confiam no professor, eles ficam mais dispostos a se engajar na autoavaliação. Tornar a autoavaliação segura para os alunos é razão suficiente para garantir que sua relação com eles seja baseada na confiança e no respeito.

Questões semelhantes relacionadas à confiança surgem durante a discussão de tópicos de maior sensibilidade, como etnia, preferência sexual e religião. Quando confrontado com uma situação potencialmente sensível, é possível:

- Promover uma discussão antecipada sobre a natureza potencialmente sensível dos tópicos.
- Certificar-se de que os alunos estejam entendendo o que está sendo apresentado como fato e como opinião.
- Oferecer tempo extra fora da aula para os alunos que precisarem discutir os tópicos e suas reações a eles (Koocher & Keith-Spiegel, 1998).

Aconselhei os docentes a elaborar um conjunto de "regras de engajamento" para os tópicos sensíveis que poderiam provocar um debate bem caloroso em sala de aula. Essas regras devem especificar como os debates serão conduzidos e incluir atividades de tranquilização da turma, obrigação de formular a posição da outra pessoa antes de atacá-la e evitar a personalização dos argumentos. Se essas orientações forem fornecidas no início do curso, os alunos poderão se sentir mais confortáveis quando os tópicos sensíveis forem abordados.

Isso não significa que os tópicos devem ser evitados, porque isso seria uma violação da primeira diretriz: investigação aberta. É possível ver como esse conflito levantaria dilemas éticos para os professores, principalmente nas disciplinas em que os tópicos sensíveis são normas e não exceções.

Respeitar a confidencialidade

A questão de revelação de questões pessoais dos alunos leva a outro componente do respeito: a crença de que os alunos têm o direito de privacidade ao lidar conosco. Esse princípio não somente tem o peso da ética, como, em muitos casos, também carrega o peso da lei. Por exemplo, é contra a lei divulgar informações de identificação pessoal com as informações sobre o desempenho do aluno. Isso significa não lançar notas de modo que o aluno possa ser identificado. Na minha instituição, é proibido colocar as notas em local público, deixando-as visíveis para outros alunos. Aqui, no entanto, estamos falando de violações de privacidade menos escandalosas, tais como discutir a situação de um único aluno com alguém sem interesse legítimo no caso. Práticas como deixar o trabalho de um aluno exposto, de modo que ele possa ser recuperado por outro quando conveniente pode ser uma violação desse princípio, pois significa que os alunos têm acesso ao trabalho dos colegas (Murray et al., 1996).

Modelagem dos melhores padrões acadêmicos e éticos

Um professor significa, de forma acidental ou intencional, mais para os alunos do que um simples especialista em conceitos. O professor é um modelo de tudo que envolve ser uma pessoa acadêmica e pensante. Ensinamos não somente o que sabemos, mas também o que somos. Parte da ética do ensino é perceber essa responsabilidade e nos tornarmos os melhores modelos, o que exige reflexão séria sobre nossos padrões acadêmicos e pessoais. Clark Kerr (1994), em uma discussão sobre ética na cultura acadêmica, apoia esse esforço quando afirma que somos obrigados a apresentar uma variedade de perspectivas, nossas próprias e outras, para que os fatos possam ser julgados por si sós. Isso não significa que seja preciso sempre adotar uma postura imparcial, mas, até quando (ou principalmente quando) tiver uma opinião forte sobre um assunto, é necessário demonstrar por meio de suas ações que as pessoas inteligentes podem discordar sem fugir da racionalidade. Oferecer condições aos alunos para que possam diferenciar emoção da razão é uma responsabilidade extremamente importante dos professores de acordo com Hanson (1996, p. 35): "Os professores que conseguem transmitir com consistência os pontos fortes de uma posição à qual são, na verdade, contrários e que conseguem claramente mostrar as fraquezas de uma posição na qual acreditam estão *modelando* o engajamento crítico a partir do qual os alunos podem aprender suas lições mais importantes".

Promover conduta acadêmica honesta e garantir uma avaliação justa

Talvez os problemas éticos mais óbvios ocorram na área de avaliação da aprendizagem do aluno, um ponto destacado tanto nas diretrizes da AAUP quanto da STLHE. Os professores são árbitros de ingresso na profissão e, consequentemente, responsáveis por conferir o cumprimento das normas. Contudo, também somos responsáveis por garantir que todos tenham uma chance justa de demonstrar suas habilidades. Quando permitimos que a desonestidade acadêmica passe despercebida, violamos os direitos de todos os alunos que estão obedecendo às regras. Se não conseguirmos estabelecer um sistema que avalie precisamente o progresso dos alunos, estaremos abdicando de nossas responsabilidades com os alunos e com a profissão.

O tipo mais importante de justiça para os alunos é a interacional (como os indivíduos são tratados), seguida da processual (o nível de imparcialidade na determinação das notas e avaliação de desempenho) e a de resultados (como notas e outros resultados refletem o desempenho) (Rodabaugh, 1996).

Muitas vezes, os conflitos ocorrem quando esses padrões de justiça são confrontados com a primeira responsabilidade de respeitar o indivíduo e promover a independência do aluno para a aprendizagem. Os exemplos de abertura deste capítulo falam sobre essa questão. Qual é a importância de todos os alunos serem avaliados da mesma forma? Seremos mais justos se mantivermos padrões e variarmos as condições de avaliação ou se utilizarmos os padrões individuais de acordo com a situação especial de cada aluno? Quais fatores são considerações legítimas? Não há acordo sobre essas questões. O melhor que podemos fazer é continuar a discutir e deliberar isoladamente ou em grupos, porque as condições nas quais trabalhamos hoje não serão as mesmas do futuro.

Evitar exploração, assédio e discriminação

Uma das variáveis sobre a ética no ensino que devem ficar na linha de frente em nossa mente é a grande discrepância de poder existente entre professor e aluno. Independentemente de nossa vontade e de buscarmos isso ou não, em virtude de nossas posições, recebemos muito poder sobre a vida dos alunos. Para piorar, muitos alunos ainda nos dão muito mais poder do que aquele a que já temos direito. Por essa razão, as diretrizes da AAUP e STLHE mostram um ou mais princípios envolvendo assédio, exploração e discriminação.

O abuso de poder está na base de muitas armadilhas éticas que encontramos em nossos caminhos. A natureza muito especial da relação entre professor e aluno facilita muito o abuso (Smith, 1996). Os exemplos de comportamento antiéticos mais gritantes, os mais mencionados nos códigos de ética, lidam com a exploração ou o assédio de vários tipos: sexual, racial, religioso e até intelectual. O mais notório (e possivelmente o mais discutido) é o assédio sexual na forma de relações inadequadas entre professores e alunos. Braxton & Bayer (1999) citaram esse aspecto como uma norma inviolável que manteve sua importância independentemente do tipo de instituição pesquisada e disciplina representada pelo entrevistado. Pode ser considerada a norma mais importante que puderam identificar. A área de relações adequadas entre professores e alunos é bem difícil para alunos de pós-graduação, que são tanto alunos como professores. Por causa da idade, eles ocupam um lugar entre seus próprios alunos e seus próprios professores. Assim, eles podem tanto ser o assediador como o assediado. As relações íntimas entre professores e alunos geralmente são consideradas (no mínimo) inadequadas. A melhor decisão para um professor ou aluno é manter a relação em nível profissional enquanto o desequilíbrio de poder existir.

Entretanto, há outras formas de exploração que ocorrem no meio acadêmico. Por exemplo, exigir que os alunos façam atividades em aula que não estão relacionadas com o propósito educacional do curso, mas que servem para nossas finalidades pessoais, é uma forma de abuso de poder. Fazer comentários depreciativos sobre as minorias culturais ou étnicas da população é outro exemplo óbvio de assédio.

Outra área de problemas éticos envolve o recebimento de considerações ou benefícios especiais em decorrência de se estar em uma posição de autoridade. Por exemplo, seria uma violação da ética adotar um livro menos apropriado por causa de um incentivo que o editor disponibilizou? É legítimo aceitar um convite para ir a uma festa ou outro evento como convidado de um aluno? Importa se o aluno não estiver mais na sua turma? Importa se o evento for, de algum modo, relacionado ao programa acadêmico do aluno – por exemplo, jantar em homenagem ao trabalho do aluno? Devemos estar cientes de que, por causa da nossa posição, às vezes nos veremos em situações comprometedoras com toda a inocência de nossa parte, e do aluno também.

O ensino da ética

Há um aspecto deste tópico que parece abranger todas as áreas que já discutimos: o ensino da ética e de valores. É possível ver como a violação dessa questão central pode ocorrer de todas as maneiras. Ela pode ser violada quando deixamos de apresentar todos os lados razoáveis de uma questão ou quando não deixamos o aluno explorar um tópico em profundidade. Pode acontecer quando julgamos os alunos com base nas crenças que têm em vez de nos basearmos nas realizações. Pode acontecer quando atribuímos nota para o trabalho do aluno de acordo com nossa perspectiva e não pela representação da posição que ele assume. A questão aqui é: devemos ensinar valores? Ou, quando ensinamos valores, estamos violando os padrões éticos que acabamos de descrever? Acredito que não temos escolha: *ensinaremos* nossos valores, se não for pela instrução direta, será por meio de nosso comportamento.

Valorizar é tão natural quanto respirar ou pensar. Fazemos automaticamente juízos de valor sobre nossas experiências: "Isso foi bom, aquilo foi ruim; isso é bonito, aquilo é feio". Nossos alunos estão valorizando continuamente. Seria estranho se as experiências universitárias não tivessem impacto no processo de valorização.

"Mas não é um mau uso da nossa posição doutrinar os alunos com nossos próprios valores?." Verdade. Provavelmente nossa tentativa de evitar a atenção explícita de valores resulte da nossa preocupação com o lado ruim da doutrinação. Mas minha resposta tem dois aspectos.

O *primeiro* é que eu não teria escrúpulos com relação à minha doutrinação, no que diz respeito a valores como honestidade e respeito por outros indivíduos como seres humanos. Não conseguimos ensinar muito bem nossos alunos se eles copiam trabalhos, falsificam resultados de laboratório ou colam nas provas. Não conseguimos realizar discussões eficazes em sala de aula sem um ambiente de respeito pelos sentimentos dos outros ou de sensação de humanidade compartilhada. Em uma sociedade multicultural como a nossa, há uma necessidade especial de pensar seriamente nos valores – como somos diferentes e o que compartilhamos. Certamente queremos que nossos alunos valorizem o aprendizado.

O *segundo aspecto* é que podemos contribuir para que os alunos sejam mais sensíveis às questões de valor, reconheçam as implicações dele e entendam o valor dos demais, sem que, para isso, haja nenhum tipo doutrinação. Mesmo com relação aos valores fundamentais (como honestidade), a discussão, a exploração e o debate com o aluno sobre tais implicações são de grande utilidade. A consideração aberta da complexidade da questão de valores é menos subversiva do que a desconsideração de valores. Que valores devemos ensinar?

Aqueles que dizem que devemos adotar uma posição neutra com relação aos valores normalmente estão restringindo sua definição de valores para uma visão sociopolítica. Poucos contestariam o fato de que estamos preocupados com a honestidade, respeito pelos outros e racionalidade. Um dos principais objetivos educacionais é aumentar as habilidades de pensamento crítico e racional dos alunos. Queremos que os alunos valorizem o pensamento racional, mas sem excluir as outras formas de pensamento e conhecimento. Quando consideram os problemas da sociedade ou de seu cotidiano, nossos alunos procuram (espero!) evidências, e não uma forma de reagir com base no preconceito irracional; eles estarão cientes das implicações dos valores, mas não permitirão que estes bloqueiem suas mentes. Principalmente nos cursos de ciências sociais, fazemos a seguinte pergunta aos alunos antes que eles apresentem conclusões precipitadas: "O que é evidência?"

Nossa grande sensibilidade às questões relacionadas ao feminismo, por exemplo, entre outras, já evidencia uma análise racional das contradições que a realidade nos apresenta.

A grande questão no ensino é o que fazer com os valores políticos e sociais controversos. Parece-me que não somos privilegiados para exigir a aceitação de nossos próprios valores, da mesma maneira que considero que somos privilegiados com relação a exigir honestidade acadêmica. Mas isso não implica evitar questões de valores sociais e políticos mais amplos. Muitas vezes, comunicamos – pela maneira como lidamos com material sensível – que não se pode definir o rumo simplesmente adotando uma posição. Quando evitamos assuntos controversos, deixamos passar a ideia de que os alunos podem discuti-los nos dormitórios ou em outros locais, mas não no ambiente educacional, onde os argumentos racionais e as complexidades do assunto são mais salientes. A maior tentação para nós, professores, é que podemos mais facilmente aceitar afirmações de um aluno sobre valores que compartilhamos, dispensando nesse caso argumentações racionais por parte dele, como normalmente exigiríamos se a afirmação conflitasse com a nossa própria opinião.

Entretanto, há o problema de lidar com aqueles de quem discordamos. Existe o perigo de que podemos cair em tentação e demolir o aluno com a força da nossa lógica, mas a consideração pela argumentação dele é uma maneira importante de mostrar respeito. Lembre-se de que o poder que se tem em mãos, como professor, dificulta a situação do aluno ao tentar assumir uma forte defesa de suas posições. Vá com calma até que os alunos tenham confiança para que possam debater sem medo de represálias. É muito fácil, intencionalmente ou não, coagir os alunos a concordar com a gente.

Perry Jr. (1970) e Perry & Smart (1997) descreveram o desenvolvimento dos alunos de Harvard como progressão, com base na crença dualista de que as coisas são verdadeiras ou falsas, boas ou ruins, por meio de uma fase de multiplismo na qual sentem que todas as crenças são igualmente válidas, até uma fase de relativismo com comprometimento dos valores e crenças reconhecidamente incompletos e imperfeitos, mas abertos à correção e ao desenvolvimento futuro. Pode ser que não tenhamos conseguido chegar ao nível mais elevado de Perry Jr. ou possamos atingi-lo em determinadas áreas e não em outras, mas esse autor sugere que, como professores e membros da comunidade de ensino, temos a responsabilidade de moldar não apenas o comprometimento e a mente aberta, mas também compartilhar nossas dúvidas e incertezas.

Como podemos ensinar os valores?

Exemplificamos e comunicamos nossos valores sobre o que ensinamos e pela maneira como ensinamos. Os valores do ensino não implicam negligenciar o conhecimento. O conhecimento é uma espada poderosa que protege os alunos dos apelos emocionais e tendenciosos.

Provavelmente todos os professores, nas artes, nas ciências ou nas formações diversas técnicas, tentem ensinar aos alunos que não é suficiente apenas responder ao material ou desempenho como bom ou ruim, mas também poder sustentar o ponto de vista com evidências razoáveis em termos dos padrões da disciplina. Comunicamos esse valor por meio dos comentários que fazemos nos trabalhos, de nossas reações aos comentários ou ao desempenho dos alunos e, por fim, pelas notas. Então, temos um grupo de valores que aceitamos e comunicamos, implícita ou explicitamente, a nossos alunos por meio do nosso comportamento e atitude.

Nossos valores também afetam o planejamento do curso. Começamos com os objetivos que assumimos para o curso. Quem deveria determinar tais objetivos? Isso é algo a ser determinado pela universidade, pelo departamento e pelo professor ou os alunos devem estar envolvidos? Acredito que, quando professores e alunos atuam em parceria, as decisões apresentam valores, conteúdo e abrangência razoáveis – tudo com o que nos preocupamos enquanto estamos pensando sobre o programa do curso. A abordagem cooperativa exemplifica o valor do respeito pelos outros. Pedir aos alunos que escrevam ou discutam os objetivos do curso envolve o pensamento sobre valores. Pedir, no final do curso, que pensem nas metas que atingiram e como elas se relacionam com os objetivos de longo prazo sensibiliza os alunos quanto às questões de valor.

Para que os alunos mudem, é fundamental que tenham a chance de expressar suas ideias e seus valores em palavras ou ações. Eles precisam de reações não apenas dos professores, mas também dos colegas e de outras pessoas que compartilham ou refutam suas opiniões. Precisam confiar na boa vontade e no bom-senso do professor, sentir que a classe é uma comunidade na qual todos são aceitos apesar dos diferentes pontos de vista.

A aprendizagem cooperativa em grupos pode contribuir para a construção da comunidade e, muitas vezes, tem efeito positivo nas atitudes e nos valores. A cooperação em si é um valor muito importante em nossa cultura, e o sucesso em aprender a trabalhar de forma cooperativa com outros alunos em um projeto ou outra experiência de aprendizagem tem efeito positivo na atitude de colaboração do aluno, além de construir os tipos de apoio e confiança necessários para uma discussão franca da questão de valores.

Sabemos que os alunos se lembrarão mais do conteúdo do curso se o relacionarem a outro conhecimento – se questionarem, explicarem ou resumirem. Esse tipo de relação também é importante quando se trata de valores. E é importante que a discussão e experiência estejam em lugares onde haja respeito mútuo e apoio. Os valores não são alterados quando se ouve ou se observa uma palestra passivamente. As mudanças são mais comuns em situações na qual o professor e aluno refletem, ouvem e aprendem um com o outro.

Modelagem de valores

Modelamos nossos valores e os de nossa disciplina em quase todas as aulas. Talvez o mais importante seja o modelo de comportamento ético que fornecemos. Obviamente, o sarcasmo, o favoritismo e o fracasso em respeitar a diversidade de culturas, valores e atitudes dos alunos representam um modelo negativo. Mas evitar o comportamento antiético não é suficiente. Como lidamos com os pedidos de exceções legítimos decorrentes de uma política impressa em nosso programa de estudos? Pesamos as necessidades individuais ou as ligamos às regras? Como lidamos com alunos deficientes ou com dificuldades de aprendizagem? Quando o comentário de algum aluno está errado ou é inadequado, deixamos claro que estamos criticando a ideia e não a pessoa?

E quanto às decisões éticas na preparação e condução do curso? Damos o devido crédito às fontes utilizadas? Nossos trabalhos e nossas avaliações de aprendizagem são regidos pelo aprendizado do aluno ou pela nossa própria necessidade de poupar tempo? Estamos conscientes do preparo de aulas e da frequência a elas? Somos éticos em questões relacionadas ao uso de software licenciado?

Como fazer escolhas éticas

A gama de possibilidades para as decisões éticas parece infinita. Então, como podemos evitar os tropeços no decorrer do caminho? Embora não haja uma resposta fácil, pode haver algumas maneiras de pensar em nossas ações como profissionais que maximizam a possibilidade de agir eticamente. Algumas estratégias bem interessantes foram sugeridas por diversos autores em um livro sobre as dimensões éticas do ensino, editado por Fisch (1996), e o leitor é direcionado nesse sentido. Contudo, aqui ilustrei os seguintes princípios para avaliar a ação de alguém, extraídos de duas fontes: as cinco primeiras são de Brown & Krager (1985) e a última é de Schön (1983):

1. *Autonomia*. Estou agindo de modo a respeitar a liberdade e tratar os outros como autônomos?
2. *Sem prevaricações*. Estou prejudicando por meio do ensino ou da omissão?
3. *Beneficência*. Minhas ações beneficiam a outra pessoa, além de mim mesmo?
4. *Justiça*. Considero aquelas pessoas para quem sou responsável equitativamente?
5. *Fidelidade*. Sustento a minha parte de qualquer relacionamento?
6. *Agir de forma consciente*. Que suposições norteiam minhas ações? Essas suposições são válidas?

CONCLUSÃO

Não há dúvida de que ser professor implica privilégio. Todavia, privilégios demandam muitas responsabilidades, muitas das quais são sutis. Não buscamos nenhum tipo de prerrogativa, mas sabemos que as outras pessoas depositam em nós uma grande expectativa. Manter esses seis princípios em mente não resolve todos os dilemas éticos que encaramos como professor, mas podem oferecer uma maneira de refletir sobre eles sozinho ou com outros professores. Ensine seus alunos a refletir tanto dentro quanto fora da sala de aula. Trata-se de um processo que nunca deve ser interrompido, porque a reflexão consciente sobre os valores talvez seja a pedra angular da ética no ensino e do ensino da ética.

LEITURA COMPLEMENTAR

AMERICAN ASSOCIATION OF UNIVERSITY PROFESSORS. Statement on professional ethics. *Academe*, v. 73, n. 4, p. 49, 1987.

CAHN, S. M. *Saints and scamps*: ethics in academia. 2. ed. Totowa, NJ: Rowman & Littlefield, 1994.

CARR, D. *Professionalism and ethics in teaching*. Nova York: Routledge, 2000.

FISCH, L. (Ed.). Ethical dimensions of college and university teaching: understanding and honoring the special relationship between teachers and students. *New Directions for Teaching and Learning*, n. 66, 1996.

HUMPHREYS, W. L. Values in teaching and the teaching of values. Knoxville: Learning Research Center, University of Tennessee. *Teaching-Learning Issues*, n. 58, 1986.

KERR, C. Knowledge ethics and the new academic culture. *Change*, v. 26, n. 1, p. 8-16, 1994.

LEWIS, M. *Poisoning the ivy*: the seven deadly sins and other vices of higher education in America. Armonk, NY: M. E. Sharpe, 1997.

MARKIE, P. *A professor's duties*: ethical issues in college teaching. Totowa, NJ: Rowman & Littlefield, 1994.

Schön, D. *The reflective practitioner*. São Francisco: Jossey-Bass, 1983.

A aprendizagem autorreflexiva envolve a consideração de valores. Ver Jean MacGregor (Ed.), "Student self-evaluation: fostering reflective learning", *New Directions for Teaching and Learning*, n. 56, 1993.

Joseph Lowman apresenta um debate útil sobre como lidar com assuntos controversos em seu livro *Mastering the techniques of teaching* (São Francisco: Jossey-Bass, 1984).

O livro de Lawrence Kohlberg, *Essays on moral development* (São Francisco: Harper & Row, 1981), é um ótimo recurso para o pensamento e questões morais.

Parker Palmer oferece um recurso para ensinar valores em *The courage to teach*: exploring the inner landscape of a teacher's life. São Francisco: Jossey-Bass, 1993.

Em "Learning moral judgment in higher education", *Studies in Higher Education*, v. 18, n. 3, p. 287-297, 1993; G. Collier oferece uma discussão sobre por que e como ensinar valores nas instituições de ensino superior, incluindo grupos de discussão, filmes e literatura.

L. Moore & D. Hamilton, "The teaching of values", *New Directions for Student Services*, n. 61, p. 75-86, primavera de 1993. Esse artigo interessante mostra como os acadêmicos e alunos conseguem trabalhar juntos no ensino de valores.

Em *Educating citizens*: preparing america's undergraduates for lives of moral and civic responsibility (São Francisco: Jossey-Bass, 2003), A. Colby et al. abordam a importância do professor na formação dos alunos e como esse aspecto pode contribuir para torná-los cidadãos comprometidos com a sociedade. O livro é um de vários produtos da Carnegie Foundation for the Advancement of Teaching, que trata de vários assuntos da educação superior.

PARTE 7

Aprendizagem eterna
para o professor

Capítulo 23

Vitalidade e crescimento por toda a carreira de docente

Bill e eu lecionamos há muito tempo (ele, há mais de 60 anos, e eu, há mais de 30). Não somos tão eficientes quanto poderíamos ser porque não conhecemos a cultura dos alunos de hoje o suficiente para construirmos pontes entre o conteúdo do curso e aquilo que se passa na cabeça deles. No entanto, continuamos animados e otimistas, e ainda testamos novas ideias. Lecionar ainda é divertido. Um dos alunos de Bill fez o seguinte comentário no formulário de avaliação: "Dr. McKeachie vem para aula todos os dias como se não houvesse outro lugar no mundo em que ele gostaria de estar". É uma pena que alguns docentes (a minoria) não continuam se desenvolvendo e apreciando a atividade de ensinar. O que pode ser feito para promover o desenvolvimento contínuo e a satisfação?

Parte da resposta pode ser encontrada na pesquisa e teoria sobre motivação. Os seres humanos sobreviveram como espécies porque são aprendizes. Gostamos de aprender, ficamos curiosos quando deparamos com algo mais complexo, fora da rotina, gostamos de desafios e dominá-los, e sentimos prazer ao nos tornarmos competentes.

Os seres humanos também são uma espécie social. Somos estimulados pela interação com outros seres humanos. Em períodos de estresse, dependemos do apoio social e aprendemos uns com os outros. As pesquisas recentes com primatas sugerem que também somos naturalmente altruístas. Sentimos prazer ao ajudar os outros.

Desse modo, o ensino é uma carreira ideal. A complexidade e o desafio são infinitos. Cada turma é diferente, cada aluno é único, e sempre existem mais coisas a serem aprendidas. Continuamente surgem novos desenvolvimentos em nossa disciplina, novas pesquisas e teorias sobre aprendizagem e ensino, novas tecnologias e novas ideias criativas relacionadas ao ensino. Nossos papéis normalmente mudam conforme ocorrem alterações no currículo (tal como ênfase no ensino interdisciplinar em grupos) ou à medida que a nova tecnologia nos pressiona para desenvolver novas habilidades. Há oportunidades infinitas para aumentar a competência e o entendimento.

E o ensino é também uma atividade intelectual e social. Todos os semestres, os alunos aparecem com dúvidas novas, estimulando as novas perspectivas. As aulas oferecem uma dinâmica interpessoal em constante mutação. Conhecer e gostar de cada turma nova é uma fonte contínua de satisfação e estímulo. E é extremamente gratificante quando os antigos alunos falam calorosamente sobre como fizemos diferença na vida deles.

As interações humanas também oferecem desafios. Sempre há alunos que parecem desinteressados, outros que gostam de confrontos e outros que raramente aparecem. Tentar descobrir mais sobre as razões para seus comportamentos, conhecê-los melhor, descobrir seus interesses e tentar relacionar o material do curso com os interesses e objetivos, envolvê-los no trabalho em equipe com os demais alunos, demonstrar que estamos comprometidos com seu aprendizado – tudo isso pode fracassar, mas quando funciona... Que satisfação!

Do ponto de vista da teoria motivacional, fica claro que lecionar oferece grande potencial de vitalidade, crescimento e satisfação contínua, mas não surge automaticamente. É mais fácil para uns que para outros. O entusiasmo com a matéria de alguém, a personalidade extrovertida, o comprometimento com o ensino de boa qualidade – tudo isso já é uma enorme vantagem. No entanto, o bom ensino consiste em habilidades que podem ser aprendidas, e todas as suas boas qualidades poderão falhar se você lecionar em nível um pouco mais elevado do que a compreensão dos alunos pode atingir, se for desorganizado, se avaliar o desempenho de aluno de forma irregular ou se faltarem habilidades para implementar suas boas intenções.

As pessoas que não fervem de entusiasmo naturalmente, que não são extrovertidas ou que não têm certeza se querem lecionar também podem se tornar professores eficazes. Na verdade, o desenvolvimento como professor é uma atividade recursiva. Conforme se desenvolvem algumas habilidades e estratégias que funcionam, elas geram reações positivas; em troca, aumenta sua confiança nos alunos e a simpatia por eles, e gera mais reflexão e pensamento sobre o ensino, além do interesse em desenvolver habilidades extras, de forma que o ciclo positivo se repita continuamente.

Como desenvolver habilidades e estratégias eficazes?

A resposta fácil é "prática, prática, prática". A prática é importante, mas, assim como no esporte ou na música, se o aluno estiver praticando a técnica errada, é muito pouco provável que ele melhore. Os psicólogos acrescentam à "prática" a máxima "Pratique com *feedback* — tenha conhecimento dos resultados". Além disso, há outras complicações.

1. O que se deve praticar? No caso de o professor não conhecer métodos de ensino, como a aprendizagem em grupos, ele terá de buscar informações e conhecimentos, atualizar-se e estudar muito. O professor em desenvolvimento precisa aprender estratégias e habilidades que sejam úteis para a sua atividade.
2. Os métodos de ensino diferem em suas dificuldades. Qual deve ser testado primeiro? Conforme indicado nos primeiros capítulos deste livro, há várias técnicas úteis que são fáceis de ser implementadas e funcionam bem já na primeira vez em que forem postas em prática. Use as técnicas como postagem de perguntas, trabalho de minuto e método de duas colunas como meios para estimular a atenção e a aprendizagem ativa durante o semestre, explicando o valor desses métodos para o aprendizado. Essas são estratégias fáceis de ser empregadas, de baixo risco e retorno alto que ajudam os alunos a ter mais confiança na aula como uma experiência de aprendizagem útil. Palestras, debates e discussões podem ajudar a despertar o interesse e a atenção do aluno. Podem-se praticar ou treinar as habilidades de debate e palestra em grupos menores de alunos.
3. Como é possível continuar melhorando suas habilidades? É aqui que a prática com *feedback* entra em ação. Como obter bons *feedbacks* sobre o que funciona e sobre o que não funciona?

Vamos analisar mais detalhadamente métodos ou estratégias e como obter *feedback*.

Em busca de novas ideias, novos métodos e estratégias alternativas para lidar com problemas

Existem três possibilidades: leitura, audição e visão.

Leitura

Mencionamos isso em primeiro lugar neste livro, que foi escrito na premissa de que a maioria dos docentes aprendeu a aprender com a leitura. No final de cada capítulo, há sugestões de livros e fontes que podem oferecer novas perspectivas e sugestões. Além dos recursos mais gerais aos quais fizemos referência, há publicações em cada disciplina que lidam com o ensino e a educação de forma mais específica.

Assinar uma publicação científica ou acessá-la regularmente, um ou dois boletins que tratam do ensino, como o *National Teaching and Learning Forum, The Teaching Professor, College Teaching, Change, New Directions for Teaching and Learning* e *Innovative Higher Education*, oferece estímulos para pensar em novas ideias.[1] *Educational Psychologist, Journal of Higher Education, British Journal of Educational Psychology, Journal of Educational Research, Journal of Educational Psychology*, entre outros.

Ouvir e discutir

Falar sobre o ensino com colegas docentes pode ser uma fonte inestimável de ideias, além de fornecer apoio emocional quando a turma não vai bem. Os colegas não precisam trabalhar com a mesma disciplina. Muitas vezes, podem-se obter ideias interessantes de professores de outras disciplinas. A maioria dos profissionais que ensinam a melhoria vai dizer que o comentário típico das folhas de *feedback* é: "A melhor coisa do *workshop* foi obter ideias dos docentes de outras áreas que têm interesses e problemas semelhantes".

Os congressos nacionais e internacionais como a "International Conference on Improving Learning and Teaching", além de convenções e encontros sobre disciplinas específicas, também têm sessões que oferecem oportunidades de aprendizagem.[2]

Ver e experimentar

Uma das melhores maneiras de aprender uma nova habilidade é vê-la realizada. Assistir às aulas de seus colegas de ensino pode ser uma excelente oportunidade para verificar como eles utilizam determinado método. Os centros de desenvolvimento de docentes geralmente promovem *workshops* nos quais é possível ver e

---

[1] Pode-se indicar publicações brasileiras como, entre outras, *Scielo* (http://www.scielo.org/php/index.php) ou *Revista Brasileira de Educação* (http://www.anped.org.br/rbe/rbe/rbe.htm). Periódicos científicos das diversas universidades brasileiras que realizam pesquisas sobre aprendizagem e ensino também são fontes importantes, como o periódico *Educação e Pesquisa*, da Faculdade de Educação da Universidade de São Paulo. (NRT)

[2] No Brasil, são diversos os congressos que ocorrem anualmente em várias universidades brasileiras com o apoio da Associação Nacional de Pós-Graduação em Pesquisa em Educação (Anped). (NRT)

experimentar determinados métodos de ensino ou utilizar a tecnologia. Também há vídeos disponíveis que demonstram os vários métodos de ensino.

Como é possível obter e aplicar o *feedback* para continuar melhorando seu ensino?

Feedback do desempenho do aluno

Quando não ensinamos bem, os alunos não aprendem; então, a última avaliação do nosso ensino é a evidência de aprendizagem. Infelizmente, assim como os alunos culpam os professores se eles não conseguem aprender, nós os culpamos por não aprender: "Os alunos não estavam dispostos a trabalhar", "A turma queria se divertir e não estudar", "Esses alunos nunca deveriam ter entrado na faculdade. Eles simplesmente não estão preparados para o trabalho universitário".

No entanto, todos podem aprender. Nossa missão é facilitar o aprendizado, motivar os alunos, apresentar conteúdo adequado, organizar atividades que promovam a aprendizagem e ensiná-los a aprender de maneira eficaz.

Muitas vezes prestamos atenção nos erros, em trabalhos ruins e nos itens que estavam faltando nas provas como a base para a atribuição de notas, mas fracassamos ao pensar sobre como poderíamos ter ensinado melhor o conteúdo trabalhado. Pedir a um colega que analise os trabalhos de alguns alunos não somente ajuda a determinar se suas expectativas não eram razoáveis, como também resulta em sugestões de novas maneiras de apresentação de determinada área na qual os alunos não estão indo bem. Em todas as disciplinas, há conceitos ou habilidades que parecem extremamente difíceis de serem ensinados. Muitas vezes, os professores experientes têm estratégias para superar essas dificuldades.

Feedback pelos colegas

Nos parágrafos anteriores, indicamos o valor do *feedback* pelos pares nos trabalhos e no ensino em grupo. Mas, provavelmente, a forma mais comum de *feedback* pelos pares baseia-se na visita à sala de aula. Como Centra (1975) demonstrou, a observação dos grupos em sala de aula é uma fonte não muito confiável de evidências para decisões relacionadas à promoção ou ao mérito. Se o professor sabe que o julgamento de um observador vai afetar sua carreira, é provável que fique tão ansioso que não consiga ter desempenho no nível normal ou que coloque em prática um desempenho tão bom para benefício do observador.

Mesmo quando o observador não está lá para obter evidências para uma avaliação da nossa carreira, ficamos mais à vontade, ainda que nos preocupemos com o tipo de impressão que causamos. Consequentemente, a escolha do observador e a natureza da observação são considerações importantes. É claro que queremos um observador que seja prestativo e em quem podemos confiar. Bob Wilson, da California University (Berkeley), descobriu que os docentes aposentados eram extremamente prestativos não apenas por causa da experiência de ensino na disciplina, mas também por não estarem envolvidos nas decisões pessoais. Campbell Crockett, ex-reitor da Cincinnati University, formou "duplas ajudantes" entre os professores novos. Então, os parceiros aprendem, supostamente ajudam e são ajudados pelos colegas – um arranjo simétrico que reduz a ameaça.

A utilidade da observação pelos colegas depende, em parte, do que se quer descobrir. Se existe determinado aspecto do seu ensino que o preocupa, certifique-se de que o observador sabe o que procurar. Na verdade, saber o que observar é um princípio geral aplicável às observações. Reunir-se com o observador para dizer (antes da observação) quais são seus objetivos e o que está planejando aumenta a utilidade da observação. Em Centra (1993), há alguns exemplos de como utilizar esse método, mas você pode desenvolver mecanismos próprios.

Entretanto, a principal utilidade da observação do colega vem da sua discussão após a observação. Aqui há a chance de questionar, pesquisar exemplos e pedir sugestões.

Feedback de especialistas na formação de professores

A maioria das faculdades e universidades tem docentes e funcionários que recebem a tarefa de melhorar a instrução. Normalmente, eles estão disponíveis para gravar e observar as aulas. A gravação parece ser extremamente útil. "Ah, se tivéssemos o poder de nos ver como os outros nos veem!" Certamente existe um pouco de verdade na famosa frase de Robert Burn. No entanto, a gravação pode não ser o melhor *feedback*. Pesquisas sobre o *feedback* de gravações de meio século atrás mostraram que, quando vemos nosso ensino em forma de filme, ficamos tão ligados em nossos pequenos maneirismos e na aparência que acabamos perdendo os aspectos mais críticos e importantes. Somente quando assistimos ao filme na companhia de um consultor, que chama nossa atenção para os itens mais importantes, esse recurso pode resultar em alguma melhoria.

Um método utilizado por muitos formadores de docentes é o diagnóstico de instrução em pequenos grupos (*small-group instructional diagnosis* – SGID), elaborado por D. Joseph Clark, da University of Washington. Esse diagnóstico combina observação com *feedback* dos alunos.

Normalmente, um consultor que utiliza o SGID se reúne com o professor antes da aula de que deseja obter *feedback* para aprender um pouco sobre a turma e sobre as necessidades e os objetivos do professor, além de determinar procedimento. O professor explica o procedimento para a turma, garantindo que os comentários serão confidenciais e usados apenas para ajudá-lo a entender o andamento do curso. Depois de lecionar por mais da metade do período de aula, o professor devolve a turma para o observador e sai de cena. Então, o observador pede aos alunos que formem grupos pequenos para discutir as experiências de aprendizagem em grupo. Muitas vezes, o observador faz as seguintes perguntas aos grupos: "Que aspectos da aula os ajudam a aprender?", "Quais aspectos são inúteis?", "Que sugestões vocês têm a fazer?".

Depois de aproximadamente 10 minutos, um integrante, previamente designado como relator, dá aos grupos as respostas das perguntas. O consultor resume os relatórios e pede aos alunos que façam comentários. Depois da aula, o consultor discute os relatórios com o professor e oferece incentivos, sugestões, sobretudo se o professor estiver inseguro em relação às alternativas que podem ajudá-lo, e esclarecimento, se o professor considerar os comentários confusos ou contraditórios. Na aula seguinte, o professor discute o *feedback*, indica quais mudanças serão feitas e explica por que alguns aspectos não podem ser alterados.

Feedback dos alunos

Provavelmente a forma mais comum de *feedback* de alunos seja a classificação que fazem do professor. As classificações dos alunos são ministradas em quase todas as faculdades e universidades dos Estados Unidos e estão se tornando comum em outros países. Contudo, o principal propósito geralmente é coletar dados para avaliação pessoal, que acaba, às vezes, gerando algum conflito em relação à utilidade da melhoria do ensino. Um dos problemas é que aqueles que utilizam as classificações dos alunos para fins pessoais geralmente sentem (de forma injustificada) que precisam empregar um padrão que possa ser utilizado para comparar os professores, entre as disciplinas, em vários tipos de aula, em cursos obrigatório e facultativos, em turmas grandes e pequenas, e em ampla variedade de contextos. O resultado é que as perguntas do formulário que os alunos responderão são tão gerais que podem ser irrelevantes para determinada turma e, mesmo quando relevantes, são tão padronizadas que, em geral, oferecem pouca orientação em direção à melhoria. Além disso, eles normalmente recebem o formulário no final do semestre, quando é tarde demais para promover grandes melhorias para a turma que faz o *feedback*.

Outra barreira quanto ao uso desses formulários de melhoria é que os docentes ficam na defensiva com relação às classificações, rejeitando a validade das respostas dos alunos. Entre as defesas mais comuns estão respostas como:

- "Os alunos não são observadores ou participantes competentes."
- "Os alunos querem cursos fáceis. Eu estabeleço padrões elevados."
- "A classificação que os alunos fazem é determinada principalmente pela personalidade do professor e não por sua competência."
- "Os alunos podem dar notas baixas agora, mas vão me agradecer no futuro."

Todas essas desculpas não têm validade. Há mais pesquisas sobre a classificação dos alunos em diversos tópicos – mais de dois mil estudos. Eis o que as pesquisas dizem sobre as racionalizações mencionadas anteriormente.[3]

1. *A validade das avaliações dos alunos.* Como dissemos que não se pode ser um bom professor a menos que os alunos tenham aprendido, a pergunta é: "Os alunos são capazes de julgar se estão ou não aprendendo?". É claro que a resposta é "sim". Em cursos com vários professores (multisseções), as classificações médias do valor do curso ou da eficácia do professor se correlacionam, de forma significativa, com a pontuação média nas provas de desempenho, tanto nos exames finais como nas provas padronizadas. Além disso, elas se correlacionam com outros resultados de curso, como motivação para aprendizagem futura ou medidas de mudança de atitude. Além disso, quando o professor está lecionando em mais de uma seção ou mais de um curso, as classificações dos alunos se correlacionam bem com o próprio julgamento do professor, quando as aulas foram dadas com sucesso.

2. *Cursos difíceis versus fáceis.* Estudos norte-americanos revelam que, em média, os cursos mais difíceis recebem classificações mais altas por parte dos alunos do que os fáceis. É muito provável que haja uma relação curvilínea. Embora os alunos prefiram os cursos desafiadores, os cursos que são difíceis demais, nos quais os alunos não conseguem satisfazer os desafios, recebem notas menores (Marsh, 2001).

3. *Personalidade do professor.* Há poucas dúvidas de que algumas características de personalidade afetam as notas. Os professores entusiasmados, expressivos, calorosos e amigáveis, em geral, recebem notas maiores quando comparados aos professores mais reservados e distantes dos alunos. Contudo, essas características de personalidade também estão relacionadas à aprendizagem do aluno. Isso não significa que é necessário mudar sua personalidade para ser eficaz, mas, se não tiver uma personalidade extrovertida e calorosa, ainda poderá ser eficaz (e se tornar mais eficaz ainda) sendo mais expressivo e aprendendo os nomes dos alunos.

---

[3] As melhores revisões sobre o assunto podem ser encontradas em Perry & Smart (1997).

4. *Mais tarde vão me agradecer.* Muitas vezes, quando recebo um comentário negativo (e sempre existem alguns), gostaria que fosse verdade. Entretanto, os estudos clássicos de Drucker & Remmers (1951), de meio século atrás, e os meus estudos mais recentes mostraram que as classificações que ex-alunos fazem dos docentes são altamente correlacionadas com as feitas dez anos atrás. Há alguns casos com apreciação tardia pelo trabalho do professor, mas esta é a exceção e não a regra.

Então, como podemos empregar a classificação dos alunos para o crescimento contínuo do ensino eficaz?

Pontos importantes para a melhoria com *feedback* dos alunos

1. *Peça feedback o quanto antes para que eles possam fazer diferença para quem o deu.* Uma boa hora para coletar *feedbacks* é depois da terceira ou quarta semana de aula. Outros recolhem as classificações no meio do semestre. Em ambos os casos, o importante é ter a chance de se ajustar à turma. (Lembre-se de que todas as turmas são diferentes. O que funciona bem em uma pode não funcionar na outra.) Conforme mencionamos com relação ao SGID, é necessário revisar o *feedback* com a turma, indicando as sugestões que pretende implementar e discutindo as diferenças de opinião entre os alunos. (Em geral, alguns alunos querem mais debates, outros querem menos e todos presumem que todo mundo se sente da mesma forma que eles.) Também é possível explicar por que eventualmente não está adotando as sugestões e apresentar as razões pelas quais acredita que o que faz, e o que vai fazer, é importante para o aprendizado deles.
2. *Não se sinta como se precisasse usar a forma-padrão.* Se quiser classificações, escolha os itens que serão úteis para você. A vantagem das classificações é que se pode abranger uma série de aspectos do ensino de forma relativamente rápida. No entanto, as questões abertas são igualmente úteis (ou mais úteis). Normalmente, é possível simplesmente pedir aos alunos que escrevam sobre duas questões:

   - "Do que você gostou até agora?" ou "Quais aspectos do curso foram valiosos para a sua aprendizagem até aqui?"
   - "Quais sugestões de melhoria você tem?"

   Às vezes, é possível fazer perguntas como:

   - "Que aspectos deste curso ajudaram-no a aprender de forma eficaz?"
   - "O que você precisa fazer para melhorar seu aprendizado neste curso?"

- "O que você fez para ajudar no aprendizado de outros alunos da turma?" (Ajudar os outros alunos não somente proporciona uma satisfação altruísta, como também ajuda no aprendizado. E isso também é verdade para os professores.)
- "O que o professor fez que o ajudou a aprender?"
- "O que você gostaria que o professor fizesse para facilitar sua aprendizagem?"

Se está lecionando em um grande curso de multisseções (compartilhado entre vários professores), você pode pedir a cada seção que escolha dois representantes para encontrar com o professor e dar o *feedback*. Esses representantes, em alguns minutos no final da aula, conversam com os colegas sobre as sugestões e, depois, se encontram com o docente. Como podem dizer "Alguns alunos dizem...", eles se sentem livres para transmitir reações negativas e positivas, e a reunião presencial proporciona uma chance de conhecê-los melhor, além de obter sugestões sobre o que fazer.

O *feedback* não precisa ficar restrito à avaliação de meio de semestre ou à prova final. É possível pedir aos alunos que façam comentários sobre determinada aula nos últimos cinco minutos restantes.

3. *Complemente as classificações de final de curso.* Todos os docentes da nossa faculdade devem obter as classificações dos alunos no final do semestre. Cinco itens são obrigatórios e o restante pode ser escolhido pelo departamento e professor a partir de uma grande lista, incluindo algumas perguntas abertas. Sugerimos dois tipos de itens – os relacionados aos objetivos educacionais e ao comportamento específico.

Os itens relacionados aos objetivos são mais ou menos assim:

- "Fiquei mais interessado no assunto deste curso."
- "Minha curiosidade intelectual foi estimulada por este curso."
- "Estou aprendendo a pensar de forma mais clara sobre a área de conhecimento deste curso."

Os itens comportamentais podem incluir:

- "O professor sabia os nomes dos alunos."
- "O professor gesticula com mãos e braços."
- "O professor apresenta vários exemplos."

- "O professor aponta aplicações práticas."
- "O professor encoraja os alunos a questionar e fazer comentários."
- "O professor sinaliza as transições de um novo tópico."

Embora os docentes geralmente façam melhorias em decorrência do *feedback* dos alunos, Murray (1983, 1997) mostrou que as melhorias têm muito mais chances de ocorrer quando os itens comportamentais são utilizados no lugar de itens mais abstratos e genéricos.

Independentemente de haver uma opção de itens, sempre ajuda se pedirmos aos alunos que atribuam uma nota ao curso ou comentem aspectos específicos dele. Alguns dos itens mudam todos os semestres, enquanto outros se mantêm quando funcionam bem. Entre eles, encontramos o currículo, o projeto de pesquisa em grupos, os livros didáticos utilizados, vídeos, viagens de campo e publicações.

Consulta

Qualquer que seja a forma de *feedback* utilizada, as pesquisas mostram que há mais chances de aprimoramento se discuti-lo com alguém. Seu consultor pode ajudar a colocar as classificações em uma perspectiva, mostrando o lado positivo e reduzindo o peso do negativo. (A maioria de nós tende a observar mais os comentários negativos do que os positivos e a lembrar-se dos negativos com mais frequência.) O consultor também pode sugerir estratégias que podem ajudar nas áreas que precisam de melhorias. O consultor pode oferecer apoio e encorajamento. Muitas vezes, a má classificação dos alunos leva a um ensino defensivo, de qualidade inferior e desgosto pelos alunos, em vez de provocar melhorias. Nesses casos, é importante ter esperança e o consultor pode ajudar.

Avaliação e pesquisa em sala de aula

Há mais de uma década, Pat Cross e Tom Angelo compilaram um conjunto de trinta técnicas que ajudam os docentes a monitorar o aprendizado do aluno. Cinco anos depois, eles publicaram a segunda edição, incluindo cinquenta técnicas (Angelo & Cross, 1993). Algumas delas, como o trabalho de minuto e o resumo em uma frase, foram descritas no início deste livro. Mas, entre as cinquenta, é impossível não encontrar as que vão ajudá-lo a obter *feedback* sobre a aprendizagem do aluno, incluindo paráfrases diretas, verificação de equívocos, prós e contras, mapas conceituais, questionários de autoconfiança relacionada ao curso e "Qual é o princípio?".

Classroom Research (Cross & Steadman, 1996) é um exemplo de *bolsa de estudos do ensino* — que avalia sistematicamente os métodos, as abordagens e as técnicas utilizados no seu ensino. Na verdade, o Scholarship of Teaching and Learning (SOTL) tornou-se uma área de crescimento muito importante na educação superior, iniciado em 1998 pela Carnegie Foundation for the Advancement of Teaching (www.carnegiefoundation.org/programs/index.asp?key=21, accesso em: maio 2009). A Castl, como a Academia ficou conhecida, patrocinou vários docentes que optaram por pesquisar sobre como os alunos aprendiam em suas aulas.

No SOTL, é possível usar algumas das técnicas de avaliação em sala de aula para conseguir evidências sobre a eficácia da inovação que está testando (ou algo que tem sido feito por muito tempo). Além disso, é possível aplicar os testes normais de sala de aula ou outras medidas de desempenho. É possível até realizar um experimento para comparar dois métodos alternativos ou o método que utilizou anteriormente com o método que gostaria de experimentar.[4]

Tanto as técnicas de avaliação em sala de aula como a pesquisa fornecem dados úteis e são instigantes. Elas estimulam a reflexão sobre o ensino e sobre o que se espera que os alunos conquistem, além de enriquecerem o pensamento conceitual sobre educação e seu repertório de habilidades.

Autoavaliação

Nossa ênfase na coleta de dados e na obtenção de consultas pode ter deixado implícito que a melhoria do ensino depende das fontes externas de *feedback* e de ajuda. No entanto, a autoavaliação também é um recurso potencial para o crescimento contínuo — talvez o mais importante de todos. Nos últimos anos, a avaliação do portfólio tornou-se um elemento importante na avaliação do ensino. Embora os portfólios tenham sido usados principalmente para a avaliação de decisões pessoais, seu preparo e sua manutenção podem ajudar a melhorar esse procedimento, mesmo que não seja aplicado para fins de promoção e salário. O portfólio, enquanto registro sistemático dos conteúdos e das atividades docentes, oferece um estímulo para pensar sobre o seu ensino e seus objetivos, além de evidenciar como as metas foram atingidas — e como tudo isso contribui para a

---

[4] No Brasil, professores de nível superior interessados em aprimoramento profissional mais avançado devem se informar com a Capes (Coordenação de Aperfeiçoamento de Pessoal de Nível Superior) e ao CNPq (Conselho Nacional de Desenvolvimento Científico e Tecnológico). Além de orientações diversas e de apoio à pesquisa, esses órgãos também oferecem bolsas de estudos para aprimoramento da atividade docente. (NRT)

continuidade de seu desempenho.⁵ O preparo de um portfólio demanda tempo, mas todas as atividades úteis consomem tempo. Se não tiver tempo para fazer um portfólio, pelo menos mantenha um diário no qual pode escrever regularmente sobre seu ensino, seus alunos e suas aulas.⁶

▣ CONCLUSÃO

O lado bom do ensino é que sempre há mais coisas a serem aprendidas. As várias fontes de ideias e comentários que descrevemos nos ajudam a melhorar. Conforme melhoramos, nossos alunos respondem de forma mais positiva, e o crescente interesse e entusiasmo nos despertam para maior esforço. Obviamente, nem sempre o trajeto é para a frente e para cima. Há momentos de frustração e desespero, mas há épocas suficientemente boas que nos ajudam a passar pelas não tão boas. E, à medida que ganhamos segurança e habilidades extras, nossas relações com os alunos se tornam mais satisfatórias.

A maior parte deste livro lida com as interações em sala de aula, mas as pesquisas mostraram que os docentes que causam mais impacto nos alunos passam tempo com eles fora da sala de aula. Isso é importante não apenas para o desenvolvimento do aluno, mas também contribui para sua vitalidade contínua como

---

[5] Em comparação às edições anteriores deste livro, este capítulo dedicou muito menos atenção à avaliação do domínio ou revisão pós-domínio. Concentrei-me deliberadamente na melhoria porque acredito que o professor que utiliza os métodos de desenvolvimento contínuo abordados aqui estará bem preparado para as avaliações pessoais.

[6] **Não há ensinar sem aprender.** No livro *Educação, mito e ficção* (Cengage Learning, 2010), Luiz Guilherme Brom e Tânia Aguiar, professores na Fecap, afirmam que ensinar e aprender são indissociáveis. Dizem os autores que o professor do velho figurino da docência verbalista, unilateral e prepotente é um professor que perde capacidade de ensinar justamente porque não está aberto a aprender. Nesse modelo, ensino e aprendizado são totalmente dissociados, a educação não é viva nem mutante. Ao contrário, é estática, dogmática e o professor imobilizado nas suas certezas, não se movendo e não se desenvolvendo. O desenvolvimento profissional do professor ocorre em um complexo processo de aprender, conhecer, refletir, vivenciar, praticar, transpor, representar e simbolizar. Processo que se retroalimenta continuamente. Um constante observar, ouvir, criticar, compreender e transformar. Dizem ainda os autores, na p. 39: "Não há fazer docente desacompanhado do pensar, do compromisso com os aprendizes e suas especificidades, da busca do sentido e da razão da educação. É a ideia do professor reflexivo, que é um pesquisador da própria prática, simultaneamente sujeito e objeto da atividade de ensinar. A ação docente implica racionalidade dialógica, interativa e reflexiva, em um processo de formação continuada, jamais concluída". (NRT)

professor. Suas interações com os alunos e outros docentes são críticas para o desenvolvimento da comunidade de aprendizes – professores e alunos, aprendizes em geral.

Com o passar dos anos, Bill e eu visitamos centenas de faculdades e universidades neste país e em outros. O que mais nos impressionou foi que, independentemente da dificuldade das situações, sempre havia professores eficazes e vitais. Eles aparecem sem personalidade, sem disciplina e sem instituição. De algum modo, os professores encontram uma maneira de lidar com ambientes adversos e são capazes de estimular a aprendizagem eficaz. Eles gostam de ensinar, apesar das circunstâncias desfavoráveis.

Este capítulo discutiu amplamente as formas de conseguir crescer. Por mais que você esteja intrigado com as novas possibilidades, é importante não se esquecer do que gosta de fazer. Nosso conselho final é: "Divirta-se!".

No livro de Robert Bolt, *A man for all seasons*, Thomas More garante a seu protegido que, caso se torne um professor, ele será um professor excepcional. "Mas, se eu fosse", diz o homem jovem e ambicioso, "quem saberia?". More responde: "Você, seus amigos, seus alunos, Deus. Não é um público ruim".[7]

Realmente não é!

▣ LEITURA COMPLEMENTAR

Os vários livros recomendados como leitura complementar nos capítulos anteriores são relevantes para nosso eterno aprendizado, mas, para poupar tempo, vamos mencionar novamente os diversos livros que abrangem as principais áreas do ensino:

BIGGS, J. *Teaching for quality learning at university.* Buckingham, UK: SRHE; Filadélfia: Open University Press, 1999.

DAVIS, B. G. *Tools for teaching.* 2. ed. São Francisco: Jossey-Bass, 1993.

LOWMAN, J. *Mastering the techniques of teaching.* 2. ed. São Francisco: Jossey-Bass, 1995.

RAMSDEN, P. *Learning to teach in higher education.* Londres, Nova York: Routledge, 1992.

WRIGHT W. A. et al. *Teaching improvement practices:* successful strategies for higher education. Bolton, MA: Anker, 1995.

---

[7] A referência de Thomas More vem de Nick Skinner, que empregou essas palavras para concluir seu discurso na Canadian Psychological Association Award for Distinguished Contribution to Psychology in Education and Training (Skinner, 2001).

O livro *Becoming a critically reflective teacher* (São Francisco: Jossey-Bass, 1995), de Stephen Brookfield, vai ajudá-lo com um dos aspectos mais importantes do seu desenvolvimento – refletir sobre sua experiência – e se encaixa perfeitamente com o uso das técnicas de avaliação em sala de aula.

Student motivation, cognition, and learning: essays in honor of Wilbert J. McKeachie, editado por Paul Pintrich, Donald Brown e Claire Ellen Weinstein (Hillsdale, NJ: Erlbaum, 1994), apresenta uma excelente introdução para diversas áreas relevantes ao ensino.

Um recurso útil e mais breve é o texto de Janet G. Donald e Arthur M. Sullivan (Eds.). "Using research to improve teaching", *New Directions for Teaching and Learning*, n. 23, 1985.

Há três volumes extremamente úteis na área de avaliação do ensino:

CENTRA, J. *Reflective faculty evaluation*: enhancing teaching and determining faculty effectiveness. São Francisco: Jossey-Bass, 1993.

PERRY, R. P. & SMART, J. C. (Eds.). *Effective teaching in higher education*: research and practice. Nova York: Agathon, 1997.

SELDIN, P. et al. *Changing practices in evaluating teaching.* Bolton, MA: Anker, 1999.

E, por fim, para obter uma perspectiva reflexiva e estimulante das diferentes abordagens cognitivas/construtivistas norte-americanas, ver Ference Marton e Shirley Booth, *Learning and awareness* (Mahwah, NJ: Erlbaum, 1997). A pesquisa fenomenográfica de Marton, em Gothenburg, Suécia, exerceu grande influência no pensamento sobre ensino e aprendizagem na educação superior.

Referências [1]

ABCNEWS.com. *Full-service fakery: Inside the life of a professional essay writer and test taker*. Disponível em: http://abcnews.go.com/Primetime/story?id=132377&page=l. Consultado em: 29 abr. 2004.

ACHACOSO, M. & SVINICKI, M. New testing alternatives. *New Directions for Teaching and Learning*, São Francisco: Jossey-Bass, v. 100, primavera 2005.

ALBANESE, M. A. & MITCHELL, S. Problem-based learning: A review of literature on its outcomes and implementation issues. *Academic Medicine*, v. 68, p. 52-81, 1993.

ALEXANDER, P. A. & JUDY, J. E. The interaction of domain-specific and strategic knowledge in academic performance. *Review of Educational Research*, v. 58, n. 4, p. 375-404, 1988.

ALTMILLER, H. Another approach to freshman chemistry. *Journal of Chemical Education*, n. 50, p. 249, 1973.

ALVERNO COLLEGE FACULTY. *Student Assessment Learning at Alverno College*. Milwaukee, WI: Alverno Productions, 1994.

AMERICAN ASSOCIATION OF UNIVERSITY PROFESSORS (AAUP). Statement en professional ethics. *Academe*, v. 73, n. 4, p. 49, 1987.

AMES, C. Classrooms: Goals, structures, and student motivation. *Journal of Educational Psychology*, v. 84, p. 261-271, 1992.

ANDERSON, L. W. & KRATHWOHL, D. R. (Eds.). *A taxonomy for learning, teaching, and assessing*: A revision of Bloom's taxonomy of educational objectives. Nova York: Longman, 2001.

ANDRE, T. Questions and learning from reading. *Questioning Exchange*, v. 1, n. 1, p. 47-86, 1987.

ANGELO, T. A. & CROSS, K. P. *Classroom assessment techniques*: A handbook for college faculty. 2. ed. São Francisco: Jossey-Bass, 1993.*

ANNIS, L. F. Effect of preference for assigned lecture notes on student achievement. *Journal of Educational Research*, v. 74, p. 179-181, 1981.

ANNIS, L. F. The processes and effects of peer tutoring. *Human Learning*, v. 2, p. 39-47, 1983a.

_____. *Study techniques*. Dubuque: Wm. C. Brown, 1983b.

---

[1] As referências assinaladas com (*) indicam trabalhos seminais e clássicos que ainda oferecem o mais confiável conhecimento sobre o assunto.

APPLE, T. & CUTLER, A. The Rensselaer studio General Chemistry course. *Journal of Chemical Education*, v. 76, p. 462-463, 1999.

ARCE, J. & BETANCOURT, R. Student-designed experiments in scientific lab instruction. *Journal of College Science Teaching*, v. 27, p. 114-118, 1997.

ARKRIGHT-KEELER, D. L. & STAPLETON, S. Recursos educacionais para direcionar os debates sobre a ética na ciência. *Biochemistry and Molecular Biology Education*, v. 35, p. 24-47, 2007.

ARNOLD, S. M. et al. The natural history of the classroom. In: MANN, R. *The college classroom*. Nova York: Wiley, 1970.

ARREDONDO, P. Counseling Latinas. In: LEE, C. & RICHARDSON, B. *Multicultural issues in counseling*: New approaches to diversity. Alexandria, VA: American Counseling Association, 1991. p. 143-156.

ASANTE, M. K. *The Afrocentric idea*. Philadelphia: Temple University Press, 1987.

ASSOCIATION OF AMERICAN COLLEGES AND UNIVERSITIES. *Americans see many benefits to diversity in higher education, finds first-ever national poll on topic*. Disponível em: http://www.aacu-edu.org/Initiatives/ legacies.html. 2000.

ATTNEAVE, C. American Indian and Alaskan native families: Emigrants in their own homeland. In: MCGOLDRICK, M., PEARCE, J. & GIORDANO J. *Ethnicity and family therapy*. Nova York: Guilford Press, 1982. p. 55-83.

AVILA, D. & AVILA, A. *Mexican americans*. In: VACC, N., DEVANEY S. & WITTMER, J. *Experiencing and counseling multicultural and diverse populations*. 3. ed. Bristol, PA: Accelerated Development, 1985. p. 119-146.

BABB, K. & ROSS, C. The timing of online lecture slide availability and its effect on attendance, participation, and exam performance. *Computers & Education*, v. 52, p. 868-881, 2009.

BAILEY, C. A. et al. An integrated lecture-laboratory environment of General Chemistry. *Journal of Chemical Education*, v. 77, p. 195-199, 2000.

BAKER, L. & LOMBARDI, B. Students' lecture notes and their relation to test performance. *Teaching of Psychology*, v. 12, n. 1, p. 28-32, 1985.

BARGH, J. A. & SCHUL, Y. On the cognitive benefits of teaching. *Journal of Educational Psychology*, v. 72, n. 5, p. 593-604, 1980.*

BARR, R. B. & TAGG, J. From teaching to learning – A new paradigm for undergraduate education. *Change*, v. 27, p. 12-25, 1995.*

BARUTH, L. & MANNING, M. *Multicultural counseling and psychotherapy*. Nova York: Merrill, 1991.

BAUER, K. W. & BENNETT, J. S. Alumni perceptions used to assess undergraduate research experience. *The Journal of Higher Education*, v. 74, p. 210-230, 2003.

BECKER, J. Cutting edge research by undergraduates on a shoestring? *Journal of Computing Sciences*, v. 21, p. 160-168, 2005.

REFERÊNCIAS

BENJAMIN, L. Personalization and active learning in the large introductory psychology class. *Teaching of Psychology*, v. 18, n. 2, p. 68-74, 1991.

BERGE, Z. Components of the online classroom. In: WEISS, R. E., KNOWLTON, D. S. & SPECK, B. W. Principles of effective teaching in the online classroom. *New Directions for Teaching and Learning*, São Francisco: Jossey-Bass, n. 84, p. 23-28, 2000.

BERLYNE, D. E. An experimental study of human curiosity. *British journal of Psychology*, v. 45, p. 256-265, 1954a.

_____. A theory of human curiosity. *British Journal of Psychology*, v. 45, p. 180-181, 1954b.

_____. *Conflict, arousal, and curiosity.* Nova York: McGraw-Hill, 1960.*

BERNSTEIN, D. & BASS, R. The scholarship of teaching and learning. *Academe*, v. 91, n. 4, p. 37-43, 2005.

BIERON, J. F, & DINAN, F. J. Not your ordinary lab day. *Journal of College Science Teaching*, v. 30, n. 1, p. 44-47, 2000.

BIGGS, J. *Teaching for quality learning at university.* Buckingham, UK: SRHE e Philadelphia: Open University Press, 1999.

BIGGS, J. B. & COLLIS, K. F. *Evaluating the quality of learning*: The SOLO Taxonomy. Nova York: Academic Press, 1982.

BLIGH, D. *What's the use of lectures?* São Francisco: Jossey-Bass, 2000.

BLOCK, C. Black Americans and the cross-cultural counseling and psychotherapy experience. In: MARSELLA, A. & PEDERSEN, P. *Cross-cultural counseling and psychotherapy.* Nova York: Pergamon Press, 1981. p. 177-194.

BLOOM, B. S. *Taxonomy of educational objectives*: The classification of educational goals. Nova York: Longman, 1956.*

BLOXHAM, S. & CAMPBELL, L. Creating a feedback dialogue: Exploring the use of interactive coversheets. Paper presented at the *Improving Student Learning Symposium,* University of Durham, 1-3 set. 2008.

BOEKAERTS, M. & NIEMIVIRTA, M. Self-regulation in learning: Finding a balance between learning- and ego-protective goals. In: BOEKAERTS, M.; PINTRICH, P. R. & ZEIDNER, M. *Handbook of self-regulation.* San Diego: Academic Press, 2000. p. 417-450.

BOEKAERTS, M., PINTRICH, P. R. & ZEIDNER, M. *Handbook of self-regulation.* San Diego: Academic Press, 2000.

BONK, C. J. & CUNNINGHAM, D. J. Searching for learner-centered, constructivist, and sociocultural components of collaborative educational learning tools. In: BONK, C. J. & KING, S. K. *Electronic collaborators*: Learner-centered technologies for literacy, apprenticeship, and discourse. Mahwah, NJ: Erlbaum, 1998. p. 25-50.

BOUD, D., COHEN, R. & SAMPSON, J. *Peer learning in higher education*: Learning from and with each other. Kogan Page, 2001.

BOYER, E. *Scholarship reconsidered*: Priorities of the professoriate. Princeton, NJ: Carnegie Foundation for the Advancement of Teaching, 1990.*

BRAXTON, J. M. & BAYER, A. *Faculty misconduct in collegiate teaching.* Baltimore: Johns Hopkins Press, 1999.

BROWN, G. *Lecturing and explaining.* Londres: Methuen, 1978.

BROWN, G. & ATKINS, M. *Effective teaching in higher education.* Londres: Methuen, 1988.

BROWN, J. S. Growing up digital: How the Web changes work, education, and the ways people learn. *Change,* v. 32, n. 2, p. 11-20, 2000.

BROWN, R. D. & KRAGER, L. Ethical issues in graduate education: Faculty and student responsibilities. *Journal of Higher Education,* v. 56, p. 403-418, 1985.

BRUFF, D. *Teaching with classroom response systems*: Creating active learning environments. São Francisco: John Wiley and Sons, 2009.

CAHN, S. *Saints and scamps: Ethics in academia.* Lanham, MD: Rowan and Littlefield Publishers, Inc., 1994.

CAMPBELL, R. Mouths, machines, and minds. *The Psychologist,* v. 12, p. 446-449, 1999.

CANADA, M. & SPECK, B. Developing and implementing service learning programs. *New Directions for Higher Education,* São Francisco: Jossey-Bass Publishers, n. 114, 2001.

CARON, M. D., WHITBOURNE, S. K. & HALGIN, R. P. Fraudulent excuse making among college students. *Teaching of Psychology,* v. 19, n. 2, p. 90-93, 1992.

CARR, D. *Professionalism and ethics in teaching.* Nova York: Routledge, 2000.

CASTEEL, M. A. & BRIDGES, K. R. Goodbye lecture: A student-led seminar approach for teaching upper division courses. *Teaching of Psychology,* v. 34, n. 2, p. 107-110, 2007.

CENTER FOR AUTHENTIC SCIENCE PRACTICE IN EDUCATION. Disponível em: http://www.purdue.edu/dp/caspie, 2009.

CENTRA, J. A. Colleagues as raters of classroom instruction. *Journal of Higher Education,* v. 46, 327-337, 1975.

_____. *Reflective faculty evaluation*: Enhancing teaching and determining faculty effectiveness. São Francisco: Jossey-Bass. 1993.*

CHAMPAGNE, A. B., KLOPFER, L. E. & ANDERSON, J. H. Factors influencing the learning of classical mechanics. *American Journal of Physics,* v. 48, p. 1074-1079, 1980.

CHANG, T. M. et al. *Distance learning*: On the design of an open university. Boston: Kluwer-Nijhoff, 1983.

CHI, M. T. H., GLASER, R. & FARR, M. J. *The nature of expertise.* Hillsdale, NJ: Erlbaum, 1988.

CHICKERING, A. W. & GAMSON, Z. R. Seven principles for good practice in undergraduate education. *Wingspread Journal,* v. 9, n. 2, 1987. (Encarte especial)

CHURCHILL, L. R. The teaching of ethics and moral values in teaching. *Journal of Higher Education,* v. 53, n. 3, p. 296-306, 1982.

CLARK, R. & MAYER, R. E. *E-learning and the science of instruction.* 2. ed. São Francisco: Jossey-Bass, 2008.

_____. Media will never influence learning. *Educational Technology, Research and Development,* v. 42, n. 2, p. 21-29. 1994.

REFERÊNCIAS

CLARK, R. E. Media and method. *Educational Technology Research and Development*, v. 42, n. 3, p. 7-10, 1994.

COGHLAN, E. et al. *ELI Discovery Tool: Guide to Podcasting*. Consultado em: 12 fev. 2009. Disponível em: http://www.educause.edu/ GuideToPodcasting/12830, 2007.

COHEN, P., KULIK, J. & KULIK, C. L. Educational outcomes of tutoring: A meta-analysis of findings. *American Educational Research Journal*, v. 19, n. 2, p. 237-248, 1982.

COLLINS, A. Processes in acquiring knowledge. In: ANDERSON, R. C., SPIRO, R. J. & MONTAGUE, W. E. *Schooling and the acquisition of knowledge* Hillsdale, NJ: Erlbaum, 1977. p. 339-363.

COLLINS, A. & STEVENS, A. L. Goals and strategies of inquiry teaching. In: GLASER, R. *Advances in instructional psychology*. Hillsdale, NJ: Erlbaum, 1982. p. 65-119.

CONNOR-GREENE, P. Making connections: Evaluating the effectiveness of journal writing in enhancing student learning. *Teaching of Psychology*, v. 27, n. 1, p. 44-46, 2000.

COOPER, J. L., ROBINSON, P. & BALL, D. *Small group instruction in higher education*: Lessons from the past, visions of the future. Stillwater, OK: New Forums Press, 2003.

COPPOLA, B. P. Progress in practice: Using concepts from motivation and self-regulated learning research to improve chemistry instruction. In: PINTRICH, P. R. (Ed.). Understanding self-regulated learning. *New Directions for Teaching and Learning*, São Francisco: Jossey-Bass, n. 63, p. 87-96, verão 1995.

_____. Targeting entry points for ethics in chemistry teaching and learning. *Journal of Chemical Education*, v. 77, p. 1506-1511, 2000.

COPPOLA, B. P., EGE, S. N. & LAWTON, R. G. The University of Michigan undergraduate chemistry, curriculum: 2. Instructional strategies and assessment. *Journal of Chemical Education*, v. 74, p. 84-94, 1997.

COSTIN, F. Three-choice versus four-choice items: Implications for reliability and validity of objective achievement tests. *Educational and Psychological Measurement*, v. 32, p. 1035-1038, 1972.

COVINGTON, M. V. Caring about learning: The nature and nurture of subject-matter appreciation. *Educational Psychologist*, v. 34, p. 127-136, 1999.

CREED, T. PowerPoint, No! Cyberspace, Yes! *National Teaching and Learning Forum*, v. 6, n. 4, p. 5-7, 1997.

CRONBACH, L. J. & SNOW, R. E. *Aptitudes and instructional methods*: A handbook for research on interaction. Nova York: Irvington, 1977.*

CROSS, K. P. & STEADMAN, M. H. *Classroom research*: Implementing the scholarship of teaching. São Francisco: Jossey-Bass, 1996.*

CUR Council on Undergraduate Research. Disponível em: http://www.cur.org., 2009.

DAVIES, P. Computerized peer assessment. *Innovation in Education and Training International*, v. 37, n. 4, p. 346-355, nov. 2000.

DAY, R. S. Teaching from notes: Some cognitive consequences. *New Directions for Teaching and Learning*, São Francisco: Jossey-Bass, n. 2, p. 95-112, 1980.

DECI, E. & RYAN, R. The "what" and "why" of goal pursuits: Human needs and the self--determination of behavior. *Psychological Inquiry*, v. 11, p. 227-268, 2000.

DEWEY R. Finding the right introductory psychology textbook. *APS Observer*, p. 32-35, mar., 1995.

DEZURE, D., KAPLAN, M. & DEERMAN, M. Research on student notetaking: Implications for faculty and graduate student instructors. CRLT Occasional Paper, n. 16. Ann Arbor, MI: University of Michigan Center for Research on Learning and Teaching. 2001. Disponível em: http://www.crlt.umich.edu/publinks/CRLT_no16.pdf.

DIBIASE, W. J. & WAGNER, E. P. Aligning General Chemistry laboratory with lecture at a large university. *School of Science and Mathematics*, v. 102, p. 158-171, 2002.

DIEDERICH, P. *Measuring growth in English*. Urbana: NCTE, 1974.

DILLON, J. T. The effect of questions in education and other enterprises. *Journal of Curriculum Studies*, v. 14, p. 127-152, 1982.

DOMIN, D. S. A review of laboratory instruction styles. *Journal of Chemical Education*, v. 76, p. 543-547, 1999.

DUNN, D. S., MCENTARFFER, R. & HALONEN, J. S. Empowering psychology students through self-assessment. In: DUNN, D. S., MEHROTRA, C. M. & HALONEN, J. S. *Measuring up*: Educational assessment challenges and practices for psychology. Washington, DC: American Psychological Association, 2004.

DUNNIVANT, F. M. et al. Understanding the Greenhouse Effect: Is global warming real? *Journal of Chemical Education*, v. 77, p. 1602-3, 2000.

DWECK, C. S. Motivational processes affecting learning. *American Psychologist*, v. 41, p. 1040-1048, 1986.

_____. *Self-theories*: Their role in motivation, personality and development. Philadelphia: Psychology Press, 1999.

_____. *Mindset*: The new psychology of success. Nova York: Random House, 2006.

D'YDEWALLE, G., SWERTS, A. & DE CORTE, E. Study time and test performance as a function of test expectations. *Contemporary Educational Psychology*, v. 8, n. 1, p. 55-67, 1983.

ECCLES, J. Understanding women's educational and occupational choices. *Psychology of Women Quarterly*, v. 18, p. 585-609, 1994.

THE EDUCATED NATION. Disponível em: http://www.educatedna-tion.com/.

The EDUCAUSE Learning Initiative. 7 things you should know about mapping mashups. Disponível em: http://www.educause.edu/ELI/7ThingsYouShouldKnowAboutMap pi/156819.

EHRMANN, S. C. Asking the right questions: What does research tell us about technology and higher learning? *Change*, v. 27, n. 2, p. 20-27, mar.-abr. 1995.

■ REFERÊNCIAS ■

ELBOW, P. Using the collage for collaborative writing. In: _____. *Everyone can write*: Essays toward a hopeful theory of writing and teaching writing. Nova York: Oxford University Press, 2000a. p. 372-378.

_____. Your cheatin' art: A collage. In: _____. *Everyone can write*: Essays toward a hopeful theory of writing and teaching writing. Nova York: Oxford University Press, 2000b. p. 300-313.

ELBOW, P. & BELANOFF, P. *Sharing and responding.* Nova York: McGraw-Hill, 2003.

EL-GHOROURY N. et al. A survival guide for ethnic minority graduate students. Disponível: http://www.apa.org/apags/diversity/emsg.html, 1999.

ELMENDORF, H. & OTTENHOFF, J. The importance of conversation in learning and the value of web-based discussion tools. Academic Commons. Disponível em: http://www.academiccommons.org/commons/essay/importance-conversation-learning, 2009.

ELSHOUT, J. J. Problem solving and education. In: DECORTE, E. et al. *Learning and instruction*: European research in an international context. Oxford: Leuven University Press/Pergamon Press, 1987. v. 1.

ENTWISTLE, N. J. Student learning and study strategies. In: CLARK, B. R. & NEAVE, G. *Encyclopedia of higher education.* Oxford: Pergamon, 1992.

ERIKSEN, S. C. Private measures of good teaching. *Teaching of Psychology*, v. 10, p. 133-136, 1983.

EVES, R. L. et al. Integration of field studies and undergraduate research into an interdisciplinary course: Natural history of tropical carbonate ecosystems. *Journal of College Science Teaching*, v. 36, p. 22-27. 2007.

EWING, K. et al. The relationship between racial identity attitudes, worldview, and African American graduate students' experience of the imposter phenomenon. *Journal of Black Psychology*, v. 22, p. 53-66, 1996.

EYLER, J., GILES, JR., D. E. & ASTIN, A. *Where's the learning in service-learning?* São Francisco: Jossey-Bass. 1999.

FALLON, M. The school counselor's role in first generation students' college plans. *School Counselor*, v. 44, n. 5, p. 384-393, 1997.

FARO, S. & SWAN, K. An investigation into the efficacy of the studio model at the high school level. *Journal of Educational Computing Research*, v. 35, p. 45-59, 2006.

FELDMAN, K. A. & NEWCOMB, T. M. *The impact of college on students.* São Francisco: Jossey-Bass, 1969. v. 2.*

FELDMAN, S. & ROSENTHAL, D. The acculturation of autonomy expectations in Chinese high schoolers residing in two western nations. *International Journal of Psychology*, v. 25, p. 259-281, 1990.

FINK, L. DEE *Creating significant learning experiences.* São Francisco: Joseph Wiley & Sons, Inc., 2003.

FISCH, L. The devil's advocate strikes again. *Journal of Staff, Program, and Organizational Development*, v. 18, n. 1, p. 49-51, 2001.

_____. Ethical dimensions of college and university teaching: understanding and honoring the special relationship between teachers and students. *New Directions for Teaching and Learning*, São Francisco: Jossey-Bass, n. 66, 1996.

FLAVELL, J. H. Metacognition and cognitive mentoring: A new area of cognitive-developmental inquiry. *American Psychologist*, v. 34, p. 906-911, 1979.

FOOS, P. W. & FISHER, R. P. Using tests as learning opportunities. *Journal of Educational Psychology*, v. 88, n. 2, p.179-183, 1988.

FOX, S. & VITAK, J. Degrees of access. Pew Internet and American Life Project. Disponível em: http://www.pewm-ternet.org/Presenta tions/2008/Degrees-of-Access-(May-2008-data).aspx. (2008).

FRY, R. *Hispanic youth dropping out of U.S. schools*: Measuring the. Washington, DC: Pew Hispanic Center, 2003.

FRYBERG, S. & MARKUS, H. Cultural models of education in American Indian, Asian American and European American contexts. *Social Psychology of Education*, v. 10, p. 213-246, p. 2007.

FUENTES, M., KIYANA, A. & ROSARIO, E. *Keeping Latinos in high school*: The role of context. Paper presented at the annual meeting of the American Psychological Association, Toronto, Canadá, 2003.

FULIGNI, A. et al. Attitudes toward family obligations among American adolescents with Asian, Latin American, and European backgrounds. *Child Development*, v. 70, p. 1030-1044, 1999.

FURCO, A. Service-learning: A balanced approach to experiential education. *Expanding Boundaries: Service and Learning*, Washington DC: Corporation for National Service, 1996. p. 2-6.

GABELNICK, R. et al. Learning communities: Creating connections among students, faculty and disciplines. *New Directions for Teaching and Learning*, São Francisco: Jossey-Bass Publisher, n. 11, 1990.

GAMSON, W. A. *SIMSOC*: A manual for participants. Ann Arbor, MI: Campus Publishers, 1966.

GARCIA-SHEETS, M. Perception of campus climate by university students of color: Implications for practice. Dissertation Abstracts: Section A: Humanities and Social Sciences, v. 69, n. 4A, p. 1231, 2008.

GARRETT, J. & GARRETT, M. The path of good medicine: Understanding and counseling Native American Indians. *Journal of Multicultural Counseling and Development*, v. 22, p. 134-144, 1994.

GARWICK, A. & AUGER, S. What do providers need to know about American Indian culture? Recommendations from urban Indian family caregivers. *Families, Systems & Health*, v. 18, p. 177-190, 2000.

• REFERÊNCIAS •

GERDEMAN, R. Academic dishonesty and the community college. *DigestERIC*. ERIC Clearinghouse for Community Colleges (ED447840). 2000.

GIBBS, G. Using assessment strategically to change the way students learn. In: BROWN, S. & GLASSNER, A. *Assessment matters in higher education*: Choosing and using diverse approaches. Buckingham, UK: Society for Research in Higher Education/Open University Press, 1999. p. 41-54.

GLASER, R. & CHI, M. T. H. Overview. In: CHI, M. T. H.; GLASER, R. & FARR, M. *The Nature of Expertise*. Hillsdale, NJ: Erlbaum. 1988. p. xv-xxviii.

GOLDSCHMID, M. L. The learning cell: An instructional innovation. *Learning and Development*, v. 2, n. 5, p. 1-6, 1971.

_____. *When students teach students*. Paper apresentado no International Conference on Improving University Teaching, Heidelberg, Alemanha, maio 1975.

GOLDSCHMID, M. L. & SHORE, B. M. The learning cell: A field test of an educational innovation. In: VERRECK, W. A. *Methodological problems in research and development in higher education*. Amsterdam: Swets e Zeitlinger. 1974. p. 218-236.*

GONZALEZ, B. L. et al. Studio classroom and conceptual learning in chemistry. *Abstract of Papers of American Chemical Society*, 217th. ACS National Meeting, Anaheim, CA, 21-25 mar. 1999. American Chemical Society: Washington, DC, 1999; CHED 071, 1999.

GOTTFRIED, A. C. et al. Studio 130: Design, testing, and implementation. *Abstract of Papers of American Chemical Society*, n. 225, v. 647, 2003.

GRAUERHOLZ, E. & COPENHAVER, S. When the personal becomes problematic: The ethics of using experiential teaching methods. *Teaching Sociology*, v. 22, n. 4, p. 319-327, 1994.

GREEN, M. C. Storytelling in teaching. *APS Observer*, v. 17, n. 4, p. 37-39, 2004.

GREENO, J. G. Number sense as situated knowing in a conceptual domain. *Research in Mathematical Education*, v. 22, p. 170-218, 1991.

GREENO, J. G. & the Middle-School Mathematics through Applications Project Group. Theories and practices of thinking and learning to think. *American Journal of Education*, v. 106, n. 1, p. 85-126, nov. 1997.

GRIGORENKO, E., JARVIN, L. & STERNBERG, R. School-based tests of the triarchic theory of intelligence: Three settings, three samples, three syllabi. *Contemporary Educational Psychology*, v. 27, n. 2, p. 167-208, 2002.

GRUBER, H. E. & WEITMAN, M. *Self-directed study*: Experiments in higher education (Relatório n. 19). Boulder: University of Colorado, Behavior Research Laboratory, abr. 1962.

GRUENBACHER, D., NATARAJAN, B. & KUHN, W. B. Work in progress: An integrated laboratory experience – A new environment for teaching communications. *Frontiers in Education Conference, 2006. FIE 2006*, ano 36, v. 1, p. 7-8, 28-31, out. 2006.

GUDYKUNST, W. *Bridging differences*: Effective intergroup communication. 4. ed. Thousand Oaks, CA: Sage. 2004.

GUDYKUNST, W. & MATSUMOTO, Y. Cross-cultural variability of communication in personal relationships. In: GUDYKUNST, W., TING-TOOMEY, S. & NISHIDA, T. *Communication in personal relationships across cultures*. Thousand Oaks, CA: Sage, 1996. p. 19-56.

GUDYKUNST, W., TING-TOOMEY, S. & NISHIDA, T. *Communication in personal relationships across cultures*. Thousand Oaks, CA: Sage, 1996.

HAINES, D. B. & MCKEACHIE, W. J. Cooperative vs. competitive discussion methods in teaching introductory psychology. *Journal of Educational Psychology*, v. 58, p. 386-390, 1967.

HALL, E. T. *The Hidden Dimension*. Nova York: Anchor Books, 1966.

HALPERN, D. E *Thought and knowledge*: An introduction to critical thinking. Mahwah, NJ: Erlbaum, 1996.

HALPERN, D. E. & HAKEL, M. D. Applying the science of learning to the university and beyond. *Change*, v. 35, n. 4, p. 36-41, 2003.

HANSON, K. Between apathy and advocacy: Teaching and modeling ethical reflection. *New Directions for Teaching and Learning*, São Francisco: Jossey-Bass, n. 66, p. 33-36, 1996.

HARACKIEWICZ, J., BARRON, K. E. & ELLIOTT, A. J. Rethinking achievement goals: When are they adaptive for college students and why? *Educational Psychologist*, v. 33, p. 1-21, 1998.

HARTER, S. Effective motivation reconsidered: Toward a developmental model. *Human Development*, v. 21, p. 34-64, 1978.

HARTLEY, J. & DAVIES, I. K. Note-taking: A critical review. *Programmed Learning and Educational Technology*, v. 15, p. 207-224, 1978.*

HARTMAN, E R. Recognition learning under multiple channel presentation and testing conditions. *Audio-Visual Communication Review*, v. 9, p. 24-43, 1961.

HARTMAN, H. J. Factors affecting the tutoring process. *Journal of Developmental Education*, v. 14, n. 2, p. 2-6, 1990.

HATHAWAY, R. S., NAGDA, B. A. & GREGERMAN, S. R. The relationship of undergraduate research participation to graduate and professional education pursuit: An empirical study. *Journal of College Student Development*, v. 43, p. 614-631, 2002.

HATTIE, J. & TIMPERLEY, H. The power of feedback. *Review of Educational Research*, v. 77, p. 81-112, 2007.

HENDERSON, L. & BUISING, C. A research-based molecular biology laboratory. *Journal of College Science Teaching*, v. 30, n. 5, p. 322-327, 2000.

HERRING, R. Counseling indigenous American youth. In: LEE, C. *Multicultural issues in counseling*: New approaches to diversity. 2. ed. Alexandria, VA: American Counseling Association, 1997. p. 53-70.

HIGGINBOTHAN, C., PIKE, C. E. & RICE, J. K. Spectroscopy in sol-gel matrices: An open--ended laboratory experience for upper-level undergraduates. *Journal of Chemical Education*, v. 75, p. 461, 1998.

• REFERÊNCIAS •

HODGES, E. Some realities of revision: What students don't or won't understand. *English in Texas*, v. 25, n. 4, v. 13-16, verão 1994.

HOFER, B. *The development of personal epistemology*: Dimensions, disciplinary differences, and instructional practices. Michigan, 1997. Tese (Doutorado) – University of Michigan. (Não publicada)

HOFSTEIN, A. & LUNETTA, V. N. The role of the laboratory in science teaching: Neglected aspects of research. *Review of Educational Research*, v. 52, n. 2, p. 201-217, 1982.

HOROWITZ, G. A discovery approach to three organic laboratory techniques: Extraction, recrystallization, and distillation. *Journal of Chemical Education*, v. 80, p. 1039-1043, 2003.

HOUSTON, J. P. Alternate test forms as a means of reducing multiple-choice answer copying in the classroom. *Journal of Educational Psychology*, v. 75, n. 4, p. 572-575, 1983.

HOVLAND, C. I. *The order of presentation in persuasion*. New Haven, CT: Yale University Press, 1957.*

HUANG, L. An integrative approach to clinical assessment and intervention with Asian-American adolescents. *Journal of Clinical Child Psychology*, v. 23, p. 21-31, 1994.

HUNTER, A. B., LAURSEN, S. L. & SEYMOUR, E. Becoming a scientist: The role of undergraduate research in students' cognitive, personal, and professional development. *Science Education*, v. 91, n. 1, p. 36-74, 2007.

HUSMAN, J. et al. Instrumentality, task value, and intrinsic motivation: Making sense of their independent interdependence. *Contemporary Educational Psychology*, v. 29, p. 63-76, 2004.

JARVIS, M. The psychology effective learning and teaching. Cheltenham, UK: Nelson Thornes. 2005.

JENSEN, J. Perspective on nonverbal intercultural communication. In: SAMOVAR, L. & PORTER, R. (Eds.). *Intercultural communication*: A reader. Belmont, CA: Wadsworth, 1985. p. 256-272.

JOHNSON, D. M. Increasing originality on essay examinations in psychology. *Teaching of Psychology*, v. 2, p. 99-102, 1975.

JOHNSON, D. & JOHNSON, R. *Creative controversy*: Intellectual challenge in the classroom. Edina, MN: Interaction Book Company, 1995.

JOHNSON, D., JOHNSON, R. & SMITH, K. Constructive controversy: The educative power of intellectual conflict. *Change Magazine*, jan.-fev., p. 28-37, 2000.

JOHNSON, D. W. et al. The effects of cooperative, competitive, and individualistic goal structures on achievement: A meta-analysis. *Psychological Bulletin*, v. 89, p. 47-62, 1981.*

JORDAN, A. E. College student cheating: The role of motivation, perceived norms, attitudes, and knowledge of institutional policy. *Ethics and Behavior*, v. 11, p. 233-247, 2001.

KARDASH, C. M. Evaluation of an undergraduate research experience: Perceptions of undergraduate interns and their faculty mentors. *Journal of Educational Psychology*, v. 92, p. 191-201, 2000.

KATZ, D. *Gestalt psychology*. Nova York: Ronald Press, 1950.

KELLER, F. S. Goodbye teacher... *Journal of Applied Behavior Analysis*, v. 10, p. 165-167, 1968.

KENNEDY, L. M. et al. Networked families. *Pew Internet and American Life Project*. Disponível em: http://www.pewinternet.org/Reports/2008/Networked-Families.aspx, 2008.

KERR, C. Knowledge ethics and the new academic culture. *Change*, v. 26, n. 1, p. 8-16, 1994.

KHAN, R. A. et al. An integrates chemistry environment using the studio, workshop, and labworks: Systematically changing the teaching of General Chenistry. *Abstracts of Papers of the American Chemical Society*, 226th. ACS National Meeting, Nova York, 7-11 set. 2003. American Chemical Society: Washington, DC, 2003; CHED 262, 2003.

KIEWRA, K. A. A review of notetaking: The encoding storage paradigm and beyond. *Educational Psychology Review*, v. 1, n. 2, p. 147-172, 1989.

KIM, S., MCLEOD, J. & SHANTZIS, C. Cultural competence for evaluators working with Asian-American communities: Some practical considerations. In: ORLAND, M. *Cultural competence for evaluators*: A guide for alcohol and other drug abuse prevention practitioners working with ethnic/racial communities. Rockville, MD: Office for Substance Abuse Prevention, 1992. p. 203-260.

KING, A. Enhancing peer interaction and learning in the classroom. *American Educational Research journal*, v. 27, p. 664-687, 1990.

_____. Ask to think – Tell why: A model of transactive peer tutoring for scaffolding higher-level complex learning. *Educational Psychologist*, v. 32, p. 221-235, 1997.

KIRSCHENBAUM, H., SIMON, S. & NAPIER, R. *Wad-ja-get? The grading game in American education*. Nova York: Hart Publishing, 1971.

KLUGER, A. N. & DENISI, A. The effects of feedback intervention on performance: A historical review, a meta-analysis, and a preliminary feedback intervention theory. *Psychological Bulletin*, v. 119, p. 254-284, 1996.

KNIGHT, P. The local practices of assessment. *Assessment and Evaluation in Higher Education*, v. 31, n. 4, p. 435-452, 2006.

KO, S. & ROSSEN, S. *Teaching online: A practical guide*. Boston: Houghton Mifflin, 2001.

KOLB, L. *Toys to tools*: Connecting student cell phones to education. Washington D.C.: International Society for Technology in Education, 2008.

KOMADA, N. M. First generation college students and resiliency *Dissertation Abstracts International*, v. 63, n. 6-A, p. 2158, 2002.

KOOCHER, G. & KEITH-SPIEGEL, P. *Ethics in psychology*: Professional standards and cases. Mahwah, NJ: Erlbaum, 1998.

KOVAC, J. Professional ethics in the college and university science curriculum. *Science & Education*, v. 8, p. 309-319, 1999.

KOZMA, R. Will media influence learning? Reframing the debate. *Educational Technology, Research and Development*, v. 42, n. 2, p. 7-19, 1994.

REFERÊNCIAS

KRATHWOHL, D., BLOOM, B. S. & MASIA, B. *Taxonomy of educational objectives, handbook II*: Affective domain. Nova York: David McKay, 1964.

KREMER, J. R. & BRINGLE, R. G. The effects of an intensive research experience on the careers of talented undergraduates. *Journal of Research and Development in Education*, v. 24, p. 1-5. 1990.

KULIK, J. *Effects of using instructional technology in colleges and universities*: What controlled evaluation studies say. Disponível em: http://sri.com/policy/csted/reports/sandt/it/, 2003.

LAFROMBOISE, T., BERMAN, J. & SOHI, B. American Indian women. In: COMAS-DIAZ, L. & GREENE, B. *Women of color*: Integrating ethnic and gender identities in psychotherapy. Nova York: Guilford Press, 1994. p. 30-71.

LAFROMBOISE, T., COLEMAN, H. & GERTON, J. Psychological impact of biculturalism. In: ORGANISTA, P., CHUN, K. & MARIN, G. *Readings in ethnic psychology*. Nova York: Routledge, 1998. p. 123-155.

LATUS, M. Stressors among first-generation college students: A retrospective inquiry. Dissertation Abstracts: Section A: Humanities and Social Sciences, v. 68 (1-B), p. 626, 2007.

LAVE, J. & WEGNER, E. *Situated learning*: Legitimate peripheral participation. Cambridge, UK: Cambridge University Press, 1991.

LAWRENCE, S. Unveiling positions of privilege: A hands-on approach to understanding racism. *Teaching of Psychology*, p. 25, v. 3, p. 198-200, 1998.

LEAMNSON, R. Learning as biological brain change. *Change*, v. 32, p. 34-40, 2000.

LEE, P. Cross-cultural differences between European Americans and Chinese Americans with respect to the concepts of self and communication. Dissertation Abstracts: Section A: Humanities and Social Sciences, v. 69, n. 4-B, p. 2672, 2008.

LEE, W. *An introduction to multicultural counseling*. Bristol, PA: Accelerated Development, 1999.

LEITH, G. O. M. Implications of cognitive psychology for the improvement of teaching and learning in universities. In: MASSEY, B. (Ed.). *Proceedings of the Third International Conference, Improving University Teaching*. College Park: University of Maryland. 1977. p. 111-138.

LEPPER, M. R. & HODELL, M. Intrinsic motivation in the classroom. In: AMES, C. & AMES, R. *Research on motivation in education*. San Diego: Academic Press. 1989. v. 3, p. 73-105.

LEPPER, M. R. & MALONE, T. W. Intrinsic motivation and instructional effectiveness in computer-based education. In: SNOW, R. E. & FARR, M. J. *Aptitude, learning and instruction*: III. Conative and affective process analyses. Hillsdale, NJ: Erlbaum, 1985.

LEWIS, M. *Poisoning the ivy*: The seven deadly sins and other vices of higher education in America. Armonk, NY: Sharpe, 1997.

LIDREN, D. M., MEIER, S. E. & BRIGHAM, T. A. The effects of minimal and maximal peer tutoring systems on the academic performance of college students. *Psychological Record*, v. 41, p. 69-77, 1991.

LIN, Y-G., MCKEACHIE, W. J. & KIM, Y. C. College student intrinsic and/or extrinsic motivation and learning. *Learning and Individual Differences*, v. 13, p. 251-258, 2003.

LONE-KNAPP, R. Rez talk: How reservation residents describe themselves. *American Indian Quarterly*, v. 24, p. 635-640, 2000.

LUNSFORD, R. When less is more: Principles for responding in the disciplines. In: SORCINELLI, M. & ELBOW, P. *Writing to learn*: Strategies for assigning and responding to writing across the disciplines. São Francisco: Jossey-Bass, 1997.

MACGREGOR, J. Student self-evaluation: Fostering reflective learning. *New Directions for Teaching and Learning*, São Francisco: Jossey-Bass, n. 56, primavera 1993.

MAEHR, M. & MIDGLEY C. Enhancing student motivation – A schoolwide approach. *Educational Psychologist*, v. 26, n. 3-4, p. 399-427, verão-outono 1991.

MAGGIONI, L. & ALEXANDER, P. A. Knowledge domains and domain learning. In: MCGAW, B. PETERSON, P. L. & BAKER, E. *International encyclopedia of education*. 3. ed. Amsterdã, Elsevier, 2006.

MAIER, N. R. F. *Principles of human relations*. Nova York: Wiley, 1952.

_____. *Problem-solving discussions and conferences*. Nova York: McGraw-Hill, 1963.

MAIER, N. R. E. & MAIER, L. A. An experimental test of the effects of "developmental" vs. "free" discussion on the quality of group decisions. *Journal of Applied Psychology*, v. 41, p. 320-323, 1957.*

MAKI, P. *Assessing for learning*: Building a sustainable commitment across the institution. Sterling, VA: Stylus, 2004.

MAKI, M. & KITANO, H. Counseling Asian Americans. In: PEDERSEN, P. et al. *Counseling across cultures*. 5. ed. Thousand Oaks, CA: Sage, 1989. p. 109-132.

MANN, R. D. et al. *The college classroom*: Conflict, change, and learning. Nova York: Wiley, 1970.*

MARCINKIEWICZ, H. R. & CLARIANA, R. B. The performance effects of headings within multiple-choice tests. *British Journal of Educational Psychology*, v. 67, p. 111-117, 1997.

MARKIE, P. *A professor's duties*: Ethical issues in college teaching. Totowa, NJ: Rowman & Littlefield, 1994.

MARSH, H. W. Distinguishing between good (useful) and bad workloads on students' evaluations of teaching. *American Educational Research Journal*, v. 38, p. 183-212, 2001.

MARTON, R, & SÄLJÖ, R. On qualitative differences in learning: I – Outcome and process. *British Journal of Educational Psychology*, v. 46, p. 4-11, 1976a.*

_____. On qualitative differences in learning: II – Outcome as a function of the learner's conception of the task. *British Journal of Educational Psychology*, v. 46, p. 115-127, 1976b.

MARUYAMA, M. Yellow youth's psychological struggle. *AAPA Journal*, v. 7, n. 1, p. 21-29, 1982.

MATTHEWS, J. The teaching of ethics and the ethics of teaching. *Teaching of Psychology*, v. 18, n. 2, p. 80-85. 1991.

■ REFERÊNCIAS ■

MAYER, R. Multimedia learning: Are we asking the right questions? *Educational Psychologist*, v. 31, p. 1-19, 1997.

_____. The promise of multimedia learning: Using the same instructional design methods across different media. *Learning and Instruction*, v. 13, p. 125-139, 2003.

_____. *Multimedia learning*. Nova York: Cambridge University Press, 2009.

MAYER, R. et al. Clickers in college classrooms: Fostering learning with questioning methods in large lecture classes. *Contemporary Educational Psychology*, v. 34, p. 51-57, 2009.

MAZUR, E. *Peer instruction*: A user's manual. Upper Saddle River, NJ: Prentice Hall, 1997.

MCADOO, H. *Family ethnicity*: Strength in diversity. 2. ed. Thousand Oaks, CA: Sage, 1999.

MCCABE, D. L. & TREVINO, L. K. What we know about cheating in college: Longitudinal trends and recent developments. *Change*, v. 28, n. 1, 29-33, 1996.

MCCABE, D. & TREVINO, L. What we know about cheating in college. *Change*, v. 28, n.1, p. 28-33, jan.- fev., 1996.

MCCABE, D., TREVINO, L. & BUTTERFIELD, K. Dishonesty in academic environments: The influence of peer reporting requirements. *Journal of Higher Education*, v. 72, n. 1, p. 29-45, jan.- fev., 2001.

MCCLELLAND, D. et al. *The achievement motive*. Nova York: Appleton-Century-Crofts, 1953.*

MCCLUSKEY, H. Y. An experimental comparison of two methods of correcting the outcomes of examination. *School and Society*, v. 40, p. 566-568, 1934.

MCDAVIS, R., PARKER, W. & PARKER, W. Counseling Asian Americans. In: VACC, N., DE-VANEY, S. & WITTMER, J. *Experiencing and counseling multicultural and diverse populations*. Bristol, PA: Accelerated Development, 1995. p. 217-250.

MCGREGOR, L. Teaching and mentoring racially and ethnically diverse students. In: BUSKIST, W. & DAVIS, S. *Handbook of the teaching of psychology*. Maiden, MA: Blackwell, 2006.

MCKEACHIE, W. J., PINTRICH, P. R. & LIN, Y-G. Teaching learning strategies. *Educational Psychologist*, v. 20, n.3, p. 153-160, 1985.*

MCKEACHIE, W. J. et al. *Teaching and learning in the college classroom*: A review of the research literature. 2. ed. Ann Arbor: NCRIPTAL, University of Michigan, 1990.

MCKEACHIE, W. J., POLLIE, D. & SPEISMAN, J. Relieving anxiety in classroom examinations. *Journal of Abnormal and Social Psychology*, v. 50, p. 93-98, 1955.

MCKINNON, M. PBL in Hong Kong. *PBL Insight*, v. 2, n. 1, p. 1-6, 1999.

MCLEOD, S. H. Responding to plagiarism: The role of the WPA. *WPA: Writing Program Administration*, v. 15, n. 3, p. 7-16, 1992.

MCMURTRY K. E-cheating: Combating a 21st century challenge. *T. H. E. Journal Online*. Disponível em: http://www.thejournal.com/magazine/vault/A3724.cfm. Consultado em: nov. 2001.

MENTKOWSKI, M. et al. *Learning that lasts*. São Francisco: Jossey-Bass, 2000.

MENTKOWSKI, M. & LOACKER, G. Assessing and validating the outcomes of college. *New Directions for Institutional Research*, p. 47-64, set. 1985.

METZGER, R. L. et al. The classroom as learning context: Changing rooms affects performance. *Journal of Educational Psychology*, v. 71, n. 4, p. 440-442, 1979.

MICHAELSEN, L. K., KNIGHT, A. B. & FINK, L. D. *Team-based learning*: A transformative use of small groups. Sterling, VA: Stylus Publications, 2004.

MILLER, H. Assessment with a purpose. *Innovation Journal 1998*, p. 35-37, 1998.

MILLER, J. E. & GROCCIA, J. E. Are four heads better than one? A comparison of cooperative and traditional teaching formats in an introductory biology course. *Innovative Higher Education*, v. 21, p. 253-273, 1997.

MILLER, R. L. Introduction and a brief history of undergraduate research in psychology. In: MILLER, R. L. et al. (Eds.). Ware: *Developing, promoting, & sustaining the undergraduate research experience in psychology*. Society for the Teaching of Psychology. Disponível em: http://teachpsych.org/resources/e-books/ur2008/ur2008.php., 2008. Consultado em: 6 jan. 2009.

MILLS, P. et al. New approach to teaching introductory science: The gas module. *Journal of Chemical Education*, v. 77, p. 1161-1165, 2000.

MINDESS, A. *Reading between the signs*. Yarmouth, ME: Intercultural Press, 1999.

MONACO, G. E. *Inferences as a function of test-expectancy in the classroom*. Kansas State University Psychology Series, KSU-HIPI Report73-3, 1977.

MORAN, C. What we have hoped for. *Computers and Composition*, v. 20, n. 4, p. 343-358, 2003.

MOUSAVI, S., LOWE, R. & SWELLER, J. Reducing cognitive load by mixing auditory and visual presentation modes. *Journal of Psychology*, v. 87, p. 319-334, 1995.

MUELLER, D. J. & WASSER, V. Implications of changing answers on objective test items. *Journal of Educational Measurement*, v. 14, n. 1, p. 9-13, 1977.

MURRAY, H. G. Low-inference classroom teaching behaviors and student ratings of college teaching effectiveness. *Journal of Educational Psychology*, v. 75, p.138-149, 1983.

_____. Effective teaching behaviors in the college classroom. In: PERRY, R. P. & SMART, J. C. *Effective teaching in higher education*: Research and practice. Nova York: Agathon, 1997. p. 171-204.*

MURRAY, H. et al. Ethical principles for college and university teaching. *New Directions for Teaching and Learning*, n. 66, São Francisco: Jossey-Bass, p. 57-64, 1996.

NAGDA, B. A. et al. Undergraduate student-faculty research partnerships affect student retention. *The Review of Higher Education*, v. 22, p. 55-72, 1998.

NATIONAL RESEARCH COUNCIL. *Inquiry and the national science education standards*: A guide for teaching and learning. Washington, DC: National Academy Press, 2000.

NATIONAL SCIENCE FOUNDATION. *Exploring the concept of undergraduate research centers*. Disponível em: http://urc.arizona.edu, 2003.

REFERÊNCIAS

NAVEH-BENJAMIN, M. & LIN, Y.-G. *Assessing students' organization of concepts*: A manual of measuring course-specific knowledge structures. Ann Arbor: NCRIPTAL, University of Michigan, 1991.

NAVEH-BENJAMIN, M., LIN, Y-G. & MCKEACHIE, W. J. Development of cognitive structures in three academic disciplines and their relations to students' study skills, anxiety and motivation: Further use of the ordered-tree technique. *Journal of Higher Education Studies*, v. 4, p. 10-15, 1989.*

NAVEH-BENJAMIN, M. et al. Inferring students' cognitive structures and their development using the "ordered tree" technique. *Journal of Educational Psychology*, v. 78, p. 130-140, 1986.

NESSEL, D. D. & GRAHAM, J. M. *Thinking strategies for student achievement*: Improving learning across the curriculum, K-12. 2. ed. Thousand Oaks, CA: Corwin Press, 2007.

NEVID, J. & MAHON, K. Mastery quizzing as a signaling device to cue attention to lecture material. *Teaching of Psychology*, v. 36, p. 29-32, 2009.

NICOL, D. Assessment for learner self-regulation: Enhancing achievement in the first year using learning technologies. *Assessment and Evaluation in Higher Education*, v. 34, n. 3, p. 335-352, 2009.

NICOL, D. J. & MACFARLANE-DICK, D. Formative assessment and self-regulated learning: A model and seven principles of good feedback practice. *Studies in Higher Education*, v. 31, n. 2, p. 199-218, 2006.

NILSON, L. *The graphic syllabus and outcomes map*: Communicating your course. São Francisco: Jossey-Bass, 2007.

NISHIDA, T. Communication in personal relationships in Japan. In: GUDYKUNST, W., TING--TOOMEY, S. & NISHIDA, T. *Communication in personal relationships across cultures*. Thousand Oaks, CA: Sage, 1996. p. 102-121.

O'DONNELL, A. The role of peers and group learning. In: ALEXANDER, P. & WINNE, P. *Handbook of Educational Psychology*. 2. ed. Mahwah, NJ: Lawrence Earlbaum Publisher, 2006. p. 781-802.

OKUN, B., FRIED, J. & OKUN, M. *Understanding diversity*: A learning-as-practice primer. Pacific Grove, CA: Brooks/Cole, 1999.

OLIVER-HOYO, M. T. et al. Effects of an active learning environment: Teaching innovations at a Research I institution. *Journal of Chemical Education*, v. 81, p. 441-448, 2004.

O'REILLY, R. You can lead a student to water, but can you make them think? An evaluation of a situated learning environment: An ocean in the classroom. *Australian Journal of Educational Technology*, v. 18, p. 169-186, 2002.

PALOMBA, C. & BANTA, T. *Assessment essentials*: Planning, implementing, and improving assessment in higher education. São Francisco: Jossey-Bass, 1999.

PARIS, S. G., LIPSON, M. Y. & WIXSON, K. K. Becoming a strategic reader. *Contemporary Educational Psychology*, v. 8, p. 293-316, 1983.

PARIS, S. G. & PARIS, A. H. Classroom applications of research on self-regulated learning. *Educational Psychologist*, v. 36, p. 89-101, 2001.

PARK, Y. & KIM, B. Asian and European American cultural values and communication styles among Asian American and European American college students. *Cultural Diversity and Ethnic Minority Psychology*, v. 13, p. 47-56, 2008.

PASCARELLA, E. T. & TERENZINI, F. *How college affects students*. São Francisco: Jossey-Bass, 1991, 2005. v. 1 e 2.

PATRICK, H., HICKS, L. & RYAN, A. M. Relations of perceived social efficacy and social goal pursuit to self-efficacy for academic work. *Journal of Early Adolescence*, v. 17, n. 2, 109-128, 1997.

PECKHAM, G. & SUTHERLAND, L. The role of self-assessment in moderating students' expectations. *South African journal of Higher Education*, v. 14, p. 75-78, 2000.

PEPER, R. J. & MAYER, R. E. Note taking as a generative activity. *Journal of Educational Psychology*, v. 70, v. 4, p. 514-522, 1978.

PERKINS, D. The case for a cooperative studio classroom: Teaching petrology in a different way. *Journal of Geoscience Education*, v. 53, p. 101-109, 2005.

PERRY, R. P. & SMART, J. C. *Effective teaching in higher education*: Research and practice. Nova York: Agathon, 1997.

PERRY, W. G., JR. *Forms of intellectual and ethical development in the college years*: A scheme. Nova York: Holt, Rinehart e Winston, 1970.*

_____. Cognitive and ethical growth: The making of meaning. In: CHICKERING, A. W. (Ed.). *The modern American college*. São Francisco: Jossey-Bass, 1981. p. 76-116.

PHILLIPS, H. J. & POWERS, R. B. The college seminar: Participation under instructor-led and student-led discussion groups. *Teaching of Psychology*, v. 6, n. 2, p. 67-70, 1979.

PINTRICH, P. R. Understanding self-regulated learning. *New Directions for Teaching and Learning*. São Francisco: Jossey-Bass, n. 63, verão 1995.

_____. The role of metacognitive knowledge in learning, teaching and assessing. *Theory into Practice*, v. 42, n. 4, p. 219-225, 2002.

_____. Motivation and classroom learning. In: REYNOLDS, W. M. & MILLER G. E. *Handbook of psychology*: Educational psychology. Nova York: Wiley, 2003. v. 7, p. 103-122.

PINTRICH, P. R. & DE GROOT, E. V. Motivational and self-regulated learning components of classroom academic performance. *Journal of Educational Psychology*, v. 82, p. 33-40, 1990.

PINTRICH, P. R. & GARCIA, T. Student goal orientation and self-regulation in the college classroom. In: MAEHR, M. & PINTRICH, P. R. *Advances in motivation and achievement*: Goals and self-regulatory processes. Greenwich, CT: JAI Press, 1991. v. 7, p. 371-402.

PRESSLEY, M. & MCCORMICK, C. B. *Cognition, teaching and assessment*. Nova York: HarperCollins, 1995.

PRESSLEY, M. et al. Encouraging mindful use of prior knowledge: Attempting to construct explanatory answers facilitates learning. *Educational Psychologist*, v. 27, n. 1, p. 91-109, 1992.*

▪ REFERÊNCIAS ▪

PRIEGER, J. E. & HU, W. The broadband digital divide and the nexus of race, competition, and quality. *Information Economics and Policy*, v. 20, p. 150-167, 2008.

PULVERS, K. & DIEKHOFF, G. The relationship between academic dishonesty and college classroom environment. *Research in Higher Education*, v. 40, n. 4, p. 487-498, 1999.

REYES, P., SCRIBNER, J. & SCRIBNER, A. *Lessons from high performing Hispanic schools.* Nova York: Teachers College Press, 1999.

RHOADS, R. & HOWARD, J. Academic service learning: A pedagogy of action and reflection. *New Directions for Teaching and Learning*, São Francisco: Jossey-Bass, n. 73, inverno 1998.

ROBINSON, R. Calibrated peer review: An application to increase student reading and writing skills. *American Biology Teacher*, v. 63, n. 7, p. 478-480, set. 2001.

RODABAUGH, R. Institutional commitment to fairness in teaching. In: *New Directions for Teaching and Learning*, São Francisco: Jossey-Bass, n. 66, p. 37-46, 1996.

ROIG, M. The relationship between learning style preference and achievement in the adult student in a multicultural college. Dissertation Abstracts: Section A: Humanities and Social Sciences, v. 69, n. 3-A, p. 853, 2008.

ROMISZOWSKI, A. & MASON, R. Computer-mediated communication. In: JONASSEN, D. H. Handbook for research in educational communications and technology. 2. ed. Mahwah, NJ: Lawrence Erlbaum, 2004. p. 397-432.

ROSER, C. Encouraging students to read the texts: The jigsaw method. *Teaching history: A journal of methods*, v. 33, n. 1, p. 20-28, 2008.

ROVAI, A. Facilitating online discussions effectively. *Internet and Higher Education*, v. 10, p. 77-88, 2007.

ROYER, P. N. Effects of specificity and position of written instructional objectives on learning from a lecture. *Journal of Educational Psychology*, v. 69, p. 40-45, 1977.

RUHL, K. L., HUGHES, C. A. & SCHLOSS, P. J. Using the pause procedure to enhance lecture recall. *Teacher Education and Special Education*, v. 10, p. 14-18, 1987.

RUIZ, P. Assessing, diagnosing and treating culturally diverse individuals: A Hispanic perspective. *Psychiatric Quarterly*, v. 66, p. 329-341, 1995.

RUIZ, R. & PADILLA, A. counseling Latinos. *Personnel and Guidance Journal*, v. 55, p. 401-408, 1977.

RUSSELL, T. L. *No significant difference phenomenon.* Raleigh, NC: North Carolina State University, 1999.

RYAN, R. & DECI, E. When rewards compete with nature: The undermining of intrinsic motivation and self-regulation. In: SANSONE, C. & HARACKIEWICZ, J. *Intrinsic and extrinsic motivation*: The search for optimal motivation and performance. San Diego: Academic Press, 2000.

SADLER, D. R. Formative assessment and the design of instructional systems. *Instructional Science*, v. 18, p. 119-144, 1989.

SAGE, G. Counseling American Indian adults. In: LEE, C. & RICHARDSON, B. (Eds.). *Multicultural issues in counseling*: New approaches to diversity. Alexandria, VA: American Counseling Association, 1991. p. 23-35.

SANCHEZ, A. & ATKINSON, D. Mexican American cultural commitment, preference for counselor ethnicity, and willingness to use counseling. *Journal of Counseling Psychology*, v. 30, p. 215-220, 1983.

SCHOFIELD, T. et al. Patterns of gaze between parents and children in European American and Mexican American families. *Journal of Nonverbal Behavior*, v. 32, p. 171-186, 2008.

SCHOMBERG, S. F. *Involving high ability students in learning groups*. Paper presented at AERA, São Francisco. Abr., 1986.

SCHON, D. *The reflective practitioner*. São Francisco: Jossey-Bass, 1983.

SCHRADER-KNIFFKI, M. Silence and politeness in Spanish and Zapotec interactions (Oaxaca, México). In: PLACENCIA, M. & GARCIA C. *Research on politeness in the Spanish-speaking world*. Mahway, NJ: Lawrence Erlbaum, 2007.

SCHUNK, D. H. & ZIMMERMAN, B. J. *Self-regulated learning*: From teaching to self-reflective practice. Nova York: Guilford, 1998.*

_____. Self-regulation and learning. In: REYNOLDS, W. M. & MILLER, G. E. *Handbook of psychology*: Educational psychology. Nova York: John Wiley, 2003. v. 7, p. 59-78.

_____. *Motivation and self-regulated learning*: Theory, research and application. Mahwah, NJ: Erlbaum, 2007.

SCHUTZ, P. A. & PEKRUN, R. *Emotion in education*. San Diego, CA: Academic Press, 2007.

SCHWARZ, B. *The paradox of choice*: Why more is less. Nova York: ECCO, 2004.

SEYMOUR, E. & HEWITT, N. *Talking about leaving*: Why undergraduates leave the sciences. Boulder, CO: Westview Press, 1997.

SHIELDS, N. Anticipatory socialization, adjustment to university life, and perceived stress: Generational and sibling effects. *Social Psychology of Education*, v. 5, n. 4, p. 365-392, 2002.

SHULMAN, G. M., LUECHAUER, D. L. & SHULMAN, C. Assessment for learner empowerment: The meta-cognitive map. In: BANTA, T. et al. Assessment in practice: Putting principles to work on colleges campuses. São Francisco. Jossey-Bass, 1996.

SHULMAN, L. Fostering a scholarship of teaching and learning. Louise McBee Lecture Series, Institute of Higher Education, University of Georgia, Athens, GA, 2002.

SILVERMAN, R., WELTY, W. M. & LYON, S. *Educational psychology cases for teacher problem solving*. Nova York: McGraw-Hill, 1994.

SKINNER, N. R. A course, a course, my kingdom for a course: Reflections of an unrepentant teacher. *Canadian Psychology*, v. 42, p. 49-60, 2001.

SMITH, D. The ethics of teaching. *New Directions for Teaching and Learning*, São Francisco: Jossey-Bass, n. 66, p. 5-14, 1996.

REFERÊNCIAS

SMITH, M. K. et al. Why peer discussion improves student performance on in-class concept questions. *Science*, v. 323, n. 5910, p. 122-124, 2009.

SMITH, W. F. & ROCKETT, F. C. Test performance as a function of anxiety, instructor, and instructions. *Journal of Educational Research*, v. 52, p. 138-141, 1958.

SNOW, R. E. & PETERSON, P. L. Recognizing differences in student attitudes. *New Directions for Teaching and Learning*. São Francisco: Jossey-Bass, n. 2, 1980.

SOLOMON, D., ROSENBERG, L. & BEZDEK, W. E. Teacher behavior and student learning. *Journal of Educational Psychology*, v. 55, p. 23-30, p. 1964.*

STANTON, H. *The University Teacher*, v. 13, n. 1, 1992.

STARK, J. S. & LATTUCA, L. R. *Shaping the college curriculum*: Academic plans in action. Boston: Allyn & Bacon, 1997.

STERNBERG, R. *The Rainbow Project*: What's wrong with college admissions and how psychology can fix it. Invited address at the annual convention of the American Psychological Assotiation, Toronto, Canadá, 2003.

STERNBERG, R. J. & GRIGORENKO, E. L. *Handbook of multicultural assessment*: Clinical, psychological, and educational applications. SUZUKI, L. A. & PONTEROTTO, J. G. (Ed.). São Francisco: Jossey-Bass, 2008.

STERNGOLD, A. Confronting plagiarism: How conventional teaching invites cyber-cheating. *Change*, v. 36, n. 3, p. 16-21, maio-jun. 2004.

STRIKE, K. The ethics of teaching. *Phi Delta Kappan*, v. 70, n. 2, p. 156-158, 1988.

STUART, R. Twelve practical suggestions for achieving multicultural competence. *Professional Psychology*, v. 35, p. 3-9, 2004.

SUE, D. W. *Overcoming our racism*: The journey to liberation. São Francisco: Jossey-Bass, 2003.

_____. *Whiteness and ethnocentric monoculturism*: Making the "invisible" visible. Convidado da convenção anual da American Psychological Association, Honolulu, Havaii, 2004.

SUE, D. W. & SUE, D. *Counseling the culturally diverse*: Theory and practice. 4. ed. Nova York: Wiley, 2003.

SUINN, R. "Welcome" spells the route to a better climate. *gradPSYCH*, v. 5, p. 40, 2007.

_____. Acculturation: Findings, measurement & directions (Why study acculturation?). In: TRINH, N. & RHO, Y. *Families, resilience and acculturation*: Implications for mental health in Asian Americans. Humana Publishers, 2009.

SUTTON, C. & BROKEN NOSE, M. American Indian families: An overview. In: MCGOLDRICK, M., GIORDANO, J. & PEARCE, J. *Ethnicity and family therapy*. 2. ed. Nova York: Guilford Press, 1996. p. 31-44.

SVINICKI, M. *Learning and motivation in the postsecondary classroom*. São Francisco: Jossey-Bass, 2004.

SVINICKI, M. D. The scout's motto: Be prepared. *National Teaching Learning Forum*, v. 17, n. 5, p. 12, 2008.

SVINICKI, M. D., HAGEN, A. S. & MEYER, D. K. Research on learning: A means to enhance instructional methods. In: MENGES, R. & WEIMER, M. *Better teaching and learning in college*: Toward more scholarly practice. São Francisco: Jossey-Bass, 1995. p. 257-296.*

SWEARINGEN, C. J. Originality, authenticity, imitation, and plagiarism: Augustine's Chinese cousins. In: BURANEN, L. & ROY, A. M. *Perspectives on plagiarism and intellectual property in a postmodern world*. Albany: State University of New York Press. 1999. p. 5-18.

SWEETING, L. Ethics in science for undergraduate students. *Journal of Chemical Education*, v. 76, p. 369-372, 1999.

SWINOMISH TRIBAL MENTAL HEALTH PROJECT. *A gathering of wisdoms*. LaConner, WA: Swinomish Tribal Community, 1991.

TABACHNICK, B., KEITH-SPIEGEL, P. & POPE, K. Ethics of teaching: Beliefs and behaviors of psychologists as educators. *American Psychologist*, v. 46, n. 5, p. 506-515, 1991.

TATUM, B. *Coming of age*: Black youth in white communities. *Focus*, v. 7, n. 2, p. 15-16, 1993.

TCHUDI, S. *Alternatives to grading student writing*. Urbana: NCTE, 1997.

THOMPSON, V., BAZILE, A. & AKBAR, M. African Americans' perceptions of psychotherapy and psychotherapists. *Professional Psychology: Research and Practice*, v. 35, p. 19-26, 2004.

TIEN, L. T., RICKEY, D. & STACY, A. M. The MORE thinking frame: Guiding students' thinking in the laboratory. *Journal of College Science Teaching*, v. 28, n. 5, p. 318-324, 1999.

TING-TOOMEY, S. & CHUNG, L. *Understanding intercultural communication*. Los Angeles, CA: Roxbury, 2005.

TOPPING, K. Peer assessment between students in colleges and universities. *Review of Educational Research*, v. 68, n. 3, p. 249-276, outono 1998.

TOPPINO, T. C. & BROCHIN, H. A. Learning from tests: The case of true-false examinations. *Journal of Educational Research*, v. 83, p. 119-124, 1989.

TRAVERS, R. *How to make achievement tests*. Nova York: Odyssey Press, 1950.

TRAWICK, L. & CORNO, L. Expanding the volitional resources of urban community college students. In: PINTRICH, P. Understanding self-regulated learning. *New Directions for Teaching and Learning*, São Francisco: Jossey-Bass, n. 63, p. 57-70, jun., 1995.

TREND DATA. Demographics of Internet Users. Pew Internet and American Life Project. Disponível em: http://www.pewinter-net.org/Data-Tools/Download-Data/Trend-Data.aspx., 2009.

TRUSTY, J. & HARRIS, M. Lost talent: Predictors of the stability of educational expectations across adolescence. *Journal of Adolescent Research*, v. 14, p. 359-382, 1999.

UCHIDA, D., CETRON, M. & MCKENZIE, F. *Preparing students for the 21st*. Arlington, VA: American Association of School Administrators, 1996.

VAN OVERWALLE, E., SEGEBARTH, K. & GOLDCHSTEIN, M. Improving performance of freshmen through attributional testimonies from fellow students. *British Journal of Educational Psychology*, v. 59, p. 75-85, 1989.

REFERÊNCIAS

VASQUEZ, M. Confronting barriers to participation of Mexican American women in higher education. *Hispanic Journal of Behavioral Sciences*, v. 4, p. 147-165, 1982.

VEA, B. The college experiences of Filipina/o Americans and other AAPI subgroups: Disaggregating the data. Dissertation Abstracts: Section A: Humanities and Social Sciences, v. 69, n. 3-AO, p. 908, 2008.

VEENSTRA, M. V. J. & ELSHOUT, J. J. Differential effects of instructional support on learning in simulation environments. *Instructional Science*, v. 22, p. 363-383, 1995.

VON SEEKER, C. Effects of inquiry-based teacher practices on science excellence and equity. *Journal of Educational Research*, v. 95, p. 151-160, 2002.

VON SEEKER, C. & LISSITZ, R. W. Estimating the impact of instructional practices on student achievement in science. *Journal of Research in Science Teaching*, v. 36, p. 110-112, 1999.

VONTRESS, C. & EPP, L. Historical hostility in the African American client: Implications for counseling. *Journal of Multicultural Counseling and Development*, v. 25, p. 170-184, 1997.

WALES, C. E. & NARDI, A. *Teaching decision-making with guided design*. (Idea Paper n. 9). Kansas State University, Center for Faculty Evaluation and Development, nov. 1982.

WALKER, M. An investigation into written comments on assignments: Do students find them usable? *Assessment and Evaluation in Higher Education*, v. 34, n. 1, p. 67-78, 2006.

WALVOORD, B. & ANDERSON, V. *Effective grading*: A tool for learning and assessment. São Francisco: Jossey-Bass, 1998.

WEAVER, M. R. Do students value feedback? Students' perceptions of tutors' written responses. *Assessment and Evaluation in Higher Education*, v. 31, n. 3, p. 379-394, 2006.

WEAVER, R. L., II, & COTRELL, H. W. Mental aerobics: The half-sheet response. *Innovative Higher Education*, v. 10, p. 23-31, 1985.

WEINER, B. Intrapersonal and interpersonal theories of motivation from an attribution perspective. In: SALILI, R., CHIU, C. & HONG, Y. *Student motivation*: The culture and context of learning. Nova York: Kluwer, 2001. p. 17-30.

WEINSTEIN, C. E. Strategic learning/strategic teaching: Flip sides of a coin. In: PINTRICH, P. R., BROWN, D. R. & WEINSTEIN, C. E. *Student motivation, cognition, and learning*: Essays in honor of Wilbert J. McKeachie. Hillsdale, NJ: Erlbaum, 1994.

WEINSTEIN, C. E. & ACEE, T. W. Cognitive view of learning. In: SALKIND, N. J. *Encyclopedia of Educational Psychology*. Thousand Oaks, CA: Sage Publications, Inc. 2008.

WEINSTEIN, C. E., ACEE, T. W. & JUNG, J. Learning Strategies. In: MCGAW. B., PETERSON, P. L. & BAKER, E. *International Encyclopedia of Education*. 3. ed. Oxford: Elsevier Inc., 2009.

WEINSTEIN, C. E. et al. Learning how to learn for e-learning: The importance of strategic learning in technology-rich environments. In: NYBERG, R. (Autor convidado), s.d.

WEINSTEIN, C. E., HUSMAN, J. & DIERKING, D. R. Self-regulation interventions with a focus on learning strategies. In: BOEKAERTS, M., PINTRICH, P. & ZEIDNER, M. *Handbook of self-regulation*. San Diego: Academic Press, 2000.

WEINSTEIN, C. E. & MAYER, R. E. The teaching of learning strategies. In: WITTROCK, M. *Handbook of research on teaching.* 3. ed. Nova York: Macmillan, 1986. p. 315-327.*

WENZEL, T. J. A new approach to undergraduate analytical chemistry. *Analytical Chemistry,* v. 67, p. 470A-475A, 1995.

_____. Cooperative group learning in undergraduate analytical chemistry. *Analytical Chemistry,* v. 70, n. 23, p. 790A-795A, 1998.

WENTZEL, K. & WIGFIELD, A. Academic and social motivational influences on students' academic performance. *Educational Psychology Review,* v. 10, p. 155-175, 1998.

WHITE, J. & PARHAM, T. *The psychology of blacks*: An African-American perspective. 2. ed. Englewood Cliffs, NJ: Prentice Hall, 1990.

WHITLEY, B. Factors associated with cheating among college students: A review. *Research in Higher Education,* v. 39, n. 3, p. 235-274, 1998.

WIGFIELD, A. & ECCLES, J. S. Expectancy-value theory of achievement motivation. *Contemporary Educational Psychology,* v. 25, p. 68-81, 2000.

WIGGINS, G. & MCTIGHE, J. *Understanding by design.* Columbus, OH: Merrill Education/ ASCD College Textbook Series, 2001.

WILHITE, S. C. Prepassage questions: The influence of structural importance. *Journal of Educational Psychology,* v. 75, n. 2, p. 234-244, 1983.

WILLIAMS, S. Guiding students through the jungle of research-based literature. *College Teaching,* v. 53, n. 4, p. 137-139, 2005

WILSON, J. M. The CUPLE physics studio. *Physics Teacher,* v. 32, p. 518-523, 1994.

WILSON, K. & KORN, J. H. Attention during lectures: Beyond ten minutes. *Teaching of Psychology,* v. 34, n. 2, p. 85-89, 2007.

WILSON, M. & SLOANE, K. *From principles to practice*: An embedded assessment system. *Applied Measurement in Education,* v. 12, n. 2, p. 181-208, 2000.

WILSON, R. C. Improving faculty teaching: Effective use of student evaluations and consultation. *Journal of Higher Education,* v. 57, p. 196-211, 1986.*

WILSON, T. D. & LINVILLE, P. W. Improving the academic performance of college freshmen: Attribution therapy revisited. *Journal of Personality and Social Psychology,* v. 42, p. 367-376, 1982.

WIMMS, H. & MATON, K. *Experiences and perceptions of doctoral graduate students*: A national study. Trabalho apresentado na International Counseling Psychology Conference, mar. 2008, Chicago, Illinois. 2008.

WINNE, P. A metacognitive view of individual differences in self-regulated learning. *Learning and Individual Differences,* v. 8, p. 327-353, 1996.

WINROW, S. Factors that contribute to success in college for Native American students. Dissertation Abstracts: Section A: *Humanities and Social Sciences,* v. 62, n. 9-A, p. 2974, mar. 2002.

WINTERS, F., GREENE, J. & COSTICH, C. Self-regulation of learning within computer-based learning environments: A critical analysis. Disponível em: http://web.ebscohost.

com/ehost/viewarticle? data=dGJyMPPp44rp2°/o2fdV0%2bnjisfk5Ie46bZMt6exUL ek63nn5Kx95uXxjL6nr0evrqlKrqa3OK%2bouEiwsLFPnsbLPvLo34bxl%2bGM5% 2bXsgeKzr0qxqrRPsaizT6Ti34bls%2bOGpNrgVd%2bv5j7yl%2bVVv8SkeeyzsU2u rbVOsaakfu3o63nys%2bSN6uLyffbq&amp. Educational *Psychology Review*, v. 20, n. 4, p. 429-444, dez. 2008.

WOOD, D., WOOD, H. & MIDDLETON, D. An experimental evaluation of four face-to-face teaching strategies. *International Journal of Behavioural Development*, v. 1, p. 131-147, 1978.

YAMAUCHI, L. & THARP, R. Culturally compatible conversations in Native American classrooms. *Linguistics and Education*, v. 74, p. 349-367, 1995.

YAN, L. & KEMBER, D. Avoider and engager approaches by out-of-class groups: The group equivalent to individual learning approaches. *Learning and Instruction*, v. 14, p. 27-49, 2004.

YOUNG, A. Mentoring, modeling, monitoring, motivating: Response to students' ungraded writing as academic conversation. In: SORCINELLI, M. D. & ELBOW, P. *Writing to learn*: Strategies for assigning and responding to writing across the disciplines. *New Directions for Teaching and Learning,* São Francisco: Jossey-Bass, n. 69, inverno 1997.

ZHU, E. Teaching with clickers. *CRLT Occasional Paper*, n. 22, Ann Arbor, MI: University of Michigan, 2007. Center for Research on Learning and Teaching. Disponível em: http://www.crlt.umich.edu/publinks/CRLT_no22.pdf.

ZIMMERMAN, B. J. Models of self-regulated learning and academic achievement. In: ZIMMERMAN, B. J. & SCHUNK, D. H. *Self-regulated learning and academic achievement*: Theory, research, and practice. Nova York: Springer-Verlag, 1989. p. 1-25.

_____. Self-regulated learning and academic achievement. *Educational Psychologist*, ed. esp., v. 25, n. 1, 1990.

_____. Dimensions of academic self-regulation: A conceptual framework for education. In: SCHUNK, D. H. & ZIMMERMAN, B. J. *Self-regulation of learning and performance*: Issues and educational applications. Hillsdale, NJ: Erlbaum, 1994. p. 3-19.

_____. Developing self-fulfilling cycles of academic regulation: An analysis of exemplary instructional models. In: SCHUNK, D. H. & ZIMMERMAN, B. J. *Self-regulated learning*: From teaching to self-reflective practice. Nova York: Guilford. 1998. p. 1-19.*

_____. Theories of self-regulated learning and academic achievement: An overview and analysis. In: ZIMMERMAN, B. J. & SCHUNK, D. H. *Self-regulated learning and academic achievement*: Theoretical perspectives. 2. ed. Mahwah, NJ: Erlbaum, 2001. p. 1-37.

ZIMMERMAN, B. J. & MOYLAN, A. R. Self-regulation: Where metacognition and motivation intersect. In: HACKER, D. J., DUNLOSKY J. & GRAESSER, A. C. (Eds.) *Handbook of Metacognition in Education*. Boca Raton, FL: Lawrence Erlbaum Associates/Taylor & Francis Group, 2009.

ÍNDICE REMISSIVO

Observação: A letra *n* seguida dos números refere-se às notas.

A

abordagem de superfície, 71
absenteísmo, 203
ação afirmativa, 170, 174
Acee, T. W., 310, 312, 319
Achacoso, M., 100
aconselhamento, 27
afro-americanos, 163, 164, 177, 178
Aguiar, T., 363*n*
Akbar, M., 171
Albanese, M. A, 300
Alexander, P. A., 313, 314
Altmiller, H., 302
alunos
    agressivos, 181-182
    com desculpas, 190-191
    de primeira geração, 170-171
    desmotivados, 193-194
    estratégicos, 310, 317-319
    e tecnologia, 256-258
    hispânicos, 169, 178
    irritadiços, 191-193
    mais velhos, 186
    multiestruturais, 329
    pré-estruturados, 329
    surdos, 207
    uniestruturais, 329
American Association of University Professors (AAUP), 336
American Chemical Society Committee, 304
American Psychological Association (APA), 170, 336
ambientes educacionais mistos, 321-323
Ames, C., 143, 153
análise das características primárias, 107
analogias, 65
Anderson, J. H., 302
Anderson, L. W., 326, 327
Andre, T., 35-36
Angelo, Tom, 77, 86, 361
Annis, L. F., 73, 204
anonimato do aluno, 289-290
anotações em aula, 72-74
Anped, Associação Nacional de Pós-Graduação em Pesquisa em Educação, 354*n*
ansiedade, 23, 140-141, 171-172, 322
    de prova, 95-96, 98-99
aplicativos do Google, 276-277
Apple, T., 302
aprendizado
    autorregulado, 320, 321
    fora da sala de aula, 18-19, 50
    on-line, 250, 321-323
    versus notas, 142-144
aprendizagem
    a distância, 250, 265, 275-276
    ativa, 39, 201-212, 286-289
    baseada em equipes, 208
    baseada em problemas, 217-219, 300-302
    busca pela, 336-337
    colaborativa, 201*n*
    cooperativa, 201*n*, 344-345
    de serviço, 221
    do aluno, 53-55
    em equipe, 206-207
    em grupo, 201-211, 203-204, 344-345
    experiencial, 213-223
    situada, 213

apresentação do aluno, 288-289
apresentação em PowerPoint®, 63, 66, 251, 253, 265, 267
apresentações, 267
Arce, J., 305
área para pôsteres, 289
Arkright-Keeler, D. L., 298
Aronson, Elliot, 206-207
Arredondo, P., 169
árvore ordenada, 81-82
ásio-americanos, 161, 163-164
"Ask to Think – Tell Why" (King), 205n
assédio, 340-341
Astin, A., 221
atenção, 68-70, 162-163
    auditiva, 69
    visual, 69
atividade cooperativa, 124-125
Atkins, M., 69n
Atkinson, J. W., 168
atribuição de notas
    baseada em critérios, 139, 153, 154, 157
    baseada em normas, 138-140, 153-154
Attneave, C., 169
Auger, S., 163
autoavaliação, 78, 81, 126-129, 322, 362-363
autoconsciência, 312
autodeterminação, 150-151
autonomia, 150-151
auxiliares da memória, 64n
avaliação, 17, 26-27, 67-68, 77-87
    autêntica, 80-81
    com conhecimento prévio, 27-28
    de desempenho (autêntica), 80-81
    diversidade cultural e, 174
    em grupo, 84-85, 100
    em sala de aula, 86, 361-362
    incorporada, 78, 85-86
    justa, 340
    métodos de, 78-86
    on-line, 100-101
    pelos pares, 84, 125
    planejamento dos métodos de, 78-79
    somativa, 80
    válida, 136-138
    veja também testes
Avila, A., 168
Avila, D., 168

B
Babb, K., 72, 73-74
bajulador, 190
Baker, L., 72
Ball, D., 201n
Banta, Trudy, 84
Barron, K. E., 154
Barr, R. B., 325
Baruth, L., 163, 177
Bayer, A., 335, 337, 341
Bazile, A., 171
Becker, J., 304
Belanoff, P., 238
Benjamin, L., 291
Berge, Z., 276
Berlyne, D. E., 41, 65
Berman, J., 171
Betancourt, R., 305
Bezdek, W. E., 43
bidirecional professor-aluno, comunicação, 259
Bieron, J. R, 302
Biggs, J., 13, 326, 327-328, 329
Black, P., 127
Bligh, Donald, 70
Block, C., 168
Blogs, 262, 264
Bloom, Benjamin, 13, 253, 326
Bloxham, S., 122-123
Boekaerts, M., 311, 320
Bolt, Robert, 364
Boud, D., 124
Boyer, Ernest, 5
Braxton, J. M., 335, 337, 341
Bridges, K. R., 55
Brigham, T. A., 204
Bringle, R. G., 305
British Journal of Educational Psychology, 354
Brochin, H. A., 93
Broken Nose, M., 171
Brom, L. G., 363n
Brown, B., 257
Brown, George, 64n, 69n
Bruff, D., 260
Bruner, Jerry, 217-218
Buising, C, 304
busca de informações e tecnologia de administração de recursos, 268-270, 270
buscadores de atenção, 187-188
Butterfield, K., 102

ÍNDICE REMISSIVO

C

Cahn, S. M., 334
California Polytechnic Institute, 302
California State University, Fullerton, 302
Campbell, L., 69, 122-123
Camtasia, 267-268
Canada, Mark, 221
Capes, 362n
Carnegie Foundation for the Advancement of Teaching (Castl), 362
Caron, M. D., 190
Carr, D., 336
Casteel, M. A., 55
CAT (*classroom assessment techniques*/técnicas de avaliação em sala de aula) (Angelo & Cross), 77
células de aprendizagem, 205-206
Center for Authentic Science Practice in Education, 304
Centra, J., 355, 356
Cetron, M., 250
Champagne, A. B., 302
Change, 354
Chang, T. M., 61-62
Chickering, A. W., 127
Chi, M. T. H., 120, 316
Chung, L., 167
Churchill, 337
ciências geológicas, 304
Cincinnati University, 356
Clark, D. Joseph, 356
Clark, R., 277, 321
clickers (sistema de resposta do aluno), 70, 260, 261
CNPq, 362n
Coghlan, E., 268
Cohen, P., 204
Cohen, R., 124
cola, 101-106
colaboração e revisão dos colegas, 125-126
Coleman, H., 171
coletivismo, 169
college classroom, The (Mann), 187
College Teaching, 354
Collins, Allen, 46
Collis, K. F., 326, 327-328, 329
comentários do professor, 116-121
compartilhamento de informações, 34, 204
competências de ordem inferior, 327
comportamento
   em grupo, 210
   não verbal, 177
      circularidade *versus* linearidade, 166-167
      fala relutante, 165
   no elevador, 180
comportamentos do ensino universitário, 334-336
compreensão do aluno, 67
comprometimento, 327
   com o tempo, 16-17
compromisso, fase de aprendizagem, 327-329
comunicação
   circular, 166-168
   com turmas grandes, 293
   cultura e, 162-168
   falta de participação na, 163-164
   linear, 166-168
   multidirecional ferramentas, 262
   não verbal, 162-164
   tecnologia e, 258-274
   verbal, 164-168
comunidades de aprendizagem, 208-209
conceitos-chave, 64
conceitos, representações gráficas dos, 81-83
conduta acadêmica, 340
conferência, 354
   on-line, 50
confiança, 165-166
confidencialidade, 339
conhecer as provas, alunos, 96-99
conhecimento, 312-313
   pedagógico do conteúdo, 62
   prévio, 27-28
Connor-Greene, P., 83
conquista, 150
constrangimento, medo de, 48
consulta, 361
contato visual, 162
conteúdo, 251-252, 252-253
contexto, 213-214
contextualização do *feedback*, 119-120
contrato
   de atribuição de notas, 242-243
   versus competência, 137
controvérsia criativa, 55, 206
Cooper, J. L., 201n
Copenhaver, S., 338
Coppola, Brian P., 297-306, 314

Corno, L., 320
Costich, C, 321
Council on Undergraduate Research (CUR), 304
Covington, M. V., 152
crescimento na carreira, 351-364
"Criteria for Web Site Evaluation" (University of Michigan), 268-270
críticas, 47
Crockett, Campbell, 356
Cronbach, L. J., 220
Cross, Pat, 77, 86, 361, 362
CTools, 272n
cultura
    hierárquica, 178
    horizontal, 178
    universitária, 4-5
    vertical, 178
cursos multisseções, 294
Cutler, A., 302

D

Davies, P., 40, 72, 73
Day, R. S., 63
debates
    alunos despreparados, 51-52
    aprendizagem do aluno por meio de, 53-55
    barreiras às, 46-48
    começando, 41-46
    começando com perguntas, 43-44
    começando com um problema ou caso, 45
    estímulo por meio de polêmicas, 41-42
    lidando com, com argumentos, 52
    liderada por alunos, 55-56
    minutos, anotações e resumos, 54
    monopolizador de, 51
    on-line, 56, 207-208
    polêmica e, 41-42
    problemas do ensino por meio de, 40
    socrático, 45-46
    teoria dos, 40
Deci, E., 150, 151-152
De Corte, E., 92
Deerman, M., 265
De Groot, E. V., 310, 318
DeNisi, A., 119
desculpas, 190-191
desempenho do aluno, 355
desenvolvimento cognitivo, fases do, 183
"design orientado", 218

determinação do ambiente, 23-24
Dewey, John, 217-218
Dewey, Russell, 15n
DeZure, D., 265
diagnóstico de instrução em pequenos grupos/ small-group instructional diagnosis (SGID), 356
DiBiase, W. J., 302
Diederich, P., 241
Diekhoff, G., 102
Dierking, D. R., 309, 315-316, 319
Dillon, J. T., 43
Dinan, F. J., 302
discípulos, 190
discriminação, 340-341
discurso relutante, 164-165
discussão socrática, 45-46
discussões, 52
dissertações, uso das, 125
distração, 69
diversidade, 28
    cultural, 161-180
        contato visual e, 162
        definição de "família" em, 169
        estressores e, 169-172
        humildade e, 163-164
        métodos de ensino e, 175-179
        motivação e estresse e, 168-175
        perguntas e, 163
        taxa de desistência e, 178
Domin, D. S., 298
domínio, 363n
Donald, J. G., 313
dramatizações, 219-221
Duke University, 268
Dunn, D. S., 330
Dunnivant, F. M., 303
Dweck, C., 142-143
Dweck, Carol, 155
Dweck, C. S., 119
D'Ydewalle, G., 92

E

Eccles, J., 152-153, 298
edição, 233
Educação e Pesquisa, 354n
Educação, mito e ficção, 363n
Educated Nation, 262
Educational Psychologist, 354
EDUCAUSE Learning Initiative, 250

ÍNDICE REMISSIVO

Ege, S. N., 305
Ehrmann, S. C., 278
elaboração do programa, 16-18, 26-27
Elbow, P., 123, 230, 238
El-Ghoroury, N., 175
Elliott, A. J., 154
Elshout, J. J., 220
E-mail, 20, 48n, 50, 259, 260
ensino
    assistentes, 294-295
    da ética, 341-347
    e tecnologia, 249-281
    habilidades e estratégias, 353
    individualizado, 185-186
    on-line, 275-276
    portfólios, 20
entrevistas, 288-289
Entwistle, N. J., 312
Epp, L., 164
Eriksen, S. C., 326
erros, papel dos, 119
esboços, 73
escolhas, 150-151, 156-157
    éticas, 345-346
escrita livre, 226
espaço pessoal, 177
especialistas na formação de professores, 356-357
esquema de Perry, 326, 327, 329
estilos de aprendizagem, 62, 175-176
estratégia do *Think-Pair-Share*, 205-206
estratégias
    de aprendizagem profundas *versus* superficiais, 328-329
    específicas do curso e do conhecimento, 313-317
    estressores culturais
        alunos da primeira geração, 170-171
        ansiedade por aculturação, 171-172
        formas de lidar com, 173-175
        síndrome do impostor, 170
etapa abstrata ampliada, 329
ética do ensino, 333-347
Ewing, K., 170
exemplos, 66
experiência de campo, 221
exploração, 340-341
Eyler, J., 221

F
facebook, 240, 259, 276-277
Faculdade de Educação da Universidade de São Paulo, 354n
Harvard Medical School, 217
falha na transferência, 213-214
Fallon, M., 170
familiarização, 24-25
Faro, S., 305
fase de aprendizagem relacional, 329
fazer provas, ensinar, 98-99
Fecap, 363n
feedback, 28, 157, 158, 355-361
    dissertações, uso das, 125
    dos alunos, 357-361
    elaborar comentários, 116-121
    e necessidades dos alunos, 122-123
    informativo, 152, 153
    oportuno, 118
    para os alunos, 115-131
    pelos colegas, 124-126
    pelos pares, 116, 355
    pessoal, 126-127
    promovendo debates sobre, 121-122
    recompensas extrínsecas e, 152
    versus feedforward, 120
    voltado para o aluno, 122-123
Feldman, K. A., 18-19, 178
fill-in-the-structure (FITS) método, 81-82
finalização, 257
Fink, L. Dee, 13
Fisch, Linc, 42, 334, 345-346
Fisher, R. P., 80
Flavell, J. H., 311-312
Flickr, 276-277
folha de atividades, 70
folheto, 231
Foos, P. W., 80
fórum de discussão, 262, 262n
fotocópias, 20
fotos, 25
Fox, S., 257
Fried, J., 167
Fryberg, S., 172
Fry, R., 178
Fuentes, M., 178
Fuligni, A., 168
Furco, A., 221

G

Gabelnick, F., 209
Gamson, W. A., 127, 221
Garcia, T., 151
Garcia-Sheets, M., 173
Garrett, J., 168
Garrett, M., 168
Garwick, A., 163
Gerdeman, R., 102
gerenciamento de tempo, 322
Gerton, J., 171
gestão de turma, 186-191
    alunos com desculpas, 190-191
    alunos desatentos, 188-189
    alunos despreparados, 189-190
    bajuladores, discípulos, vigaristas, 190
    buscadores de atenção/alunos dominantes, 187-188
Gibbs, Graham, 78
Giles Jr., D. E., 221
Glaser, R., 120
Goldchstein, M., 194
Goldschmid, M., 205
Gonzalez, B. L., 302
Gottfried, A. C., 302
Graham, J. M., 331
Grauerholz, E., 338
Greene, B., 321
Green, M. C, 64n
Greeno, J. G., 313-314
Gregerman, S. R., 305
Grigorenko, E., 176
Groccia, J. E., 203
Gruber, H. E., 55
Gruenbacher, D., 303
grupos, 50, 188, 288-289
grupos on-line
    assíncronos, 207-208, 263, 265
    síncronos, 207-208
Gudykunst, W., 163, 166, 167

H

habilidades de pensamento de ordem superior, 327
Hagen, A. S., 312
Haines, D. B., 54
Hakel, M. D., 61n, 250, 267
Hall, Edward T., 177
Halonen, Jane S., 325n, 330
Halpern, D. F., 61n, 250, 267, 326
Hanson, K., 339
Harackiewicz, J., 154
Harris, M., 169
Harter, S., 140
Hartley, James, 40, 72, 73
Hartman, F. R., 35
Hartman, H. J., 204
Hathaway, R. S., 305
Hattie, J., 120-121
Haynes, Judie, 180
Henderson, L., 304
Herring, R., 171
Hewitt, N., 298, 303
Hicks, L., 156
Higginbotham, C., 305
histórias, 64n
Hodell, M., 151
Hofer, Barbara, 149n, 183, 318
Hofstein, A., 299
honestidade, 342
horário de disponibilidade, 27
horário de trabalho, agendamento eletrônico, 293
Horowitz, G., 300
Houston, J. P., 104
Hovland, C. I., 53
Howard, J., 83
Hu, W., 257
Huang, L., 167
Hughes, C. A., 286
humildade, 163-164
Hunter, A. B., 305
Husman, J., 309, 311, 315-316, 319

I

identificação relativa, 301, 302
informações integradas, 73
Innovative Higher Education, 354
instrução
    de descoberta, 300
    didática, 298-305
    expositiva, 299
    investigativa, 299-300
    prática, 302-303
    voltada para o aluno, 325-326
    voltada para o conteúdo, 325
inteligência, crenças sobre, 155-156

ÍNDICE REMISSIVO

International Conference on Improving Learning and Teaching, 354
introdução, 24, 65
IShowU, 267-268
iTunes, 257

J

Jame-Myers, L., 170
Jarvis, M., 330
Jensen, J., 177
jogos, 219-221
Johnson, D., 55-56, 203, 206, 210
Johnson, R., 55-56, 206, 210
Jordan, A. E., 154
Journal of Educational Psychology, 354
Journal of Educational Research, 354
Journal of Higher Education, 354
Judy, J. E., 313
Jung, J., 310, 312
justiça, 26-27, 340
justiça interacional, 340

K

Kaplan, Matthew, 249n, 265
Katz, David, 66
Keith-Spiegel, P., 334, 335, 337, 338
Keller, 90
Kember, D., 207
Kennedy, L. M., 257
Kerr, Clark, 339
Khan, F. A., 302
Kim, B., 166
Kim, S., 161
King, A., 205
King, Cynthia, 309n
Kirschenbaum, H., 241
Kitano, H., 161
Kiyana, A., 178
Klofper, L. E., 302
Kluger, A. N., 119
Knight, A. B., 120
Kolb, David, 260
Komada, N. M., 170
Korn, J. H., 68-69
Ko, S., 276
Kovac, J., 298
Kozma, R., 277, 278
Krager, L., 346
Krathwohl, D. R., 13, 326, 327

Kremer, J. F., 305
Kuhn, W. B., 303
Kulik, C. L., 204
Kulik, J., 204, 277

L

labirinto mental, 66
LaFromboise, T., 171
Lattuca, L. R., 18-19
Latus, M., 170
Laursen, S. L., 305
Lave, J., 213, 304
Lawrence, S., 174
Lawton, R. G., 305
Leamnson, R., 326
Lee, C, 163, 168
Lee, W., 178
Leith, G. O. M., 64-65
leitor eletrônico de livros, 33-34
leituras indicadas, 33-37
Lepper, M. R., 151, 220
Lewis, M., 334
liderança de grupo, 42
Lidren, D. M., 204
ligações, 64
Linville, P. W., 194
Lin, Y-G., 81, 134
Lipson, M. Y., 310, 318
Lissitz, R. W., 305
lista de fotos, 25
livro didático, apresentação, 27
Loacker, G., 81
Lombardi, B., 72
Lone-Knapp, F., 171
Low, R., 267
Luechauer, D. L., 327
Lunetta, V. N., 299
Lunsford, R., 118

M

Macfarlane-Dick, D., 116
MacGregor, Jean, 83
Maehr, M., 143
Maggioni, L., 313, 314
Mahon, K., 65
Maier, N. R. F., 42, 45, 53
Maki, M., 161
Maki, P., 326
Malone, T. W., 220

man for all seasons, A (Bolt), 364
Mann, Dick, 187
Manning, M., 163, 177
Mann, R. D., 17-18
Marbac-Ad, G., 203
Markie, P., 336
Markus, H., 172
Marton, F., 35, 71, 80
Maruyama, M., 171
Masia, B., 13
Mason, R., 208
matéria, introdução a, 29
Matlab, 258-259
Maton, K., 173
Matsumoto, Y, 168
Matthews, J., 334, 336, 337
Mayer, R. E., 36, 70, 72, 257, 267, 315-316, 321
Mazur, E., 260
McAdoo, H., 169
McCabe, D., 101, 102
McClelland, D., 150
McCluskey, H.Y., 92, 110-111
McCormick, C. B., 317
McDavis, R., 170
McDonald, J., 169
McEntarffer, R., 330
McGregor, L., 165, 169
McKeachie, W. J., 36, 54, 60, 61, 81-82, 96, 158, 351
McKenzie, F., 250
McKinnon, Marjorie, 218
McLeod, Susan H., 161, 243
McMaster University, 217-218, 218-219
McMurtry, K., 102
Meier, S. E., 204
memória
    curta, 72
    de trabalho, 72
Mênon (Sócrates), 46
mentalidade
    condicionada, 155
    de crescimento, 155
Mentkowski, M., 81
metacognição, 311-312
metas de desempenho, 153-154
métodos de aprendizagem experiencial, 214-217
métodos de ensino
    seleção de, 19
    tutoria individualizada, 185-186

Metzger, R. L., 103
Meyer, Debra K., 309n, 312
Michaelsen, Larry, 208
Middleton, D., 122
Midgley, C., 143
Miller, H., 83
Miller, J. E., 203, 304
Mills, P., 301
Mindess, A., 177
Mitchell, S., 300
modelagem, 345
    pelo professor, 157
modelo de déficit, 164
modelos alternativos de provas
    avaliação em grupo, 100
    on-line, 100-101
Monaco, G. E., 92
Moran, C., 239
More (modelo-observação-reflexão-explicação)
    (Tien, Rickey & Stacy), 302
motivação, 69, 149-159, 322
    aumento da, 172-173
    coletivismo e objetivos da família, 169
    diferenças culturais na, 168-169
    extrínseca, 151-152
    intrínseca, 151-152, 157
    social, 156
    teorias de, 150-156
Mousavi, S., 267
Moylan, A. R., 310, 311-312
Mueller, D. J., 97
multiplismo, 327
Murray, H., 60-61, 334, 336, 337, 339, 361
MySpace, 240, 259

N
Nagda, B. A., 305
Natarajan, B., 303
National Science Foundation, 304
National Academic Advising Association (www.nacada.ksu.edu), 195-196
National Teaching and Learning Forum, 354
nativos norte-americanos, 163, 169, 171, 175, 176, 177
Naveh-Benjamin, M., 81-82
necessidade de conquista, 150
Nessel, D. D., 331
Nevid, J., 65
Newcomb, T. M., 18-19

Nicol, David, 116, 124, 131
Niemivirta, M., 320
Nilson, L., 16
Nishida, T., 164, 167
nível de pensamento, 254f 17.2
No significant difference phenomenon (Russell), 277
nomes, aprendendo, 25
normas de grupo, 103
notas, 26-27, 133-145, 158
    alterar uma nota, 141-142
    ansiedade dos estudantes sobre, 140-141
    confiança nas, 136-138
    contrato *versus* competência, 137
    em "curva" ou fora do padrão, 138-140, 153
    grades, 242
    para redação, 241-242
    provas objetivas, 106
    questões dissertativas, 107-109
    tomada de decisão e, 134-136
    versus aprendizado, 142-144
    veja também avaliação
New Directions for Teaching and Learning, 353

O

objetividade, 27
objetivos, 11-13, 12-14, 309-323
    de domínio, 142-143, 153-154, 157
    sociais, 156
O'Donnell, Angela, 203
Okun, B., 167
Okun, M., 167
O'Reilly, R., 304
organização, 34, 290-293
orientação
    educacional, 186
    para objetivos, 154
ortografia e gramática, 238
ouvintes, 70-71

P

pacotes do curso, 14
Padilla, A., 167
padrões acadêmicos e éticos, 339
palestras
    benefícios das, 60-61
    melhorando, 68-70
    níveis de energia e, 61*n*
    organização das, 64-68
    orientadas para a conclusão, 61-62
    pesquisa sobre a eficácia das, 59-60
    planejamento de, 61-62
    preparando suas anotações, 62-64
    processamento do conteúdo, 71-72
    redundância, 73
    teoria das, 61
Palomba, Catherine, 84
papel de "advogado do diabo", 41, 42
Papyri, 250
par de aprendizagem, 205-206
paradox of choice, The (Schwarts, B.), 151
Parham, T., 167
Paris, A. H., 319
Paris, Scott, 158, 310, 318, 319
Park, Y., 166
Parker, W., 170
participação, 48
    do aluno, 48-50, 288-289
    grupos da moda, 50
    questões abertas, 295
    técnica do círculo interno ou aquário, 50
    valor da, 48
Pascarella, E. T., 186, 335
Patrick, H., 156
pausas na conversação, 177
"PBL in Hong Kong" (McKinnon), 218
Peckham, G., 78
Pekrun, R., 311, 320
pensamento
    ativo, 74-75
    trabalhar com o, 236
pensar, ensinando a, 325-331
Peper, R. J., 72
perguntas, 25-26, 35-36, 43-44, 49
    comparativas, 44
    críticas, 44
    da prova, 34-35
    de aplicação e interpretação, 43
    de avaliação, 44
    de efeito causal e conectivo, 44
    de prova dissertativa, 92-93, 97-98, 158
    dos alunos, 28
    factuais, 43
    problematizadoras, 43-44
Perkins, D., 303
Perry, R. P., 343-344, 358*n*
Perry, William, 182, 343-344
pesquisas, 83
pesquisa *versus* ensino, 5-6

Peters, Don, 218
Peterson, P. L., 73
Phillips, H. J., 55
Pike, C. F., 305
Pintrich, P. R., 143n, 151, 154, 158, 310, 311, 314, 315, 316-317, 318
plágio, 243-245
planos de aula, 18
postagem de perguntas, 25-26, 86, 49-50, 249-250, 286, 353
Plutarco, 325
POE (prever-observar-explicar) (Champagne, Klofper, Anderson), 302
polêmica, 41-42
políticas da biblioteca, 20
"Poll Everywhere", 260
Pope, K., 334, 335, 337
portfólios, 20, 83-84, 242
pouco participativos, 48-50, 163-164
Powers, R. B., 55
preparação do curso, 11-20
    elaboração do programa de estudo, 16-18
    livro didático, 15
    metas, 11-12
    objetivos, 12-14
    recursos do curso, 14-15
pré-perguntas, 65
Pressley, M., 205, 317
Prieger, J. E., 257
privilégio branco, 174
problemas, 353-355
    de prova, 90-91
    do aluno, 181-197
        agressão e desafios, 181-182
        despreparado ou buscando preparo, 184-185
        emocionais, 191-196
        intelectuais/acadêmicos, 181-186
        psicológicos, 194-195
        reações emocionais a temas sensíveis, 194
        suicidas potenciais, 195-196
        verdade/relatividade, 182-184
    e subproblemas, 45
    intelectuais/acadêmicos, 181-186
    psicológicos, aluno, 194-195
processamento
    de informações, 71-74
    profundo, 71-72

processos de controle executivo, 319-320
programas de estudo gráfico, 16
projeto Valley of the Shadow, 273
provas, 26-27, 157
    agressividade dos alunos depois das, 95-96
    a partir da perspectiva dos alunos, 95
    aplicando, 100
    aprendendo com, 110-111
    elaborando, 90-95
    instruções para os alunos, 96
    número de questões, 93-95
    perdidas, 111-112
    quando realizar, 89-90
    substitutivas, 111-112
psicologia cognitiva, 40
publicações, 83-84
    científicas, 354
Pulvers, K., 102

Q

qualidade do pensamento, 329-331
questões
    abertas, 295
    de estudo, 35-36
    de múltipla escolha, 93, 94, 97, 136-137
    de relacionamento, 93
    de resposta curta, 91
    de verdadeiro ou falso, 93

R

racismo, 164, 174
rascunhos múltiplos, 231-233
reações dos alunos, 28
recursos, 20
    da internet, 270
    do computador, 19-20
redação, 225-247
redundância, 73
reflexão
    crítica, 311
    dos alunos, 128
regras, 17
relativismo, 327
relatórios, 83
Rensselaer Polytechnic Institute, 302
representação visual, 66
representações
    gráficas dos conceitos, 81-83
    pictóricas, 63

ÍNDICE REMISSIVO

reservar um minuto, 56
resolução de problemas, 42
respeito pelos alunos, 337-338
resposta pelos pares, 237-238
resumindo, 40, 47, 56, 66, 67
revisão
    pelos pares calibrada, 84
    pós-domínio, 363n
    significante, 232
Revista Brasileira de Educação, 354n
Reyes, P., 176
Rhoads, R., 83
Rice, J. K., 305
Richardson, Steven M., 170
Rickey, D., 302
Robinson, P., 84, 201n, 287-288
Rockett, F. C., 96
Rodabaugh, R., 340
Roig, M., 176
Romiszowski, A., 208
Rosario, E., 178
Rosenberg, L., 43
Rosenthal, D., 178
Roser, C., 34
Ross, C., 72, 73
Rossen, S., 276
Rovai, Alfred, 56
Ruhl, K. L., 286
Ruiz, P., 169
Ruiz, R., 167
Russell, R., 170
Russell, Tom, 277
Ryan, R., 150, 151-152, 156

S

Sadler, D. R., 119, 120
Säljö, R., 35, 71, 80
Sampson, J., 124
Sanchez, A., 168
saudade de casa, 175
Schloss, P. J., 286
Schofield, T., 163
Scholarship of Teaching and Learning (SOTL), 362
Scholarship reconsidered (Boyer), 5
Schomberg, S. F., 203
Schön, D., 346
Schrader-Kniffki, M., 163
Schunk, D. H., 143n, 310, 311, 315, 317, 318, 320
Schutz, P. A., 311, 320
Schwartz, Barry, 150-151
Schwartz, Charles, 74n
Scielo, 354n
"Scout's Motto: Be Prepared, The" (Svinicki), 189-190
Scribner, A., 176
Scribner, J., 176
Second Life, 220
Segebarth, K., 194
sentimentos, 47
Seymour, E., 298, 303, 305
Shantzis, C., 161
Shields, N., 170
Shore, B. M., 205
Shulman, C., 327
Shulman, G. M., 327
Shulman, L., 62
silêncio, 43, 163
Silverman, R., 216
Simsoc, 221
simulações, 219-221
sinalizações, 63-64
síndrome do impostor, 170, 174
sistema
    de gerenciamento de curso, 270, 272
    de honra, 103
    personalizado de instrução, 89-90
sistema de resposta dos alunos *veja clickers* (sistema de resposta do aluno)
sistema de resposta pessoal *veja clickers* (sistema de resposta do aluno)
site da turma, 273-274, 293
Sloane, K., 85-86
Smart, J. C., 343, 358n
Smith, D., 341
Smith, K., 55, 56, 96, 334
Smith, R. E., 260
SMS (mensagem de texto), 259
Snow, R. E., 73, 220
Society for Teaching and Learning in Higher Education (STLHE), 336
Sócrates, 46
software Blackboard, 124, 240-241
software de apresentação Keynote, 258-259
Sohi, B., 171

Sokolove, P. G., 203
Solomon, D., 43
Sorcinelli, Mary Deane, 123
Speck, Bruce, 221
SQ6R (investigar, perguntar, ler, refletir, revisar, destrinchar, repensar, reavaliar), 37
Stacy, A. M., 302
Stanford University, 268
Stanton, Harry, 188
Stapleton, S., 298
Stark, J. S., 18-19
State University of West Georgia, 302
Steadman, M. H., 362
St. Edwards University, 302
Sternberg, R. J., 176
Sterngold, A., 243
Stevens, A. L., 46
Strike, K., 334
Stuart, R., 162
subgrupos, 188
Sue, D. W., 163, 174
Sue, D., 163
suicidas potenciais, 195-196
Suinn, Richard M., 161n, 162, 178
supervisão, 104
Sutherland, L., 78
Sutton, C., 171
Svinicki, M. D., 27, 61n, 100, 189-190, 312
Swan, K., 305
Swearingen, C. Jan, 243
Sweeting, L., 298
Sweller, J., 267
Swerts, A., 92
Swinomish Tribal Mental Health Project, 163

T

Tabachnick, B., 334, 335, 337
Tagg, J., 325
Takeuchi, Ken, 18
tarefas mais frequentes, 127
Tatum, B., 171
taxa de desistência, 178
taxonomia dos objetivos educacionais de Bloom, 96, 253, 326-331
taxonomia Solo (Structure of the Observed Learning Outcome) (Biggs), 13, 96, 328, 329
Tchudi, Stephen, 241
Teaching Professor, The, 354
Teaching with classroom response systems (Bruff), 260

técnica
   do aquário, 50, 288
   do círculo interno, 50
tecnologia, 19-20
   alunos e, 256-258
   de captura de aulas/palestras, 268, 269
   de comunicação, 259
   ensino e, 249-281
   escrita e, 239-241
   ferramentas e suas aplicações, 256
   impacto da, 277-280
tecnologias interativas, 50
TED (Technology, Entertainment, Design) (www.TED.com), 41
temas sensíveis, 194
teoria
   da atribuição, 154-155
   da expectativa-valor, 152-153
Terenzini, F., 186, 335
testes, 79-80
   pré-postados, 65
Tharp, R., 178
Thompson, V., 171
Thurman, P., 169
Tien, L. T., 302
Timperley, H., 120-121
Ting-Toomey, S., 167
tipos de mecanismo de busca na internet, 271
tomada de decisão, 134-136
tomar notas, 56, 72-74
Topping, K., 84
Toppino, T. C., 93
trabalho de minuto, 67-68, 74, 188, 202, 287-288
trabalhos
   abertos, 151
   comentários em grupo, 125
   de complexidade média, 236-237
   em grupo, problemas com os, 209-211
   mais complexos, 225-226, 229-236
   menos complexos, 225-229
   múltiplos, 231-233
transições, 63-64
Travers, R., 138, 139
Trawick, L., 320
Trevino, L., 101, 102
triangulação de dados, 78
Trusty, J., 169
turmas, grandes, 285-296
   anonimato do aluno em, 289-290

aprendizagem ativa em, 286-289
comunicação com, 293
organização e, 290-293
produção de texto em, 287-288
trabalhos de leitura externa, 292-293
tutoria, 185-186
tutorial em pares, 204-205

U
Uchida, D., 250
California State University, Berkeley, 268-269
University of Hong Kong, 218
University of Michigan, 183, 260
University of Oklahoma, 208
University of Washington, 356
University of Tasmania, 188
University of California, Berkeley, 74n
University of North Caroline, 302
University of Wisconsin-Madison, 268
university teacher, The (Stanton), 188

V
valores, 341-344, 344-345
    familiares, 169
Van Overwalle, E., 194
Vasquez, M., 169
Vea, B., 161
Veenstra, M. V. J., 220
verdade/relatividade, 182-184
verificação do entendimento, 317-318
videoclipes, 267
vigarista, o, 190
visão dualista do conhecimento, 183, 343-344
Vitak, J., 257
voltados para o desempenho, 142-143
Von Seeker, C., 305
Vontress, C., 164

W
Wagner, E. P., 302
Wales, Charles, 218
Walker, M., 120
Walvoord, Barbara E., 107
Wasser, V., 97

Weaver, M. R., 117
WebCT, 124, 240-241
Wegner, P. A., 213, 304
Weiner, B., 154-155
Weinstein, C. E., 36, 309, 310, 312, 315-316, 319-320
Weitman, M., 5
Wentzel, K., 156
Wenzel, T. J., 301
West Virginia University, 218
White, J., 167
Whitley, B., 102
Wigfield, A., 152-153, 156
Wikipédia, 262-263
wikis, 240, 262-265
Wilhite, S. C., 35-36
Wiliam, D., 127
Williams, S., 37
Willie, Charles V., 171
Wilson, Bob, 356
Wilson, K., 68-69
Wilson, M., 85-86
Wilson, R. C., 67, 74
Wilson, T. D., 194
Wimms, H., 173
Winne, P., 312
Winrow, S., 172, 173
Winters, F., 321
Wixson, K. K., 310, 318
Wood, D., 122
Wood, W. B., 122
workshops, 255, 354-355

Y
Yamauchi, L., 178
Yan, L., 207
Young, A., 227
YouTube, 267
Yu, S. L., 318

Z
Zeidner, M., 311
Zhu, Erping, 249n, 260, 278
Zimmerman, B. J., 310, 311, 311-312, 315, 317, 318, 320

CARBON FREE

A Cengage Learning Edições aderiu ao Programa Carbon Free, que, pela utilização de metodologias aprovadas pela ONU e ferramentas de Análise de Ciclo de Vida, calculou as emissões de gases de efeito estufa referentes à produção desta obra (expressas em CO_2 equivalente). Com base no resultado, será realizado um plantio de árvores, que visa compensar essas emissões e minimizar o impacto ambiental da atuação da empresa no meio ambiente.